21世纪法学系列教材

刑事法系列

犯罪学

（第四版）

康树华　张小虎　主编

北京大学出版社
PEKING UNIVERSITY PRESS

图书在版编目(CIP)数据

犯罪学/康树华,张小虎主编. —4 版. —北京：北京大学出版社,2016.12
(21 世纪法学系列教材·刑事法系列)
ISBN 978-7-301-27792-8

Ⅰ.①犯… Ⅱ.①康… ②张… Ⅲ.①犯罪学—高等学校—教材 Ⅳ.①D917

中国版本图书馆 CIP 数据核字(2016)第 281202 号

书　　　名	犯罪学(第四版) FANZUIXUE
著作责任者	康树华　张小虎　主编
责任编辑	冯益娜
标准书号	ISBN 978-7-301 27792-8
出版发行	北京大学出版社
地　　　址	北京市海淀区成府路 205 号　100871
网　　　址	http://www.pup.cn
电子信箱	law@pup.pku.edu.cn
新浪微博	@北京大学出版社　@北大出版社法律图书
电　　　话	邮购部 62752015　发行部 62750672　编辑部 62752027
印　刷　者	北京宏伟双华印刷有限公司
经　销　者	新华书店
	730 毫米×980 毫米　16 开本　22.5 印张　480 千字
	2004 年 8 月第 1 版　2009 年 6 月第 2 版
	2011 年 9 月第 3 版
	2016 年 12 月第 4 版　2023 年 2 月第 10 次印刷
定　　　价	45.00 元

未经许可,不得以任何方式复制或抄袭本书之部分或全部内容。
版权所有,侵权必究
举报电话: 010-62752024　电子信箱: fd@pup.pku.edu.cn
图书如有印装质量问题,请与出版部联系,电话: 010-62756370

撰 稿 人

（按撰写章节先后为序）

　　康树华：前言*，第六章*，第十一章，第十二章，第十七章*，第十九章，第二十章*。

　　张小虎：前言*，第一章至第五章，第七章。

　　赵国玲：第六章*。

　　狄世深：第八章，第九章，第十三章。

　　李　伟：第十章。

　　陈谦信：第十四章。

　　王丽华：第十五章。

　　刘文成：第十六章。

　　丛日禹：第十七章*，第二十二章。

　　侯　刚：第十八章。

　　郭纹静：第十九章，第二十章*。

　　郭　莉：第二十一章。

---

　　* 加"＊"，该章系合著。

前　言

本书第四版在此前第三版的基础上作了资料更新与补充修正，并且针对当前的犯罪动态与理论聚焦，新增了"恐怖主义犯罪"与"职务犯罪"两章。总体上全书依然保持精准与简洁的风格。作为国家级规划教材，在写作过程中，我们致力于做到：概念准确，表达清晰，阐述系统；体系完整，内容丰富，重点突出；论述客观，说理透彻；理论联系实际，总结实践经验；反映时代精华，力求创新开拓。

本书保持第三版的总体框架，以总论与专论的体例展开犯罪学的知识体系，而不拘泥于以往犯罪学的第一篇导论、第二篇犯罪现象论、第三篇犯罪类型论、第四篇犯罪原因论、第五篇犯罪防治论等一般性框架。在具体内容上，注重犯罪学基本知识的阐释，总论包括犯罪学概述、研究方法、犯罪现象测量、致罪因素、犯罪预测与预防以及刑事政策等；分论包括暴力犯罪、财产犯罪、性犯罪、青少年犯罪、职务犯罪、有组织犯罪、计算机犯罪、恐怖主义犯罪等。

伴随着改革开放和经济体制转型，我国社会关系特别是经济关系日益复杂多变，现阶段我国的犯罪问题呈现严重化的态势。事实证明，仅用刑事处罚的办法来遏制日益增长的犯罪，难以收到预期效果。刑事科学的发展史已清晰地表明，由刑法学注重事后惩罚，转为犯罪学注重事前预防，这是人类应对犯罪的科学治本之举。可以说，未来的刑事理论与实践，是以犯罪学的思想与技术为核心的科学。现阶段，犯罪学在我国的发展，既是维护社会稳定的需要，也是学科成长规律的必然。愿本书为中国犯罪学研究添砖加瓦，不足之处，敬请斧正。

康树华　张小虎
2016 年 8 月 1 日

目 录

上篇 犯罪学总论

第一编 导 论

第一章 犯罪学概述 …………………………………………………………（3）
 第一节 犯罪学的概念 ………………………………………………（3）
 第二节 犯罪学与相邻学科的关系 …………………………………（9）
 第三节 犯罪学研究的基本路径 ……………………………………（13）
 第四节 犯罪学的理论体系 …………………………………………（20）

第二章 犯罪学研究方法 ……………………………………………………（26）
 第一节 犯罪学研究的科学方法论 …………………………………（26）
 第二节 犯罪学研究的基本观念 ……………………………………（28）
 第三节 犯罪学研究的经验方法 ……………………………………（30）

第三章 犯罪学的形成与发展 ………………………………………………（40）
 第一节 犯罪学形成的背景 …………………………………………（40）
 第二节 犯罪学诞生及犯罪实证学派 ………………………………（41）
 第三节 19世纪后期的犯罪社会学 …………………………………（48）
 第四节 20世纪的犯罪社会学 ………………………………………（55）

第二编 犯罪现象

第四章 犯罪本质 ……………………………………………………………（59）
 第一节 犯罪概念的基本层次 ………………………………………（59）
 第二节 犯罪学的犯罪分类 …………………………………………（61）

第五章 犯罪现象的表现与测量 ……………………………………………（65）
 第一节 犯罪现象的表现形式 ………………………………………（65）
 第二节 犯罪现象的测量 ……………………………………………（76）

第六章 中国犯罪的状况与特点 ……………………………………………（81）
 第一节 计划经济体制下的犯罪状况与特点 ………………………（82）
 第二节 市场经济体制下的犯罪状况与特点 ………………………（91）
 第三节 中国六十多年来犯罪发展的普遍规律 ……………………（118）

第三编 犯罪原因

第七章 犯罪原因的社会因素 (122)
- 第一节 文化与犯罪 (122)
- 第二节 现代化与犯罪 (125)
- 第三节 社会化与犯罪 (129)

第八章 犯罪原因的生物因素 (134)
- 第一节 年龄与犯罪 (134)
- 第二节 性别与犯罪 (136)
- 第三节 遗传与犯罪 (137)

第九章 犯罪原因的心理因素 (141)
- 第一节 人生观与犯罪 (141)
- 第二节 个体心理失衡与犯罪 (144)
- 第三节 个体需要与犯罪 (146)
- 第四节 人格障碍与犯罪 (149)
- 第五节 个性特征与犯罪 (151)

第十章 犯罪被害原因 (156)
- 第一节 犯罪被害人概述 (156)
- 第二节 犯罪被害人与犯罪人的互动关系 (159)
- 第三节 犯罪被害因素 (164)

第四编 犯罪对策

第十一章 犯罪预测 (168)
- 第一节 犯罪预测概述 (168)
- 第二节 犯罪预测的内容 (172)
- 第三节 犯罪预测的步骤与方法 (174)

第十二章 犯罪预防 (177)
- 第一节 犯罪预防概述 (177)
- 第二节 犯罪预防体系 (182)

第十三章 刑事政策原理 (190)
- 第一节 刑事政策的概念 (190)
- 第二节 宽严相济的刑事政策 (199)

下篇 犯罪学专论

第五编 犯罪行为类型

第十四章 暴力犯罪 (209)
- 第一节 暴力犯罪的概念 (209)
- 第二节 暴力犯罪的状况与特点 (212)
- 第三节 暴力犯罪的原因 (216)
- 第四节 暴力犯罪的对策 (222)

第十五章 财产犯罪 (227)
- 第一节 财产犯罪的概念 (227)
- 第二节 财产犯罪的状况与特点 (229)
- 第三节 财产犯罪的原因 (234)
- 第四节 财产犯罪的对策 (239)

第十六章 性犯罪 (243)
- 第一节 性犯罪的概念 (243)
- 第二节 性犯罪的状况与特点 (245)
- 第三节 性犯罪的原因 (252)
- 第四节 性犯罪的对策 (257)

第六编 犯罪主体类型

第十七章 青少年犯罪 (263)
- 第一节 青少年犯罪的概念 (263)
- 第二节 青少年犯罪的状况与特点 (264)
- 第三节 青少年犯罪的原因 (265)
- 第四节 青少年犯罪的对策 (267)

第十八章 流动人口犯罪 (270)
- 第一节 流动人口犯罪的概念 (270)
- 第二节 流动人口犯罪的状况及特点 (274)
- 第三节 流动人口犯罪的原因 (284)
- 第四节 流动人口犯罪的对策 (289)

第十九章 职务犯罪 (295)
- 第一节 职务犯罪的概念 (295)
- 第二节 职务犯罪的状况与特点 (298)
- 第三节 职务犯罪的原因 (302)

第四节 职务犯罪的对策 ……………………………………………………（303）

第七编　犯罪特殊类型

第二十章　有组织犯罪 ……………………………………………………（307）
第一节 有组织犯罪的概念 …………………………………………………（307）
第二节 有组织犯罪的状况与特点 …………………………………………（309）
第三节 有组织犯罪的原因 …………………………………………………（314）
第四节 有组织犯罪的对策 …………………………………………………（317）

第二十一章　计算机犯罪 …………………………………………………（320）
第一节 计算机犯罪的概念 …………………………………………………（320）
第二节 计算机犯罪的状况与特点 …………………………………………（323）
第三节 计算机犯罪的原因 …………………………………………………（327）
第四节 计算机犯罪的对策 …………………………………………………（332）

第二十二章　恐怖主义犯罪 ………………………………………………（337）
第一节 恐怖主义犯罪的概念 ………………………………………………（337）
第二节 恐怖主义犯罪的状况与特点 ………………………………………（338）
第三节 恐怖主义犯罪的原因 ………………………………………………（340）
第四节 恐怖主义犯罪的对策 ………………………………………………（341）

上 篇
犯罪学总论

第一章

以巴弗提

第一编　导　　论

第一章　犯罪学概述

犯罪学概述阐释犯罪学的基本知识，具体包括如下内容：犯罪学的概念、犯罪学与相邻学科的关系、犯罪学研究的基本路径、犯罪学的理论体系等。

第一节　犯罪学的概念

犯罪学理论对于犯罪学存在不同的界说。应当说，犯罪学有其独特的学科特征，从而是刑事科学中一门独立的学科。

一、犯罪学概念考察

对于犯罪学概念的考察，可以基于犯罪学词源、犯罪学界说等层面展开。

1. 犯罪学词源

在词源上，犯罪学[1]由拉丁文 crimen（犯罪、罪行）与 logos（学说、知识）组合而成。法国人类学家保罗·托皮纳尔（Paul Topinald,1830—1911)，在 1879 年出版的《人类学》一书中首次使用犯罪学这一术语，意思是研究犯罪行为问题的科学。意大利犯罪学家拉斐尔·加罗法洛（Raffaele Garofalo,1852—1934)，于 1885 年出版了题为《犯罪学》的著作，以犯罪人的自然因素、社会因素、应对犯罪的合理刑事措施作为核心内容[2]，成为第一部以犯罪学命名的学术著作。意大利犯罪学家切萨雷·龙勃罗梭（Cesare Lombrosr,1836—1909)，1876 年在米兰出版了他的代表作《犯罪人论》，1878 年他在都灵又出版了《犯罪人论》的第二版，强调实证学的研究方法，注重犯罪人的生物学特征[3]，引起了学术界的广泛注意，他为之名声大振，被誉为犯罪学之父。此后犯罪学这个术语被广泛地采用。

---

[1] 英文 criminology,法文 criminologie,意大利文 climinologia,德文 Kriminologie,俄文 криминология。
[2] 参见〔意〕加罗法洛著：《犯罪学》，耿伟、工新译，中国大百科全书出版社 1996 年版。
[3] 参见〔意〕龙勃罗梭著：《犯罪人论》，黄风译，中国法制出版社 2000 年版。

2. 犯罪学界说

犯罪学作为一门独立的学科,应当有自身的学科性质、关注焦点、研究领域等,这些正是犯罪学概念的核心内容。对此,国内外犯罪学研究颇有争议,主要观点如下:(1) 刑法学的辅助:认为犯罪学是刑法学的辅助学科。① (2) 刑事法学分支:认为犯罪学是刑事法学的分支学科。② (3) 刑事科学分支:认为犯罪学是刑事科学的分支学科。③ (4) 刑事科学整体:认为犯罪学包括了诸多刑事科学。④ (5) 社会学分支:认为犯罪学是社会学的分支学科。⑤ (6) 社会法学:认为犯罪学是社会科学与法学的相互结合的学科。⑥ (7) 社科一级学科:认为犯罪学是社会科学中独立的综合性的一级学科。⑦ 应当说,将犯罪学作为刑事科学中的一个分支学科,有其合理性。犯罪学是刑事科学中的事实科学。不过,需要进一步揭示犯罪学的研究对象、基础理论、研究方法、知识结构等。

二、犯罪学概念解析

犯罪学,是融合各种有关学科的知识,阐释犯罪本质,表述犯罪现象,揭示犯罪原因,寻求犯罪对策的刑事科学。犯罪学包括:中国犯罪学、外国犯罪学、比较犯罪学、沿革犯罪学、犯罪社会学、犯罪心理学、犯罪生物学、被害人学等。刑法学、监狱学、刑事诉讼法学、刑事侦察学等,是犯罪学的相关学科,它们共同构成刑事科学。具体地说,犯罪学概念涉及犯罪学的基本内容、背景知识结构、事前事实科学、内在学科结构、分支学科、相关学科等方面,分述如下:

1. 基本内容

犯罪本质、犯罪现象、犯罪原因、犯罪对策是犯罪学研究的最基本的内容。犯罪本质确定犯罪的内在规定性,具体划定犯罪现象的边界;犯罪现象提供犯罪学知识体系的最基本的经验性基础;犯罪原因揭示犯罪因素与犯罪现象之间肯定性的因果关联;犯罪对策基于犯罪原因而构建预防与控制犯罪的原则与措施。

(1) 犯罪本质:犯罪本质决定犯罪界域,构成犯罪学研究的基础。犯罪学以犯罪为研究对象,而犯罪本质的基本蕴含决定着犯罪现象的具体界定,由此为犯罪学的进一步研究提供了前提。犯罪本质是颇值探究的理论问题,它既表现为一种客观存在

---

① 参见〔日〕藤本哲也著:《犯罪学绪论》,日本成文堂1984年版,第16页;〔法〕卡斯东·斯特法尼等著:《法国刑法总论精义》,罗结珍译,中国政法大学出版社1998年版,第55页。

② 参见张智辉著:《犯罪学》,四川人民出版社1989年版,第6页。

③ 参见〔德〕汉斯·海因里希·耶赛克、托马斯·魏根特著:《德国刑法教科书》,徐久生译,中国法制出版社2001年版,第52页;储槐植、许章润等著:《犯罪学》,法律出版社1997年版,第5页。

④ 参见〔波兰〕布鲁诺·霍尼斯特著:《比较犯罪学》,高明等译,辽宁人民出版社1989年版,第2—4页。

⑤ Edwin Sutherland and Donald Cressey, *Principles of Criminology*, 6th ed. Philadelphia: J. B. Lippincott, 1960, p. 3;〔美〕D. 斯坦利·艾兹恩、杜格·A. 蒂默著:《犯罪学》,谢正权等译,群众出版社1988年版,第2—3页。

⑥ 参见陈明华等著:《比较犯罪学》,中国人民公安大学出版社1992年版,第10页;〔俄〕阿·伊·道尔戈娃著:《犯罪学》,赵可等译,群众出版社2000年版,第27—28页。

⑦ 参见郝宏奎:《论犯罪学的学科性质和地位》,载《中国人民公安大学学报》1996年第6期;邱国梁著:《犯罪学》,上海社会科学院出版社1989年版,第10、13页。

的社会事实,又表现为一种社会主体的价值观念。不仅如此,犯罪本质在不同的历史时期、在不同的地域范围、在不同的社会群体等,也有着各不相同的表现。犯罪学的犯罪本质也独具特点。刑法学研究犯罪本质,展示刑法规范的内在价值属性,回答刑法为什么将某些行为规定为犯罪的问题;犯罪学研究犯罪本质,揭示犯罪事实的社会应然特征,回答刑法应当将哪些行为规定为犯罪的问题。从这个意义上说,犯罪学犯罪本质的研究有其独特的意义,奠定了刑法学犯罪界定的基石。犯罪学的犯罪本质,超越于刑法的框架,提供刑法立法的指导,并以观念形态更为间接地波及司法。

(2) 犯罪现象:犯罪现象展示犯罪的具体表现状况。在犯罪学看来,犯罪行为、犯罪人、犯罪率等的形成受一定的因果律支配,是生物因素、自然因素、社会因素等综合影响的结果。犯罪学揭示犯罪的形成机制,而犯罪现象及其因果关系是这一形成机制的重要表现。具体包括:犯罪形成结果的现象:犯罪行为、犯罪人、犯罪率等的表现形式;犯罪形成过程的现象:决定犯罪的生物因素、自然因素、社会因素的表现形式等等。同时,犯罪学研究以控制和预防犯罪为终极目标,犯罪学不仅研究法定犯罪现象,而且研究与法定犯罪现象密切相关的应然犯罪现象、社会危险现象、违法越轨现象等。其中,应然犯罪现象,展示应予犯罪法定化的危害社会行为;违法越轨现象,展示违反其他法律法规或者违反社会习惯道德准则的事实;社会危险现象,展示行为具有社会危害与行为人具有社会危险,并由刑法明文可予适用保安处分的事实。

(3) 犯罪原因:犯罪原因属于犯罪学研究的核心,狭义的犯罪学甚至将犯罪原因学等同于犯罪学。犯罪原因力求揭示决定犯罪行为、犯罪人、犯罪率等犯罪现象形成的关键性因素,包括生物因素、心理因素、自然因素、社会因素,阐释这些因素导致犯罪形成的作用机制,凸显出诸种致罪因素中最为核心的因素,等等。就研究视角而言,可以是生物的、社会的、心理的等,由此形成犯罪原因的生物学理论、心理学理论、社会学理论。根据解析对象的不同,犯罪原因也可以分为个体犯罪原因与社会犯罪原因。前者针对个体犯罪行为、犯罪人等个体犯罪现象以及犯罪的微观环境,分析个体犯罪现象形成的原因;后者聚焦于犯罪率等整体犯罪现象以及犯罪的宏观环境,探究整体犯罪现象形成的原因。犯罪原因除了从犯罪人角度进行研究,还可以从被害人角度剖析,即所谓犯罪被害人原因。

(4) 犯罪对策:犯罪对策是基于对犯罪原因的揭示,而提出的预防和控制犯罪的各种原则和措施。犯罪严重地伤害了被害人,危害了社会,应当受到刑事处罚。但是,"关于预防犯罪措施的改革哪怕只进步一点,也比出版一部完整的刑法典的效力要高一百倍。"[1]研究犯罪的目的,就是要控制犯罪、预防犯罪。犯罪寄生于社会,倘若我们将视角转向宏观的社会结构,我们会发现犯罪与社会结构有着密切的联系。这样,我们在谴责犯罪的同时,不得不深入地思考一下社会结构方面的不足。从这个意义上说,德国刑法学家李斯特(Franz Liszt)的著名论断"最好的社会政策,就是最好的刑事政策"极为深刻。因此,要治理犯罪,我们必须从包括刑事法律制度、社会保障

---

[1] 〔意〕恩里科·菲利著:《犯罪社会学》,郭建安译,中国人民公安大学出版社1990年版,第94页。

体系以及其他的社会经济结构、政治结构等方面进行改革。

2. 知识结构

犯罪学的研究尤其需要融合各种有关学科的知识。刑法学、社会学、心理学、生物学等学科,是犯罪学研究所不可缺少的知识基础。

(1) 刑法学:犯罪学研究需要刑法学的知识基础。犯罪学所研究的犯罪与违法,应当由国家法律来认定;刑法学的犯罪界定,为犯罪学的研究对象确立了最核心的标志。法国著名社会学家迪尔凯姆(Emile Durkheim)认为:"犯罪这件事情,犯罪的根本性质不是刑罚,不过刑罚能够将犯罪的现象表现,即让人感受到外形,因此,要使人懂得什么是犯罪,只能从它的外部表现的一个方面即刑罚开始进行研究。"[①]美国学者指出:"最精确、最明确的犯罪定义是,把犯罪定为刑法典所禁止的行为",而且,"这是唯一可以接受的犯罪定义","如果没有法典,那犯罪存在于何处呢?"[②]美国犯罪学之父萨瑟兰(Edwin Sutherland)也强调:"犯罪行为是违反刑事法的行为……除非为刑事法所禁止,否则不为犯罪。而刑事法则是由官方机构所发布的有关人类行为的一套集体规范。它应毫无差别地被引用至社会各阶层,而由国家对违反者施以惩罚。"[③]犯罪与违法的法律的界定,不仅使犯罪与违法的蕴意清晰、明确,而且也为犯罪学研究的共同对话构建了基本、统一的逻辑前提。

(2) 社会学、心理学:犯罪学的研究需要社会学、心理学等有关学科的知识基础。犯罪学以探索犯罪原因为核心,而犯罪原因必须通过对犯罪现象的认识、剖析去揭示,犯罪现象是犯罪原因的具体表现。犯罪由具有一定的生物学基础和社会生活背景的犯罪人所实施,犯罪又是超脱了具体犯罪人特征的一种反社会行为的整体表现。因而,犯罪现象表现为犯罪人现象、犯罪人的生物学现象、犯罪人的心理学现象、犯罪人的微观社会环境现象、犯罪率现象、犯罪率的宏观社会环境现象等等。认识、剖析这些犯罪现象,揭示犯罪原因,不能没有较为精湛的社会学、心理学等知识的背景。运用社会统计学,我们可以搜集、分析犯罪率以及诸多致罪因素;运用社会学理论(例如,个体社会化理论、社会结构理论),我们可以洞察处于社会中的犯罪与社会因素的深刻关系;运用心理学理论,我们可以探究犯罪人的心理特征。尽管在现代科学看来,任何学科均不是孤立的,例如,刑法学的研究也需要哲学、社会学、经济学等的支持,但是犯罪学对于社会学、心理学等学科的需求更为迫切。犯罪学研究的结构模式是"(犯罪本质)犯罪现象—犯罪原因—犯罪对策",而刑法学研究的相应表现是"刑法规范—刑法理论—刑法哲学"。由此可见,刑法学以刑法规范为研究素材,侧重于思辨方法,注释法律、挖掘法理、揭示刑法哲学;其理论核心是,阐释规范的犯罪构成、规范的犯罪处置以及探索应当如何合理设置罪刑规范。犯罪学以社会犯罪事实为研究素材,侧重于经验方法,观测犯罪现象、揭示犯罪原理、寻求犯罪对策;其理论核心是,

---

① 〔法〕埃米尔·迪尔凯姆著:《社会学方法的规则》,胡伟译,华夏出版社 1999 年版,第 35 页。
② 〔美〕理查德·昆尼著:《新犯罪学》,陈兴良等译,中国国际广播出版社 1988 年版,第 2—3 页。
③ Edwin Sutherland and Donald Cressey, *Principles of Criminology*, 8th Ed., Philadelphia, J. B. Lippincott, 1970, p. 3.

描述事实的犯罪状况、揭示事实的犯罪原因以及探索预防与控制犯罪的社会措施。相对而言,犯罪学研究犯罪有着浓重的事实科学的知识背景,显然,犯罪学更为注重社会学、心理学等学科知识的运用。

3. 事前事实科学

犯罪学是一门以罪前研究为着眼点的刑事事实科学,从而犯罪学具有事实科学与罪前研究的特征。

(1) 事实科学:展示犯罪事实、揭示犯罪事实、治理犯罪事实,是犯罪学研究的基本路径,犯罪事实贯穿于犯罪学研究的始终。犯罪本质阐释犯罪事实的内在属性,为犯罪现象划定边界;犯罪现象表述犯罪事实的外在状况,为犯罪原因提供经验基础;犯罪原因探究犯罪事实的因果关联,确认关键性的致罪因素、诸种致罪因素之间的作用关系、各种致罪因素与犯罪之间的作用关系,由此揭示犯罪的形成机制,为犯罪对策奠定理论依据;犯罪对策寻求犯罪事实的治理原则措施,使犯罪得以控制与预防。尤其是,犯罪学理论的核心是对犯罪现象的原因解释,而这一理论的科学性就在于对犯罪现象的原因解释与实然的因果事实相符一致。为了展示犯罪事实、揭示犯罪事实,经验方法是最基本的、最重要的研究手段;犯罪学以构建综合性命题为主导。犯罪学研究的事实重心与经验方法,凸显出犯罪学的事实科学特征。

(2) 罪前研究:刑法学力求构建合理的刑事惩罚的具体规则,属于(犯罪)事后的规范科学;刑事侦察学力求再现案犯作案过程,使案件事实充分暴露无遗,属于(犯罪)事中的事实科学;犯罪学力求揭示犯罪原因机制从而控制预防犯罪,属于(犯罪)事前的事实科学。在犯罪学研究中,一个人为什么犯罪与社会为什么存在犯罪,是犯罪原因的研究,它们构成了犯罪学研究的核心。犯罪原因在犯罪学知识体系中的核心地位,展示了犯罪学致力于揭示犯罪前的罪因机制的理论视角。在某种意义上,犯罪学诞生于刑事科学领域研究方法的革新与研究视角的转换。其中,方法革新表现为由崇尚理性的思辨到注重经验性的观察;视角转换表现为由事后的刑罚理性到事前的罪因机制。①

4. 学科结构

犯罪学包括中国犯罪学、外国犯罪学、比较犯罪学、沿革犯罪学。这是立于犯罪学所研究犯罪本质与犯罪现象、犯罪原因、犯罪对策之国别的角度,对于犯罪学所作的划分。中国犯罪学,以中国社会背景下的犯罪本质与现象、犯罪原因、犯罪对策等为研究对象的刑事事实科学。外国犯罪学,是以中国以外的其他某一国家社会背景下的犯罪本质与现象、犯罪原因、犯罪对策等为研究对象的刑事事实科学。比较犯罪学,是以世界各国现行社会背景下的犯罪本质与现象、犯罪原因、犯罪对策为主,对之进行比较研究,揭示其异同、优劣的知识体系。沿革犯罪学,是运用历史的方法,阐明

---

① 刑事近代学派始于犯罪学,意大利犯罪学家、精神病学家切萨雷·龙勃罗梭(Cesare Lombroso 1836—1909)既是犯罪学的创始人也是刑事近代学派的鼻祖。他的著作《犯罪人论》(1876年)的出版标志着犯罪学作为一门独立学科的诞生。龙勃罗梭的天生犯罪人论令人难以置信,然而其以实证主义的研究方法和由犯罪人揭示罪因反过来指导刑罚的思路,博得了他在刑事科学领域中的杰出地位。

世界各国古今犯罪学思想、理论、实践的发展轨迹,揭示其嬗变规律的科学。

5. 分支学科

犯罪学包括犯罪社会学、犯罪心理学、犯罪生物学、被害人学等分支学科。这是立于犯罪学的研究视角和理论背景的视角,对于犯罪学所作的划分。犯罪社会学,是指运用社会学的理论和研究方法,对犯罪的社会本质、现象、原因、对策进行研究而形成的犯罪社会理论与实践的知识体系。犯罪心理学,是指运用心理学的理论和研究方法,对犯罪的心理现象、原因、对策进行研究而形成的犯罪心理理论与实践的知识体系。犯罪生物学,是指运用生物学的理论和研究方法,对犯罪的生物现象、原因、对策进行研究而形成的犯罪生物理论与实践的知识体系。犯罪被害人学,是指以犯罪被害人为视角,运用各种有关学科的知识,对被害人被害的特征、原因、补偿和预防等进行研究而形成的有关犯罪被害的理论与实践的知识体系。

6. 相关学科

刑法学、监狱学、刑事诉讼法学、刑事侦察学等,是犯罪学的相关学科,它们共同构成刑事科学。

(1) 刑事科学整体领域:刑事科学,是指研究犯罪事实与规范处置的一系列知识体系,包括刑事事实学与刑事规范学。刑事事实学,注重经验的方法,以社会事实为知识平台,描述事实现象,重在揭示现象形成机理的事实,探索事实的社会意义,包括犯罪学、刑事侦察学等。刑事规范学,注重思辨的方法,以法律规范为知识平台,注释法律规范,重在揭示法律规范的形式构造与实质意义,探寻法律规范的应然,包括刑法学、刑事诉讼法学等。德国刑法学家李斯特提出全体刑法学的概念,将刑事政策、犯罪学、刑罚学、行刑学等纳入全体刑法学的范畴。[①] 我国刑法学家甘雨沛先生阐述了当代全体刑法学的趋势,指出:"19世纪的刑法学是合,融刑法学、犯罪学、诉讼法学、行刑学为一体;20世纪的刑法学是分,除上述学科相继独立外,还出现一些边缘学科;将来必走向统一、联合,成为一个熔刑事立法论、适用解释论、行刑与保安处分论以及刑事政策论等为一炉的全面规制的'全体刑法学'。"[②] 德国学者耶赛克等将刑法学、刑事诉讼法学、行刑法学界定为刑事法学,刑事法学与犯罪学共同构成刑事科学。[③]

(2) 刑事科学各个部门:从科学研究来讲,我们应当拓宽视野,注重刑事科学各学科间的交融,乃至在人文科学、社会科学、自然科学等更大的知识背景下,展开刑事科学及其内在各个学科的研究;同时,刑法的实际运作,也不可避免地要与刑事诉讼、刑事侦察等协调、整合,并需要犯罪学、刑事政策学等基本理念的具体指导。不过,就刑事科学领域内部各个学科之间的相对意义而言,犯罪学并不包括刑法学、监狱学、刑事诉讼法学、刑事侦察学等,而是与这些学科之间有着密切的关联,从而它们共同

[①] 参见〔波兰〕布鲁霍尼斯特著:《比较犯罪学》,高明等译,辽宁人民出版社1989年版,第3—4页。
[②] 《刑事法学要论》编辑组:《刑事法学要论》,法律出版社1998年版,序。
[③] 参见〔德〕汉斯·海因里希·耶塞克、托马斯·魏根特著:《德国刑法教科书》,徐久生译,中国法制出版社2001年版,第52页。

构成刑事科学。刑法学,是研究刑法及其所规定的犯罪或社会危险行为与刑罚或保安处分的科学,是法律规范学中一门重要的学科。刑事诉讼法学,是研究刑事诉讼法律规范,揭示刑事诉讼原理、原则,探寻刑事诉讼应有价值的知识体系。刑事侦察学,是运用刑案规律以及奠定于刑案规律之上的策略方法和技术手段,揭露、证实犯罪的刑事科学。监狱学,是研究监狱制度以及刑事执行的刑事科学。

第二节 犯罪学与相邻学科的关系

犯罪学与相邻学科之间的关系,是指犯罪学同与其密切相关的学科之间的区别与联系。这种"密切相关",既可以表现在学科结构的属性上,即犯罪学与同属于刑事科学的刑法学、监狱学、刑事政策学等学科之间的关系;也可以表现在研究方法的互补上,即犯罪学与社会学、心理学、生物学等学科之间的关系。其中,犯罪学与社会学、心理学等非刑事科学学科的区别是较为明显的;而在刑事科学领域中,犯罪学与刑法学、刑事政策学的关系颇具代表性。

一、犯罪学与刑法学

刑法学,是研究刑法及其所规定的犯罪或社会危险行为与刑罚或保安处分的科学,是法律规范学中一门重要的学科。犯罪学与刑法学既有区别又有联系。

1. 犯罪学与刑法学的区别

(1) 学科性质不同:刑法学以刑法规范为其研究的基本内容,属于规范学;犯罪学以犯罪事实为其研究的核心所指,属于事实学。刑法学以刑法规范为研究素材,侧重于思辨方法,注释法律、挖掘法理、揭示刑法哲学,其理论核心是,阐释规范的犯罪构成、规范的犯罪处置以及探索应当如何合理设置罪刑规范;犯罪学以社会犯罪事实为研究素材,侧重于经验方法,观测犯罪现象、揭示犯罪原理、寻求犯罪对策,其理论核心是,描述事实的犯罪状况、揭示事实的犯罪原因以及探索预防与控制犯罪的社会措施。相对而言,刑法学具有浓重的规范学色彩,而犯罪学则具有较强的事实学特征。

(2) 思维模式不同:犯罪学理论的核心是对犯罪现象的犯罪原因的揭示,重在解释犯罪现象的因果事实,反思因果事实的社会意义,探索人类理性的犯罪对策。由此,犯罪学具有较强的实证色彩,更为强调经验性[①]方法的运用,构建综合性命题[②]。犯罪学的理论轨迹是:犯罪现象—犯罪原理—犯罪对策。从这个意义上说,犯罪学是

---

① 经验性方法使用人的感官如视觉和听觉来观察外部世界,其观察结果又可以由别人用同样的过程来检验其正确性。可见经验性方法是一种极为普遍和开放的获得知识的途径。因为它依赖于感官观察,而这又是可以重复进行的,所以它减少了个人偏见、情绪化成分以及歪曲性论断。〔美〕戴维·波普诺著:《社会学》,李强等译,中国人民大学出版社1999年版,第35页。

② 综合性命题,是指基于诸多相互关联的经验事实而形成统一的具体陈述。例如,转型期中国社会犯罪率的增长与社会分层的失衡密切相关。这一命题的基础,来源于转型期中国社会犯罪率波动状况与转型期中国社会阶层结构状况之间的相应变化关系的经验性事实。

社会学型的科学。刑法学理论的核心是对刑法条文的法理意义的展示,重在解释刑法条文的规范蕴含,反思应然的规范设置,探索人类理性的规范精神。由此,刑法学具有较浓厚的思辨色彩①,强调逻辑演绎句法规则的先验判断,构建分析性命题②。刑法学的理论轨迹是:刑法规范—刑法理论—刑法哲学。从这个意义上说,刑法学是哲学型的科学。③

(3) 研究视角不同:犯罪学注重犯罪前的研究。犯罪学研究的基本路径是,分析犯罪本质与现象,揭示犯罪原因,寻求犯罪对策,其宗旨是构建合理的犯罪控制与预防体系,将犯罪遏制在形成之前。犯罪本质与现象的研究,为犯罪原因的揭示提供基础,而犯罪原因与犯罪对策的研究则直接服务于这一犯罪学研究的宗旨。刑法学注重犯罪后的研究。刑法学研究的基本路径是,分析刑法规范,揭示刑法规范的法理意义,探索人类应有的刑法精神,其宗旨是构建合理的刑事惩罚的具体规则,使犯罪受到应有的刑事处置。④ 刑法规范的研究,为刑法理论的构建提供素材,而刑法理论乃至刑法精神的研究则致力于这一刑法学研究的宗旨。

2. 犯罪学与刑法学的联系

刑法学的犯罪的法律界定,为犯罪学所研究的犯罪现象,提供了最精确、最明确的边界。尽管犯罪学对犯罪关注的视野更为开阔,包括法定犯罪与违法行为、越轨行为、社会危险行为等,但是其核心依然是法定的犯罪。这不仅因为以法定犯罪为内容的刑事司法统计是犯罪学研究的重要资料之一,而且这种法定犯罪的相对确定性也是犯罪学理论得以对话的前提。

犯罪学的犯罪现象的解释成果,诸如犯罪原因、刑事政策,为刑法学理论的进一步开拓奠定了基础。犯罪学的理论成果,在一定程度上将引起刑法学的重大变革。自由意志、理性选择的犯罪观念,奠定了刑事古典学派刑事惩罚论的基础,在这里刑罚针对的是行为;而环境决定、行为决定的犯罪思想,造就了刑事近代学派刑罚目的论的崛起,由此应受惩罚的不是行为而是行为人。

二、犯罪学与刑事政策学

刑事政策学,是指研究国家为有效地控制、预防犯罪,而制定的社会据以应对犯罪的宏观原则与具体方法的刑事科学。

---

① 思辨性方法,是指基于纯然的概念、原理、规则、先期命题,进行分析、判断、逻辑推导,从而获得知识结论的一种认识途径。

② 分析性命题,是指基于概念、原理或者若干经验结论,经由理性演绎而推导出的具体陈述。例如,偶然防卫并非正当防卫。这一命题的基础,来源于偶然防卫的构成条件、正当防卫的构成条件、违法阻却理论、客观违法性论、主观违法性论等,有关犯罪成立条件的概念、原理、规则。

③ 当然,这只是从总体上对学科的理论侧重所作的一种大致的评价,并不意味着犯罪学无需思辨分析,刑法学也无需经验方法。实际上就科学研究来说,哲学与社会学都是必不可少的。哲学有助于演绎的思考、理论的升华,社会学有助于综合的分析、事实的观察。不过就哲学与社会学的关系来说,社会学与哲学有着不同的理论侧重与研究方法。

④ 即使是目的刑论,也不否认对于犯罪处罚的合理。

1. 犯罪学与刑事政策学的区别

(1) 权力成分的差异:这主要是就两门学科的内容而言的。刑事政策学研究的对象刑事政策,具有一定的权力色彩。刑事政策由国家或者执政党予以决策,并通过具体的立法、司法或者行政管理在全社会中推行。"政策和策略是一种政治措施,从本质上讲,无论政策和策略涉及哪一具体的生活领域,都属于政治的范畴,是政治概念。"[1]从某种意义上说,犯罪学与刑事政策学均为一定的政治服务。不过,犯罪学所研究的犯罪本质与现象、犯罪原因、犯罪对策,犯罪事实所占的比重更大,其以认识、探究、揭示客观犯罪为前提,即使是改造客观犯罪的犯罪对策,也具有更为广泛的意义,而不只是国家的决策、行动。表现在,措施方法的多样性、参与者的社会性、内容的应然性等等。例如,健全社会保障、增加就业机会、推进道德整合、构建菱形社会、刑罚改革、监狱改良、社会帮教、群防群治、社区防范、人民调解。由此,权力的成分被一定程度地冲淡。

(2) 思维模式的差异:犯罪学是较为典型的事实科学,揭示犯罪本质与现象的事实特征,探索犯罪原因的规律性事实,运用对犯罪事实的认识知识,提出并实施社会防控犯罪的最佳方案。因此,在犯罪学的研究中,经验方法的运用是首要的、必要的,犯罪学以构建综合性命题为主流。刑事政策学,注重合理的刑事政策的架构,追寻刑事政策的价值目标,这其中有国家意志、社会意志等的统一与调和,并带有一定的规范性。因此,在刑事政策学研究中,思辨方法是重要的手段,刑事政策学以构建分析性命题为主流。

(3) 研究内容的侧重有所不同:狭义的犯罪学又称犯罪原因学,以犯罪原因为重心;广义的犯罪学尽管也包括犯罪对策,不过这里的犯罪对策具有更为广泛的意义,在一定程度上表现为遏制犯罪的社会政策。广义上讲,一切有利于防控犯罪的措施、方法、策略等,诸如社会帮教、群防群治、综合治理乃至普法教育、人民调解,都是犯罪对策。而刑事政策则主要是应对犯罪的刑事方面的宏观原则与具体方法。有论著认为,刑事政策的中心是科学合理地组织对犯罪的反应,具体表现在三个方面:打击面的宽窄;打击力度的大小;惩治方式的设计。[2] 刑事政策的横向结构有:定罪政策、刑罚政策、处遇政策;刑事政策的纵向结构有:基本刑事政策、具体刑事政策。[3] 可见,刑事政策围绕着罪刑惩罚而展开。

2. 犯罪学与刑事政策学的联系

犯罪学为刑事政策学提供经验性基础,合理的刑事政策建立在对犯罪的正确认识之上。犯罪原因是刑事政策的起点,刑事政策是犯罪原因的归宿。犯罪学的思想理念推动着最好刑事政策的奠定,而最好刑事政策又引导着合理刑法规范的构建。

---

[1] 肖扬主编:《中国刑事政策和策略问题》,法律出版社1996年版,第1—2页。
[2] 参见储槐植、许章润著:《犯罪学》,法律出版社1997年版,第15页。
[3] 杨春洗主编:《刑事政策论》,北京大学出版社1994年版,第15—23页。

三、犯罪学与刑事侦察学

刑事侦察学,是运用刑案规律以及奠定于刑案规律之上的策略方法和技术手段,揭露、证实犯罪的刑事科学。①

1. 犯罪学与刑事侦察学的区别

(1) 研究视角的区别:兹分别犯罪学与刑事侦察学,对之予以如下对比:A. 犯罪学:其一,罪前视角:犯罪学研究以犯罪原因为核心;犯罪原因在犯罪学知识体系中的核心地位,展示了犯罪学致力于揭示犯罪前的罪因机制的理论视角。其二,微观与宏观:犯罪学既是犯罪的微观研究(一个人为什么犯罪,个体犯罪现象的形成机制),又是犯罪的宏观研究(社会为什么存在犯罪,整体犯罪现象的形成机制)。B. 刑事侦察学:其一,罪中视角:刑事侦察力求再现案犯作案过程,以使犯罪实施的每一个事实细节都被充分地暴露无遗,从而展示了刑事侦察学致力于揭示罪中犯罪实施事实的研究视角。其二,微观研究:刑事侦察始终以具体的刑事案件的表现与侦破为研究的起点与归宿;侦察之初是一起具体的刑案之"谜",侦察终结是对这一"谜"之解。

(2) 研究内容的区别:兹分别犯罪学与刑事侦察学,对之予以如下对比:A. 犯罪学·罪因核心:犯罪学,是阐释犯罪本质,表述犯罪现象,揭示犯罪原因,寻求犯罪对策的刑事科学。犯罪学关注下列基本问题:犯罪本质的研究(犯罪是什么);犯罪现象的研究(犯罪怎么样);犯罪原因、犯罪条件的研究(犯罪为什么:一个人为什么犯罪、社会为什么存在犯罪、犯罪在什么条件下得以发生);犯罪对策的研究(犯罪怎么办:社会如何对付犯罪)。B. 刑事侦察学·刑案侦破:刑事侦察学,是研究侦察机关如何运用刑事策略方法和技术手段揭露、证实犯罪的科学。刑案与侦破,是刑事侦察的起点与归宿。刑案规律与侦破规律,是刑事侦察学的两大核心内容。② 刑案规律,又称刑事案件规律,是指案犯作案所涉及的诸客观事物之间或事物内部诸要素之间本质的、固有的、必然的联系,其统一在刑案之中,从刑案不同的侧面,尤其是内含的细节,反映了刑案的本质。③ 侦破规律,又称侦察破案规律,是指运用刑案规律侦破刑案的诸认识、活动规律,其统一在侦破之中,从技术、分析、措施、方法、策略等方面展现了侦破的本质。④ 刑案学与侦破学,是刑事侦察学的两大知识体系。刑案学,是指探索刑案规律从而建构的知识体系,其构成刑事侦察学的基础。侦破学,是指探索侦破规律从而建构的

---

① 对于刑事侦察(查)学的界定不一。有的称为"侦察学",有的谓之"侦查学";界定的内容也各有特点。不过基本均强调刑事侦察(查)是针对犯罪案件,采用特定的刑事技术和策略手段,揭露证实犯罪。当然严格说来,"侦察"与"侦查"是有区别的,前者注重研究公安机关如何运用侦察策略手段和刑事科学技术发现、揭露、证实犯罪,后者则强调公安机关、人民检察院和军队保卫部门等依法进行专门调查和采取有关强制措施。关于刑事侦察(查)学的界定可参见:解衡主编:《刑事侦察学总论》,中国人民公安大学出版社 1986 年版,第 1 页;邹金鲁主编:《刑事侦察学总论》,群众出版社 1991 年版,第 3 页;杨殿升等编著:《刑事侦查学》,北京大学出版社 1993 年版,第 1 页;徐立根主编:《侦查学》,中国人民大学出版社 1991 年版,第 20 页;周应德主编:《犯罪侦查学》,法律出版社,第 5 页;〔苏联〕A. H. 瓦西利耶夫著:《犯罪侦查学》,原因译,群众出版社 1985 年版,第 14 页。

② 详见张小虎:《应加强对刑案规律的系统研究》,载《中国刑警学院学报》1995 年第 1 期。

③ 例如,在杀人案中被害人与案犯有着特定的社会互动。

④ 例如,侦破杀人案先查被害人,尤其是对于那些被害人身份不明的杀人案件。

知识体系,其构成刑事侦察学的宗旨。刑事侦察学,是刑案学与侦破学的有机结合。

2. 犯罪学与刑事侦察学的联系

(1) 学科性质的归属:犯罪学与刑事侦察学,就学科性质而言,均属于事实科学。A. 犯罪学:展示犯罪事实、揭示犯罪事实、治理犯罪事实,是犯罪学研究的基本路径,犯罪事实贯穿于犯罪学研究的始终。尤其是,犯罪学理论的核心是对犯罪现象的原因解释,而这一理论的科学性就在于对犯罪现象的原因解释与实然的因果事实相符一致。为了展示犯罪事实、揭示犯罪事实,经验方法①是最基本的、最重要的研究手段;犯罪学以构建综合性命题为主导。犯罪学的理论轨迹是:(犯罪本质)犯罪现象—罪因机制—犯罪对策。犯罪学研究的事实重心与经验方法,凸显出犯罪学的事实科学特征。B. 刑事侦察学:对案犯作案的再现,需要从与案件有关的事物的因果律中去探寻,这是对刑事案件的一种事实研究。侦察工作必须通过口头告诫,提出建议来进行探讨,而不能靠法律条文规定和硬性的理论。即使在处理某一案件时,选择的方法最有条理,工作也竭尽全力,然而恰当的直觉和灵感的因素对侦察结果也有影响。另一方面,刑事侦察有一般的原理和特殊的定理。如果侦察员的行动符合这些原理和定理,案件肯定能迎刃而解。② 这种原理、定理就是刑案规律、侦察规律,这种规律更具技术性、经验性和广泛性。③ 可见刑事侦察是一门实践性极强的事实科学。

(2) 经验素材与开阔视野:刑事侦察对具体案件的侦破,涉及具体案件的背景以及广泛的社会背景,这为犯罪学的研究提供了经验性的素材。犯罪学研究的理论成果,例如某些特殊类型犯罪人的行为特征,开阔了刑事侦察破案的视野④,并在一定程度上为刑事侦察提供理论基础。

第三节 犯罪学研究的基本路径

研究视角的独特与研究问题的相对确定,是一门学科得以成立的关键之一。另一方面,学科研究基本问题的明晰,为该学科的学术对话构建了共同的平台与语境,

---

① 经验性方法使用人的感官如视觉和听觉来观察外部世界,其观察结果又可以由别人用同样的过程来检验其正确性。可见经验性方法是一种极为普遍和开放的获得知识的途径。因为它依赖于感官观察,而这又是可以重复进行的,所以它减少了个人偏见、情绪化成分以及歪曲性论断。〔美〕戴维·波普诺著:《社会学》,李强等译,中国人民大学出版社1999年版,第35页。

② 参见〔美〕查尔斯·奥哈拉著:《刑事侦察学基础》,谭璟彝等译,群众出版社1990年版,第1页。

③ 详见张小虎:《刑案规律应有其特定的含义及特征》,载《刑侦研究》1996年第6期。

④ 例如,侦察人员成功地运用变态人格特征,破获了较为典型的疑案。1992年,某市中心医院产房一女婴失踪。根据侦察起始阶段初步掌握的一些情况,侦察人员从心理正常者行为一般规律出发,对该案进行了分析、判断,设想了多种可能性:女婴父母重男轻女,会不会窃婴杀害;是否有人窃婴领养或贩卖;会不会值班护士因失职致婴儿死亡而藏婴避责,等等。根据该多种可能性,侦察措施多管齐下。经过艰苦细致的工作,新的信息逐步显现。尤其是有了重大发现——女婴的尸体在医院附近一隐蔽、不易被常人注意的阴沟里找到。经验尸,发现女婴阴部被掏抠。很明显,案犯窃女婴是为了对其进行猥亵。以刚出生的婴儿作为猥亵的对象,符合性心理变态者的行为一般规律。针对这一新情况,侦察人员适时地改变了思维方法,拓宽了思维空间,将眼光转向性心理变态者,运用性心理变态者行为一般规律对案情进行了复析,认为:(1)藏尸地点隐蔽,案犯应熟悉该地区地形,为本地人;(2)案犯窃婴,残害致死后找极其隐蔽的地点抛尸,证明案犯神志清楚,智能正常;(3)作为性心理变态者,案犯很可能平时工作积极认真而性情孤僻。由此,大大缩小了侦察范围,破获了这起疑案。

标志着该学科趋于成熟。

一、基本路径的抽象意义

犯罪学研究的基本路径,是指表明犯罪学独特意义的、作为犯罪学研究焦点的、揭示犯罪学研究深层内涵的理性课题,以及由此而展开的犯罪学研究的核心知识脉络。具体地说,其具有如下特征:

(1) 独特意义:基本路径依存于犯罪学的学科框架与知识领域。有时针对同一问题,刑事科学的不同学科对之均有所研究,然而不同学科研究的视角与重心是有所差异的。例如,虽然刑法学与犯罪学均研究犯罪本质,然而刑法学揭示犯罪本质的规范意义,回答为什么有关行为被规定为犯罪的问题,犯罪学揭示犯罪本质的社会事实意义,回答应当将哪些行为规定为犯罪的问题。

(2) 研究焦点:基本路径展示犯罪学研究的知识枢纽。总体上讲,犯罪学的知识结构较为广博,包括研究方法、研究内容,总论性的知识、分论性的知识,现象的描述、本质的分析,等等。基本路径凸显其中相对核心的知识块的问题路径。例如,作为知识块的犯罪本质、犯罪现象、犯罪原因、犯罪对策等问题,作为犯罪原因的一个人为什么犯罪、社会为什么存在犯罪、犯罪在什么条件下得以发生等问题。

(3) 深层内涵:基本路径揭示犯罪学研究的理性问题。这意味着,这些问题旨在表述犯罪学研究中有关核心课题的"应然"或"终究"的意义。例如,应当如何客观地描述犯罪现象,犯罪现象的事实到底怎样,应当如何展开犯罪原因,犯罪原因的事实到底是什么,应当怎样构建与运作犯罪对策。同时,作为这些问题的回答,也必然是在理性分析的基础上所得出的结论。

(4) 课题脉络:基本路径具体表述犯罪学研究的问题路径。就形式而言,这是一种"问题"的表述模式。例如,犯罪是什么(犯罪本质研究)、犯罪怎么样(犯罪现象研究)、犯罪为什么(犯罪原因研究)、犯罪怎么办(犯罪对策研究)。就内容而言,这是一种"路径"的具体演绎。例如,针对犯罪怎么样,研究的路径延伸可以是:如何合理地予以犯罪的定量描述,犯罪现象量的描述状况如何,等等。

基本路径不同于犯罪学的理论体系。犯罪学的理论体系,是指犯罪学的全部知识内容所构成的有机统一整体,其全面、系统地展示了犯罪学知识的风貌,具体包括:犯罪学总论(犯罪学概述、犯罪学研究方法、犯罪本质、犯罪现象等等);犯罪学分论(职务犯罪、暴力犯罪、恐怖主义犯罪等等)。而基本路径仅为犯罪学研究的知识焦点和问题路径。

基本路径也不等于犯罪学的研究对象。犯罪学的研究对象,是指犯罪学研究所直接针对的具体事象承载。应当说,犯罪学的研究对象是基于犯罪本质明晰的犯罪现象,通过犯罪现象揭示犯罪原因进而寻求犯罪对策。因此,犯罪本质、犯罪现象、犯罪原因、犯罪对策构成犯罪学研究的基本内容。而基本路径是犯罪学研究的理性问题和路径延伸。

二、基本路径的具体展开

犯罪学以犯罪原因为核心,关注下列基本问题:(1) 犯罪是什么;(2) 犯罪怎么样;(3) 犯罪为什么;(4) 犯罪怎么办。

1. 犯罪本质的研究:犯罪是什么

这是犯罪学研究的基础问题。犯罪是什么,重在揭示犯罪本质的事实意义,探索犯罪的刑法界定的社会本源。这一问题又可以分为如下几个层次:

(1) 犯罪概念的层次:总体上,犯罪概念回答三个不同层次的问题:A. 哪些行为是犯罪(刑法将哪些行为规定为犯罪);B. 为什么这些行为是犯罪(刑法为什么将这些行为规定为犯罪);C. 应当将哪些行为作为犯罪(刑法应当将什么行为规定为犯罪)。其中,A 表述犯罪的形式标准,属于刑法学研究的范畴;B 表述犯罪的本质意义,刑法学对之予以规范意义的阐述,而犯罪学对之予以社会事实意义的展示;C 依然表述犯罪的本质意义,不过更主要是犯罪学对于犯罪本质的更深层次的研究,进而引导、评价法定犯罪。①

(2) 犯罪观念的相对:犯罪是特定主体的界定,而不同主体又有其独特的价值观念,这就是在同一时空中犯罪观念的冲突表现。② 具体地说,不同个体对于犯罪的界定具有差异,不同群体对于犯罪的界定也存在差异。例如,英国著名社会学家安东尼·吉登斯(Anthony Giddens)指出:"甚至在一个社会或团体中,价值观也可能是相互矛盾的……在这个变革的时代,整个世界充满了人员、思想、商品和信息的流动,我们会遇到文化价值观相互冲突的场合,这并不足为奇。"③

(3) 法定犯罪的定位:尽管社会的犯罪观念存在着冲突,但是为了构建一个有序的社会,必然要有一个相对统一的、占据主导地位的思想意识,由此社会才不至于在冲突中混乱甚至毁灭。从而国家以其优越的地位与权力,确立与倡导社会的主流规范,具体设置犯罪的边界与内容。④ 作为犯罪学研究,基于法定犯罪的生成机制与社会背景的视角,犯罪表现为严重背离一个社会主流社会规范的行为。

(4) 法定犯罪的应然:法定犯罪由国家规定,这是相对明确的,关键问题是,国家应当如何设置犯罪,或者说,应当将哪些行为规定为犯罪。这就需要从人类社会文明发展的角度,探索犯罪的应然边界(应然刑法的犯罪边界)。从这意义上说,国家对于犯罪的规定不能是任意的,需要考虑到作为其生存基础的社会支持因素,而利益调整是核心问题。⑤ 因此,犯罪应当是严重侵犯一个社会绝大多数人共同利益的行为。

---

① 详见本书"第四章犯罪本质"。
② 与此不同,本题下文所阐述的"犯罪的时空差异",是指处于不同时空中的犯罪界定的差异性。
③ 〔英〕安东尼·吉登斯著:《社会学》,赵旭东等译,北京大学出版社 2003 年版,第 30 页。
④ 法国著名社会学家迪尔凯姆(Emile Durkheim)指出:"统治权将那些能够对自己产生危害的行为定义为犯罪……统治权在集体感情那里获得了一切权力,并用来罗织各种犯罪和违法的罪名。"〔法〕埃米尔·涂尔干著:《社会分工论》,渠东译,生活·读书·新知三联书店 2000 年版,第 47 页。
⑤ "人们奋斗所取得的一切,都同他们的利益有关。"《马克思恩格斯全集》第 1 卷,人民出版社 1960 年版,第 82 页。

(5) 应然犯罪的根基:应然犯罪还有其物质根基,从而需要考究的是,应然犯罪的终极基础是什么,或者说,到底是什么决定了一个社会的应然犯罪。这是在揭示"客观的应然犯罪"的基础上,基于社会发展的规律,探索应然犯罪的社会结构平台。这也意味着应然的犯罪,有其社会的必然的意义。对此,应当说犯罪的具体内涵根植于特定历史时期的社会所赖以生存的物质生活条件。

(6) 犯罪的时空差异:犯罪概念也具有时空的差异。具体表现为:A. 时代考察:一个国家在其发展的不同历史阶段,对于犯罪有着不同的界定;B. 空间考察:同一时代的不同国家,对于犯罪的界定也存在着差异;C. 整体与具体:这种差异,不仅表现在整体犯罪下的各种犯罪设置范围上的差异,而且表现在具体犯罪下的具体内容设置上的差异;D. 自然犯:时空差异也使对于自然犯的具体意义的探讨,有了更为明晰的思路。①

2. 犯罪现象的研究:犯罪怎么样

这是犯罪学研究的又一基础问题。犯罪怎么样重在描述法定犯罪的现实表现,合理地展示犯罪现象的客观状况。这一问题又可以分为如下几个方面:

(1) 犯罪现象量的描述:具体包括:A. 应当如何定量地客观描述犯罪现象:犯罪现象存在整体的量的描述(例如,全部案件的发案率),类型的量的描述(例如,盗窃案件的发案率);犯罪现象也有总量指标的描述(例如,总体单位总量、总体标志总量),相对指标的描述(例如,结构相对指标、比例相对指标)等等。B. 犯罪现象量的客观事实到底怎样:应当正确阐明某种量的意义。例如,抢劫罪发案率(强度相对指标)逐年持续上升,而抢劫罪与盗窃罪相比(比例相对指标)逐年持续下降,对此不能说抢劫罪得以有效遏制,而是抢劫罪在强度上依然日益严重,只是相对而言,增幅不如盗窃罪的大。同时,也应当注意整体特征与类型特征的关系。②

(2) 犯罪现象质的描述:具体包括:A. 应当如何定性地客观描述犯罪现象:定性描述主要是个案的展示。可以进行历时性的描述,例如,具体考察一个人陷入犯罪的整个历程;可以进行共时性的描述,例如,某一具体案件的犯罪人、被害人、作案手段、时间地点等等;可以进行比较性的描述,例如,同一家庭的兄弟二人的成长历程与行为状况的比较。B. 犯罪现象质的客观事实到底怎样:应当正确认识某种个案的意义。个案只是一种典型示例,是否具有普遍意义,有待量的说明;个案事实对于犯罪现象的展示,也是多侧面的,从而应有考察的具体视角。另外,某些犯罪特征与具体犯罪类型具有一定的关联,从而不能将盗窃案的独特表现视作整体犯罪状况规律。③

(3) 整体与类型的特征:如上所述,有时一些犯罪特征与具体犯罪类型具有一定关联,因此,应当特别注意某种现象描述所蕴含的具体意义。立于整体犯罪表述犯罪

---

① 对此,意大利犯罪学家加罗法洛(Raffaele Garofalo,1852—1934)与法国社会学家迪尔凯姆(Emile Durkheim,1858—1917)有着不同的见解。

② 详见下文"整体与类型的特征"。

③ 即使通过量的说明,在某类犯罪中具有的普遍现象,也不等于其就是所有犯罪至少是多数犯罪类型的共有现象。

特征,其内容应当是说明整体犯罪现象的共性表现,易言之,不能以类型性的犯罪特征作为整体犯罪状况的佐证。例如,立于描述整体犯罪状况特征,倘若统计数据表明,未成年罪犯在未成年总量中所占比率(未成年犯罪比率,结构相对指标)逐年增长,由此可以说"未成年人犯罪逐年增长"甚或放开一些说"未成年人犯罪日益严重"①,但是如果简单地说"犯罪成员低龄化",这就值得推敲。因为倘若要得出这一结论,至少应当是统计资料表明,未成年罪犯在罪犯总量中所占比率(未成年罪犯比率,结构相对指标)逐年增长②,同时在更为严谨的意义上,还应当回答,成员低龄化是多数犯罪类型的共有现象,还是少数犯罪类型的共有现象,甚或是某些个别犯罪类型的特有现象。即便是犯罪成员表现出低龄化问题,也有可能由于盗窃犯罪占整个刑事犯罪的大多数,从而仅仅是"盗窃犯罪成员低龄化"。显然,"盗窃犯罪成员低龄化"与"犯罪成员低龄化"的意义并不完全相同。

3. 犯罪原因、犯罪条件的研究:犯罪为什么

这是犯罪学研究的核心问题。犯罪为什么重在揭示犯罪现象的形成机制与发生机制,探索犯罪现象与各种致罪因素之间的相互作用关系。这一问题又可以分为如下几个方面:

(1) 犯罪原因微观研究(一个人为什么犯罪):一个人为什么犯罪是犯罪原因的微观研究,其观察的焦点在于个体犯罪现象的形成机制。犯罪原因的微观研究存在如下思考路径:A. 生物心理:犯罪生物学与犯罪心理学,均以个体犯罪形成为研究核心,属于犯罪原因的微观研究。犯罪生物学,从生物学的角度,揭示个体的遗传基因、生理机能、病理机制对犯罪的影响。犯罪心理学,从心理学的角度,探索个体实施犯罪行为的心理结构的形成及其变化的规律。B. 微观社会:犯罪社会学对犯罪原因的研究分为微观与宏观两个方面。一个人为什么犯罪是犯罪社会学对犯罪原因的微观研究,其核心是揭示个体的社会化过程、社会化的执行单位(家庭、同辈群体、学校、社区、大众传播媒介以及工作单位)对个体不良个性的形成的影响,生命历程(生命事件、年龄级角色)对犯罪的影响,以及影响个体犯罪形成的其他一些微观的社会因素。

(2) 犯罪原因宏观研究(社会为什么存在犯罪):社会为什么存在犯罪是犯罪原因的宏观研究,其观察的焦点在于整体犯罪现象的存在机制与形成机制。社会为什么存在犯罪又可以分为三个具体的问题:作为社会常态现象的犯罪;作为社会反常现象的犯罪;犯罪现象的形成与变化机理。A. 常态犯罪:人类社会的过去与现在,乃至未来相当长的历史时期,犯罪作为一种社会现象与社会相伴生。犯罪为社会提供反面警示、犯罪给社会增强张力、犯罪给予人类精神震撼、犯罪促进制锁业发展、犯罪推动各类安全防范系统等等。犯罪源于社会,当社会处于相对稳定状态,社会的犯罪现象也保持一定的水平,这时的犯罪是社会机体正常的生理排泄。我们所要做的是规范这种排泄,治理犯罪就是不让这种排泄去任意地污染社会环境。B. 反常犯罪:

---

① 严格来讲,"日益严重"不仅表现为主体的数量比例关系,而且也包括犯罪的性质、手段等等的表现。
② 未成年犯罪率,包括以下 A 与 B 两种情形;A. 未成年犯罪比率:未成年罪犯在未成年总量中所占比率;B. 未成年罪犯比率:未成年罪犯在罪犯总量中所占比率。

当社会处于急剧的转型时期,倘若社会结构出现紊乱,则犯罪是社会机体反常的病理排泄。犯罪是社会的晴雨表,犯罪率的急剧波动,反映了社会的不稳定状态。社会的疾病导致了社会犯罪现象的反常。固然对于反常的犯罪应当采取相应的刑事措施,但是更为需要的是通过改善社会政策来治理犯罪。不仅不能让犯罪排泄去任意污染社会,而且要使这种排泄正常化。作为社会正常现象的犯罪与作为社会反常现象的犯罪,仅限于犯罪研究的宏观视角①,从微观角度来说,犯罪均是不正常的。C. 犯罪机理:科学的宗旨在于探索事物的规律性,由此对事物现象作出抽象的、高度概括性的解释,从而构建理论。犯罪原因的宏观研究,描述整体犯罪现象以及有关的社会结构状况,探索犯罪现象与社会结构之间的必然的、规律性的因果联系。具体地说,揭示宏观社会结构中的关键性的致罪因素、这些致罪因素之间的相互作用以及这些致罪因素与相互作用对于犯罪形成的影响,由此追寻整体犯罪现象形成的抽象的、具有一定的普遍适用性的解释理论。D. 微观与宏观:比较犯罪社会学对于犯罪原因的微观研究与宏观研究,犯罪社会学微观研究,是以抽象个体②的犯罪形成过程为线索,对犯罪进行微观的分析;犯罪社会学宏观研究,是揭示宏观的社会结构及其变迁与整体犯罪现象之间的关系。一个人为什么犯罪,在一定程度上是社会为什么存在犯罪的缩影;而对社会为什么存在犯罪的研究,有助于从更深层次上去具体揭示一个人为什么犯罪。在犯罪社会学研究中,一个人为什么犯罪、社会为什么存在犯罪,这二者既有区别又相互关联,构成犯罪社会学研究的主线。

从犯罪学学科类型来说,犯罪心理学、犯罪生物学主要是一种微观的研究,表现为以揭示一个人为什么犯罪为主题;不过,犯罪社会学研究犯罪,既有微观的探索也有宏观的分析。揭示不良的社会化、生命历程与犯罪的关系,构成了犯罪社会学的微观研究;分析社会结构、社会变迁对社会犯罪现象的影响,则属于犯罪社会学的宏观研究。因此,不能认为犯罪社会学只是对犯罪的宏观研究。

(3) 犯罪发生条件研究(犯罪在什么条件下得以发生):一个人为什么犯罪、社会为什么存在犯罪,两者从犯罪形成的实质方面对犯罪进行了深入的思考。犯罪在什么条件下得以发生,主要是从犯罪实施的时空等条件,来具体说明这种"条件"对处于临界状态犯罪的最终发生的作用。如果说一个人为什么犯罪、社会为什么存在犯罪是研究犯罪的孕育机制,那么犯罪在什么条件下得以发生则是研究犯罪的表现机制。假如犯罪已成定势或者犯罪既已形成,那么要使犯罪实际发生还需要具体的条件,犯罪条件的研究包括:A. 被害条件:犯罪在什么条件下得以发生,包括了对被害人无形中所提供的犯罪条件的研究。"犯罪被害人是犯罪发生及其控制过程中的一个基本因素。"③不过,尽管犯罪条件的研究与被害人的研究紧密相关,但是两者并不完全一

---

① 宏观社会结构与社会犯罪现象之间的关系。

② 不可否认个体与个体之间在遗传等方面有着一定的差异,这种差异对个体个性的形成乃至犯罪的选择会有所影响,但是犯罪社会学对个体犯罪形成过程研究的重心在于一般意义上的个体,或曰抽象的(普遍的)个体。

③ 〔德〕汉斯·约阿希姆·施奈德著:《国际范围内的被害人》,许章润等译,中国人民公安大学出版社1992年版,第4页。

致。犯罪条件的研究只是关注被害人研究诸问题①中的一部分,即主要研究被害人之所以被害的一些个人要因。B. 管理漏洞:犯罪条件还甚为关注单位管理制度上的一些薄弱环节等给犯罪带来的可乘之机。例如,1997 年 7 月,北京 W 公司到 J 店里买了 1500 元的水暖器材,交给店主一张空白支票后,提货走了。半小时后,一位青年急匆匆赶到 J 店,说支票上印章有误,要收回支票,同时拿出 1500 元现金付了款。店主毫不怀疑,将支票给了他。其实,该青年是个骗子。这里不可否认,J 店的疏于防范未按规定操作给犯罪以可乘之机,使自己成为被害人之一。② C. 技术防范:遏制犯罪发生的技术防范也是犯罪发生条件研究的重要课题。例如,针对目前盗窃自行车犯罪猖獗的情况,捷安特自行车厂家推出了车把锁的设计。锁、车一体,并且钥匙只能按独特密码专门配制。罪犯即使窃得这样的自行车也难以从中获益,从而增加了犯罪的成本。这尽管不能从根本上消除盗窃自行车犯罪,但却可以减少这类犯罪的相当一部分。因此,从一定程度上说,切断犯罪条件,虽不能治本但却可以治标。

4. 犯罪对策的研究:犯罪怎么办

这是犯罪学研究的归宿问题。犯罪怎么办,重在探索应对犯罪的客观合理的刑事处置与社会政策。这一问题又可以基于如下思路展开:

(1) 犯罪对策的研究问题脉络:犯罪怎么办,基于不同的视角,基本课题具体表现为:A. 刑事对策与社会对策:刑事对策是犯罪对策的微观研究,主要寻求有利于遏制犯罪的、对犯罪人最合理的刑事处置,包括刑罚处罚与保安处分。社会对策是犯罪对策的宏观研究,主要着眼于宏观的社会结构,寻求遏制犯罪的最好的社会政策,例如,构建强有力的社会道德整合、确立合理的税收政策、建立健全社会保障体系等等。B. 犯罪预防与犯罪控制:犯罪预防,是指基于犯罪原因的揭示,由国家、社会乃至个人采取各种方略与措施,致力于减少、消除犯罪形成的致罪因素,对于个体犯罪现象以及社会犯罪现象,予以预先防范的一系列活动。犯罪控制,是指基于犯罪条件的揭示,由国家与社会采取各种措施与方法,致力于减少、消除犯罪发生的致罪因素,对于个体犯罪现象以及社会犯罪现象,予以限控与遏制的一系列活动。

(2) 犯罪原因对犯罪对策的影响:犯罪原因的揭示,对犯罪对策研究有着重要的意义。如果犯罪是理性人的自由选择,那么就应当以法律威慑来预防犯罪(刑事古典学派相对主义)、以报应来惩罚犯罪(刑事古典学派绝对主义);如果犯罪是经验人的必然行为(或由于先天的遗传所致、或由于后天不良的社会化所形成的人格所致),那么就应当针对不同情况对犯罪人进行剥夺或者救治(刑事近代学派的剥夺犯罪能力

---

① 被害人学([英]Victimology,[德]Vikimdogie,[法]Victimologie),是研究被害人的特征、补偿和预防的科学。它通过对被害人的概念、被害人的共同人格特征、产生被害人的社会原因、容易成为被害人的个人要因以及发现这些要因时怎样进行治疗等问题的研究,寻找预防被害的有效途径和对被害人的补偿办法,以唤醒广大社会成员的警戒心,使之免遭犯罪之害,在尽可能的范围内减少被害的发生,减轻受成的程度,帮助被害人恢复正常生活。参见张智辉、徐名涓编译:《犯罪被害者学》,群众出版社 1989 年版,第 1 页。

② 后来 W 公司到法院告 J 店用那张支票多支取了 9 万元。该青年构成票据诈骗罪。法院判决先由 J 店承担民事责任,赔偿 W 公司的损失。因为 W 公司没有过错,而 J 店未核实来人身份,让人骗走空白支票,并由此让骗子骗支 9 万元,有过错。参见涂俊峰、石锋丽:《当心,票据陷阱》,载《法制日报》1999 年 10 月 8 日第 5 版。

主义或者矫正改善主义)。倘若将研究视角转向宏观的社会结构,我们会发现犯罪与社会结构有着密切的联系,犯罪寄生于社会。因此,治理犯罪的根本措施,在于完善市场公正和健全社会公正等机制,以最好的社会政策构建最优的社会结构。

(3) 犯罪对策的相对独立意义:在犯罪怎么办的研究中,也应当认识到,即使明确了犯罪形成的机理,不一定就能找到一套切实可行的犯罪对策;即使有了一套理想的犯罪对策,也不一定就能够使之落到实处。犯罪是极其复杂的,因为犯罪是人的社会行为,人是世界上最为复杂的事物[①],人之初性本善性本恶,自从人类几大文明的奠基时代(或曰轴心时代)时起,多少先哲们对之苦苦探索,然而争论至今仍无结果,更何况由人与人的互动所组成的社会以及其中的社会现象。从这个意义上说,社会科学的复杂性并不亚于自然科学。就是在自然科学领域,机理明确,也不一定就有有效的对策。例如,人对毒品的依赖机理,在医学上早已明确,这是由于毒品作为外源性阿片类物质作用于人体内的阿片受体,产生一系列的生理反应,一旦停用就会产生戒断症状,出现流涎流涕、腹痛腹泻、恶心呕吐等,迫使吸毒者不仅在生理上而且在心理上对毒品产生依赖,由此吸毒者会不择手段地去获取毒品。目前,世界各国众多的司法、医务工作者长期以来一直都苦苦地寻找着戒毒的有效方法,然而至今未果。据医学界药物方面的权威人士报道:吸毒者脱毒后在第一个月复吸率高达 80%。[②] 因此,犯罪机理的明确,有助于犯罪对策的优选,但是犯罪对策的切实可行与落到实处,并不完全取决于犯罪机理的清晰。这就是说,在积极探索犯罪机理的同时,我们还应注重对犯罪对策运作机制的研究。

第四节 犯罪学的理论体系

犯罪学理论体系,是指犯罪学知识整体的结构框架。对此,不同的学者存在不同的体系建构。本书基于基础理论与具体应用的不同层面,以犯罪学研究的基本路径为核心线索,确立犯罪学总论若干与分论若干的知识框架。

一、犯罪学理论体系考察

如果以 1878 年意大利犯罪学家切萨雷·龙勃罗梭在米兰出版其代表作《犯罪人论》(第二版)为标志,作为犯罪学的诞生,则犯罪学至今已有一百余年的发展。经过历史的积淀与当今的努力,犯罪学已经基本形成犯罪现象论、犯罪原因论、犯罪对策论、犯罪类型论的知识体系。但是,中外不同的学者在对其具体内容体系的划分上,仍表现出一定的差异。试择国内、外主要犯罪学著作的体系说明之:

1.《犯罪人论》的体系结构

《犯罪人论》是意大利犯罪学家龙勃罗梭的代表作。《犯罪人论》共 18 章,大致表

---

① 法国著名社会学家迪尔凯姆指出:"在所有的现象中,人类的意志是最复杂的。"〔法〕埃米尔·迪尔凯姆著:《自杀论——社会学研究》,冯韵文译,商务印书馆 1996 年版,第 119 页。
② 参见秦伯益:《纳曲酮使用中的问题和经验》,载《中国药物滥用防治杂志》1999 年第 2 期,第 4 页。

现出犯罪人现象、犯罪原因、犯罪防治的体系结构。(1)犯罪人现象(第1—13章):包括犯罪人的生物、道德、文化、行为特征等表现。(2)犯罪原因(第14—16章):从气候、种族、文化、饮食、遗传、年龄、精神病等方面对犯罪人的犯罪原因进行分析;其中"结伙犯罪"一章,既是对土匪、黑手党、卡莫拉等结伙犯罪现象的表述,也是对其原因的分析。(3)犯罪防治(第17—18章):阐明针对不同的犯罪人进行合理的犯罪惩罚与治理的必要性与具体方法。①

2. 狭义犯罪学的体系结构

狭义犯罪学,又称犯罪原因学,是以犯罪现象、犯罪原因为研究对象的科学,包括犯罪生物学与犯罪社会学。犯罪生物学,运用生物学的理论和研究方法,研究个体犯罪现象,揭示犯罪个体的生物因素对犯罪的影响。广义的生物学包括犯罪人类学、犯罪心理学、犯罪精神病学及狭义的犯罪生物学。犯罪社会学,运用社会学的理论和研究方法,研究个体犯罪现象或者整体犯罪现象,揭示社会微观环境因素或者社会宏观结构因素对犯罪的影响,包括犯罪地理学、犯罪统计学、犯罪社会心理学等。由于受本国学术背景的影响,不同国家狭义犯罪学中犯罪社会学与犯罪生物学的比重有所不同。在德国,由于生物学的研究较为发达,因而犯罪生物学所占犯罪学的比重较大;而在美国,由于社会学的研究较为发达,因而犯罪社会学所占犯罪学的比重较大。总的来讲,欧陆国家(法国、德国、意大利等)倾向于狭义的犯罪学。

3. 广义犯罪学的体系结构

广义犯罪学,除了研究犯罪现象、犯罪原因之外,也探究防治犯罪的对策,表现为以犯罪现象、犯罪原因、犯罪对策为研究对象的科学,包括犯罪原因学与犯罪对策学(犯罪防治学)。犯罪原因学,运用生物学、社会学的理论和研究方法,研究个体犯罪现象或者整体犯罪现象,揭示生物因素或者社会因素对犯罪的影响,包括犯罪生物学、犯罪社会学。犯罪对策学,在通过犯罪现象揭示犯罪原因的基础上,提出一套合理的防治犯罪对策,包括刑罚学、监狱学、犯罪侦查学、警察学等。总的来讲,英国、美国、中国、日本等国家倾向于广义的犯罪学,并且广义犯罪学是当今世界犯罪学研究的主流。例如,美国犯罪学之父萨瑟兰(Edwin Sutherland)认为,犯罪学的内容有三:形成法律的过程、违反法律的过程、对违法者反应的过程(processes of making laws, of breaking laws, and of reacting toward the breaking of laws)。②

4. 中外有关犯罪学著作的体系结构

俄罗斯学者道尔戈娃所著《犯罪学》的体系为:第一编犯罪学是一门科学,阐述犯罪学的概念、对象、历史、体系、研究方法等问题;第二编犯罪及犯罪研究,阐述犯罪活动、犯罪现象、犯罪特征等问题;第三编犯罪的决定和因果关系,阐述犯罪原因、犯罪社会原因、犯罪条件等问题;第四编同犯罪作斗争,阐述犯罪的一般预防、特殊预防等问题;第五编犯罪学理论及在国外的发展,阐述犯罪遗传学、犯罪社会学等理论;第六

---

① 参见〔意〕切萨雷·龙勃罗梭著:《犯罪人论》,黄风译,中国法制出版社2000年版。
② Edwin Sutherland and Donald Cressey, *Principles of Criminology*, 8th Ed., Philadelphia, J. B. Lippincott, 1970, p. 3.

编某些犯罪类型及同其斗争的特殊性,阐述暴力犯罪、财产犯罪、有组织犯罪、未成年人犯罪等犯罪类型;第七编犯罪的区域性特点。①

德国学者施奈德的专著《犯罪学》,共分七个部分:(1)导论:犯罪学研究的几个问题,阐述犯罪学的主要研究对象与方法;(2)作为人道与社会科学的犯罪学,阐述犯罪学的概念、历史、组织机构;(3)犯罪的统计、规模、结构及其历史发展与地域分布;(4)犯罪学的主要流派,阐述犯罪生物学、心理病理学、犯罪社会学、社会心理学犯罪理论等;(5)犯罪、性别和年龄,阐述妇女犯罪、青少年犯罪、老年人犯罪等;(6)造成犯罪的社会原因和对犯罪的控制;(7)对犯罪行为的正式反应,阐述犯罪的刑法处置等。②

美国学者 Larry J. Siegel 所著《犯罪学:理论·模式·类型》的体系为:(1)犯罪的概念、刑法和犯罪学,包括:犯罪和犯罪学、刑法和它的作用、犯罪的本质和外延、被害人和被害。(2)犯罪原因理论,包括:选择理论、犯罪原因的生物学与心理学理论、社会结构理论、社会化过程理论、社会冲突理论、整合理论。(3)犯罪类型,包括:暴力犯罪、经济犯罪—街头犯罪、有组织犯罪—白领犯罪与有组织犯罪、公共秩序犯罪—性犯罪与精神药品滥用。③

我国台湾地区学者黄富源、范国勇、张平吾合著《犯罪学概论》的体系为:(1)导论篇,包括犯罪学的概念、学科地位、研究对象、历史发展、犯罪现象等。(2)研究方法与统计篇,包括犯罪学研究的理论基础、研究方法、犯罪统计。(3)犯罪原因篇,包括犯罪生物学、犯罪社会学、犯罪心理学、犯罪生态学、冲突犯罪学。(4)犯罪类型篇,包括暴力犯罪、财产及经济犯罪、无被害者犯罪、组织犯罪与黑金政治、跨国犯罪、政府犯罪、被害者学等。(5)犯罪刑罚篇,包括犯罪刑罚的概念、刑罚与保安处分。(6)犯罪处理篇,包括犯罪处遇、犯罪预防与控制。④

以 1992 年《犯罪学通论》⑤、尤其是 1995 年《犯罪学大辞书》⑥的出版为标志,我国犯罪学基本上确定了"绪论"(即犯罪学概念、研究对象、研究方法与任务等)、"犯罪现象论"、"犯罪原因论"和"犯罪类型论"的"四论"的理论体系。例如:《新中国犯罪学研究综述》⑦的体系为:第一编:犯罪学绪论;第二编:犯罪现象论;第三编:犯罪原因论;第四编:犯罪预防论;第五编:犯罪专题论。《犯罪学》⑧的体系为:导论:犯罪学概述;第一编:犯罪现象;第二编:犯罪原因;第三编:犯罪预防。《犯罪学概论》⑨的体系为:

---

① 参见〔俄〕阿·伊·道尔戈娃著:《犯罪学》,赵可等译,群众出版社 2000 年版。
② 〔德〕汉斯·约阿希姆·施奈德著:《犯罪学》,吴鑫涛、马君玉译,中国人民公安大学出版社、国际文化出版公司 1990 年版。
③ Larry J. Siegel, *Criminology*: *Theories*, *Patterns*, *and Typologies*, Fifth edition. New York: West Publishing Company, 1995.
④ 参见黄富源、范国勇、张平吾著:《犯罪学概念》,台湾警察大学出版社 2001 年版。
⑤ 康树华主编:《犯罪学通论》,北京大学出版社 1992 年版。
⑥ 康树华、王岱、冯树梁主编:《犯罪学大辞书》,甘肃人民出版社 1995 年版。
⑦ 阴家宝主编:《新中国犯罪学研究综述》,中国民主法制出版社 1997 年版。
⑧ 储槐植等著:《犯罪学》,法律出版社 1997 年版。
⑨ 史焕章、武汉主编:《犯罪学概论》,中国政法大学出版社 1993 年版。

(上)犯罪篇;(中)特论篇;(下)惩治篇。《犯罪学教科书》[1]的体系为:第一篇:导论;第二篇:犯罪现象论;第三篇:犯罪原因论;第四篇:犯罪对策论。《犯罪学教程》[2]的体系为:第一篇:绪论;第二篇:犯罪现象论;第三篇:犯罪原因论;第四篇:犯罪预防论;第五篇:类型犯罪论。

二、犯罪学理论体系辨析

犯罪本质、犯罪现象、犯罪原因、犯罪对策是犯罪学的主要内容,不过犯罪学作为一门独立的学科,应当有其基础理论与基础理论的具体应用。总体问题与具体问题应当有其层次性。有鉴于此,本书将犯罪学理论体系设计为:上篇犯罪学总论;下篇犯罪学专论。

上篇犯罪学总论:主要阐述犯罪学的基础理论,从犯罪整体的视角分析犯罪学的基本观念。主要包括:(1) 犯罪学导论,复分为:犯罪学概述、犯罪学的研究方法等。(2) 犯罪原理论,复分为:犯罪本质、犯罪现象、犯罪原因。其中,犯罪本质包括:犯罪概念的基本层次、犯罪学犯罪概念与刑法学犯罪概念、犯罪学的犯罪本质、犯罪学的犯罪分类等;犯罪现象包括:犯罪现象的表现形式、犯罪现象的具体测量、犯罪现象的客观状况等;犯罪原因包括:犯罪原因理论的演进、犯罪原因的基本观念、犯罪原因的各别因素、犯罪原因的理论建构等。(3) 犯罪对策论,复分为:犯罪预防与犯罪控制、刑事政策(社会治安综合治理、惩办与宽大相结合)、刑事处置(犯罪的刑罚处罚、社会危险行为的保安处分)等。

下篇犯罪学专论:主要阐述犯罪学的特别理论,从犯罪个别类型的视角分析犯罪学的具体知识。主要包括:(1) 犯罪主体类型,复分为:职务犯罪、青少年犯罪、女性犯罪、农民犯罪、老年人犯罪等;(2) 犯罪行为类型,复分为:暴力犯罪、经济犯罪、卖淫嫖娼犯罪、赌博犯罪、走私犯罪等;(3) 犯罪特殊类型,复分为:恐怖主义犯罪、网吧犯罪、计算机犯罪、洗钱犯罪等。由此,既符合学科一般分为基础理论与具体运用的通例,也使整个学科体系的逻辑标准更为清晰、统一。

三、犯罪学与刑法学理论侧重

犯罪学与刑法学原本就是一脉相承的。1764 年,意大利学者刑事古典学派的创始人贝卡利亚(Cesare Beccaria,1738—1794)发表了《论犯罪与刑罚》一书,在人类历史上首次对犯罪与刑罚的一系列问题进行了深入系统的论述,确立了罪刑法定、罪刑均衡、刑罚人道等作为刑法学支柱的基本原则,奠定了刑法理论的根基,标志着现代意义上刑法学的形成。1876 年,意大利学者刑事近代学派的鼻祖龙勃罗梭出版了《犯罪人论》,1878 年该书第二版面世,强调实证学的研究方法,注重犯罪人的生物学特征[3],主张揭示犯罪原因并对于不同的犯罪人予以不同的处置,刑事处置不是报应

---

[1] 张绍彦主编:《犯罪学教科书》,法律出版社 2001 年版。
[2] 魏平雄等主编:《犯罪学教程》,中国政法大学出版社 1998 年版。
[3] 参见〔意〕龙勃罗梭著:《犯罪人论》,黄风译,中国法制出版社 2000 年版。

犯罪,也不是一般预防,而是特殊预防,由此标志着现代犯罪学的诞生。

　　刑事古典学派在很大程度上是犯罪的刑罚学,其置重于如下的基本观念:行为中心;行为人含于行为;犯罪原因单一;报应责任基底。而刑事近代学派则可谓是刑罚的犯罪学,其置重于如下的基本观念:行为人中心;行为含于行为人;犯罪原因多样;目的责任基底。[1] 当代刑法理论基于折中主义的思想,表现在:(1) 个人与社会并重:刑法不仅要保障公民权利、自由,而且要保护社会、预防犯罪;(2) 相对罪刑法定:在有利于被告人、从轻原则等的保护下,类推、溯及既往以及相对不定期刑,步入了罪刑法定的领地;(3) 刑罚与保安处分并行:保安处分与刑罚在刑法中并存的二元主义刑事处罚模式大行其道;(4) 犯罪理论:规范责任、新社会防卫论、人格责任论等出现并占据了刑法理论与实践的主导地位;(5) 刑罚理论:将报应主义与目的主义有机结合,强调刑罚既在于报应犯罪,又在于预防犯罪、保护社会。尽管如此,但是刑事近代学派在当代刑法理论中主要在于思想观念的渗透,而在技术操作层面,基于刑事处置的严谨的规范平台,基于人身危险性肯定性测定技术的难题[2],在刑法规范的领域,刑事古典学派的基本框架犹存,意大利学者菲利(Fnrico Ferri,1856—1929)的没有刑罚的刑法典[3]无从推行,德国刑法学家李斯特(Franz von Liszt,1851—1919)也强调"刑法是刑事政策不可逾越的樊篱",至少这在当代是如此。

　　有鉴于此,犯罪学为刑法学提供思想观念的引导,而它的刑法学意义必然要通过刑法规范的形式转换。刑法学与犯罪学,学科特点不同,理论与实践意义也各有差异,知识体系的建构也各有特色。倘若以犯罪与处置为分析的焦点,对比刑法学与犯罪学的知识结构:(1) 刑法学:知识体系具体表现为,总论(刑法论、犯罪论、刑罚论),分论(罪刑各论)。其中,犯罪论(犯罪构成理论)展示法定犯罪构成的知识框架,具体表现为犯罪构成的基本观念、犯罪构成的形式评价、犯罪构成的实质评价、犯罪形态的基本原理[4];刑罚论(刑罚理论)展示法定刑事处置的知识框架,具体表现为刑罚观念、刑罚种类、刑罚裁量、刑罚执行、刑罚消灭、保安处分。(2) 犯罪学:知识体系的具体表现,总论(犯罪学导论、犯罪原理论、犯罪对策论),分论(犯罪主体类型、犯罪行为类型、犯罪特殊类型)。其中:犯罪学导论阐明犯罪学学科的基本问题,包括犯罪学概述与犯罪学研究方法;犯罪原理论展示犯罪事实形成的知识框架,具体表现为犯罪本质、犯罪现象、犯罪原因;犯罪对策论展示社会应对犯罪的知识框架,具体表现为犯罪预防与犯罪控制、刑事政策与社会政策、刑罚处罚与保安处分。(3) 犯罪学与刑法学:两者在犯罪与处罚上有着各自的知识结构与内容侧重。刑法学在犯罪的知识框架上,以犯罪构成理论为核心,强调规范上的犯罪成立条件,并且按照标准的犯罪构成与修正的犯罪构成的逻辑思路展开;在处置的知识框架上,以刑罚处罚为核心,并

---

[1] 详见张小虎著:《犯罪论的比较与建构》,北京大学出版社 2006 年版,第 44—45 页。
[2] 同上书,第 45 页。
[3] 刑事近代学派的著名代表菲利,倡导刑罚的个别化、不定期刑、矫正罪犯乃至刑罚替代措施。1921 年,菲利草拟并发表了《意大利刑法草案》(史称菲利案),这是一部无刑罚的刑法典,在这里刑罚的概念消失了,被制裁所彻底取代。
[4] 详见张小虎著:《犯罪论的比较与建构》,北京大学出版社 2006 年版。

且按照种类、裁量、执行与消灭的逻辑思路展开;在处置的知识框架上,刑法学也表述保安处分,不过所占比重不如刑罚处罚,同时这部分内容也可置于犯罪学中。犯罪学在犯罪的知识框架上,以犯罪原因理论为核心[①],强调事实上的犯罪形成机理,并且按照犯罪本质、犯罪现象、犯罪原因的逻辑思路展开;在处罚的知识框架上,以特殊预防为核心,并且按照预防与控制、具体政策、刑事处置的逻辑思路展开;在处置的知识框架上,犯罪学也表述刑事处置,不过这并非犯罪学的知识重心。相比较而言,在犯罪的知识框架上,刑法学与犯罪学的区别是明显的;而在处罚的知识框架上,刑事处置可以成为两者共同研究的对象[②];不过即便如此,刑法学的处罚研究,以刑罚处罚为重心展开,犯罪学的处罚研究,以预防与控制以及刑事政策为重心展开。

[①] 犯罪本质是研究犯罪原因的概念前提,犯罪现象是研究犯罪原因的实证基础,犯罪原因揭示具体边界犯罪的犯罪现象的客观的事实的形成机理。

[②] 例如,美国著名犯罪学家齐林(John Lewis Gillin)的著作《犯罪学及刑罚学》,将犯罪学与刑罚学融为一个知识整体。参见〔美〕约翰·列维斯·齐林著:《犯罪学及刑罚学》,查良鉴译,中国政法大学出版社2003年版。

第二章 犯罪学研究方法

犯罪学研究方法,是指搜集、整理、分析犯罪现象,揭示犯罪本质,探索犯罪原因,寻求犯罪对策的恰当的规则、程序、途径、手段、技巧或模式等的总和。具体而言,犯罪学研究方法分为三个方面:(1) 犯罪学研究的科学方法论:包括辩证方法、比较方法、历史方法、阶级分析法等。(2) 犯罪学研究的基本观念:包括定性与定量的结合、思辨与经验的结合、宏观与微观的明晰等。(3) 犯罪学研究的经验方法:包括犯罪学理论建构的程序、犯罪调查的基本方法等。

第一节 犯罪学研究的科学方法论

犯罪学研究的科学方法论,是指犯罪学研究的最基本的必须遵循的原理、原则,其指导整个犯罪学的研究,回答为什么应当这样做的问题。包括辩证方法、比较方法、历史方法等。

一、辩证方法

辩证方法,要求用客观、联系、发展、全面的态度分析犯罪及其对策问题。具体包括如下思想:

(1) 辩证的联系思想:犯罪在特定的环境中生成,应当将犯罪放置于其所处的环境中具体分析,找出它与其他因素所固有的相互联系与相互作用的规律性。"我们所接触到的整个自然界构成一个体系,即各种物体相联系的总体……这些物体处于某种联系之中,这就包含了这样的意思:它们是相互作用着的,而这种相互作用就是运动。"① 犯罪是各种因素综合作用的结果。自然、社会、心理等各种因素均对犯罪的形成有着一定的作用。在这些与犯罪相关的诸多因素中,每个因素与犯罪的相关关系不尽相同,有的极为密切有的相对疏离,有的起关键作用有的作辅助支撑。倘若将犯罪作为一个因变量(dependent variables)②,那么促成犯罪的一些因素则分别是自变量(independent variables)③和中间变量(intervening variables)④。其中,自变量与因变量之间有着间接的关系,而中间变量与因变量之间则有着直接的关系。根据自变量、中间变量与因变量之间关系远近的不同,自变量、中间变量的内部又可以分为不同的等级。另一方面,根据自变量、中间变量对因变量作用力方向的不同,这些自变

---

① 《马克思恩格斯选集》第4卷,人民出版社1995年版,第347页。
② 因变量,又称受变量,是研究假设里的果,随着自变量、中间变量的改变而改变。
③ 自变量,是研究假设里的因。自变量的改变经过中间变量导致因变量的改变。
④ 中间变量,是介于自变量与因变量之间的第三变量。自变量对因变量的影响,须经由中间变量。

量、中间变量又分为促成作用即与因变量正向相关,或者阻碍作用即与因变量负向相关。变量之间相关的程度,即何为自变量何为中间变量,为哪一等级的中间变量,以及自变量、中间变量与因变量之间相关关系的正向与负向确定,在犯罪原因研究中主要通过大量的典型个案剖析与犯罪统计分析确定。

(2) 辩证的客观思想:犯罪是实实在在的一种极端的社会现象,犯罪原因是客观存在的事实。这些现象、事实是不以人的意志为转移的客观。它既可以表现为有形的形态,可以用人的手、眼等感觉器官来感知,例如杀人案件、抢劫案件、某城市的发案率;也可以表现为无形的形态,例如犯罪意识、犯罪文化等。犯罪研究就是从客观实际出发,运用科学的研究方法,探索犯罪现象,揭示犯罪原因,寻求犯罪对策。这是主观对客观的复写、反映,应当使对犯罪的认识与犯罪的客观实际相符。

(3) 辩证的发展思想:犯罪是一个动态发展的过程。这不仅表现为某一具体犯罪有其发展、形成的过程,而且某一地区的犯罪状况也处于动态变化之中,乃至不同历史时期的犯罪状况、犯罪原因均有着不同的特点。犯罪与其他自然、社会现象一样,处于运动、变化之中。就我国1949年后的犯罪状况而言,新中国成立初期(1950年前后),基于当时旧有政治势力的遗患,刑事案件的主流表现为政治性杀害或者旧有势力的破坏(例如,盗匪、兵痞等);三年自然灾害时期,多为盗窃犯罪,犯罪的动机在于获得基本的生活来源;改革开放以来随着社会转型,各种刑事案件持续上升。犯罪的动态发展特征,要求我们顺应发展变化的客观情况,正确地把握认识犯罪,根据形势变化调整犯罪对策。

二、比较方法

比较方法,是通过多角度的比较研究,诸如静态比较、动态比较、地区比较、国别比较等,揭示犯罪形成以及防治的规律。地区间的比较,主要是指针对本国国内不同地区间犯罪状况的异同,揭示各地区的政治、经济、文化、地理环境等的特征,通过比较不同地区间的犯罪异同及其社会、自然环境背景,分析犯罪的地区特征,探索犯罪原因与对策,更为有效地、有针对性地治理犯罪。例如,农村与城市、城乡结合部的犯罪率、犯罪类型等表现出不同的特点,针对这一现象,我们比较分析农村、城市等的社会与自然环境背景,探究其原因,找出导致城乡犯罪差异的决定性因素,以便有针对性地采取犯罪对策。不同国家间的犯罪状况,也表现出一定的差异性。例如,发达国家与发展中国家、不同的发达国家之间的犯罪状况各有其特点,这种差异的背后有其社会环境、文化传统等的因素。通过比较不同国家间的犯罪状况及其深层的社会、自然背景,探索犯罪原因与对策。

三、历史方法

历史方法,是通过观察某一地区或者国家,在不同发展时期的犯罪以及与犯罪相关因素的变化规律,探究特定时空下的犯罪现象、原因、对策。历史方法,在一定程度上是一种纵向比较,通过犯罪的过去与现在的比较,找出其中的规律性,预见其未来。

例如,分析中国内地 1949 年以来各个时期的犯罪状况,"文革"前(1950—1965 年),尽管犯罪率有所波动,但是整体上基本较为平稳;"文革"后期并改革开放前(1972—1977 年),这段时间犯罪率基本稳定,年度间立案率增减幅度不大;改革开放后的社会转型初期(1978—1987 年),犯罪率有一定的增长与波动,但幅度并不是很大;改革开放后的社会转型深化期(1988 年至今),犯罪率大幅度增长,波动中呈上升走势。并且,这种犯罪率的增长幅度已超过世界发达的资本主义国家美国。针对这一犯罪率波动状况,分析不同时期与犯罪率波动相关的经验性事实,我们可以发现,目前我国社会犯罪率波动(因变量),主要缘于社会分化中某些社会结构上的失衡。意识价值(自变量)中物质利益观念的高度激发、个人主义的核心地位、道德观念的多元与冲突等,以及社会分层(自变量)中的复杂多样的利益群体、职业声望与收入状况的背离、贫富差距的急剧拉大等,促成了社会的不满与紧张,而社会转型期不健全的制度规范(自变量)构成了利益分化的无序与不公,放纵了腐败,紧张化解受阻,淤积的这种能量,以犯罪的方式释放。

第二节 犯罪学研究的基本观念

犯罪学研究的基本观念,是指犯罪学研究中,在方法论上应具有的基本思想。这就是应当注意定量与定性的结合、经验与思辨的结合、宏观与微观的明晰等。

一、定性与定量的结合

典型个案分析与犯罪统计分析是经验性方法中的两个相辅相成的主要手段,前者有助于说明犯罪与社会因素相关联的质的规定性,后者有助于说明犯罪与社会因素相关联的量的规定性。我国社会学家严景耀教授的专著《中国的犯罪问题与社会变迁的关系》[1],以典型个案分析的模式,揭示了犯罪的社会原因;法国社会学家迪尔凯姆教授的专著《自杀论》[2],则从统计分析的角度,阐明了自杀的社会因素。应当说,定性研究与定量研究,均是犯罪学研究所不可缺少的手段。定性研究重在思辨方法从质的方面分析社会现象之间的联系与作用;定量研究运用数学方法从量的方面考察事物之间的联系与作用。任何事物都是质与量的统一体,定性研究可以为定量研究提供基础,而定量研究又有助于将研究引向深入。正如费孝通先生所指出的,"由于定量分析难以深入到事物内部作考察,因而弄得不好,那些普查、抽样调查、问卷调查等,得到的结论只能在数量上给人一个表面形象,甚至是一种虚像。因此,为了正确把握事物的数量,我们在做定量分析之前应当先做好定性分析,然后再通过量的表现来进一步加深我们对性质的了解。"[3]另一方面,尽管我们通过统计发现犯罪与某种社会因素的量的关联,但是这远不是结论,我们还必须对这种量的关联背后的质的关

---

[1] 参见严景耀著:《中国的犯罪问题与社会变迁的关系》,吴桢译,北京大学出版社 1986 年版。
[2] 参见〔法〕埃米尔·迪尔凯姆著:《自杀论——社会学研究》,冯韵文译,商务印书馆 1996 年版。
[3] 费孝通著:《学术自述与反思:费孝通学术文集》,生活·读书·新知三联书店 1996 年版,第 19 页。

系作进一步的揭示:犯罪与该社会因素是否有着本质联系?该社会因素(自变量)与犯罪(因变量)之间有无其他社会因素(中间变量)的作用?同时,犯罪统计分析也有助于从量上验证某种犯罪学理论是否具有普遍的适用性。应当注意,犯罪统计并不等于刑事司法统计。司法统计主要满足对司法情况进行评估和对犯罪事实进行一般性分析,而犯罪统计是为了某项专门研究的需要,由研究人员根据科学的调查统计方法,对研究中的理论设想进行宏观的实证检验或者对某些犯罪事实进行经验性的掌握。

二、思辨与经验的结合

思辨研究注重运用逻辑演绎推断来构建命题;经验研究强调在使用感官观察外部世界搜集材料的基础上构建命题。一个完整的犯罪学研究,不仅需要经验材料,而且必须思辨分析。在犯罪学研究中,个体犯罪现象(个案)和社会犯罪现象(犯罪率)是探索的初源,其所反映的是犯罪怎么样,表现为单称阐述(针对具体的人、事或现象),形成原子命题(资料描述)或综合性命题①(例如,在当前的情杀案中,犯罪人大多有喜新厌旧的思想;当今社会,婚姻家庭的主流价值观排斥婚外恋),这种命题必然奠定于经验调查之上;而理论是在诸多相关类型的实证资料基础上,经过系统提升而形成的抽象化的知识,其回答的是犯罪为什么,表现为普遍阐述(针对抽象的一般定理),构建分子命题(由诸多相关的原子命题结合推导而成的理论概括)或分析性命题②(例如,由上述两个原子命题,得出一个分子命题:观念冲突是促成情杀犯罪的一个因素),这种命题必然借助于理性思辨,即应当寻找什么样的原子命题?如何确定相关的原子命题?相关的原子命题间蕴含着什么样的思想?这些问题的回答少不了抽象的分析演绎。犯罪学是经验性、思辨性研究的综合。

三、宏观与微观的明晰

犯罪学是对犯罪前的研究,这一研究基本有两个视角:宏观和微观。前者关注社会整体的犯罪现象,后者聚焦于特定情境下的犯罪人。

(1) 宏观:宏观研究将总体犯罪置于宏观社会背景下,核心是对犯罪现象的宏观社会分析,揭示社会为什么存在犯罪?这里总体犯罪与宏观社会构成对立统一的两条分析轴心线。就总体犯罪来看,分析轴基本的关键点有:犯罪现象、犯罪类型、犯罪率、犯罪黑数;就宏观社会来看,分析轴基本的关键点有:社会变迁、社会结构、意识价值、社会分层、制度规范。

(2) 微观:微观研究将个体犯罪置于微观社会环境中③,核心是对犯罪人个案的微观社会剖析,探究一个人为什么犯罪?这里个体犯罪与微观社会构成对立统一的两条分析轴心线。就个体犯罪来看,分析轴基本的关键点有:个案、犯罪人、人格;就

---

① 综合性命题,是指基于诸多相互关联的经验事实而形成统一的具体陈述。
② 分析性命题,是指基于概念、原理或者若干经验结论,经由理性演绎而推导出的具体陈述。
③ 此处仅是社会学的视角,从广义上来说,犯罪生物学、犯罪心理学均是对犯罪的微观研究。

微观社会来看,分析轴基本的关键点有:社会化、家庭、学校、同辈群体、社区;生命历程、生命事件、年龄级角色、轨迹、变迁。

第三节 犯罪学研究的经验方法

犯罪学研究的经验方法,主要内容包括:犯罪学理论建构的程序、犯罪调查的基本方法等。

一、犯罪学理论建构的程序

犯罪学理论的建构通常经过以下的循环过程:选题阶段;设计阶段;实施阶段;总结阶段。

1. 选题阶段

选题阶段包括选择课题、建立假设、概念操作化三项主要工作:

(1) 选择课题:选择课题,是指挑选确定需要予以研究的主要问题或者重大事项。选择课题涉及课题类型、选题注意事项等问题。

课题类型:基于社会需要的不同,课题通常分为理论研究与应用研究。理论研究,一般具有超前性、抽象性、原理性等特点。超前性,意味着理论研究对于学科发展乃至社会发展具有前瞻意义,属于当代现实的理想建构,引领着人类的未来[①];抽象性,意味着理论研究属于超越社会现实层面的知识建构,其成果并不能直接运用于现实,而需要适当地转化;原理性,意味着理论研究是关于学科的最基本的知识精髓与价值精神的揭示,是学科赖以存在与发展的知识平台。例如,刑法学的罪刑法定原则理念、构成要件理论。应用研究,一般具有现实性、具体性、实用性等特点。现实性,意味着应用研究以当今社会现实为着眼点与归宿,致力于当代现实的完善;具体性,意味着应用研究属于社会现实层面知识的建构,其成果可以直接运用于现实;实用性,意味着应用研究是学科原理原则对于现实问题的具体运用,重在挖掘技术。例如,犯罪学的恐怖主义犯罪的防控对策。

选题注意事项:选择课题应当注意选题的重要性与可行性。A. 重要性:选题应当具有理论或现实的重大意义,这种重要性主要考虑选题在学科建设中的理论地位,在学术思想上的开拓价值,在实用价值上对社会现实的把握,在技术方案上对关键问题的解决。例如,犯罪实行行为的基本构造,对于构成要件理论、具体犯罪行为的表现形态等等,具有重要的理论意义;知识产权犯罪的特征与处置,切中社会科技发展与知识进步对于强化知识产权保护的需要,具有重要的现实意义。B. 可行性:选题应当遵循主观条件与客观条件的可行原则,这种可行性主要考虑选题研究主体的知识结构、科研能力、时间精力等是否符合研究课题的需要,研究条件的图书资料、经费投入、队伍结构、仪器设备等是否满足研究课题的要求,课题本身的理论假设、量表设

---

① 例如,启蒙思想家所提出的"人生而平等"、"天赋人权"等命题。

计、调查计划、思考路径等是否合理与规范。例如,不作为的义务前提、刑法错误的标准等理论课题,所涉及的刑法知识背景相对丰富深入;缺乏社会学知识背景,不宜选择有关犯罪社会原因的课题。

(2) 建立假设:建立假设,是指针对研究课题,提出总体构思,构建和确立有待理论或者经验确证的具体陈述。建立假设涉及假设与命题等问题。

假设:假设,是对研究对象的一种不完备的、尚待实证的命题。假设既可以出于思辨演绎,也可以来自经验观察。前者例如,理论表明菱形社会结构是一种社会稳定的模式,由此,提出假设:社会分层的失衡(贫富差距的悬殊),是导致犯罪率明显增长的重要因素。后者例如,经验感知许多犯罪人都有着不良朋友结交,由此,提出假设:差异交往是促使犯罪形成的重要因素。假设陈述大致有三种:A. 函数式陈述(相关关系):表述公式为"$Y=F(X)$",Y 是 X 的函数。这意味着如果 X 发生变化,则 Y 也发生变化;反之亦然(反函数)。函数式陈述表明 X 与 Y 之间存在相关关系。所谓相关关系,是指 X 与 Y 之间互为呼应变化,但是究竟是谁是变化的起因,变化是否存在其他因素的作用,这些问题无需考虑。例如,社会结构合理,犯罪率下降,而社会结构失衡,则犯罪率上升,这表明社会结构与犯罪率之间存在相关关系。至于社会结构与犯罪率谁影响谁,在社会结构与犯罪率的共变关系中是否还有其他因素的作用,则在所不问。B. 条件式陈述(因果关系):表述为"如果 X 则 Y",这意味着 X 与 Y 之间存在因果关系,其中 X 是前因,Y 是后果。成立因果关系必须具备三个条件:其一,相关关系:X 与 Y 之间存在呼应变化的相关关系,X 变化则 Y 也随之变化。其二,先后关系:原因在前,结果在后;原因变化而后结果变化。X 变化引起 Y 变化。其三,排他关系:X 与 Y 之间的引起与被引起的关系,不受其他因素的影响。其他因素变化,X 与 Y 之间的关系依旧。例如,道德失范与犯罪率增长之间呈正向相关关系,道德失范越是严重,则犯罪率增长越为明显;道德失范在前,而后犯罪率增长,道德失范引起犯罪率的增长;道德失范与犯罪率增长之间的引起关系,不受其他因素的影响。倘若如此,则可谓道德失范是犯罪率增长的原因。C. 差异式陈述(虚无关系):表述为"A 组与 B 组在变量 X 上相同",这意味着两个不同的观察组,在某一变量上的相同关系。这种相同表明,尽管 A 组与 B 组各有差异,但是两者在变量 X 上却互为一致,这说明变量 X 与 A 组或者 B 组并不存在相关关系,变量 X 与 A 组 B 组的差异无关。例如,A 组贫困、B 组富裕,变量 X 犯罪率,如果贫困组的犯罪率与富裕组的犯罪率相同,则表明犯罪率升降与贫困或者富裕没有关系。某一犯罪学理论的构建,可能同时运用这三种假设陈述。

命题:命题,是对两个或两个以上现象之间关系的明确陈述。例如,社会贫富差距悬殊,导致犯罪率增长。这一陈述表明了"社会贫富差距悬殊"与"犯罪率增长"两种现象之间的关系。命题的类型包括公理、定理、经验概括等。公理,是人类从生活经验中获得的高度抽象概括的命题。公理既不需证明也无法证明。例如,犯罪是危害社会的行为。定理,是由公理推演出来的相对具体的命题。定理可以通过经验事实获得验证。例如,犯罪是危害社会的行为(公理);危害社会的行为是可以控制的

(公理);由此推断,犯罪是可以控制的。经验概括,是由大量的观测现象而归纳出来的较为具体的命题。经验概括直接由经验事实获得。例如,随着我国社会的急剧转型,犯罪率明显上升。假设的命题应当集中、简练。

(3) 概念操作化:概念操作化,是指定义假设中所涉及的重要概念,并将之转变为实际中的经验指标,使之完全具有具体量化的意义。概念操作化涉及概念的蕴意与操作化的实施等问题。

概念的蕴意:A. 概念:概念,是解释经验事实的主观思维的产物,是人们在社会交往中对于某种社会事实的一种共识。例如,犯罪这个概念,在客观上表现为许多经验事实,包括杀人越货、焚烧房屋、重伤他人、诈骗钱财等等;通过对这些社会现象的分析,可以总结出其所具有的共同特征:"严重危害社会、触犯刑法规范"[①];进而,人们达成共识,将具有这一特征的类似现象,都界定为犯罪。因此,概念是对于同类现象的共同特征的概括与抽象的表述。概括是对经验事实的共同特征的归结;抽象是对经验事实的共同特征的推断。概念由名词、抽象概括特征与经验事实组成。B. 概念分类:根据概念可予观察程度的不同,概念可以分为实体概念与非实体概念。实体概念,是指可以直接观察到的现象。例如,犯罪、刑法、刑罚等。非实体概念,是指难以直接观察到的现象。例如,主观主义、报应刑主义、犯罪故意等等。根据概念抽象程度的不同,概念可以分为综合概念与具体概念。综合概念,是指抽象与概括程度较高,因而所涵盖的外延更大,但是相对经验表述较远的概念。具体概念,是指抽象与概括程度较低,因而所涵盖的外延较小,但是相对经验表述较近的概念。例如,"刑罚"的概念概括程度较高,其第二层次的概念是"主刑""附加刑",其第三层次的概念是"生命刑""自由刑""财产刑""资格刑",其第四层次的概念"死刑""无期徒刑""有期徒刑""拘役""管制""罚金""没收财产""剥夺政治权利""驱逐出境"。

操作化的实施:操作化,是采用可予具体观察和测量的变量对一个概念的内涵和外延进行确切而简要的说明。可见,操作化是对概念定义的量化模式,从而涉及概念定义的方式以及被定义概念本身的可予量化程度等问题。A. 概念定义方式(理论定义与操作定义):根据概念定义抽象程度的不同,概念定义可以分为理论定义与操作定义。理论定义,又称直接定义,是指对于事物本质特征或者抽象内涵的表述。例如,刑罚轻重,是指刑法典对于犯罪所规定的刑罚的质与量的程度。公众安全感,是指社会大众对于自身处于特定场景时其人身与财产等受保障程度的具体评价。操作定义,又称间接定义,是指对于事物现象特征或者具体外延的表述,具体地说,就是采用可予观察的变量对于事物的特征进行简明、确切的表述。例如,刑罚轻重,可以通过刑法典对于死刑的适用情况来具体表述。[②] 公众安全感,可以通过故意杀人、抢劫、强奸等暴力犯罪的发案率的高低与波动来具体表述。社会分层,可以通过财富和收

[①] 详见张小虎著:《犯罪论的比较与建构》,北京大学出版社2006年版,第23—33页。
[②] 例如,所有犯罪中可适用死刑犯罪的比率,死刑对于某些特定犯罪的适用情况,死刑条文数占分则条文数的比率等。

入(经济地位)、权力(政治地位)和声望(社会地位)来具体表述。① B. 概念可予量化程度(变量与常量):根据概念的可变动性的不同,概念分为变量与常量。变量,是指所界定的事物变化多端,基于时空维度或者具体主体等的不同,其呈现出较大的差异。常量,与变量相对,是指所界定的事物相对固定不变,时空维度或者具体主体的更替,并不使其呈现差异。例如,"犯罪"是变量,其基于不同具体主体或者行为性质等,存在男性犯罪、女性犯罪、青少年犯罪、老年犯罪、暴力犯罪、经济犯罪、街头犯罪、白领犯罪、有组织犯罪、恐怖主义犯罪等等;而男性、女性则是常量。在犯罪学研究中,多数概念是变量,例如,社会结构、意识价值、职业、身份、犯罪率、犯罪人、犯罪行为等。C. 概念操作化的指标:从概念的经验表述来看,概念操作化的最终结果,是一系列用于表述事物特征的具体指标。指标,即指示标志,是指表示概念的抽象内涵的具体经验层次的现象。指标可以直接测量。例如,社会风尚这一概念,可以用司法公正、道德风尚、治安状况、官员廉政、人际关系等等指标来表述。而这些指标又是可以具体测量的。

2. 设计阶段

设计阶段包括拟订调查计划、抽样设计和问卷设计两项具体工作:

(1) 拟订调查计划:拟订调查计划,是指在已选定的研究课题和建立的研究假设的基础上,起草制订调查方案,确定所需搜集资料的内容。调查计划的具体内容,包括调查内容、调查方法、人员组织、应变控制等。调查内容,阐明调查的主题与目的,调查所需要搜集的具体资料,调查的具体对象与空间范围等。调查方法,阐明调查的具体实施程序与步骤,搜集与分析资料的途径与手段等。人员组织,阐明调查主体的人员结构与来源,调查的组织形式与管理工作等。应变控制,阐明调查中可能遇到的各种内外因素以及相应的有效控制等。

(2) 抽样设计与问卷设计:抽样设计,是指为了搜集所需资料,起草制定从调查对象的总体中选择部分个体的具体实施方案。问卷设计,是指为了搜集所需资料,起草制定有待调查对象予以回答的统一的标准化的书面问题集合。在选择抽样调查与问卷调查的场合,抽样设计与问卷设计成为一项重要的工作,这项工作使得需要搜集资料的内容进一步具体化。实证研究通常都有抽样设计与问卷设计的工作。

问卷,是由研究人员基于研究需要所设计的,用来搜集样本信息的,有待调查对象予以回答的统一的标准化的书面问题集合。① 问卷类型:问卷主要分为自填问卷与访问问卷。自填问卷,是指由调查对象本人填写的问卷,包括邮政问卷、发送问卷、网络问卷、报纸问卷等。访问问卷,是指由调查人员根据调查对象的回答予以填写的问卷。访问问卷一般用于入户调查的方式。② 问卷结构:问卷的结构主要包括:封面信、填写说明、问题与答案、其他资料。A. 封面信,是指致调查对象的一封短信。用于阐明调查的宗旨、消除调查对象的疑虑、形成调查所需的信任关系,主要内容包括:主办单位或者调查人员的身份,调查的目的和意义,调查的主要内容,调查对象的

---

① 德国著名社会学家马克斯·韦伯(Max Weber,1864—1920)的见解。

遴选方法,问卷处理的保密措施,问卷回收的具体时间与做法,致谢。B. 填写说明,是指致问卷填写人有关填写问卷的具体方法、要求和注意事项。C. 问题与答案,属于问卷的主体。对此,应当注意:其一,问题方式:问题的方式包括开放式问题与封闭式问题。开放式问题,是指对于问题的答案不予提供,而是由调查对象自由回答的问题;封闭式问题,是指事先提供问题的若干可能答案,调查对象仅从答案中予以选择的问题。其二,问题内容:问题的内容包括背景问题、客观问题与主观问题。背景问题,主要针对调查对象个人的基本情况。例如,性别、年龄、文化程度、婚姻状况、职业、职务、志趣爱好、交友、经济收入、住房等等。客观问题,主要针对调查对象客观经历或者具体行为。例如,"你在过去一年里亲眼所见的违法犯罪事件有几次?""当你遭受生活挫折时,你通常如何作出相应的反应?"主观问题,主要针对调查对象价值观念或者情感意识。例如,"你认为犯罪分子被绳之以法的比率是多少?""你对目前的社会风气有什么样的看法?"其三,答案要求:在封闭式问卷的场合,应当对问题的答案作出合理的设计。问题是对变量的测量指标的表述,从而对问题的回答实际上就是对变量的取值,而根据一般规则,对变量的取值应当穷尽可能、互相排斥、层次有序。穷尽可能,是指作为问题的回答,所列举的情况(赋值)应当包括所有可能的情况。例如,问题:"犯罪时,我认为我的犯罪行为被发现的可能性是　?"对此,答案应当是:"肯定被发现;很可能被发现;说不准;不大可能被发现;不可能被发现。"互相排斥,是指作为问题的回答,所列举的情况(赋值)之间不能相互重叠或者相互包含。例如,问题:"你认为,你的经济状况属于　?"对此,答案应当是:"赤贫;清寒;普通;宽裕;富有。"层次有序,是指作为问题的回答,所列举的情况(赋值),应当根据变量类型的不同,按照定类、定序或者定距的模式确定。其中,定类变量,例如,对于"文化程度"这个变量的测量,答案应当是:"研究生;大学本科;大专;高中;初中;小学及其以下。"定序变量,例如,对于"财富满意度"这个变量的测量,答案应当是:"很满意;比较满意;说不准;不太满意;很不满意。"定距变量,例如,对于"年龄"这个变量的测量,答案可以是:"1 岁—10 岁;11 岁—20 岁;21 岁—30 岁……"

3. 实施阶段

实施阶段主要是根据研究方案进行实地调查和资料搜集。

实地调查,是指调查人员深入到调查对象的社会生活中搜集实际资料,在此基础上基于研究人员本人的理解和概括,从经验资料中得出抽象结论。实地调查应当注意:A. 确定调查对象:实地调查对象的确定,应当严格按照调查计划的要求,搜集足够的真实的样本资料,以使调查结果尽量精确。B. 具体调查方法:根据具体研究课题与计划方案的不同,实地调查的方式有普遍调查、抽样调查、典型调查、个案调查,观察法、问卷法、访谈法、实验法等。

资料搜集,是指通过调查捕获研究所需的有关信息。根据来源的不同,资料分为原始资料与次级资料。原始资料,是指保持最初状态而未经整理加工的资料。原始资料一般通过实地调查获得。次级资料,是指经由他人加工整理而简化了的资料。次级资料一般通过文件法获得。实证研究通常需要实地调查搜集原始资料。

4. 总结阶段

总结阶段主要有资料处理、资料分析、检验假设、撰写研究报告四项工作。

(1) 资料处理,是指核对与检查所获资料的客观性、真实性、完整性,在此基础上对资料进行系统的科学加工,使之具体化、简明化、符号化。

(2) 资料分析,是指运用理论分析和统计分析的方法,揭示研究对象的总体状况、事物之间的联系以及事物发展变化的规律。理论分析方法,是指以理论知识为背景,通过思辨演绎,考究事物现象之间联系的质的规定性。统计分析方法,是指以数量统计知识为背景,通过数量演算,考究事物现象之间联系的量的规定性。统计分析复分为描述分析与推论分析。描述分析,是指运用统计量对经过整理处理的资料进行具体的描述,主要包括集中趋势分析、离散趋势分析、变量相关分析、相对指标分析、图表法等。推论分析,是指基于随机调查所获得的样本资料,运用统计规律对总体进行推断,主要包括抽样推断分析、综合评价分析、预测分析、回归分析、详析法等。

(3) 检验假设,是指将调查所获的资料及其处理分析结果,验证假设真伪,并对验证的结论作出理论上的总结或解释。

(4) 撰写研究报告,是指阐明研究过程的一般概况,解释研究资料的分析结果,并且把研究成果提升为理论。研究报告的一般结构如下:标题、摘要、导言、方法、结果与讨论、质量与局限、附录、参考文献。

① 标题,是指研究报告的题目。标题的模式大致有:A. 判断式标题,例如,应当加强对刑案规律的系统研究、公正是法律价值的生命;B. 提问式标题,例如,犯罪的本质是什么、如何构建当代中国刑事法治的基本理念;C. 偏正式标题,例如,犯罪概念形式与实质的理论建构、犯罪原因的基本蕴意。

② 摘要,扼要阐明研究报告的核心命题、基本方法、经验结果与理论论证。摘要具有如下特点:A. 简明,通常摘要为300字左右,语言精练而内容丰富;B. 直陈,直接表述研究内容及重大贡献,而不是以第三者的语气介绍;C. 成果,表述研究报告的中心思想,尤其是本次研究的重大突破。

③ 导言,阐明研究的背景知识,属于研究报告的开头部分。主要包括:研究主题与价值,阐明研究的宗旨任务、学科价值以及社会意义;国内外研究述评,阐明这一研究领域已有的学术成果并予科学评价;本次研究的要点,点明本次研究的基本框架、核心命题、主要变量以及基本理论概念。

④ 方法,阐明研究的具体手段与步骤,属于研究报告的主体部分之一。主要包括:A. 研究方法,阐明具体研究手段(实地调查方法、实验研究方法、文献研究方法)。在实地调查方法的场合,描述进入观察现场的方式,观察的具体角色(参与观察或者局外观察),采纳调查的具体类型(普遍调查、抽样调查、典型调查、个案调查),问卷的基本样式(通常附录)、调查人员与资料回收情况等。在实验研究方法的场合,介绍实验设计的具体模式,实验工具与刺激的主要内容(量表①、实验仪器、刺激材料)等。在

---

① 量表,又称测量表格,是指一种具有固定形式、测量指标分级、标准性极强的特殊问卷。

文献研究方法的场合,说明文献的来源与类型、文献的质量与筛选、文献资料的整理与分析等。B. 研究对象,阐明实地调查的具体调查对象。在实验方法的场合,介绍实验对象的来源与挑选,实验组与控制组具体分类的标准,两组人员的主要特征有无差异等。在调查方法的场合,介绍调查的总体与样本、抽样的具体方式与过程、调查对象的基本特征。C. 资料搜集,阐明研究资料的搜集方法与过程。具体包括:a. 变量的说明:叙述研究所涉的各种变量及其操作定义、各个变量的测量指标,分析说明各种测量指标在问卷中具体表现(问卷的问题),介绍各种指标在界定变量中所占的比重等;b. 搜集的过程:交待实验操作或者调查实施的具体步骤与过程。包括进展的时间阶段、每一阶段的具体措施、各个阶段的资料数量等。D. 分析方法,阐明分析资料的具体方法、工具与过程。采用多种分析方法的,应当介绍每一分析方法的意图、各种分析方法的先后顺序等。使用计算机分析的,需要说明资料的编码、调整处理以及所采用的统计分析软件。

⑤ 结果与讨论,客观描述与展示资料的具体内容,并且针对这一具体内容进行理论分析,验证命题的真伪,形成最终的理论概括与抽象,并对社会实际提出相应的建议。结果与讨论属于研究报告的主体部分之一。其中:A. 结果,主要是将经由一定的研究方法与分析处理所形成的数据、图表、经验归纳等,以相对抽象的形式展示出来。为了便于与讨论相呼应,结果的展示可以在同一主题下区分为不同要点进行,并且按照先整体后局部的顺序。B. 讨论,主要是在结果的基础上,对导言部分的核心命题进行明确的叙述与推论,揭示结果的理论蕴含,由此论及其实践意义。讨论同样可以区分要点进行,根据经验结果对于命题予以适当分解的理论表述。讨论部分还可以阐述基于本次研究而形成的新问题以及进一步研究的思路。

⑥ 质量与局限,阐述本次研究在具体方法以及理论命题方面的不足与限制,本次研究未能解决的具体问题。具体方法的缺陷,包括采纳方法的合理、研究对象的全面、资料搜集的质量、分析方法的科学等问题;理论命题的缺陷,包括命题实证基础的充足、命题对于社会事实解释的局限等问题。

⑦ 附录,主要表述由于所占篇幅较大而不宜放在正文中的一些材料。具体包括:问卷、量表、刺激材料、照片图片等,与研究主题有联系但关系并不密切的一些数据图表。

⑧ 参考文献,列陈研究报告中所引用过的著作或者文章的目录。这些文献应当是公开发表过的,对于尚未公开发表过的文献等,即使取得作者的同意,一般也不得引用。

二、犯罪调查的基本方法

犯罪调查的基本方法,基于调查范围、调查方法等不同的视角,具有各自独特的具体知识内容的展开。

1. 调查范围的视角

犯罪调查的基本方法,按照调查的范围,包括:普遍调查、抽样调查、典型调查、个案调查。

(1) 普遍调查,是指对被研究对象的全部单位无一遗漏地逐个进行调查。例如,对全国所有的在押犯进行调查。普遍调查涉及范围广、对象多、搜集的材料全面,而工作量大,时间、人力、经费消耗大,因此普遍调查并不时常进行。

(2) 抽样调查,是指从研究总体中按照一定的方法选取部分对象作为全体的代表,对他们逐一进行调查,并将收集到的资料所得出的结果,视为被研究对象总体情况的近似反映。被研究的全体对象在抽样调查中称作总体;被抽取出来的代表称作样本。抽样调查在当代世界各国的实践中已发展出一套完整而严密的操作技术,是各种调查方法中运用得最多、最广的一种资料搜集方法。

(3) 典型调查,是指在对研究对象有一定了解的基础上,为进一步深入地分析某些情况,揭示事物的本质及其发展规律,有计划有目的地挑选具有代表性的单位进行深入、细致、周密的调查的方式。典型调查的目的,是要通过个别典型代表推知面上的情况。

(4) 个案调查,是指对被研究对象作十分全面、深入地调查了解,不仅调查个案本身的状况及其产生、发展过程,而且调查其周围的社会背景以及内外因素之间的相互关系,同时通过对许多同类个案的研究,发现、揭示某些具有普遍性的东西。个案可以是一个罪犯、一个犯罪集团、一个犯罪案件。个案调查一般采用参与观察法。

2. 调查方法的视角

犯罪调查的基本方法,按照调查的方法,包括:观察法,文件法,问卷法,访谈法,实验法。

(1) 观察法,是调查者运用感觉器官或者借助一定的仪器,按照科学的程序和规则,有目的有计划地对研究对象进行系统观察,从中直接收集和积累具体形象的感性资料的方法。基于分类角度的差异,观察法可以分为不同类型:① 参与观察法与局外观察法:这是根据观察者角色的不同所作的分类。A. 参与观察法,是指调查者亲身加入到研究对象之中作为其一员,并以客观态度进行观察。参与观察法具有如下特征:加入研究对象之中;基于研究对象视角;保持自身客观态度;所获信息全面深入生动具体。参与观察法复分为:其一,全参与式观察,是指调查者并不暴露自己的研究身份和研究意图,设法加入到研究对象的群体之中而成为其一员,在整个调查中,研究对象都将调查者当作其成员之一。全参与式观察具有更大隐蔽性,从而会产生社会科学研究的伦理道德问题。其二,半参与式观察,是指调查者并不隐瞒自己的研究身份和研究意图,并且加入到研究对象的群体之中参与其活动,研究对象也都明确调查者的身份与意图。这一方式并不存在研究方法的道德问题,但却会造成研究对象因明确自己的被观察地位而改变原有的行为方式。B. 局外观察法,又称非参与观察法,是指调查者并不加入到研究对象之中,而是以旁观者的身份进行观察,如同自然科学者观察自己的实验对象。非参与观察法具有如下特征:旁观者的身份与视角;并不参与研究对象活动。例如,在监狱的某个房间,观察服刑罪犯的生产劳动情况。② 直接观察法与间接观察法:这是根据观察时机的不同所作的分类。A. 直接观察法,是指在研究对象的有关行为或者事件正在发生或进行的场合所进行的观察,调查者亲眼目睹行为或者事件的实际过程。例如,在公共场所具体观察扒窃犯罪的情况。B. 间接观察法,是指在研究对象的有关行为或者事件发生或者进行之后,对于行为或事件所遗留的各种痕迹进行观察,由此分析研究对象。例如,通过对犯罪现场痕迹物证的观察,分析案犯的作案手段。③ 结构式观察法与非结构式观察法:这是根据观察程序的不同所作的分类。A. 结构式观察法,是指在观察之前,对于观察的焦点内容、具体观察程式、记录方法等进行计划,而后根据事先的方案进行观察。结构式观察法,可以客观地设计研究所需的测量指标及其具体分类等,并且在观察中进行量的记录,由此构建定量分析的基础。B. 非结构式观察法,是指在观察之前,对于观察范围、观察内容、观察程序、记录方法等并不予以严格规定,而是根据观察现场的实际情况,对于研究对象进行全面与随机的观察。非结构式观察法主要用于对研究对象的定性描述与分析。

(2) 文件法,是指从各种文献中收集所需要的资料,由此分析推断研究对象真实情况的方法。文献,是指包含有研究所需信息的各种形式的资料。在犯罪学研究中常常需要征集文献,例如司法统计数据、大要案报道。文献均属于第二手资料,使用时应当注意其真实性、可靠性、完整性、针对性。基于分类角度的差异,可供研究摘取的文献可以分为不同类型:① 私人文献、社会文献、官方文献、传播媒介。这是根据文献形成主体的不同所作的分类。A. 私人文献,是指个人的信件、日记、札记、回忆录、自传、各种文书、家谱等。B. 社会文献,又称民间文献,是指民歌民谣、乡规民约以及其他体现民间风俗习惯的图案、文字记载等。C. 官方文献,是指政府和其他各种社会组织的计划报表、统计数据、公函档案、会议记录等。D. 传播媒介,是指传到广大人群之中的各种报刊、杂志、电影、电视、广播、互联网络等。② 原始文献、二次文献。这是根据文献来源途径的不同所作的分类。A. 原始文献,又称一次文献,是指由亲身经历事件或者行为的人所撰写的材料。B. 二次文献,是指在原始文献的基础上经过加工整理所形成的新的文献资料。

(3) 问卷法,是指调查者根据研究的问题和方案,设计一套要求被调查者回答的调查表来搜集资料的方法。问卷法是犯罪学研究中普遍采用的方法。问卷一般包括被调查者个人的基本情况、行为方面的问题、态度方面的问题等。问卷分为开放式和封闭式两种。开放式问卷,是在问卷中只列问题而不列可能的答案,被调查者根据自己的情况自由作答;封闭式问卷,是对问卷中的问题,罗列出若干可能的答案,被调查者只能根据自己的情况选择其中一个或若干个。

(4) 访谈法,是指调查者与被调查者通过有目的的谈话搜集资料,用以验证研究假设的方法。访谈法主要采用面对面的方式,但有时也可经由电话的方式进行。访谈法包括个别访谈与集体访谈、重访式访谈与非重访式访谈、结构式访谈与非结构式访谈等。① 个别访谈与集体访谈。个别访谈,是指调查者或者访问者每次访谈,仅找个别被调查对象单独进行。集体访谈,又称开调查会,是指调查者或者访问者每次访谈,同时找多个被调查对象集体进行。② 重访式访谈与非重访式访谈。重访式访谈,是指对于调查对象进行定期访谈,以便取得研究所需的动态信息。非重访式访谈,是指对于调查对象只需进行一次访谈,便可取得研究所需的信息。③ 结构式访谈与非结构式访谈。结构式访谈,是指使用封闭式问卷进行的访谈,即由专门的访问员携问卷进行调查。非结构式访谈,访问者可能备有一系列的问题,但是这些问题并无固定的顺序和可选的答案,而是由访问者根据当时的情况与被调查者自由交谈。

(5) 实验法,是研究者为了测定某一特定现象或行为的因果关系,根据研究假设而设立一个人为环境突出与控制某些因素(自变量),观察这些因素对于特定现象或者行为(因变量)变化的作用与影响。实验法涉及实验组与控制组、前测与后测、实验法分类、刺激因素影响公式等议题。① 实验组与控制组:通常研究者将具有相同基本特征的研究对象分为控制组和实验组。实验组,是指接受那些被认为可能导致行为改变的因素的影响的一组研究对象。控制组,则是指不具这种影响的另一组研究对象。② 前测与后测:对于研究对象的测量也分为前测与后测。前测,是指在实验刺激以前对研究对象所进行的测量;后测,则是指在实验刺激以后对研究对象所进行的测量。③ 实验法分类:实验法根据实验设计的不同,分为实验组单组的前后测实验、实验组与控制组双组的前后测实验、实验组与控制组双组无前测的实验等。④ 刺激因素影响公式:实验法主要考究刺激因素(自变量)对于行为或者现象(因变量)的效果。由此,通过观察分析由于刺激因素施加,前测与后测之间、实验组与控制组之间,在行为或者现象方面的差异,由此推断该因素对于现象或者行为的作用与影响。设实验组为 X 组,其前后测分别为 X_1、X_2,控制组为 Y 组,其前后测分别为 Y_1、Y_2,则刺激因素的原因影响可以表述为"$(X_2-X_1)-(Y_2-Y_1)$"。在双组无前测实验的场合,分组时应当遵循如下规则:假定两组各项条件一致(X_1 与 Y_1 一致);仅 X 组接受刺激而 Y 组不接受刺激。

第三章 犯罪学的形成与发展

犯罪学伴随着刑事近代学派的兴起而诞生,有其较为浓厚的实证主义科学思想的理论背景。同时,欧洲大陆的一些社会学家有力地推进了犯罪学的理论研究,奠定了现代犯罪学理论的思想基础。目前,犯罪学研究中心又转移到了美国,形成了当代较具代表性的社会结构理论、社会化过程理论与冲突理论。

第一节 犯罪学形成的背景

刑事古典学派将犯罪原因归结为理性人的自由选择,从而至为注重合理的刑罚惩罚,寄期望以此能够遏制犯罪。然而,随着犯罪现实状况对于犯罪复杂性的日益昭示,刑事古典学派的思想与制度并未从根本上解决犯罪问题,同时在崇尚实证主义精神的科学思想感召下,人类将应对犯罪的目光转向了更为广阔的领域,寻求以犯罪人个性为中心的预防与控制犯罪的方法。

一、刑事古典学派的犯罪原因思想

自从犯罪产生以来,人类便开启了探索、研究犯罪的历程,然而犯罪研究真正成为一门科学,应当归功于18世纪60年代刑事古典学派的诞生。15、16世纪欧洲的文艺复兴为自然科学的发展开辟了广阔的空间,人类的思想逐步从中世纪神学的统治下解放出来。18世纪欧洲的启蒙运动进一步提出了"公民""社会契约""普遍意愿""人权"和强有力的"自由、平等、博爱"的口号。[①] 在这一时代的背景下,1764年7月16日,意大利学者贝卡利亚发表了《论犯罪与刑罚》一书,在人类历史上首次对犯罪与刑罚一系列问题进行了深入系统地论述,标志着现代意义上的刑事法学的形成。

在19世纪前,犯罪研究理论的主流是以贝卡利亚、费尔巴哈(Paul Johann Anselm Feuerbach,1775—1883)、边沁(Jeremy Bentham,1748—1832)等为代表的刑事古典学派。刑事古典学派强调人的共同理性、人格同一性,认为趋利避害是人类所共有的本性,人人均具有意志自由。犯罪是人在趋利避害本性的驱使下自由选择的结果。由此,犯罪原因的解析是较为明确的,需要着力探寻的是犯罪后的合理的刑事处置。然而,事实上犯罪原因并非如此简明,尽管刑事古典学派以系统、精确的理性思辨,论证了刑罚的合理性,从而构建了刑罚理论的科学大厦,但是其对犯罪原因的认识是机械的。

---

① 参见〔英〕阿伦·布洛克著:《西方人文主义传统》,董乐山译,生活·读书·新知三联书店1997年版,第124页。

二、实证主义精神的科学思想感召

18、19世纪,现代天文学、物理学、化学、生物学、生理学等先后创立,自然科学取得了长足的进展。自然科学的研究成果及其精确的验证方法给社会思想家以深刻的启示,以科学实证的方法研究自然、社会成为当时的一种时尚。作为数学家、物理学家的孔德(Auguste Comte,1798—1857),于1830年至1842年发表了六卷本的《实证哲学教程》巨著,1838年他在该著第四卷中第一次提出了"社会学"这个新名词,意图建立一门用自然科学的精确方法来研究社会的科学。社会学领域通常认为,这标志着社会学的诞生,并将孔德誉为社会学之父。社会学的思想大大地推进了对犯罪问题的探索,它不仅将犯罪研究的视角由犯罪后的惩罚引向犯罪前的罪因机制,而且为犯罪原因的揭示提供了强有力的社会理论与实证方法。实际上,犯罪是一种社会现象,犯罪率随着社会结构要素的不同而波动,社会变迁影响着犯罪,社会交往也与犯罪紧密相关。[①] 虽然不能绝对地说犯罪原因是单一的社会因素,也不乏有从生物学、心理学的视角探索犯罪原因的犯罪生物学理论、犯罪心理学理论,但是社会因素是犯罪形成的主要原因,犯罪社会原因理论是当代犯罪原因理论的主流。

第二节 犯罪学诞生及犯罪实证学派

在实证主义思想的感召下,立于与刑事古典学派相对的立场,龙勃罗梭、加罗法洛、菲利等对犯罪问题进行了开拓性的研究,创立了独树一帜的犯罪实证学派,这也标志着刑事近代学派的肇始,由此犯罪研究翻开了新的一页,他们三人也被誉为"犯罪学三圣"。犯罪实证学派的最初形态是犯罪人类学派,其后又发展为犯罪社会学派,从而形成了犯罪人类学派与犯罪社会学派两个分支。其中,龙勃罗梭是犯罪人类学派的主要代表,菲利是犯罪社会学派的主要代表。

一、龙勃罗梭的犯罪学思想

意大利犯罪学家龙勃罗梭勤于笔耕,一生著作多达三百余种。龙勃罗梭的代表作为《犯罪人论》,1878年该著的第二版引起了学术界的广泛注意,龙勃罗梭也为之名声大振,由此,刑法理论产生了根本性的转变。龙勃罗梭的功绩在于他将实证主义的方法引入刑法研究,并且使对刑法问题的探讨从行为中心转向行为人中心。尽管龙勃罗梭的天生犯罪人论难以为学界所接受,但是他对刑法研究方法的变革以及研究视角的转换使他获得了犯罪学之父的桂冠。龙勃罗梭的学术思想丰富,兹择要介绍如下:

[①] Larry J. Siegel, *Criminology Theories, Patterns, and Typologies*, 4th ed., New York: West Publishing Company, 1992, p.213.

1. 犯罪主要是一种返祖遗传

龙勃罗梭对刑法进行研究的路径是,犯罪的原因各有不同,这种原因存在于犯罪人的现实世界,应当采用实证的方法,探索犯罪原因,由此针对不同的犯罪原因,采取不同的刑事处置。这样,在刑法研究中,实证方法成为必要的手段,犯罪原因成为核心的内容。

在早期的著述中,龙勃罗梭主要注意遗传等先天因素对犯罪的影响。作为一名监狱医生,他对几千名犯人作了人类学的调查,并进行了大量的尸体解剖。1870年12月,在意大利帕维亚监狱,龙勃罗梭打开了全意大利著名的土匪头子维莱拉尸体的头颅,发现其头颅枕骨部位有一个明显的凹陷处,它的位置如同低等动物一样。这一发现触发了他的灵感,由此他认为,犯罪人与犯罪真相的神秘帷幕终于被揭开了,原因就在于原始人和低等动物的特征必然要在我们当代重新繁衍,从而提出了他的天生犯罪人理论。

龙勃罗梭的天生犯罪人理论,包括四个方面的主要内容:(1)体格心理异常:犯罪人通过许多体格和心理的异常现象区别于非犯罪人。(2)人种变种:犯罪人是人种的变种,属于一种人类学类型,是一种退化现象。(3)返祖蜕变:犯罪人是一种返祖现象,是蜕变到低级的原始人类型。犯罪人是现代社会的"野人",其在体格和心理上倒退到人类历史的早期阶段,犯罪人的种系发生的过去时代。在犯罪人身上出现的某些体格和心理特征,正是人们原来以为在进化历史上已经解决了的问题。(4)犯罪遗传:犯罪行为具有遗传性;它从犯罪天赋中产生。① 天生犯罪人是龙勃罗梭早期犯罪原因思想的一个核心命题。

2. 犯罪取决于多种因素

龙勃罗梭的天生犯罪人理论一经传播,马上遭到来自各方面的抨击。当看到龙勃罗梭搜集的那些相貌不对称和有特征的罪犯画像时,法国人类学家保罗·托皮纳尔②尖刻地挖苦说:"这些肖像看起来与龙氏朋友们的肖像一模一样。"英国犯罪学家查里士·戈林经过12年的工作,根据96种特征考察了3000名以上罪犯,在科学验证的事实之上,戈林断言,不存在天生犯罪人类型,犯罪不是由遗传而来的,他呼吁犯罪学家把心理特征,特别是智力缺陷作为犯罪行为的原因来加以研究。

在这种情况下,龙勃罗梭在后期的著作中也修正了自己的观点,从只注重犯罪的遗传等先天因素,到把犯罪原因扩大到堕落等后天因素的影响,对犯罪的生理、心理、环境、气候等多方面的原因进行了探讨,并强调智力、情感、本能、习惯、下意识反应、语言、模仿力等心理因素与政治、经济、人口、文化、教育、宗教、环境等社会因素以及自然因素的作用,天生犯罪人在罪犯总数中的比例也一再降低(由原来的70%降至33%),由此形成综合的犯罪原因论。他指出:"导致犯罪发生的原因是很多的,并且

---

① 〔德〕汉斯·约阿希姆·施奈德著:《犯罪学》,吴鑫涛、马君玉译,中国人民公安大学出版社1990年版,第114—115页。

② 法国人类学家保罗·托皮纳尔(Paul Topinald,1830—1911),在1879年出版的《人类学》一书中首次使用犯罪学这一术语,意思是研究犯罪行为问题的科学。

往往缠结纠纷。如果不逐一加以研究,就不能对犯罪原因遽下断语。犯罪原因的这种复杂状况,是人类社会所常有的,绝不能认为原因与原因之间毫无关系,更不能以其中一个原因代替所有。"①

3. 针对犯罪人的不同类型施以相应的刑事处置

基于对犯罪原因的揭示,龙勃罗梭提出了救治犯罪的新方法。他认为,人类学的研究告诉我们,犯罪和出生、死亡、妊娠一样,既是自然的现象,也是必然的现象。既然犯罪是必然的,几乎是不可救药的,那么犯罪的对策也不应该是单一的惩罚性的刑罚,而应以犯罪的危险状态为根据,针对犯罪的不同情况,采取救治措施。

龙勃罗梭将犯罪人分为三种:(1)遗传性犯罪人。这部分犯罪人只有少部分人具有,他们先天已有犯罪本性,因而注定要犯罪。(2)偶发性犯罪人。这部分犯罪人不觅犯罪机会,而是被机会所诱惑或因极为琐碎的事由而落入犯罪的陷阱之中,属于无法抵御其周围不良影响的犯罪人,他们与隔代遗传和癫痫症没有联系。(3)情感性犯罪人。这部分犯罪人体质匀称,精神饱满,神经及情绪均灵敏,但倾向于过度的动作、易于冲动、发作过于迅速及常健忘等性质。他们之所以犯罪,并非出自机体的本性,而是基于愤怒、情爱或亲情等这些通常是无私的甚至是崇高的情感等这些不可抗拒的力量支配。

在犯罪分类的基础上,龙勃罗梭提出了相应的救治措施:(1)刑罚遏制措施:对遗传性犯罪人采取刑罚遏制措施,使犯罪人丧失犯罪或者再犯罪的能力或条件,防止其再犯罪。具体地说,对于尚未犯罪但有犯罪倾向的人实行保安处分,即预先使之与社会隔离;对于具有犯罪生理特征者予以生理矫治,即通过医疗措施如切除前额、剥夺生殖机能等来消除犯罪的动因;将危险性很大的人流放荒岛、终身监禁乃至处死。(2)刑罚替代方法:对偶发性犯罪人、情感性犯罪人,应当施以法庭警告、训诫、善行保证、不定期刑、罚金刑、缓刑、假释或置于矫正机构进行矫正等刑罚替代方法。龙勃罗梭不赞成自由刑尤其是短期自由刑,他认为监狱使罪犯聚于一处,互为习恶,徒增犯罪之事,监狱教育只能产生出更多的累犯和惯犯。②

二、加罗法洛的犯罪学思想

加罗法洛于1885年出版了题为《犯罪学》的著作,以犯罪人的自然因素、社会因素、应对犯罪的合理刑事措施作为核心内容③,成为第一部以犯罪学命名的学术著作。加罗法洛是龙勃罗梭的学生,他一方面坚持龙勃罗梭的犯罪人类学的思想立场,以及实证和归纳的研究方法,同时他又开拓性地将犯罪区分为自然犯与法定犯,并强调应当区分这两种犯罪的原因,采取不同的对策,尤其是他对自然犯罪人进行了深入的研究,提出了一系列的独特见解。兹择要介绍加罗法洛的犯罪学思想如下:

---

① 转引自陈兴良著:《刑法的启蒙》,法律出版社1998年版,第176—178页。
② 参见刘麒生:《郎伯罗梭氏犯罪学》,商务印书馆1938年版,第362页以下。
③ 参见〔意〕加罗法洛著:《犯罪学》,耿伟、王新译,中国大百科全书出版社1996年版。

1. 提出自然犯与法定犯的概念

加罗法洛在龙勃罗梭的"天生犯罪人"的理论基础上,运用实证和归纳的方法,将犯罪区分为自然犯和法定犯,并认为这两种犯罪各有不同的原因,需要采取不同的对策。(1)自然犯,是指违背怜悯和正直等利他情感的犯罪。加罗法洛指出:"在一个行为被公众认为是犯罪前所必需的不道德因素是对道德的伤害,而这种伤害又绝对表现为对怜悯和正直这两种基本利他情感的伤害。而且,对这些情感的伤害不是在较高级和较优良的层次上,而是在全社会都具有的平常程度上,而这种程度对于个人适应社会来说是必不可少的。我们可以确切地把伤害以上两种情感之一的行为称为'自然犯罪'。"①这就意味着,我们可能发现在人类存在这个非常广泛的领域中,某种情感具有同一性,犯罪就在于其行为侵犯了这些同样的情感——怜悯和正直情感。②(2)法定犯,是指由法律所规定的犯罪。加罗法洛认为,法定犯是一个模糊的概念。因为它几乎可以适合于任何一个从不同角度都将被看作对社会有害的行为。他指出,法律学者"并不把犯罪看做是一个心理异常的人,而是看做仅仅因为做了法律禁止且应受到惩罚的行为而不同于他人的人。法律学者只在外部形式上研究犯罪,却不从心理实验的角度进行分析;犯罪的起源从来不是他考虑的问题,他所关心的是查明各种重罪与重罪的外部特征,即按照它们所侵犯的权益对事实分类。他要寻找的刑罚是一种均衡而且'抽象'的公正的刑罚,而不是经验证明能在总体上有效地减少犯罪的刑罚。"③在加罗法洛看来,法定犯实际上不一定就是犯罪。自然犯本质恶劣,而法定犯本质不一定恶劣。

2. 衡量犯罪的标准是犯罪人的人身危险性

加罗法洛否定刑事古典学派关于"衡量犯罪的标准是犯罪对社会的危害性"的思想,主张犯罪人的人身危险性大小是决定罪行轻重的标准,而犯罪人的人身危险性是指未然之罪的可能性。他指出:"如果不了解罪犯的生活经历和心理,就不可能评估危险和惊恐的轻重。社会的危险并不是个人已经遭受的危险,而是持续下来的危险。就危险本身来说,已经遭受的危险并不具有社会性的意义,其意义仅在于它是一种能够使我们确定将来所面临危险的因素。"④文中的"危险"就是我们现在所称的"危害"。不过,这个"危害"被定位于罪犯的特征。

加罗法洛不赞成刑事古典学派所谓的罪刑相适应的思想,认为寻求一种罪行的定量标准是完全无益的,因为不同的犯罪有不同的属性,难以形成一个统一的定量标准,即使在同一种犯罪中使用损害的检验标准也只会使我们去评估受害者应受的物质或金钱上的补偿,因而必须彻底抛弃刑事古典学派的刑罚等级、罪刑关系、罪刑均衡。他强调:"我们应当处理的问题是在各种类别的犯罪中,罪犯对生活的适应问题。换言之,我们的努力不应是评估罪犯所承受的损害程度,而应是确定遏制的方式,而

---

① 参见〔意〕加罗法洛著:《犯罪学》,耿伟、王新译,中国大百科全书出版社1996年版,第44页。
② 同上书,第29页。
③ 同上书,第62—63页。
④ 同上书,第263页。

且这种方式应当很适合于罪犯的特征。"①罪犯应当严格地服从于社会预防措施的需要,由此,罪犯所受到惩罚的依据,是构成罪犯个性的所有因素,即罪犯的精神、天性和特性。②

3. 针对犯罪人的不同类型施以相应的刑事处置

基于自然犯与法定犯的区别,加罗法洛一方面将有关法定犯剔除于犯罪之外,另一方面对自然犯作了犯罪人类型的划分并赋予各别的刑事处置。其中,对于自然犯罪人,可以分为两大类型:(1)伤害怜悯感的犯罪:对怜悯感或仁慈感的伤害。包括:侵害人的生命和所有意在对人产生身体伤害的行为;立即造成身体和精神上痛苦的客观行为;直接造成精神痛苦的行为。(2)伤害正直感的犯罪:对于正直感的伤害。包括:对财产的暴力侵犯;不包含暴力但存在违反诚实情况的犯罪;以正式或庄严方式所作的对个人财产或民事权利造成间接侵害的陈述或记载。

根据自然犯罪人的不同类型,分别施以不同的刑事处置。诸如,对于缺乏道德意识和最低程度的怜悯感,具有先天的心理异常,不能同化在人类社会中,属于极端、典型的罪犯的谋杀犯,通常处置是适用死刑,将他们绝对消除,例外处置是禁闭于精神病院,并仅适用于精神错乱的罪犯;对于缺乏仁慈或怜悯感,不过在精神上和生理上又离常人不远的杀人犯,应当将这些罪犯流放到其所处的环境之外,例如岛屿或殖民地,在那里罪犯在监督下有一定的活动自由,刑罚所持续的时间不预先确定,而取决于年龄、性别等情况。③

三、菲利的犯罪学思想

菲利是龙勃罗梭的学生,他承认犯罪与遗传等先天因素有着密切的联系,十分注重犯罪的生理原因。但是,菲利又不满足于犯罪人类学派的理论,更为关注犯罪的社会原因,提出了犯罪原因三元论、犯罪饱和论、社会责任论、刑罚的替代措施等著名论断,从而开创了犯罪社会学派的先河。他的著述主要有:《犯罪社会学》《实证派犯罪学》(1883年)、《刑法论》(1928年)等。兹择要介绍菲利的犯罪学思想如下:

1. 犯罪原因三元论

菲利是龙勃罗梭的学生,他承认犯罪与遗传等先天因素有着密切的联系,十分注重犯罪的生理原因。但是,菲利又不满足于刑事人类学派的理论,更为关注犯罪的社会原因,而成为刑事社会学派的主要代表。他认为:"犯罪是多种原因的结果,这些原因总是连成一个复杂的网络,尽管如此,通过认真的研究,这些原因还是可以查明的。"④无论哪种犯罪,从最轻微的到最残忍的,都不外乎是犯罪者的自然心理机制和生理状态,其所处的自然条件和其出生、生活或工作于其中的社会环境三种因素相互作用的结果。

---

① 〔意〕加罗法洛著:《犯罪学》,耿伟、王新译,中国大百科全书出版社1996年版,第266—268页。
② 同上书,第273页。
③ 同上书,第329—353页。
④ 〔美〕里查德·昆尼等著:《新犯罪学》,陈兴良等译,中国国际广播出版社1988年版,第50页。

由此，他提出了著名的犯罪原因三因素论（犯罪三元论），即人类学因素、自然因素和社会因素。(1) 人类学因素，包括罪犯的生理、心理、个人状况三个次种类。罪犯的生理状况包括：颅骨异常、脑异常、主要器官异常、感觉能力异常、反应能力异常和相貌异常及文身等所有生理特征。罪犯的心理状况包括：智力和情感异常，尤其是道德情感异常，以及罪犯文字和行话等。罪犯的个人状况包括：种族、年龄、性别等生物学状况和公民地位、职业、住所、社会阶层、训练、教育等生物社会学状况。(2) 自然因素，是指气候、土壤状况、昼夜的相对长度、四季、平均温度和气象情况及农业状况。(3) 社会因素，包括人口密集、公共舆论、公共态度、宗教、家庭情况、教育制度、工业状况、酗酒情况、经济和政治状况、公共管理、司法、警察、一般立法情况、民事和刑事法律制度等。①

作为犯罪原因的三因素论者，菲利既否定刑事古典学派犯罪原因的自由意志论，又不赞成将犯罪原因仅归结为自然因素。他指出："任何一种犯罪，无论是谁犯的，也无论是在什么情况下犯的，都不能认为它不是行为人自由意志的选择就是自然原因的必然结果。因为前一种解释没有科学价值。除非认为犯罪是特定生理和心理构成在特定自然和社会环境中作用的结果，不能对犯罪作出任何其他科学的解释。实际上，对人或动物的其他任何行为来说都是如此。"②

关于犯罪原因三因素在犯罪自然形成过程中各自所起的相对作用，菲利认为，对此没有一个普遍适用的明确答案，"人类学因素、自然因素和社会环境的相对作用随着每一种违法行为的心理学和社会学特征不同而不同。例如，如果我们研究侵犯人身、侵犯财产和侵犯人身贞洁这三大类犯罪，那么各种决定因素，尤其是生物学因素和社会环境对杀人、盗窃和猥亵奸污罪的产生显然具有明显不同的作用。在每一种犯罪中，这三种自然因素的作用都是如此。社会环境，尤其是经济状况对盗窃罪的产生具有不可否认的作用，但对杀人和猥亵奸污罪的产生所起的作用则要小得多。同样，三种犯罪原因在每一种犯罪中所起的作用都因犯罪的种类不同而大小不相同。"③

2. 犯罪饱和论

犯罪饱和论又称犯罪饱和法则，是菲利在犯罪原因分析的基础上得出的一个重要的结论。他指出："犯罪是由人类学因素、自然因素和社会因素相互作用而成的一种社会现象。这一规律导致了我所讲过的犯罪饱和论，即每一个社会都有其应有的犯罪，这些犯罪的产生是由于自然及社会条件引起的，其质和量是与每一个社会集体的发展相适应的。"④ "自然的和社会的环境，借助于行为人先天遗传的和后天获得的个性倾向及其他偶然的刺激，必然决定一个国家某一时期的犯罪在质和量上的程度。"⑤ "犯罪统计资料表明，犯罪从总体上看增长了，但各年度之间或多或少有些波

---

① 〔意〕恩里科·菲利著：《犯罪社会学》，郭建安译，中国人民公安大学出版社 1990 年版，第 41—42 页。
② 同上书，第 42 页。
③ 同上书，第 44 页。
④ 〔意〕菲利著：《实证派犯罪学》，郭建安译，中国政法大学出版社 1987 年版，第 43 页。
⑤ 同上书，第 98 页。

动,或升或降有些变化。因此,每一年度犯罪的多少显然都是由不同的自然和社会环境,按照犯罪饱和法则(我根据化学现象类推而来),与行为人的遗传倾向和偶然冲动相结合而决定的。就像我们发现一定数量的水在一定的温度之下就溶解为一定数量的化学物质但并非原子的增减一样,在一定的自然和社会环境下,我们会发现一定数量的犯罪。"①

菲利的犯罪饱和论并非是一种消极的宿命论,相反,作为实证派犯罪学学者,他积极倡导犯罪的预防,认为尽管不能最终消灭由人类学因素、自然因素所决定的犯罪,但是通过改善社会环境可以减少和控制相当一部分由社会因素所导致的犯罪。他指出:"艾米莉特的古格言是可以坚信的:'犯罪也有年终平衡,其增多与减少比国民经济的收支还带有规律性。'但是,我们实证主义者并不对此进行或多或少的宿命论的解释,因为我们已证明,尽管我们依据仅有的方案所进行的减少和消灭犯罪的工作开始是徒劳无益的,但犯罪也绝不是我们不可改变的命运。事实上,犯罪的差额是由物质条件和社会条件决定的。通过改变最易改变的社会环境,立法者可以改变自然环境及人的生理和心理状况的影响,控制很大一部分犯罪,并减少相当一部分犯罪。我们深信,一个真正文明的立法者,可以不过多地依赖刑法典,而通过社会生活和立法中潜在的救治措施来减少犯罪的祸患。""我从未相信在最近或不远的将来人类能够消灭全部犯罪。甚至于在以彻底改变、建立在友谊及社会正义基础之上的未来社会为目标的社会主义社会中,也不能自己天真地绝对深信犯罪、精神病和自杀将会从地球上全部消失。但是我们坚信,犯罪、精神病及自杀的某种特有形式将会消失,除了由于创伤及自然等因素的影响而产生的、少见的偶发形式之外,其他任何形式的犯罪、精神病及自杀都将完全消失。"②

3. 刑罚的替代措施

根据犯罪饱和法则,在犯罪对策上菲利提出了刑罚的替代措施。他认为:"犯罪饱和法则注定了每一个社会环境由于与个人和社会缺陷密不可分的自然因素的作用而不可避免地要产生的犯罪的最低数量。对这一最低数量的犯罪来说,以一种形式或另一种形式而存在的刑罚将永远是首要的措施,尽管其对于防止犯罪行为的产生并不是很见效。"③但是,菲利强调,刑罚尽管是永久的但却要成为次要手段,而刑罚的替代措施则应当成为社会防卫机能的主要手段。"因为经验使我们确信刑罚几乎完全失去了威慑作用,所以为了社会防卫的目的,我们必须求助于最有效的替代手段。"④"关于预防犯罪措施的改革哪怕只进步一点,也比出版一部完整的刑法典的效力要高一百倍。"⑤

"关于刑罚替代措施的观念简而言之就是这些。立法者,通过研究个人和集体行

---

① 〔意〕恩里科·菲利著:《犯罪社会学》,郭建安译,中国人民公安大学出版社1990年版,第56页。
② 〔意〕恩里科·菲利著:《实证派犯罪学》,郭建安译,中国政法大学出版社1987年版,第43、56页。
③ 〔意〕恩里科·菲利著:《犯罪社会学》,郭建安译,中国人民公安大学出版社1990年版,第80页。
④ 同上。
⑤ 同上书,第94页。

为的产生、条件和结果,逐渐认识到人类的心理学和社会学规律,据此能够控制许多导致犯罪产生的因素,尤其是社会因素,并因此确保对犯罪的形成产生一种间接但更确定的影响。也就是说,在各种立法、政治、经济、行政和刑罚手段中,从最大的机构到最小的单位,社会体制将会得到调整,从而使人类行为并不总是无益地为镇压所威慑,而是被不知不觉地导向非犯罪的轨道上去,为在最小限度地导致暴力滋扰和违法机会的条件下发挥个人能力和满足个人需要留下充分的余地。"[1]例如,为了防止酒精中毒以及因酒精而引起的犯罪,可以采取如下间接措施:提高酒的税率,降低咖啡、茶和啤酒等有益健康的饮料的税率;严格限制酿酒和卖酒执照的发放数量;像美国那样加重持有酿酒和卖酒执照者的法律责任;将酗酒者开除出工会……[2]

第三节 19世纪后期的犯罪社会学

19世纪后期,德国刑法学家李斯特的犯罪原因二元论、法国社会学家塔尔德的犯罪模仿论、法国社会学家迪尔凯姆的社会失范论、犯罪功能论,构成了当时犯罪学研究的典型与主流,并且为其后的犯罪学发展奠定了坚实的基础。当代美国犯罪原因的许多重要学说,正是在汲取了19世纪后期犯罪原因理论知识养分的基础上,经发展而成为当今的主流。

一、李斯特的犯罪社会学理论

德国刑法大师李斯特(Franz v. Liszt,1851—1919),是刑事近代学派的巨擘,力倡刑事社会学的基本思想,提出了"应受惩罚的不是行为而是行为人"、"最好的社会政策就是最好的刑事政策"等著名论断,系统地阐述了犯罪原因二元论、社会责任论、社会防卫论、教育刑论等理论,有力地推进了刑事领域的变革。李斯特的著作主要有:《德国刑法教科书》(1881年)、《刑法目的观念》(1882年)、《作为社会病态表现的犯罪》(1899年)、《刑法论文与演讲集》(1905年)。兹择要介绍李斯特的犯罪学思想如下:

1. 犯罪原因二元论

犯罪原因二元论由李斯特首倡。李斯特否定龙勃罗梭的犯罪人类学观点,认为遗传倾向只是由于外部环境的影响才表现为犯罪或精神障碍的,犯人跟普通人完全一样,普通人只不过是由于在与外部情况结合时的幸运才没有陷于犯罪而已。李斯特虽然同意菲利将社会因素视为犯罪原因之一,但是不主张将自然因素独立于社会因素之外,而是认为自然因素只是社会因素的一种;他指出,冬季之所以发生财产犯罪多,尽管与收入减少、燃料短缺有关,然而终归还是由经济、社会原因决定的。在考究龙勃罗梭与菲利关于犯罪原因的观点的基础上,李斯特提出了犯罪原因二元论。

---

[1] 〔意〕恩里科·菲利著:《犯罪社会学》,郭建安译,中国人民公安大学出版社1990年版,第81页。
[2] 同上书,第85页。

李斯特的犯罪原因二元论,强调社会因素和个人因素对于犯罪的决定意义。(1) 社会因素,是指犯罪人周围的环境,特别是经济环境,例如,失业、恶劣的居住条件、低工资、生活必需品价格高昂、酗酒等等,尤其强调贫困是培养犯罪的最大基础,也是遗传素质所以质变的培养液。(2) 个人因素,主要是指个人性格上的原因,这种性格有一部分为先天的,即生来如此;有一部分为后天,即由于发育关系或生存命运关系所致。

在社会因素与个人因素中,李斯特更强调社会因素对犯罪发生的作用,认为犯罪原因大部分在社会,研究犯罪原因就必须研究社会缺陷,消灭了社会上的原因,犯罪也就自然消灭了,提出了"最好的社会政策,也就是最好的刑事政策"的著名论断。在犯罪二元论的基础上,李斯特强调"社会责任论""社会防卫论""教育刑论",确立了近代刑罚制度的基础。

2. 社会防卫论

传统的社会防卫观念,可以溯及至古希腊柏拉图有关罪犯的教育改造思想。柏拉图主张,应当将可能改造的犯罪人收容于称作"悔悟之家"的特定场所,由此在对犯罪人进行危险性的思想预测的基础上,给予相应的教育和改造以及医学性的治疗处遇。

李斯特继承了社会防卫的这一基本思想,系统地提出了社会防卫论。主张犯罪人的情况具有个别性,应当考虑犯罪人的反社会性或社会危险性的不同对之进行分类,并相应地施以不同的处分,由此实行刑罚的个别化,从而达到防卫社会的目的。他强调:"应受处罚的不是行为而应当是行为人","刑罚以及责任之对象,并非行为,而系由于实行行为所证明之'行为者的犯罪情操'、'行为者对于法秩序之态度'以及'行为者之全部的心理特征',此即系行为者之反社会性及危险性是也。"[①]李斯特认为犯罪是行为人特质与环境影响下的产物,而刑罚应当针对行为人未来可能发生犯罪的原因,作为抗治导致行为人产生犯罪因素的手段,注重对于个别行为人的效应。刑罚的强制特质有二:其一,间接的、心理的强制或动机,即刑罚赋予行为人所欠缺之动机,具体表现为一方面改善并强化行为人利他的社会性动机,另一方面由刑罚的威吓以抑制行为人自我的、犯罪倾向的任意性动机;其二,直接的、机械性强制,即刑罚具有暂时或长期管收犯罪人的特质,将未来无社会适格的个人加以筛选并排除于社会之外。因此,刑罚同时具有"改善"、"威吓"及"排害"的效应。保安处分是指这样一些国家处分,其目的要么是将具体之个人适应社会(教育性或矫正性处分),要么是使不能适应社会者从社会中被剔除(狭义的保护性或保安性处分)。李斯特还认为他在事实上,虽然追随着所谓刑罚同保安处分要加以区分的二元论,但是作为将来的发展方向来说,应该是转向两者不加区分的一元论。[②]

---

① 转引自马克昌主编:《近代西方刑法学说史略》,中国检察出版社 1996 年版,第 191 页。
② 参见柯耀程著:《变动中的刑法思想》,中国政法大学出版社 2003 年版,第 372 页;〔德〕弗兰茨·冯·李斯特著、埃贝哈德·施密特修订:《德国刑法教科书》,徐久生译,法律出版社 2000 年版,第 401 页;〔日〕大塚仁:《新派刑法学》,载《外国政法学术资料》1964 年第 4 期。

二、塔尔德的犯罪社会学理论

法国社会学家加布里埃尔·塔尔德(Gabriel Tarde,1843—1904)是19世纪末20世纪初犯罪社会学的先驱,创立了犯罪模仿论的犯罪原因学说。犯罪模仿论表现为最早的带有直观性的社会学习理论,是社会学习理论的最初渊源。以塔尔德的犯罪模仿论为基础,美国学者艾伯特·班杜拉创建了现代社会学习理论,后来又由美国著名学者萨瑟兰发展为"差异交往论",又称"不同交往论""不同接触论""不同联系理论"。塔尔德的著作主要有:《比较犯罪论》(1886年)、《模仿规律》(1890年)、《刑罚哲学》(1890年)、《刑法研究与社会研究》(1891年)、《社会逻辑学》(1893年)、《普遍的对抗》(1897年)、《社会规律》(1898年)。兹择要介绍塔尔德的犯罪学思想如下:

1. 社会现象的形成

塔尔德反对社会学中的生物学概念和社会中心概念,致力于建立一种心理学的社会学。他首次用欲求(desirs)、意向(indinations)和信仰(croyance)来解释社会现象和社会历程,从而在19世纪末、20世纪初西方社会学界占有很高地位。塔尔德认为,社会现象基于构成社会的人的行动,行动又决定于行动者欲求之类的因子。所以,社会现象的本质是心理的,它们由一些个人的心灵的某种交互作用所构成。具体地说,一些个人的欲求、信仰之类的交换和流转构成社会现象。它们经由三种主要形式:重演或模仿、对抗、适应或发明。不过,最先的还是发明,随后才有重演或模仿。发明是个人的潜在的欲求的结果。它可以是一种观念,也可以转而为行为,并被其他个人重演或模仿,甚至出现模仿浪潮,从而由近及远,推向全社会。当另一个发明——另一种观念或行动形成又一个模仿的浪潮时,两个或两个以上的浪潮发生对抗。对抗的结果,要么两个或两个以上的浪潮同遭毁灭;要么较弱的一方遭到淘汰;要么彼此相互适应,从而引起又一种新的发明。新的发明同样形成模仿的浪潮,同样发生对抗,同样毁灭、淘汰或者适应,再出现一种新的发明。如此往复不断。模仿、对抗、适应—发明是社会现象的实质,社会历程的三种形式,其中模仿和发明是主要的,它们是社会生活的动力,而发明则是社会变迁、进步的原因。"任何一种革新或完善,不管怎样软弱无力,都是同以前的全部社会现象,同语言、宗教、政治、法律、工业、艺术的革新相关联的。""哪里没有这些心理关系,哪里就没有社会。"[①]

2. 犯罪模仿论

基于社会现象形成的这一思想,在犯罪研究上塔尔德提出了犯罪模仿论,认为任何行为包括犯罪行为都是后天学会的,从而彻底否定了龙勃罗梭的犯罪生物遗传论,并试图使道德责任与决定论相一致。[②] 其具体的理论观点主要有:(1)模仿规律:塔尔德指出,社会上有两类人,一类是天才发明者,另一类是绝大多数模仿者,后者重复前者的行为。模仿的规律有三条:第一,模仿取决于交往的程度,互相保持密切接触

[①] 参见王养冲著:《西方近代社会学思想的演进》,华东师范大学出版社1996年版,第112—113页。
[②] 〔美〕里查德·昆尼等著:《新犯罪学》,陈兴良等译,中国国际广播出版社1988年版,第66页。

和亲密关系的个人之间最容易模仿彼此的行为。在城市,模仿的方法、风尚的变化最为频繁;而在稳定的阶层中,风尚内容的变化则少一些。第二,模仿往往是由较高社会阶层向较低社会阶层,从城市向农村蔓延。在每个社会里都是上行下效,青少年模仿老年人,穷人仿效富人,农民仿效贵族。第三,当两种互相排斥的行为同时出现时,其中一种行为能为另一种行为所代替,较老式的行为衰退,较新式的行为流行。犯罪同样受模仿规律的支配,犯罪与其他社会现象一样,开始很风行,后来就司空见惯了。① 由此,他的基本观点是:个体是由所处环境中被普遍认同的生活习俗塑造的;如果某人实施偷窃或杀人,这是模仿他人所致;同理,青少年、穷人、社会声望低的人之所以容易犯罪,是因为他们想努力向富人、成年人、社会声望高的人攀比的结果。② 犯罪行为是一种手工业,一种职业。职业犯罪者受过专门技术训练。他经过一段漫长的学徒期,使用一种特有的行话,根据一种确定的行为惯例对待犯罪同伙。③ (2)犯罪的社会原因:塔尔德断言,社会变动对犯罪的性质、犯罪行为的方式和犯罪人口成分有着深刻的影响。各种社会因素对现存的犯罪类型都有一定的关系,某些社会因素特别容易引起犯罪行为。这些因素有作为犯罪活动滋生地的城市的发展、工业化社会带来的更大的物质利益和可以避开可怕的刑罚的机会等。他主张,法庭的职能应当归结为确定被告有罪或者无罪,至于具体量刑应由专门的委员会来决定。④

三、迪尔凯姆的犯罪社会学理论

埃米尔·迪尔凯姆(又译杜尔凯姆、涂尔干),是法国早期社会学家、欧美最著名的社会学家之一、西方社会学学科体系和专业体系的奠基者。同时,迪尔凯姆在犯罪研究方面也做出了杰出的贡献。⑤ 他在强调实证主义方法原则、社会现象的客观性社会性、功能主义分析等社会学理论的基础上,创立了社会失范论,又称社会反常状态论、价值崩溃论。后来这一理论在美国进一步发展成紧张理论。迪尔凯姆的主要著作有:《社会劳动分工论》(1893年)、《社会学方法规则》(1895年)、《自杀论:社会学研究》(1897年)、《宗教生活的基本形式》(1912年)等。

1. 社会失范论

迪尔凯姆在对自杀现象进行实证研究时指出:"利己主义自杀和反常自杀的发展可以被看成是病态的,只有这两种自杀是我们必须关心的。"(1)反常自杀:导致反常自杀的因素有二:A. 个人活动失常:反常自杀"产生于这些人的活动失常并由此受到损害"⑥。"反常实际上产生一种激怒和厌烦的状态,这种状态根据不同的情况可以转

---

① 参见〔德〕汉斯·约阿希姆·施奈德著:《犯罪学》,吴鑫涛、马君玉译,中国人民公安大学出版社1990年版,第531页;邱国梁著:《犯罪学》,上海社会科学院出版社1989年版,第71—72页。
② 参见张远煌著:《现代犯罪学的基本问题》,中国检察出版社1998年版,第34页。
③ 参见〔德〕汉斯·约阿希姆·施奈德著:《犯罪学》,中国人民公安大学出版社、国际文化出版公司1990年版,第109页。
④ 参见邱国梁著:《犯罪学》,上海社会科学院出版社1989年版,第72页。
⑤ Robert Nisbet, *The Sociology of Emil Durkheim*, New York: Oxford University Press, 1974, p.209.
⑥ 〔法〕埃米尔·迪尔凯姆著:《自杀论——社会学研究》,冯韵文译,商务印书馆1996年版,第240页。

而针对自己或针对他人:在前一种情况下会引起自杀,在后一种情况下会引起杀人。至于决定这种受到过分刺激的力量发展方向的因素,可能与个人的道德素质有关,根据这种素质的强弱朝一个方向或朝另一个方向发展。一个道德观念较差的人宁愿杀人而不愿自杀。"① B. 社会控制薄弱:社会混乱,不能控制个人情欲。反常自杀"不取决于个人与社会相联系的方式,而取决于社会管理个人的方式。"对于反常自杀来说,社会不能影响真正的个人情欲,使情欲得不到调节和控制。② "这就是为什么今天在大城市和有高度文明的地区杀人和自杀有某种程度上平行发展的原因。因为在这些地方,反常达到了尖锐的状态。同样的原因妨碍杀人迅速减少,就像自杀增多那样。"③ (2) 利己主义自杀:导致利己主义自杀的因素也有二:A. 过度个人主义:过度个人主义仅仅以自己为目的,然而个人太微不足道了,他不仅受到空间的限制,而且受到时间的严格限制。因此,如果我们除了自己没有其他目的,我们就不能摆脱这样的念头:我们的努力终究注定要化为泡影,因为我们自己也必然要化为乌有。但是毁灭使我们感到害怕。在这种情况下,我们可能不会有勇气活下去。④ B. 集体力量虚弱:个人所属的群体越是虚弱,他就越是不依靠群体,因而越是只依靠他自己,不承认不符合他私人利益的其他行为规则。利己主义自杀的根源,是社会在各方面都没有足够的整合作用使它的所有成员从属于它。因此,这种自杀之所以过分地增加,是因为它所依赖的这种状态本身在蔓延,是因为混乱而虚弱的社会听任它的许多成员完全摆脱它的影响。⑤

　　自杀急剧增长与社会结构病态:尽管迪尔凯姆强调犯罪是社会的正常现象,但是他认为犯罪率的急速增长则是病态。他指出,自杀增加的根源很可能是现在伴随着文明的进步而来的一种病态状态;自杀与社会结构最根深蒂固的东西有关,因为自杀表现了社会的情绪,而民族的情绪像个人的情绪一样,反映了机体最根本的状态。因此,我们的社会组织必定在这个世纪里发生了深刻的变化,所以才引起自杀率如此升高。然而,既严重又迅速的变化不可能不是病态的,因为一个社会不可能如此突然地改变结构。这些变化不是产生于有规律的进化,而是产生于一种病态的动荡,这种动荡完全可能彻底推翻过去的一切法规,但不可能建立任何新的法规,因为几百年的业绩不可能在几年内重新完成。⑥ 因此,在迪尔凯姆看来,社会虽然是个有机体,但是它的进化却不可能自发地实现。特别是在从传统社会到现代社会的转变中,社会调节系统一旦失灵,整个社会就可能陷入失范状态而归于毁灭。为了避免分裂,维持社会的统一,社会必须有一个共同的信仰体系或价值体系,必须有一个共同的强有力的道德规范体系。

---

① 〔法〕埃米尔·迪尔凯姆著:《自杀论——社会学研究》,冯韵文译,商务印书馆1996年版,第338页。
② 同上书,第240页。
③ 同上书,第338页。
④ 同上书,第186页。
⑤ 同上书,第185、355页。
⑥ 同上书,第349—350页。

社会失范论：基于对反常自杀、利己主义自杀以及自杀急剧增长的分析，迪尔凯姆阐述了社会失范论的基本思想。社会失范(anomie，社会反常状态)，是基于社会结构的急速变动而形成的，一种在一个社会或者群体中的，相对无规则的不正常状态（病态状态）。在这种状态下，社会的道德准则崩溃，现有的规范体系对于社会成员的奢望缺乏有效的约束力与束缚，社会的连带性、结合性削弱，社会整合被破坏，社会解组出现，越轨行为、犯罪行为不断增长。同时，迪尔凯姆也意识到另一种幸运的反常状态(anomie of prosperity)，这是指一种美好的命运突然发生，从而摧毁了一个人的行为规范、准则。迪尔凯姆认为，每个社会对人们的目标与愿望都有着一定的限制，假如社会不能控制其成员愿望的确立和保持，那么社会反常状态将随即产生。当人们无法约束他们的欲望的时候，他们的要求将无限扩大。社会失范引发人类社会的崩溃，导致自然或人为的灾难，诸如经济萧条、战争、饥荒。

2. 犯罪功能论

迪尔凯姆运用社会学的方法对犯罪进行了深入的剖析，在这方面除了社会失范论外，他还提出了著名的犯罪功能论。如果说，社会失范论是从病态角度论证犯罪的话，那么犯罪功能论则是从常态着眼研究犯罪。

普遍现象与特殊现象：迪尔凯姆指出，人们容易把两种十分不同的现象混淆在一起，一种是应该怎样的现象，可以称为常态的或者规则的现象；另一种是应该这样，但它偏偏不是这样的现象，可以称为病态的或者不规则的现象。常态现象是普遍现象，病态现象是特殊现象。普遍现象和特殊现象是社会现象的两种形态。普遍现象，普遍存在于同一类各个现象中，它们的形态或者存在于所有个体中，或者能在大部分个体中找出来；它们的普遍现象发生变动时，虽然不一定在所有个体中都呈现出同样的形态，但它们变动的程度，彼此之间大致相同。特殊现象，不但只存在于少数的个体中，而且在这少数个体中也不会永久存在。它们在时间上和空间上都属于例外现象。[①]

普遍现象的犯罪：按照迪尔凯姆的观点，尽管犯罪率的急速增长是个别病态社会的特殊现象，然而通常情况下的犯罪则是所有社会的普遍现象。之所以说犯罪是规则现象（普遍现象）是因为：(1) 犯罪现象普遍存在：犯罪普遍存在于所有的社会。迪尔凯姆指出：犯罪，在人们看来是一种具有病态特征的现象，这似乎是无可争议的。以往的犯罪学者都接受这一点，虽然各人解释的方法略有不同，但是大家都异口同声地称犯罪为病态现象。我却认为，对于犯罪问题需要仔细地分析。应用上述规则来考察，犯罪不仅存在于某些社会，而且存在于一切社会中，没有一个社会可以例外。犯罪形态、行为在不同社会中有不同的表现，在同一社会中也有不同的表现。但是可以说在任何社会、任何时候，都有这么一些人，他们做出的一些行为举动是要受到罪罚的。把犯罪当作社会病态，就是承认疾病不是某种偶发的东西，反而在一定情况下，是来源于生物的基本体质；同时，这也会抹杀生物学现象和病理学现象的一切区

[①] 〔法〕埃米尔·迪尔凯姆著：《社会学方法的规则》，胡伟译，华夏出版社1999年版，第39、45页。

别。当然,犯罪本身有时是不规则的,例如某一时期犯罪率突然增高。但是犯罪过多不能作为病态的本性,将犯罪过多作为病态的本性是不足为证的。犯罪作为规则现象,只要没有超过一定的限度,就符合规则现象的定义。(2)共同意识决定犯罪:个体与集体类型之间的分歧,决定了在任何社会中都不可能不存在犯罪行为。人们没有注意到一种强有力的共同意识往往是从很弱的状况开始发展起来的,并且不是在一日之间形成的。人们违反这种意识,开始时并不算是什么过错,这种意识强大起来后,再违反它,就会被认为越轨,进而被认为是犯罪。犯罪性质并不是犯罪者个人的本质,而是一种由公共意识认定的性质。如果这种公共意识更加强大,有足够的权威能够使各种微弱的议论变成一种强有力的议论,那么它也就会吹毛求疵地将一些小事变为大罪。而社会的共同意识是必然的。(3)犯罪避免道德僵硬(破旧):犯罪对社会来说是必需的。犯罪与社会生活的基本条件相联系,并且对这些条件来说是有用的。如果社会上没有犯罪,如同建筑没有毁坏,就没有重建的希望,社会也就没有进化了。道德意识的权威不可过分,或者说不能毫无触动,否则它就会在不变的形式下僵硬起来。一个进步的思想家要想超越本世纪的思想而有所表现,就需要在那一时期里,有犯罪的思想。改革与犯罪是相依为命,不可分离的。(4)犯罪有益社会进化(立新):犯罪除了间接地有益于社会之外,还能直接有益于社会的进化。犯罪不仅使社会产生改革的需要,而且在某些情况下还能直接地为这些改革做准备。犯罪不仅能使一些旧的集体意识、旧的方法有必要改为新的集体意识、新的方法,有时候它还能够引导一些旧的思想方法演变到新思想方法上去。有些犯罪行为,看起来是触动了现时的道德,实际上它已经预定了将来的道德。①

迪尔凯姆强调,对于作为一种规则现象的犯罪,我们至少不能把犯罪本身归结为不好的事,因为这种过于狭窄的含义不能包括整个犯罪的内容。社会上的犯罪减少了,不一定值得庆贺。可以说,近代社会的进步都是由那些使社会动乱不安的事件引起的。犯罪的事实减少了,并不能说社会就会安宁。有关刑罚的理论,必须进行更新。如果把犯罪当作社会的疾病,刑罚就只能看作是治病的药方,刑罚理论所要评论的就只是如何实现这种医药的作用。但是,现在的结论说明,犯罪不是一种病态,那么刑罚的目的就不再是治病,它的真正功能必须重新进行研究。②

应当认识到,迪尔凯姆的犯罪功能论并不是要为犯罪辩护。他明确指出:"犯罪是社会学上的一种规则现象,并不是说要喜欢它。痛苦同样也不是人们愿意的,个人恨它,社会也恨它,但痛苦仍然是生理学上的规则现象。痛苦不仅从生命的构成中必然产生出来,而且在生命中充当了一个有用的角色,这种角色是其他东西无法替代的。人们可能会把这种认识当作犯罪的辩护词来误解。当客观地研究道德现象,并使用与通常不同的词汇时,引起各种误解和指责是不奇怪的。"③

---

① 〔法〕埃米尔·迪尔凯姆著:《社会学方法的规则》,胡伟译,华夏出版社1999年版,第52—57页;〔法〕E.迪尔凯姆著:《社会学方法的准则》,狄玉明译,商务印书馆1995年版,第84页。
② 〔法〕埃米尔·迪尔凯姆著:《社会学方法的规则》,胡伟译,华夏出版社1999年版,第58页。
③ 同上。

第四节 20世纪的犯罪社会学

20世纪犯罪研究的学术中心逐渐由欧洲转移到了美国。20世纪20年代,美国的社会发生了急剧的变化,都市化、移民、人口增长、失业、物价飞涨、下层阶级失落等引发了犯罪率的较大幅度的增长。犯罪现象的日益严峻,既为犯罪研究提供了大量的实证资料和广泛的素材,同时也提出了研究犯罪机理治理犯罪的紧迫的时代要求。另一方面,美国与欧洲大陆交往的增加,使大量欧洲犯罪研究的成果对美国产生了很大的影响,一批研究社会问题的美国学者开始模仿欧洲人的做法,参考欧洲人的观点,研究犯罪问题,犯罪研究科学日益发展、繁荣。现代美国社会学理论的直接创始人帕米利(Maurice F. Parmelee,1882—1969)、齐林(John Lewis Gillin,1871—1958)、萨瑟兰(Edwin H. Sutherland,1883—1950)等人,在吸收凯特勒、塔尔德、迪尔凯姆等人研究成果的基础上,创立了现代犯罪原因理论。这一时期的犯罪原因理论大致可以划分为三大类型:社会结构理论;社会化过程理论;冲突理论。

一、社会结构理论

社会结构理论(social structure theories)的主要知识背景是功能主义。功能主义,可以溯源到早期社会学理论家如孔德、斯宾塞、迪尔凯姆的著作[①],其主要特征是:(1)社会结构:功能主义通过强调"系统"范畴,而将社会结构和社会整体作为基本的分析单位,把研究重点放在大型社会系统和宏观社会机制上。(2)现存结构:功能主义强调社会系统的现存结构,把任何现存的社会都当作具备了生存资格的适者;对于社会系统的内部组成,功能主义并不追究其产生的原因,而是侧重考察它们在维持系统生存中所发挥的社会效果。(3)结构功能:功能主义主张,任何现存社会都具有一些基本的制度模式(结构),而这些制度模式之间发生着相互支持的关系(功能),从而保证了社会系统的生存。因此,社会系统的存在具有首要意义。(4)方法贡献:功能主义既提出了独特的概念范畴与理论模式,更创立了全新的功能分析方法。功能主义为考察社会现象提供了新颖的观察角度,发展了一种全新的系统分析方法,为现代系统论的形成作出了贡献。[②]

社会结构理论的基本特征是:(1)强调下层阶级犯罪严重。处于被剥夺状态的下层阶级,其不利的经济地位是犯罪的主要原因。尽管中产阶级和上层阶级也从事犯罪,但是中产阶级犯罪的发生频率、严重性和对公众社会的危害性相对较小,而下层阶级的青少年帮伙则常常实施暴力性、破坏性行为。因此真正的犯罪问题,是那些由下层阶级的青少年直至成年成员实施的犯罪现象。贫民窟地区的无管束少年帮伙、高犯罪率、社会失范是社会的主要问题。(2)关注青少年违法行为。社会结构理

---

① 参见〔美〕戴维・波普诺著:《社会学》(第十版),李强等译,中国人民大学出版社、Prentice Hall 出版公司 1999年版,第18页。
② 参见贾春增主编:《外国社会学史》,中国人民大学出版社 2000 年版,第214—215页。

论指出,诱发犯罪的社会因素毒害着青少年,由此影响了他们的一生。虽然并不是所有的青少年违法者进入成年后都将去实施犯罪,但是许多犯罪的成年人,是在他们作为青少年违法团伙的成员时获得犯罪的价值与训练的。(3)认为社会环境决定行为。社会结构理论否定将犯罪原因解释为心理失衡、生理遗传、藐视社会控制、自由意志或者其他的个体因素,坚持认为生活在同样社会环境中的人们,有着相类似的行为模式。假如环境对人们的行为没有什么影响的话,那么整个社会中不同阶层的犯罪率应当是一致的,然而事实并非如此。① 既然城市中心的下层阶级的犯罪率比郊区的中产阶级的犯罪率要高,那么存在于城市贫民窟的一些社会因素肯定影响并控制着人们的行为。② 社会结构理论包括三个分支:社会解组理论、紧张理论和文化越轨理论。③

二、社会化过程理论

社会化过程理论(social process theories)的主要知识背景是互动理论。互动理论基本上是一种社会心理学的视野,其注意力已从欧洲学者热衷的诸如阶级冲突、社会结构等问题转向了社会互动过程和社会关系。互动本身被视为分析单位。社会由互动的个人组成。个人的行为不只是反应,而且还是领悟、解释、行动与创造;个人不是一组确定的态度,而是有活力的并不断变化着的行动者,一直处在生成中并永不会彻底完成。社会环境不是某种外在的静止的东西,它一直在影响着和塑造着我们,但这本质上是一互动的过程,因为环境正是互动的产物。个人有其内心生活,同时又是一个自我,自我并非是心理实体,而是社会互动过程的一个方面。④

社会化过程理论的基本特征是:(1)人际互动影响犯罪:强调社会化过程中的人际互动对犯罪的影响。犯罪是个体在个体社会化(individual socialization)过程中与各种社会化机构之间互动的结果。社会中的每个个体,从出生到参与社会生活,都不可避免地受着其家庭、学校、同辈群体、邻里社会、工作单位、大众传播媒介等的影响。假如个体与这些社会化机构之间的交往是积极的,那么他们将逐步地积累知识,充实发展自己的社会性,把社会的价值观念、生活技能内化为自己的行为准则和个人能力,适应社会的要求,形成良好的个性,从而走向成功;反之,假如个体经历了不良的社会化过程,例如,家庭关系不和、同伴结交不良、学习成绩不好、司法纪录不佳等,那么这种不良的社会化将影响他们良好个性的形成,从而促使其走向违法犯罪。(2)人人潜有犯罪可能:社会上的每个成员都潜在有犯罪的可能。一个人在社会结构中的地位,并不是导致他犯罪的决定性因素。许多下层阶级的成员,尽管生活在城市最为恶劣的地区,但是他们中的大多数依然是守法的公民,他们努力工作、勤俭节

---

① David Brownfield, *Social Class and Violent Behavior*, *Criminology*, Vol. 24, 1986, pp. 421—438.
② See Charles Tittle and Robert Meier, Specifying the SES/Delinquency Relationship, *Criminology*, Vol. 28, 1990, p. 293.
③ Larry J. Siegel, *Criminology: Theories, Patterns, and Typologies*, Fifth Edition, New York: West Publishing Company, 1995, pp. 179—180.
④ 参见于海著:《西方社会思想史》,复旦大学出版社1993年版,第347—348页。

约,通过辛勤的劳动来克服生活的贫困;而自我报告(self-report)资料表明,许多中产阶级与上层阶级的成员,尽管有着较高的经济与社会地位,但是他们照样从事盗窃、吸毒等犯罪活动。因此,假如中产阶级或者上层阶级成员的生活经历消极,那么他们也可能走向犯罪的道路。社会化过程理论包括三个分支:社会学习理论、控制理论、标签理论。

三、冲突理论

社会学中的冲突理论(conflict theories)发端于马克思,但它在20世纪中期的发展则归功于两个早期的德国社会学家韦伯(Max Weber,1864—1920)和齐美尔(Georg Simmel,1858—1918)。总的说来,马克思、韦伯、齐美尔提供了对当今冲突理论仍有启发的核心概念。[①]

冲突理论是作为功能主义的对立面出现的。功能主义强调,社会的每一部分都对总体发生作用,由此维持了社会稳定。社会非常像人类的肌体或任何活的有机体。冲突理论强调,人们因有限的资源、权力和声望而发生的斗争是永恒的社会现象,也是社会变迁的主要源泉。构成社会的各部分远不是作为整体一部分而平稳运行的,而是互相冲突的,秩序只是社会各部分之间不断进行的冲突的一种结果。这两种理论也有共同之处:它们都首先关注宏观社会,或大规模的社会结构,研究它们是如何相互联系的;另一方面,这两种理论对人类社会、人类行为的解释持相同的结构主义观。[②]

冲突理论有两大主要部分:三大理论假定和两大传统。(1)三大假定:① 人们都有许多基本的想要或者企图获得的东西,这些东西不由社会决定,但是对所有的人来说是共同的。② 权力是社会结构和社会关系的核心,斗争为攫取权力而产生。③ 价值观念等是不同群体用来实现自己目标的"冲突的武器",而不是确定社会认同与目标的手段。(2)两大传统:① 深受马克思理论影响的近现代西方马克思主义社会学家、法兰克福学派等,认为社会科学家有批判社会的道德义务,价值观念与事实不可割裂,从原则上讲一个不再以冲突为基础的社会可能会存在。② 主要受韦伯思想影响的现代冲突理论家达伦多夫、科塞等,认为应当建立一种具有与自然科学目的论准则相同的社会科学,冲突是社会生活中一个不可避免的、永久性的部分。[③]

在犯罪原因方面,冲突理论的主要观点是:(1)真正的犯罪是剥削、压迫。法律并未保持社会的安宁和公正,犯罪人也并不一定都是那些践踏他人权利的坏分子。种族主义、性别歧视、帝国主义、恶劣的工作条件、环境污染、对儿童缺乏关心、简陋的居住条件、作为控制他国政策的战争等才是真正的犯罪。(2)冲突促进了犯罪的形

---

① 参见〔美〕乔纳森·特纳著:《社会学理论的结构》(上),邱泽奇译,华夏出版社2001年版,第162页。
② 结构主义观的前提是:第一,社会结构应被视为这样一种社会事实,即它在个人之外却又控制着个人的行为;第二,个人行为主要是非个人所能造成的社会结构和社会力量的产物。〔美〕戴维·波普诺著:《社会学》,李强等译,中国人民大学出版社1999年版,第19页。
③ 何景熙、王建敏主编:《西方社会学说史纲》,四川大学出版社1995年版,第154—156页。

成。法律是维护统治阶级的社会地位和利益的工具。资本主义的政治经济条件是犯罪产生的根本原因。(3)法律被差别地执行。法律的适用和实施,集中指向了缺少权力的群体。上层阶级的犯罪常常受到宽恕,而下层阶级的犯罪则总是受到严厉的制裁。冲突理论有两个相对独立的分支:激进的冲突理论(radical conflict theory),强调犯罪只是阶级社会、资本主义社会中阶级冲突的结果;保守的冲突理论(conservative conflict theory),强调犯罪是在每个社会中都存在的社会冲突的结果。

第二编　犯罪现象

第四章　犯罪本质

犯罪本质在一定程度上就是对犯罪学犯罪概念的表述,它为犯罪学研究厘定专业领域的基本射程,也是构建犯罪学知识的基础概念。犯罪学犯罪本质的研究,存在如下主要议题:犯罪概念的基本层次、犯罪学犯罪概念与刑法学犯罪概念、犯罪学的犯罪本质、犯罪学的犯罪分类等。

第一节　犯罪概念的基本层次

犯罪概念回答三个不同层次的问题:哪些行为是犯罪(犯罪的形式标准);为什么这些行为是犯罪(犯罪的本质意义);应当将哪些行为作为犯罪(犯罪的应然期待)。

一、犯罪的形式标准

哪些行为是犯罪,这是表述犯罪的形式标准,对于这一问题,刑法学的回答是相对明确的,基于罪刑法定原则,犯罪是指充足刑法所规定的犯罪成立条件的行为,就犯罪标准形态而言,在我国就是刑法分则所规定的468种具体的犯罪[①]。而对于哪些行为是犯罪的问题,犯罪学的回答可能不尽确定,或许基于犯罪学除了研究法定犯罪之外,还要研究一般违法或者越轨行为,从而认为犯罪学的犯罪在界限范围上,具有更为广泛的意义,即除了法定犯罪之外,还包括违法与越轨。不过,即使在犯罪学领域,倘若对犯罪的形式标准不予相对确定的话,难免造成犯罪概念的模糊与混乱。从这个意义上说,犯罪的形式标准,就是指刑法所规定的具体犯罪。

二、犯罪的本质意义

为什么法定行为是犯罪,这是表述犯罪的本质意义,对于这一问题,刑法学与犯罪学,基于研究领域与视角的差异,回答的深度有所不同。

刑法学以刑法规范为研究平台,揭示犯罪的规范意义,构建犯罪的规范标准,由

---

① 截至《中华人民共和国刑法修正案(九)》(2015年)。

此,刑法学对于犯罪本质的回答,依存并表现于刑法规范、刑法理论的框架。在刑法理论中,对于犯罪本质问题,存在权利侵害说、法益侵害说等不同见解。[①] 本书基于双层模式犯罪构成理论的建构,主张犯罪本质为严重危害性·侵害法益。具体地说,在犯罪概念(犯罪基本特征)的理论框架内,表现为严重危害性的特征;在犯罪构成(犯罪成立条件)的理论框架内,表现为严重危害要件以及作为本体构成要件之一的价值要件[②]。

犯罪学以现象事实为研究平台,揭示犯罪的事实意义,表述犯罪的事实标准,由此,犯罪学对于犯罪本质的回答,超越于刑法规范、刑法理论的框架,而是深入到社会事实的层面。基于这一背景与视角,对于犯罪本质问题,存在如下见解:自然犯罪、侵犯集体意识、文化侧面、阶级冲突等。[③] 本书基于对犯罪观念的相对意义、法定犯罪的国家定位等的社会事实层面的分析,意识到犯罪本质的社会事实表层意义,表现为犯罪是严重背离一个社会的国家所确立与倡导的主流社会规范的行为。

有鉴于此,为什么法定行为是犯罪,是犯罪本质问题,刑法学对之予以规范意义的阐述,而犯罪学对之予以社会事实意义的展示。而犯罪本质的更进一步的意义,即应当将哪些行为作为犯罪的问题,则主要由犯罪学研究予以完成。

三、犯罪的应然界定

应当将哪些行为作为犯罪,这依然属于犯罪本质的探究,不过作为犯罪应然问题,相对于为什么法定行为是犯罪的问题来说,具有更深层次的意义。

对于这一问题,刑法学更多的是从形式意义上予以分析。例如,基于对于为什么法定行为是犯罪问题的揭示:A. 对比不同国家刑法典中对于相同行为的立法状况,评价某种行为是否需要或者应当入罪;B. 对比本国刑法典中具有相似性质、危害等行为的立法状况,评价某种行为是否需要或者应当入罪。然而,这种分析的结论的合理性,依然有待于基于社会事实背景的论证的支持。例如,作为 A 的分析,不能不考虑到不同国度政治、经济、价值观念乃至民族传统的差异;作为 B 的分析,同样涉及认定所谓性质、危害等相似的社会价值标准及其评价体系。

由此,应当将哪些行为作为犯罪的问题,更主要的是犯罪学的犯罪本质的研究,属于犯罪学对于犯罪本质的更深层次的研究。犯罪学从实质意义上,在揭示犯罪学意义上的为什么法定行为是犯罪的问题的基础上,进一步深入到社会事实的基础层面,着眼于社会变迁与社会结构,从根本上探寻行为的社会价值的评价标准、具体评价以及最终意义,由此分析社会对于违规行为的现实容忍限度与价值事实定位。从这个意义上说,本书基于最为抽象的层面,可以说犯罪应当是严重侵犯一个社会绝大

---

① 详见张小虎著:《犯罪论的比较与建构》,北京大学出版社 2006 年版,第 17—18 页。
② 限于篇幅与本书主题,对此另文详述。
③ 〔意〕加罗法洛著:《犯罪学》,耿伟、王新译,中国大百科全书出版社 1996 年版,第 44、29 页;〔法〕埃米尔·涂尔干著:《社会分工论》,渠东译,生活·读书·新知三联书店 2000 年版,第 37、43 页;严景耀著:《中国的犯罪问题与社会变迁的关系》,北京大学出版社 1986 年版,第 2 页;《马克思恩格斯全集》第 3 卷,人民出版社 1960 年版,第 379 页。

多数人共同利益的行为；而决定一个社会的绝大多数人共同利益的具体内容的社会基础，是与社会发展相适应的一定历史时期的社会所赖以生存的物质生活条件。

四、犯罪的层次关系

基于纵深表里的线索，分别刑法学与犯罪学对于犯罪概念的表述：(1) 刑法学：A. 形式上，犯罪是具有刑事违法性（符合本体构成要件）的行为；B. 实质上，犯罪是具有严重危害性（符合严重危害要件）的行为。(2) 犯罪学：C. 表层上，犯罪是严重背离一个社会的国家所确立与倡导的主流社会规范的行为。D. 深层上，犯罪应当是严重侵犯一个社会绝大多数人共同利益的行为，而其具体内涵根植于特定历史时期的社会所赖以生存的物质生活条件。基于不同的理论视角，上述 A 至 D 的相互关系表现为：

(1) 就应然与实然而言：A、B、C 共同表述实然的犯罪，其中 A 与 B 依存于现行刑法规定的框架，更为侧重于刑法学上的犯罪，并且互为表里，A 是表而 B 是里；D 表述应然的犯罪，其超越于刑法规范的框架，进一步深入到社会事实的基础层面，更主要的是犯罪学的研究，并且 C 与 D 互为表里，C 是表而 D 是里。

(2) 就立法与司法而言：A 与 B 均通过立法表现为现行刑法的规定，并且指导刑法司法，作为司法的准据；作为立法结果的是法定犯罪，法定犯罪是司法准据，而作为司法结果的是犯罪案件；C 与 D 通过一定的方式（例如，思想启蒙，理论引导）指导着立法，在法定的框架内（犹如优秀的法官执行不完善的法典）影响着司法。

(3) 就实质与形式而言：A 与 B 均表述法定犯罪，其中 A 描述犯罪的形式构成，而 B 揭示犯罪的实质特征，两者共存于刑法规范这个统一体中；C 与 D 探寻犯罪的社会事实本质（犯罪究竟是什么），由此引导、评价法定犯罪，为法定犯罪的设置奠定基础，其中 D 直接指向法定犯罪应当是什么；B、C、D 均为犯罪本质的揭示，不过 B 依存于刑法规范的框架，为刑法规范层面的表述，而 C 与 D 根植于社会事实的平台，为社会事实层面的表述。

(4) 就犯罪本质的刑法学与犯罪学意义而言：不宜将犯罪学上的犯罪本质与刑法学上的犯罪实质（本质）相混同。犯罪学上犯罪本质侧重回答"刑法应当将什么行为规定为犯罪"的问题，刑法学上犯罪实质侧重回答"刑法为什么将某些行为规定为犯罪"的问题。刑法学上犯罪概念，不论是形式的还是实质的，均依存并表现于刑法规范的框架，是司法运作的准据，是立法精神的展示。而犯罪学上犯罪本质提供刑法立法的指导，当然也会在一定程度上影响刑法司法，不过刑法学上犯罪实质以法律规范精神规制着司法，而犯罪学上犯罪本质则只能以事实价值观念更为间接地波及司法。

第二节　犯罪学的犯罪分类

刑事近代学派的基本理念及其犯罪分类，为现代犯罪学的犯罪分类奠定了理论根基,形成了现代犯罪学犯罪类型的主流模式。

一、犯罪学犯罪分类概况

犯罪学遵循阐释犯罪本质、表述犯罪现象、揭示犯罪原因、寻求犯罪对策的研究路径,其中揭示犯罪原因是核心。这一研究特征折射到犯罪分类上,犯罪学的犯罪分类重在展示犯罪人的犯罪人格特征或者犯罪行为的社会表现特征。不过,这种特征只是学科的总体脉络,在犯罪分类的具体内容上,中外不同的学者仍表现出一定的差异。试择国内外主要犯罪学著作的犯罪分类作一介绍。

俄罗斯学者道尔戈娃所著《犯罪学》[①],由七编组成。犯罪分类主要表现于第六编,共分十六类,每类一章。具体是:暴力犯罪,一般侵财犯罪,经济犯罪,受贿罪,生态犯罪,税务犯罪,国事犯罪,军人犯罪,有组织犯罪,职业犯罪,极异常状态下的犯罪及其预防,矫正机关中的犯罪,女性犯罪,未成年人犯罪,移民犯罪,累犯犯罪。其特点表现在,基于犯罪人的视角,其将犯罪分为军人犯罪、职业犯罪、女性犯罪、未成年人犯罪、移民犯罪、累犯犯罪;着眼于犯罪行为,其将犯罪分为暴力犯罪、一般侵财犯罪、经济犯罪、受贿罪、生态犯罪、税务犯罪、国事犯罪;另外,考虑到犯罪在组织形式、实施情境等方面的特征,列出有组织犯罪、极异常状态下的犯罪、矫正机关中的犯罪的类型。

德国学者施奈德的专著《犯罪学》[②],共分七个部分。这部著作阐述的视角主要围绕着犯罪原因的展示,而对犯罪分类则较多地体现在某些社会群体、社会组织与犯罪的关系的阐述中。在"妇女与犯罪"中,提出了妇女犯罪、侵害妇女的犯罪、虐待妇女行为、强奸行为等类型;在"青少年违法犯罪和侵犯儿童罪"中,列举了青少年违法犯罪、故意破坏行为、青年骚乱和团伙犯罪、绑架儿童罪、虐待儿童行为、对儿童的性摧残等类型;在"老年人和犯罪"中,表述了老人犯罪、侵犯老人的犯罪行为等类型。此外,该著作在有关部分还广泛地涉及了一些犯罪(越轨)类型:对经济与企业犯罪,有组织犯罪,滥用麻醉品,卖淫,计算机犯罪,旅游(与)犯罪,环境破坏,走私与海盗,性犯罪,再犯、职业犯和连续作案犯,酗酒,赌博和赌博作弊,自杀,政治犯罪,恐怖主义,种族灭绝等。

美国学者拉里·西格尔所著《犯罪学:理论·模式·类型》[③],总体上分为三个部分:犯罪的概念、刑法和犯罪学;犯罪原因理论;犯罪类型。在犯罪类型中,该著作将犯罪分为四大类,并复分为若干。(1)暴力犯罪:包括强奸,谋杀与非预谋杀人,人身伤害,抢劫,仇恨犯罪(偏见犯罪),工作场所暴力,政治暴力(包括恐怖主义)。(2)经济犯罪—街头犯罪:包括盗窃,夜盗,放火。(3)组织犯罪—白领犯罪与有组织犯罪:

---

① 参见〔俄〕阿·伊·道尔戈娃著:《犯罪学》,赵可等译,群众出版社2000年版。
② 〔德〕汉斯·约阿希姆·施奈德著:《犯罪学》,吴鑫涛、马君玉译,中国人民公安大学出版社、国际文化出版公司1990年版。
③ Larry J. Siegel, *Criminology: Theories, Patterns, and Typologies*, Fifth Edition, New York: West Publishing Company, 1995.

其中,白领犯罪分为虚构诈骗,欺骗消费者,索取贿赂(包括出卖机构利益),贪污与雇员诈骗,经济委托诈骗(包括保险诈骗、信用卡诈骗、福利诈骗、医疗诈骗、偷税),公司犯罪。(4)公共秩序犯罪——性犯罪与精神药品滥用:包括违法性行为,同性恋,性倒错(其中的违法性行为有,在公共场所顶擦、窥淫、露阴、施虐或受虐、恋童等),卖淫,淫秽物品,毒品滥用。

我国台湾地区学者黄富源、范国勇、张平吾合著的《犯罪学概论》①,由六篇组成。在其中的第四篇(犯罪类型篇),该著作将犯罪分为七大类,每类又复分为若干。(1)暴力犯罪:分为杀人犯罪,掳人勒索(劫囚逃狱型、劫机型、精神病患型、银行劫案型、财政目的型),性侵害(又称强制性交罪,其犯罪人分为愤怒型、权力型、虐待型),性骚扰,强盗抢夺犯罪。(2)财产及经济犯罪:分为盗窃犯罪,诈欺犯罪,期货及证券犯罪,信用卡犯罪,职务犯罪,走私犯罪,毒品犯罪,洗钱犯罪。(3)无被害者犯罪:分为自杀,安乐死,药物滥用,赌博,同性恋,娼妓,酗酒。(4)组织犯罪与黑金政治:台湾地区帮派组合分为组织型、角头型、组合型。黑金政治是指黑道及金钱影响政治的正常运作。(5)跨国犯罪:基于跨国犯罪组织形态分为有组织跨国犯罪、集团化跨国犯罪、武装跨国犯罪、无组织跨国犯罪,按照内容分为恐怖活动、谋杀、国际抢劫、盗窃、诈欺、走私等。(6)政府犯罪:是指国家统治权所归属者,不论系其个人或政党,对人民所为的犯罪行为。(7)其他类型犯罪:少年犯罪,女性犯罪,校园暴行,电脑网络犯罪,老人犯罪,纵火犯罪,仇恨犯罪或偏见犯罪。

二、犯罪学犯罪分类结构

本书基于以下的基本观念展开犯罪学的犯罪分类:以揭示犯罪原因、寻求犯罪对策为宗旨;力求简洁明快,避免繁琐;兼顾犯罪的刑法分类,以犯罪学分类统辖刑法分类;对于某些复合类型,以其主要特征归类②。犯罪类型可以视作犯罪学分论体系的线索③,具体分为三大部分,并复分为若干。

(1)犯罪主体性质类型。基于主体性质的特殊特征,展开犯罪分类,具体有:青少年犯罪,女性犯罪,农民犯罪,学生犯罪,老年人犯罪,流动人口犯罪,待业人员犯罪,职务犯罪(包括贪污犯罪、受贿犯罪、渎职犯罪、玩忽职守犯罪等,类似于白领犯罪④,是蓝领犯罪⑤的对称),重新犯罪。

(2)犯罪行为性质类型。基于行为性质的特殊特征,包括行为方式、行为对象、行为附随情况等的特殊表现,展开犯罪分类,具体有:暴力犯罪(包括杀人犯罪、伤害犯罪、抢劫犯罪、虐待犯罪等),财产经济犯罪(包括盗窃犯罪、诈骗犯罪、税收犯罪、赌

---

① 参见黄富源、范国勇、张平吾著:《犯罪学概念》,台湾警察大学出版社2001年版。
② 例如,抢劫罪,兼有暴力犯罪与财产犯罪的特征,而从犯罪学的意义上来说,其暴力特征更具典型,因而归于暴力犯罪。
③ 分论与总论相对。详见本书第一章犯罪学概述。
④ 白领犯罪的概念,由美国社会学家萨瑟兰最先提出,是指社会上具有相当名望或地位的人,在其职务活动过程中谋取不法利益的犯罪行为。
⑤ 蓝领犯罪,是指社会上处于下层地位的、直接从事体力劳动的人实施的犯罪行为。

博犯罪),性犯罪(包括强奸犯罪、性骚扰、卖淫嫖娼犯罪、淫秽物品犯罪),激情犯罪,拐卖妇女、儿童犯罪,街头犯罪[①]。

(3) 犯罪特殊类型。有些犯罪虽然也可以归入主体类型或行为类型,但是或者其属于新型犯罪,或者其更具其他特殊意义,为此将之列入犯罪特殊类型。具体有:有组织犯罪,恐怖主义犯罪,邪教犯罪,洗钱犯罪,走私犯罪,跨国犯罪,政府犯罪,仇恨犯罪,国事犯罪,计算机犯罪,网吧犯罪,环境犯罪。

---

① 街头犯罪,由美国学者提出,是指发生在大城市中心的住宅区和商业区的暴力犯罪和侵犯财产犯罪,具体包括夜盗、盗窃、盗窃机动车、抢劫、放火、谋杀、故意杀人、强奸、吸毒等。

第五章 犯罪现象的表现与测量

犯罪现象属于犯罪学研究的经验基础,犯罪原因与犯罪对策,均是在客观地描述犯罪现象的基础上,所得出有关原因事实与合理对策的理性结论。犯罪现象描述基础,阐释描述犯罪现象的一些基本知识,存在犯罪现象的表现表式、具体测量等重要议题。

第一节 犯罪现象的表现形式

犯罪现象,是指犯罪事实的外部表现形态和联系。对于同一个犯罪现象,可以基于不同的研究角度予以观察与描述,由此犯罪现象也呈现出不同的具体侧面。

一、个体犯罪现象与总体犯罪现象

根据犯罪现象所涉及的具体范围,犯罪现象可以表现为个体犯罪现象与总体犯罪现象。这也是犯罪现象的两种最为基本的表现形式。

1. 个体犯罪现象

个体犯罪现象,是指具体的犯罪人,基于特定的生活背景,实施违反刑法规定的行为的,具体的表现形态和联系。个体犯罪现象存在如下特征:(1) 个体现象:展示具体犯罪人犯罪形成或者产生过程的表现形态和联系,属于具体犯罪个案的现象。例如,张君暴力犯罪案、赖昌星走私犯罪案、靳如超爆炸犯罪案、成克杰受贿犯罪案[①]。(2) 背景现象:基于个体犯罪过程与表现的线索,同时也展示了与个体犯罪相互关联的个体心理现象、个体生物现象以及社会现象,尤其是微观社会现象。例如,犯罪人的人际交往、家庭结构、社区环境等。(3) 犯罪经历:依存于具体犯罪人犯罪形成或者犯罪产生的时间与空间,易言之,以具体案件的形成与发生的过程为时空承载。包括犯罪人实施犯罪行为前的成长经历,以及实施犯罪行为后的表现。

2. 总体犯罪现象

总体犯罪现象,是指一定的国家或地区在一定时间内,基于特定的社会背景,所存在的违反刑法规定的行为的,综合的表现形态和联系。总体犯罪现象存在如下特征:(1) 总体现象:展示特定时空中的犯罪的综合的表现形态和联系,属于整体犯罪状况的现象。例如,中国内地 2003 年刑事案件立案数为 4393893 起,立案率为 348.84 起/10 万人,其中,盗窃案件所占的比重为 66.92%。(2) 背景现象:总体犯罪现象,以整体犯罪状况为表现线索,同时也与有关社会现象相贴近,显现于社会现象

---

① 基于犯罪学犯罪分类的特点,本书对于有关案件类型,并未严格采纳法定犯罪名称。

之中,因此也常常表现出与某些社会现象(尤其是宏观社会现象)的联系。例如,犯罪率上升,同时也表现出社会失范状态。(3)时空依托:表现为一定国家或地区在一定时间内的犯罪状况,存在特定的区域范围与时间段落的承载。例如,在"中国内地"这个区域范围内,在"2003 年度"这个时间段落,刑事案件立案率为 348.84 起/10 万人。

3. 个体犯罪现象与总体犯罪现象的关系

个体犯罪现象与总体犯罪现象既有区别又有联系。总体犯罪现象由个体犯罪现象构成,个体犯罪现象包含在总体犯罪现象之中,它们是整体与部分、一般与个别的关系。但是,整体不是部分的简单相加,而是一种结构的有机结合。总体犯罪现象不是个体犯罪现象的简单拼凑或机械凑合,而是个体犯罪的系统化,是一个具有新质的结构体系,具有许多新的性质和特征。总体犯罪现象侧重于表现社会面的犯罪状况;个体犯罪现象主要反映个体犯罪行为。某个个体犯罪现象的变化对于总体犯罪现象的波动,并无直接而根本的影响。

个体犯罪现象与总体犯罪现象的区分,有助于明晰犯罪原因的微观研究与宏观研究,区分个体犯罪形成与社会犯罪机理的不同分析视角与理论建构。

二、静态犯罪现象与动态犯罪现象

根据犯罪现象的具体时间特征,犯罪现象可以表现为静态犯罪现象与动态犯罪现象。

1. 静态犯罪现象

静态犯罪现象,又称共时性犯罪现象,是指某一时期的特定区域及其相应的社会背景下所表现出的具体犯罪状况,其仅具有自我观照的意义,而不存在时段延续与背景变迁所表现出来的犯罪状况的变化与波动形态。静态犯罪现象存在如下特征:(1)某一时期:依存于某一特定的物理时空与社会背景,易言之,属于社会发展中的某一时段的特定区域在相应的社会背景中形成的犯罪状况的具体表现。例如,2003年度,中国内地刑事案件立案数为 4393893 起;其中,杀人案 24393 起,伤害案 145485起,抢劫案 340077 起,强奸案 40088 起,拐卖妇女儿童案 3721 起,盗窃案 2940598起,财产诈骗案 193665 起,走私案 1178 起,假币案 3132 起,其他案 701556 起。[①](2)静态表现:静态犯罪现象,具体描述某一特定的物理时空与社会背景下的犯罪状况,从而并不存在时段延续与背景变迁所表现出来的犯罪状况的变化与波动特征。上例所举,仅描述 2003 年中国内地刑事立案的状况,从中并不能看出刑事案件立案与上一年度或者下一年度的立案相比,所表现出的递增或递减的情况。当然,在同一时段的前提下,某一较大区域中,不同部分之间的犯罪状况的比较,还是存在的。例如,2003 年中国内地不同省份之间的刑事立案状况。

2. 动态犯罪现象

动态犯罪现象,又称历时性犯罪现象,是指不同时期的特定区域及其相应的社会

---

① 资料来源:《中国法律年鉴》司法统计数据。

背景下所表现出的具体犯罪状况,其具有针对不同时期状况互相观照的意义,存在时段延续与背景变迁所表现出来的犯罪状况的变化与波动形态。动态犯罪现象存在如下特征:(1) 不同时期:依存于不同时期的特定区域与社会背景,易言之,属于社会发展中的不同时段的特定区域在相应的社会背景中形成的犯罪状况的演变。例如,1992 年度至 2003 年度,中国内地刑事案件立案数为:1992 年,1582659 起;1993 年,1616879 起;1994 年,1660732 起;1995 年,1690407 起;1996 年,1600716 起;1997 年,1613629 起;1998 年,1986068 起;1999 年,2249319 起;2000 年,3637307 起;2001 年,4457579 起;2002 年,4336712 起;2003 年,4393893 起。① (2) 动态波动:动态犯罪现象,具体描述不同时期的特定区域与社会背景下的犯罪状况,从而表现出随着时段的延续与背景的变迁,犯罪状况的变化与波动特征。上例所举,表现出 1992 年至 2003 年间,中国内地刑事案件立案数总体上呈持续增长趋势:1992 年至 1995 年,持续增长;1995 年与 1996 年之间,存在一个较小幅度的落差;1996 年至 1998 年,在落差的阶位上呈增长走向;1999 年起,又呈现出较大幅度的上升走势;尤其是,2000 年、2001 年,表现出较大阶位的增长。②

静态犯罪现象与动态犯罪现象的区分,有助于推进揭示个体犯罪形成与社会化过程(或者生命历程)的相关关系,以及社会犯罪演变与社会变迁(尤其是社会转型)的相关关系。

三、犯罪事实构成现象

根据犯罪事实的具体结构特征,犯罪现象可以表现为犯罪主体现象、犯罪对象现象、犯罪时间现象、犯罪空间现象、犯罪动机目的现象、犯罪行为现象、犯罪背景现象等。

刑事侦察理论与实践,通常将"五何要素(时、地、人、事、故)"作为决定刑事案件事实情况的核心结构。基于犯罪学研究的视角,对于犯罪事实的具体描述,应当特别关注下列焦点:犯罪主体、犯罪对象、犯罪时间、犯罪空间、动机目的、犯罪行为、犯罪背景等。

1. 犯罪主体现象

犯罪主体现象,是指犯罪事实在其实施者的特征的侧面,所展示出来的外部表现形态和联系。根据主体特征所属性质的不同,犯罪主体现象又可以分为犯罪主体自然现象、犯罪主体社会现象。其中:

(1) 犯罪主体自然现象,包括:A. 构成要素现象:犯罪人自然构成要素的有关特征的表现形态。例如,年龄结构形态、性别结构形态、生理特征表现、病理特征表现等。B. 主体关联现象:犯罪人自然构成要素与犯罪其他特征的相互关联的表现形

---

① 资料来源:《中国法律年鉴》司法统计数据。
② 这些数据表明,我国司法统计立案数并非平稳,而且在某些年份上表现出较大幅度的落差。究其原因,存在如下可能:一是数据本身的真实性值得推敲;二是统计标准有所调整(1992 年数据是典型适例);三是客观犯罪事实的确出现急剧波动。

态。例如,年龄结构与犯罪类型、犯罪行为等所呈现出的联系形态。C. 犯罪主体类型现象:基于自然要素及其与犯罪的关联,常见的犯罪主体现象还可以表述为青少年犯罪现象、女性犯罪现象、老年人犯罪现象等。

(2) 犯罪主体社会现象,包括:A. 构成要素现象:犯罪人社会构成要素的有关特征的表现形态。例如,社会身份形态、经济地位形态、犯罪集团形态、家庭结构形态、工作环境形态等。B. 主体关联现象:犯罪人社会构成要素与犯罪其他特征的相互关联的表现形态。例如,职业地位与犯罪类型、犯罪行为等所呈现出的联系形态。C. 犯罪主体类型现象:基于社会要素及其与犯罪的关系,常见的犯罪主体现象还可以表述为初犯犯罪现象、再犯犯罪现象,蓝领犯罪现象、白领犯罪现象,职务犯罪现象,惯犯犯罪现象等。

2. 犯罪对象现象

犯罪对象现象,是指犯罪事实在其犯罪行为目标的特征的侧面,所展示出来的外部表现形态和联系。根据对象特征所属性质的不同,犯罪对象现象又可以分为犯罪被害人的现象、犯罪侵害物的现象。其中:

(1) 犯罪被害人的现象,包括:A. 构成要素现象:被害人自然与社会构成要素的有关特征的表现形态。例如,年龄、性别、职业、衣着、言行、仪态等表现形态。B. 被害人关联现象:被害人自然与社会构成要素与犯罪其他特征的相互关联的表现形态。例如,被害人的职业与犯罪类型、犯罪行为等所呈现出的联系形态。

(2) 犯罪侵害物的现象,包括:A. 构成要素现象:犯罪侵害物的构成要素的有关特征的表现形态。例如,物品类型、物品价值、遭受侵袭的建筑物的防范标志等。B. 侵害物关联现象:犯罪侵害物的构成要素与犯罪其他特征的相互关联的表现形态。例如,建筑物防范标志的明晰状况与建筑物遭受犯罪的侵袭状况所呈现出的联系形态。

3. 犯罪时间现象

犯罪时间现象,是指犯罪事实在其犯罪时段的特征的侧面,所展示出来的外部表现形态和联系。根据时间特征所属范围的不同,犯罪时间现象又可以分为案发的时间现象、犯罪的时期现象。其中:

(1) 案发的时间现象,主要描述具体犯罪案件发生所表现出来时间的规律与特征的状况。其中,时间形态与时间关联,是核心问题。A. 时间形态:是指案发时间现象的"时间"的具体表现形态,其具有广义,包括时辰、白昼、月份、季节、年份等。B. 时间关联:作为规律与特征的表现,更主要的是时间与相关犯罪特征的相互关联的表现形态。例如,春节前,财产犯罪增多。

(2) 犯罪的时期现象,主要描述犯罪在时间段落上所表现出来的特征或者变化的状况。根据表现方式的不同,复分为犯罪的共时现象与犯罪的历时现象,已如上述。根据表现内容的不同,可以突出地展示某一时期或者不同时期之间,犯罪主体、犯罪行为、犯罪对象、犯罪类型乃至发案时间等方面所表现出的特征或变化的状况。例如,2000年至2001年中国内地刑事立案数显著增长,其中,财产犯罪同步增长,而杀人案、伤害案与强奸案有降有增,拐卖妇女儿童案大幅度下降,走私案与假币案有所下降。[①]

4. 犯罪空间现象

犯罪空间现象,是指犯罪事实在其犯罪地域的特征的侧面,所展示出来的外部表现形态和联系,主要展示犯罪地域分布的规律与特点。同样,地域形态与地域关联是描述犯罪空间现象的重要线索。

(1) 地域形态:是指犯罪地域现象的"地域"的具体表现形态,其具体包括,不同国家、不同省份或者市县、大城市与小城市、城市与农村、同一市县的不同区域、城乡结合部、特殊交易场所[②]等。

(2) 地域关联:作为犯罪地域分布的规律与特征,更主要的是地域与相关犯罪特征的相互关联的表现形态。例如,城市与农村在犯罪类型、犯罪手段等方面各有特点;城乡结合部常常是流窜犯栖息藏身的处所。

基于犯罪地域的核心线索与理论平台,针对犯罪地域分布的现象,结合社会结构背景与其他致罪因素,进行犯罪原因(探寻这一现象的形成机制,揭示促使这一现象形成的核心因素)与犯罪对策的研究,由此形成犯罪地理学、犯罪生态学、犯罪地形学。[③]

5. 犯罪心理现象

犯罪心理现象,是指犯罪事实在犯罪人内心活动的特征的侧面,所展示出来的外部表现形态和联系。根据表现内容的不同,复分为犯罪心理过程现象、犯罪个性特征现象。

(1) 犯罪心理过程现象,主要描述犯罪人在犯罪活动过程中,有关意识、情感、意志等心理要素的具体特征的表现形态与联系。对此,应当注意:A. 犯罪过程:犯罪心理过程现象,依存于犯罪活动过程,属于犯罪活动过程中的心理现象。这里的"犯罪活动过程",包括犯罪实施前、中、后的整个一系列的经过与程序。B. 心理要素:犯罪心理过程现象,主要描述心理过程中的一些重要的心理要素,诸如,意识、情感、意志等,与犯罪相关联的一些特征的具体表现。以这些要素为线索,犯罪心理过程现象,又可以简要地表述为犯罪意识现象、犯罪情感现象、犯罪意志现象。

① 犯罪意识现象,是指犯罪人的自我意识、道德意识、法制意识、理想意识、信念意识等方面的具体表现。例如,一项调查显示,针对下列问题"犯罪时,我对刑法规定的犯罪与刑罚:很清楚,比较清楚,无所谓,不太清楚,很模糊",犯罪人的选择频率,依"很清楚"至"很模糊"的顺序,分别是:3.2%、11.1%、7.6%、27.2%、51.0%。[④] 此即为犯罪人法制意识特征的定量表现。例如,访谈调查显示,"犯罪人认为,用刀砍人,

---

① 资料来源,《中国法律年鉴》司法统计数据。
② 例如,北京中关村电子产品交易市场、西直门电信产品交易市场等。
③ 德国学者施奈德在其《犯罪学》一书中,对于犯罪地理学、犯罪生态学、犯罪地形学的研究内容作了具体阐释。〔德〕汉斯·约阿希姆·施奈德著:《犯罪学》,吴金涛、马君玉译,中国人民公安大学出版社1990年版,第337—338页。
④ 资料来源:笔者1999—2001年的监狱调查。

只要不砍死人,就没有什么大不了的,给被害人赔点钱就可以了结了,而不会涉及犯罪。"①此即为犯罪人法制意识特征的个案表现。

② 犯罪情感现象②,是指犯罪人基于需要满足与否而形成的快乐、愤怒、恐惧、悲哀等内心体验的具体表现。犯罪情感现象就本体内容而言,包括激情犯罪现象、应激犯罪现象等。A. 激情犯罪现象,描述犯罪人遭遇强烈而短暂的刺激所形成的暴发式情绪状态③与犯罪之间的关系的具体表现。例如,犯罪人在暴怒的情绪下常常易于杀人,且会变得更为凶残。B. 应激犯罪现象,描述犯罪人遭遇出乎意料的紧急情况所形成的情绪状态与犯罪之间关系的具体表现。例如,抢劫犯遭遇被害人是自己的熟人,转而灭口杀人。犯罪情感现象从价值内容来说,包括道德情感现象、理智情感现象等。A. 道德情感现象,具体描述犯罪人对于自己的思想与行为是否符合社会道德而产生的内心体验的具体表现。例如,犯罪人对于盗窃他人财物的行为,并不感到羞耻。B. 理智情感现象,具体描述犯罪人在与犯罪有关的智力活动中所产生的内心体验的具体表现。例如,对于犯罪获得成功的愉悦、对于新型犯罪手段的探索、对于犯罪条件不足的犹豫。

③ 犯罪意志现象,是指犯罪人基于目的的确定与支配,从而努力实现目的的内心倾向的具体表现。例如,一名伤害犯罪人,对于自己努力战胜对方情形描述道:"要是谁将我打了,我就和你没完,早晚也要把你弄倒了才拉倒。我天天盯着你,晚上上你家门口等着,直到把你打倒,等你服了我才拉倒。"④此即为该犯罪人的犯罪意志现象。从犯罪意志的形成过程来看,犯罪意志现象涉及犯罪需要现象、犯罪动机现象等。A. 需要,是指人的内部机体与外部条件的要求在头脑中的反映,包括生理需要与社会需要⑤。犯罪需要现象,是指犯罪人在犯罪活动过程中,所表现出的某种或某些需要的具体状况。⑥ 例如,一项调查显示,犯罪人对于财富的期望,依"很大""较大""说不准""较小""很小"的顺序,具体频率分别是:49.3%、29.9%、13.6%、3.4%、

---

① 资料来源:笔者监狱调查案例。
② 在心理学上,情绪与情感密切相关。情绪侧重基于生理需要的满足与否,而产生的快乐或痛苦等内心体验;情感侧重基于社会需要的满足与否,而产生的快乐或痛苦等内心体验。
③ 例如,激愤、暴怒、恐惧、绝望等内心体验。
④ 资料来源:笔者监狱调查案例。
⑤ 美国著名心理学家马斯洛(Abraham Maslow,1908—1970)将人类需要由低级到高级划分为如下层次:生理需要;安全需要;相属关系和爱的需要;尊重的需要;自我实现的需要。
⑥ 一般认为,犯罪人有着不同于普通人的心理需要。例如,个人需要和欲望无止境地发展;个人不合理的生理性需要常居优势地位;个人需要与社会需要处于对立的地位。罗大华等编著《犯罪心理学》,群众出版社1986年版,第66—67页。但是,与此见解不同,美国著名犯罪学家萨瑟兰主张,尽管犯罪行为是一般需要和价值的表现,但是它却不能用这些一般需要和价值来解释,因为非犯罪行为也是同样需要和价值的表现。盗窃犯一般是为了得到金钱而行窃,但是诚实的劳动者也同样是为了获得金钱而工作。Edwin H. Sutherland, *Principles of Criminology*, Philadelphia: J. B. Lippincott Company, 1947, pp. 5—9. 苏联著名教育学家马卡连柯(Антон Семёнович Макаренко,1888—1939)也指出:"人类欲望的本身并没有贪欲。如果一个人从烟尘迷漫的城市里来到松林里,吸到新鲜的空气,非常高兴,谁也不会说他消耗氧气是过于贪婪。贪婪是从一个人的需要和另一个人的需要发生冲突才开始的,是由于必须用武力、狡诈、盗窃,从邻人手中把快乐和满足夺过来而产生的。"《马卡连柯全集》(第四卷),人民教育出版社1957年版,第388页。

3.9%。① 此即为犯罪人财富需求的定量表现。B. 动机,是指刺激一个人实施一定行为以达到某种目的的内心冲动或者内心起因。犯罪动机,其动机的内容具有犯罪的指向特征;犯罪动机现象,则是有关犯罪动机的具体表现。例如,一名伤害犯罪人,在回答为什么打人的问题时答道:"想出名。他们都叫我'二驴',我弟弟叫'小三'。在家的时候,如果没有名,就要受欺负。"② 此即为该犯罪人的犯罪动机的重要表现之一。③

(2) 犯罪个性特征现象,主要描述犯罪人基于社会化过程而形成的,由认识、情感、意志等心理结构综合构成的,具有独特的与稳定的心理特征总和的,从而反映了犯罪人的一系列鲜明品质的具体表现。包括犯罪人的个性倾向特征(个性倾向),性格特征、气质特征、能力特征(个性心理),人格障碍特征(异常个性)等的表现。

① 犯罪个性倾向现象:是指犯罪人对于认识与活动的对象的趋向与选择,所具有的相对独特的表现。具体表现在对于需要、动机、兴趣、理想、信念等的趋向与选择上。对此,上文在犯罪意志现象中已有一定的阐述。不过,犯罪意志现象,涉及犯罪的需要、动机等现象,这只是基于"意志"作为心理过程之一的视角;而作为犯罪人个性倾向,所涉及犯罪的需要、动机等现象,这是基于犯罪人心理结构整体的个性特征的视角。尤其是,"犯罪个性现象",作为犯罪人所具有的一种人格特征表现,重在表现犯罪人群在人格特征方面的一些共性现象。例如,一项调查显示,犯罪人对于财富、权力、名望、刺激、信仰等生活资源,按重要程度的排序是:财富、名望、权力、信仰、刺激。④ 这表明,犯罪人群对于重要生活资源的兴趣特征,存在重财富与名望而轻刺激与信仰的表现。

② 犯罪个性心理现象:包括犯罪性格特征现象、犯罪气质特征现象、犯罪能力特征现象。A. 犯罪性格特征现象:是指犯罪人对于客观现实所具有的,相对稳定的态度以及与之相适应的习惯的行为方式的个性心理特征的表现。比方说,暴力犯罪人,具有暴躁鲁莽、情绪强烈、冷酷野蛮等性格特征⑤。B. 犯罪气质特征现象:是指犯罪人在心理过程的速度、强度以及心理活动的指向等方面⑥,所具有的相对独特与稳定的个性心理特征⑦的表现。比方说,暴力犯罪人,胆汁质的气质占较大比例;诈骗犯罪人,多血质的气质占较大比例。C. 犯罪能力特征现象:是指犯罪人所具有的,对于犯

---

① 资料来源:笔者1999—2001年的监狱调查。
② 资料来源:笔者监狱调查案例。
③ 有时,犯罪人的犯罪动机是较为复杂的。从而,从类型上来讲,犯罪动机包括:简单动机、复杂动机,主要动机、次要动机,突发性动机、持久性动机,直接动机、间接动机,转化动机,等等。
④ 资料来源:笔者1999—2001年的监狱调查。
⑤ 事实究竟如何,尚需实地调查犯罪统计验证。
⑥ 例如,认识速度、思维灵活程度、意志努力程度,对于内部情绪的体验、对于外部事物的思考等。
⑦ 古希腊医生希波克拉底(Hippocrates)和罗马医生盖仑(Galen)认为,人体内的四种体液各别所占的主导比例,形成了人们的四种不同的气质:多血质,血液比例占主导,呈外向性、活泼、反应敏感、善于交际、兴趣易于变化;黏液质,黏液比例占主导,呈内向性,稳重、反应缓慢、不善交际、兴趣稳定;胆汁质,黄胆汁比例占主导,呈外向性,精力旺盛、脾气暴躁、反应迅速、过于自信、心境易于变化;抑郁质,黑胆汁比例占主导,呈内向性,腼腆、情绪体验深刻、行动迟缓、胆小孤僻。

罪以及与犯罪相关的活动的完成效率与顺利进行,具有直接影响意义个性心理特征的表现。例如,犯罪人的观察能力、注意能力、记忆能力、思维能力、创造能力等。

③ 犯罪人格障碍现象:人格障碍特征的具体表现及其与犯罪之间关系的表现形态。人格障碍,是指人格特征明显偏离正常,使得患者形成了一贯的反映个人生活风格的人际关系的异常行为模式。这种障碍模式显著偏离特定的文化背景和一般认知方式,明显影响其社会功能和职业功能,造成对社会环境的适应不良,患者为此感到痛苦。人格障碍通常开始于童年或青少年,并一直持续发展到成年或终生。人格障碍存在如下症状:认知的异常偏离;情感的异常偏离;控制冲动及对满足个人需要的异常偏离;人际关系的异常偏离。人格障碍存在如下类型:偏执性人格障碍;分裂性人格障碍;反社会性人格障碍;攻击性人格障碍;表演性人格障碍;强迫性人格障碍;焦虑性人格障碍;依赖性人格障碍;其他人格障碍。① 人格障碍的典型特征之一,即表现为患者对于社会环境的适应不良、行为模式与社会文化明显背离,由此人格障碍与犯罪存在着较为密切的关系,尤其是诸如反社会性人格障碍、攻击性人格障碍等,更为直接地关系到犯罪。

6. 犯罪行为现象

犯罪行为现象,是指犯罪事实在其犯罪人外部活动的特征的侧面,所展示出来的外部表现形态和联系。根据行为特征考察视角的不同,犯罪行为现象又可以分为犯罪主体行为现象、犯罪行为类型现象等。

(1) 犯罪主体行为现象②:是指以犯罪人行为特征为核心,具体描述犯罪主体与犯罪行为之间所表现出来的规律与特征的状况。根据主体的不同,复分为青少年犯罪行为现象、女性犯罪行为现象、流窜犯罪行为现象、惯犯犯罪行为现象、初犯犯罪行为现象等等。例如,青少年犯罪常常表现为:盲目性,有的出于游戏取乐,随机作案;作案时胆大妄为,不计后果;手段简单、凶残、愚昧、野蛮;团伙作案多,模仿黑帮建立帮派体系,称王称霸;五毒俱全,集盗窃、抢劫、强奸、杀人等为一体;连续作案。

(2) 犯罪行为类型现象:是指以犯罪人行为特征为核心,具体描述犯罪类型与犯罪行为之间所表现出来的规律与特征的状况。根据类型的不同,复分为盗窃犯罪行为现象、抢劫犯罪行为现象、贪污犯罪行为现象,暴力犯罪行为现象、职务犯罪行为现象、街头犯罪行为现象、蓝领犯罪行为现象、白领犯罪行为现象等等。例如,杀人犯罪复分为仇杀、财杀、奸杀、情杀、变态杀人、雇佣杀人等,性质不同行为表现也各有特点。仇杀犯罪常常表现出:犯罪人与被害人的积怨与利害冲突;犯罪人自带凶器,作案手段残忍,存在与致死无关的侵害动作;杀人后常常对尸体毁容、碎尸、移尸、毁尸;作案时机选择准确;现场上一般没有劫财的迹象,但有时有破坏财物的情况。

---

① 2000年,中华医学会精神科学会:《中国精神疾病分类与诊断标准第3版(CCMD-3)》。
② 犯罪主体行为现象并不同于犯罪主体现象;犯罪主体现象,以犯罪主体特征的表现为核心,对于犯罪主体特征可以多视角展开,其中包括犯罪行为的视角;而犯罪行为现象,以犯罪行为特征的表现为核心,同样,对于犯罪行为特征可以基于主体的视角展开,但是并不仅限于此。

7. 犯罪背景现象

犯罪背景现象，是指犯罪事实在其形成与发生的原因特征的侧面，所展示出来的外部表现形态和联系。根据原因特征考察视角的不同，犯罪背景现象又可以分为犯罪微观背景现象、犯罪宏观背景现象等。

（1）犯罪微观背景现象：是指以犯罪的背景特征为核心，具体描述犯罪与其形成与发生的微观背景之间所表现出来的规律与特征的状况。根据微观背景类型的不同，复分为家庭背景现象、学校背景现象、同辈群体背景现象、社区背景现象、工作单位背景现象、大众传媒现象等，此外犯罪微观背景现象也包括犯罪人的生物特征现象[①]。例如，一名犯罪人，描述了其成为盗窃惯犯的经历。起初因为家庭矛盾离家出走，与一群年龄相仿的盲流结交，初步体验盗窃；其后单独作案，并屡进监狱；进而与拥有较高盗窃技能者结交，学习犯罪技术，逐步形成盗窃的习性。[②] 此即反映出该犯罪人的同辈群体背景现象。

（2）犯罪宏观背景现象：是指以犯罪的背景特征为核心，具体描述犯罪与其形成与发生的宏观背景之间所表现出来的规律与特征的状况。根据宏观背景类型的不同，复分为社会群体背景现象、意识价值背景现象、制度规范背景现象、社会结构背景现象、社会变迁背景现象等。例如，随着社会转型的深化，我国社会阶层的分化日益明显，出现了复杂多样的利益群体，包括蓝领工人阶层、白领工人阶层、知识分子阶层、官员阶层、农业劳动者阶层、农民工阶层、失业者阶层、边缘性群体等等。此即为与犯罪密切相关的社会群体背景现象之一。

四、法定犯罪现象、社会危险行为现象、违法越轨现象

根据犯罪现象的形式与实质特征，犯罪现象可以表现为法定犯罪现象、社会危险行为现象与违法越轨现象。

1. 法定犯罪现象

法定犯罪现象，是指刑法所规定的具体犯罪，在社会现实中的具体表现状况。法定犯罪现象存在如下特征：（1）刑法规定：行为符合刑法规定的具体犯罪构成，才可成立犯罪，其具体表现也才成为犯罪现象。（2）相对确定：基于罪刑法定原则，法定犯罪以刑法的规定为唯一标准，因而其在表现形态上也较为明确肯定。（3）司法统计：司法统计针对法定犯罪进行，由此司法统计数据，属于法定犯罪现象的宏观的直观表现。

根据行为侵害法益性质的不同，法定犯罪现象可以分为侵害个人法益、侵害社会法益、侵害国家法益等现象；根据刑法分则具体罪名的不同，法定犯罪现象可以分为故意杀人罪、故意伤害罪、放火罪、爆炸罪、盗窃罪、抢劫罪等犯罪现象；根据犯罪形态的不同，法定犯罪现象可以分为既遂、预备、未遂、中止，正犯、教唆犯、帮助犯、主

---

① 犯罪生物特征现象，是指与犯罪密切相关的犯罪人的生理、病理的特殊表现与形态。
② 资料来源：笔者监狱调查案例。

犯、从犯、牵连犯、吸收犯、想像竞合犯等犯罪现象。不过关键是，基于犯罪学揭示犯罪原因的宗旨，如何根据犯罪学对于犯罪分类的特征，在犯罪学犯罪分类的框架内，具体表述法定犯罪现象。例如，美国联邦调查局的统一犯罪报告：暴力犯罪，包括杀人、强奸、抢劫、伤害；财产犯罪，包括夜盗、盗窃、盗窃机动车。

2. 社会危险行为现象

社会危险行为现象，是指并不符合法定犯罪构成或者符合法定犯罪构成，并且行为具有社会危害与行为人具有社会危险，由刑法明文可予适用保安处分的事实，在社会现实中的具体表现状况。社会危险行为现象，是社会危险行为的具体表现。

社会危险行为，是指行为人所实施的危害社会行为与行为人内在的社会危险性的组合。危害行为：行为人实施了危害社会的行为。社会危险性：行为人基于其人格素质或生活环境，而充分表明其具有实施违法犯罪行为的可能性，从而构成了对社会安全的现实的重大威胁。社会危险行为，是适用保安处分的前提。社会危险行为与犯罪行为相比，存在如下特征：(1) 行为人的社会危险：犯罪以行为符合犯罪构成为标准，重在行为的危害特征，行为人的危害融入以行为为主导的骨架之中；社会危险行为尽管也须有危害社会行为的侧面，不过其重心在于行为人的社会危险，行为只是行为人社会危险的表现之一。① (2) 更具犯罪学的意义：也正是由于社会危险行为更为强调行为人的社会危险特征，从而其犯罪学的理念也更为彰显。犯罪学强调关注犯罪原因的差异，针对不同的犯罪人予以方法内容有别的矫治措施。基于社会危险行为的保安处分，是与刑罚相对的保护社会的又一刑事司法处置措施。(3) 外延表现一定交叉：基于行为人社会危险的重心，社会危险行为包括：A. 行为成立犯罪并且行为人具有较大社会危险性；B. 危害行为虽不成立犯罪但行为人具有较大社会危险性。而犯罪也可分为：A. 行为人具有较大社会危险性的；B. 行为人不具有较大社会危险性的。因此，犯罪与社会危险行为重合于"A"，分离于"B"。

社会危险行为现象存在如下特征：(1) 刑法规定：不论是符合犯罪构成的社会危险行为，还是不成立犯罪的社会危险行为，均由刑法予以明确规定。(2) 相对确定：基于处分法定原则，社会危险行为亦以刑法的规定为唯一标准，因而其在表现形态上也较为明确肯定。(3) 缺乏统计：社会危险行为由刑法总则予以规定，而非独立的罪名，其罪名的意义仍表现在刑法分则。司法统计通常以刑法分则罪名为依据，从而司法统计数据，并不能显示出社会危险行为的具体情况。

根据主体特征的不同，社会危险行为现象可以分为精神障碍患者（包括缺乏责任与限制责任）、瘾癖人员（包括酒精瘾癖与毒品瘾癖、具有责任与缺乏责任），未成年人（包括具有责任、缺乏责任与虞犯少年），特殊危险人员（包括累犯、常习犯、常业犯、职业犯），其他危险人员（包括流浪懒惰成习者、严重传染病患者、受徒刑宣告的外国人）等的社会危险行为现象；根据责任能力的不同，社会危险行为现象可以分为无责任能力人、限制责任能力人与有责任能力人的社会危险行为现象；根据犯罪成立与否的不

---

① 这恰似行为刑法与行为人刑法的关系。

同,社会危险行为现象可以分为犯罪的社会危险行为与非罪的社会危险行为。

3. 违法越轨现象

违法越轨现象,是指并不触犯刑律,而是违反其他法律法规或者违反社会习惯道德准则的事实,在社会现实中的具体表现状况。包括违法现象与越轨现象。犯罪学研究,在一定程度上是将违法越轨现象作为犯罪的前期表现而展开的,从这个意义上说,这里的违法越轨行为更为注重在犯罪形成过程中的阶段上的具体表现,即作为直接故意的、反映行为发展趋势的、具有一定必然性的违法越轨现象。

广义的违法包括犯罪,这里的违法仅指狭义的违法,又称一般违法,是指违反法律法规而未触犯刑律的行为。根据违反法律性质的不同,违法可以分为行政违法、经济违法、民事违法等;根据主体的不同,违法可以分为儿童违法、少年违法、成年违法等;根据频次的不同,违法可以分为初次违法、继发违法、屡次违法等;根据行为特征的不同,违法可以分为职务违法与普通违法等;根据主观心态的不同,违法分为故意违法、过失违法与激情违法等;根据发生趋势的不同,违法分为偶发违法、必然违法等。对于违法予以多角度的划分,有助于具体全面描述违法现象;而就犯罪学研究而言,尤其应当关注具有发生的肯定必然趋势、对于犯罪形成具有展示意义的违法现象。

越轨,又称差异行为,是指违反或者超越公共社会规范的行为。社会规范的范围很广,既有吃饭穿衣等的一般社会习惯,也有尊老爱幼等的社会道德,还有遵守交通规则等的法律规范,当然也有犯罪与刑罚的刑法规范。这里的越轨,主要是指除犯罪与违法以外的、违反社会习惯道德的行为。根据规范类型的不同,越轨可以分为悖俗越轨、悖德越轨;根据主体的不同,越轨可以分为个体越轨与群体越轨[①];根据评价的不同,越轨可以分为正向越轨[②]与负向越轨;根据频次的不同,越轨可以分为初次越轨与继发越轨[③];根据主观心态的不同,越轨分为故意越轨、过失越轨等;根据发生趋势的不同,越轨分为偶发越轨与习惯越轨。

五、犯罪生物现象、犯罪心理现象、犯罪社会现象

根据犯罪现象的影响因素的类型,犯罪现象可以表现为犯罪生物现象、犯罪心理

[①] 个体越轨,是指个人所表现出的越轨行为。群体越轨,是指以一定的亚文化为纽带而联合起来的某一社会群体所表现出的越轨行为。对于群体越轨,似不能简单地将之理解为某一群体的共同差异行为,社会学更强调群体越轨的亚文化背景特征。英国著名社会学家安东尼·吉登斯(Anthony Giddens)将克利须那崇拜(Krishna cult)这一宗教群体,列举为群体越轨的典型例子。这一宗教群体的信仰和生活模式与英国的大多数人不同。克利须那的信徒们都持有一种越轨亚文化。参见〔英〕安东尼·吉登斯著:《社会学》,赵旭东等译,北京大学出版社2003年版,第256—257页。

[②] 正向越轨,是指一种行为看似是对现行道德的毁坏,然而其却预示着未来的道德行为。易言之,现行道德本身有缺陷,而行为正是对这种缺陷道德的冲击,引导着人类未来的理想道德,则这种行为虽然也被评价为越轨,但是其却是一种有益于社会发展的越轨。

[③] 美国犯罪学家埃德温·利默特(Edwin Lemert,1912—1996),首次提出了初次越轨(primary deviance)与继发越轨(secondary deviance)的概念。初次越轨,是指既没有被老师、父母、警察等权威人士发觉,也没有受到惩罚的越轨行为。继发越轨,是指一个人的越轨行为引起了权威人士或者社会控制机构的注意,他们给越轨者贴上了否定性的标签。

现象、犯罪社会现象。

1. 犯罪生物现象

犯罪生物现象,是指与犯罪密切相关的犯罪人的生理、病理的特殊表现与形态。刑事近代学派的创始人为意大利人类学家龙勃罗梭试图用解剖刀揭开人类犯罪之谜,从而对犯罪人的生理、病理特征进行了大量、深入、细致的研究与描述。例如,"盗窃犯的脸和手都明显地好动;眼睛小,总是在转动,常常是斜的;眉毛浓密,相互间靠得很近;鼻子弯曲或者塌陷,胡子稀少,头发并不总是浓密,前额几乎总是很窄并后缩。他们的耳廓,同强奸犯的一样,常常像把柄一样插在头上。"①

2. 犯罪心理现象、犯罪社会现象

犯罪心理现象,是指与犯罪密切相关的犯罪人的意识、情感、态度等特殊的表现与形态。包括犯罪意识现象、犯罪情感现象、犯罪意志现象等。犯罪社会现象,是指与犯罪密切相关的犯罪所处的社会微观或者宏观的特殊表现与形态。包括犯罪微观社会现象、犯罪宏观社会现象。对此,在上文"犯罪事实构成现象"中已有所阐述。区分犯罪生物现象、犯罪心理现象、犯罪社会现象,有助于理清犯罪原因的研究思路,为犯罪的生物原因、心理原因、社会原因的研究,提供实证资料。

第二节 犯罪现象的测量

犯罪现象的测量,是指运用定性与定量等方法,对于犯罪现象予以全面、深入、具体的把握。广义上来说,犯罪现象的测量包括个案调查、数理统计乃至犯罪预测。其中,个案调查,描述具有代表性的个案状况,并试图通过诸多个案展示犯罪现象的总体概貌。例如,我国著名犯罪社会学家严景耀先生,在其专著《中国的犯罪问题与社会变迁的关系》②中,通过典型个案对于中国社会犯罪现象的展示。数理统计,是指运用数理统计的方法,对表述犯罪现象的一些指标,进行具体的测定与量化,使犯罪现象得以准确直观的体现。犯罪的数理统计,有助于较为确切地展示犯罪现象的总体状况,尤其是科学的犯罪统计,较具说服力。犯罪预测,是指基于犯罪形成与发生的规律,运用科学的统计与分析方法,对未来的犯罪现象予以推测和估计。包括个体犯罪行为预测(尤其是再犯预测)、社会犯罪状况预测、犯罪主体预测、犯罪类型预测,短期预测、中期预测、长期预测等。

相对而言,典型个案的表现较为直观,犯罪预测则是对未来状况的推测与估计,从而对于实然犯罪现象予以测量的较为核心的路径是数理统计。而这种测量犯罪现象的数理统计,又涉及实地调查方法与基本统计技术,对此本书在第二章犯罪学的研究方法中已有阐述。本章着眼于犯罪现象的描述,对于数理统计测量犯罪现象的基本类型与重要指标作一概要阐释。

---

① 〔意〕切萨雷·龙勃罗梭著:《犯罪人论》,黄风译,中国法制出版社 2000 年版,第 34—35 页。
② 参见严景耀著:《中国的犯罪问题与社会变迁的关系》,吴桢译,北京大学出版社 1986 年版。

一、数理统计测量的基本类型

犯罪数理统计测量从主体的角度来说,基本上可分为官方犯罪统计和非官方犯罪统计。

1. 官方犯罪统计

官方犯罪统计,又称刑事司法统计,是指刑事司法机关在其职能活动中,对犯罪现象数量方面进行收集、整理、分析的全过程。为了及时准确地掌握犯罪状况,以便更为合理有效地应对犯罪,各国的刑事司法部门均有相关的刑事司法统计的职责;当然,司法部门不同,司法统计的内容、侧重等也有所差异。在我国,就存在着公安、法院、检察[①]、监狱等方面的司法统计,具体包括:公安机关的刑事案件立案分类统计、刑事案件作案成员类型统计、刑事案件各年龄段作案人员比重统计等;审判机关的刑事一审案件情况统计、审理青少年犯罪情况统计、审理各类一审案件情况统计等;检察机关的直接立案侦查案件统计、审查批准逮捕、决定逮捕犯罪嫌疑人和提起公诉被告人统计等。在美国,联邦调查局、司法部、法院、检察、警察、矫正机关等也均各有相应的司法统计,尤其是美国联邦调查局的统一犯罪报告(The Uniform Crime Reports, UCR)在全美乃至全世界有着相当的影响。1930年UCR数据首次公布,其后一直延续至今。UCR内容包括每年度的犯罪总数、每10万人的犯罪率、不同地区的犯罪状况、犯罪性质及人员情况、犯罪逮捕率、执法人员情况等。

犯罪黑数,又称犯罪隐数,是指一定时空中实际发生的而司法机关未知或未予登记的犯罪数量。从某种意义上说,犯罪黑数问题是不可避免的,它与官方犯罪统计相伴生。然而过量的犯罪黑数有损于官方犯罪统计的真实可靠性,进而不利于政府的犯罪对策。针对这一现象,20世纪40年代与20世纪60年代,分别在美国兴起了两种犯罪调查:自我报告;被害者调查。自我报告,是指通过问卷调查或者其他方式,让被调查者匿名报告自己在过去一段时期内的犯罪行为,从犯罪者的角度补充官方犯罪统计的不足。被害者调查,是指从居民中抽样,调查他们在过去一段时期内受到犯罪侵害的情况,通过发现居民被害的数量确定实际发生的犯罪数量以及与犯罪相关的一些问题,从被害者的角度补充官方犯罪统计的不足。

2. 非官方犯罪统计

非官方犯罪统计,又称犯罪研究专门统计,是指司法机关以外的犯罪学研究机构、人员,为了对犯罪问题进行科学研究,通过调查搜集一定空间、时间条件下犯罪现象的数量特征、数量关系、数量变化等统计资料的活动。根据犯罪研究课题的不同,非官方犯罪统计可以表现为多种多样。包括:犯罪本体统计、犯罪被害统计、犯罪因素统计等。

(1) 犯罪本体统计,旨在描述犯罪本身的具体状况,测量犯罪及其侧面的数量特

[①] 显然,这里的司法部门是就广义而言的。狭义的司法机关仅指法院与检察院。

征与规律。例如,100例黑社会性质组织,其所实施的犯罪共X起[1],各种犯罪类型占犯罪总数的比率分别为X1%,X2%,……这些黑社会性质组织具有合法经济实体外衣的占组织总数的X3%;黑社会性质组织实施受贿罪的占组织总数的X4%;全国1年内,与黑社会性质组织相关的受贿罪占全部受贿罪的X5%,等等。

(2)犯罪被害统计,旨在描述被害人被害的具体状况,测量被害因素与犯罪之间关系的数量特征与规定。例如,日本学者佐藤等,对造成死亡与伤害的犯罪被害人进行了系统的调查研究。抽取1067例案件,分为四组,调查结果:被害人无过错的占伤害罪判决组的63.7%,占杀人罪判决组的40.3%,占伤害罪不起诉组的93.2%,占杀人罪不起诉组的93.4%;加害行为系由陌生人所为的占伤害罪判决组的58.6%,占杀人罪判决组的20.6%;等等。[2]

(3)犯罪因素统计,旨在描述犯罪的形成与发生的具体表现,测量致罪因素与犯罪之间关系的数量特征与规律。例如,关于犯罪人对财富、发展机会等重要生活的期望值,一项调查显示,按照"期望很大""期望较大""说不准""期望较小""期望很小"的顺序,关于财富犯罪人的选择比率分别为49.3%,29.9%,13.6%,3.4%,3.9%,关于发展机会犯罪人的选择比率分别为40.4%,42.3%,8.7%,4.7%,3.9%,等等。[3]

非官方犯罪统计不仅直接切合犯罪学研究,而且也可以在较大程度上弥补官方犯罪统计的不足。例如,上文所述,犯罪黑数是官方统计中常见的问题,而且难以避免,然而通过非官方的犯罪黑数调查统计,可以在很大程度上弥补官方统计存在的犯罪黑数的不利影响。

二、数理统计测量的重要指标

犯罪统计指标,是指反映具体时间、地点条件下犯罪现象数量特征的概念和数值,具体由指标名称和指标数值两部分构成。指标名称,表明所要研究的犯罪现象数量方面的科学概念,是犯罪现象的质的规定性。指标数值,表明所要研究的犯罪现象概念特征的数量,是犯罪现象的量的规定性。例如,犯罪率6‰,是一个犯罪统计指标。其中,犯罪率是统计指标名称;6‰是统计指标数值。犯罪统计指标,也可以视作一组经过操作化处理的犯罪研究概念。按照指标形式,犯罪统计指标分为总量指标、相对指标。

1.总量指标

总量指标,又称绝对指标,是统计资料经过汇总整理后所得到的反映犯罪现象总体规模和水平的总和指标,其表现形式是具有计量单位的绝对数。例如,发案数、人犯数等。对于总量指标,根据不同的标准可以进行不同的分类,由此使犯罪现象得以

---

[1] 我国《刑法》第294条规定了"组织、领导、参加黑社会性质组织罪""入境发展黑社会组织罪""包庇、纵容黑社会性质组织罪",这里所讲的"X起犯罪",是指由黑社会性质组织所实施的《刑法》第294条以外的其他具体犯罪,诸如,抢劫罪、故意伤害罪、故意杀人罪、行贿罪等。

[2] 参见〔德〕汉斯·约阿希姆·施奈德著:《国际范围内的被害人》,许章润等译,中国人民公安大学出版社1992年版,第105—107页。

[3] 资料来源:笔者1999—2001年监狱调查。

更为具体多样的描述。

（1）总体单位总量与总体标志总量：总量指标按其反映的内容不同，分为总体单位总量和总体标志总量。这里涉及几个基本概念：统计总体、总体单位、标志。统计总体，简称总体，是统计研究所确定的客观对象，它是由客观存在的具有共同性质的许多单位组成的整体。总体单位，简称单位，是指组成总体的各个单位，它是各项统计数字的原始承担者；标志，是指总体单位所具有的属性和特征，每个总体单位可以有多种属性和特征。例如，我们要研究某地在一定时间内抢劫案的情况，则该地在这一时间段内所有的抢劫案就组成为一个总体；每一起抢劫案构成一个单位；抢劫案的入室抢劫、拦路抢劫等可以作为标志。总体单位总量，是指总体单位的合计数。例如，在上例中，该地在这一时间段内所有抢劫案的总和，即为这一统计调查的总体单位总量。总体标志总量，是指总体各单位某一标志值的总和。就上例而言，这些抢劫案中入室抢劫、拦路抢劫等各自的总数，即为这一统计调查的总体标志总量。

（2）时点总量指标和时期总量指标：总量指标按其反映的时间状态不同，分为时点总量指标和时期总量指标。时点总量指标，表明总体在某一时刻的数量状态。例如，某一时刻的发案总数。时期总量指标，表明总体在一段时期内活动过程的数量状态，指标的数值随时期长短而变化。例如，针对1983年度新入监狱的再犯，日本法务综合研究所调查统计了这些再犯的再犯期（从出监到重新犯罪的期间），从而得出一系列以时段为特征的，表述该时段再犯占入监再犯总数（分为三种类型：全部总数；期满释放再次入监总数；假释再次入监总数）的比率（累积率）。详见表5-1：前刑出监事由及再犯期累积率(%)。[①]

表 5-1　前刑出监事由及再犯期累积率(%)

前刑出监情况	未满3个月	未满6个月	未满1年	未满2年	未满3年	未满4年	未满5年	5年以上
总数	13.9	26.1	45.5	66.0	76.2	82.3	86.3	100.0 18220
期满释放	18.2	31.8	51.7	71.6	81.2	86.7	89.6	100.0 10325
假释	8.2	18.6	37.4	58.5	69.8	76.4	81.8	100.0 7895

2. 相对指标

相对指标，总量指标的对称，也称相对数，是用两个有联系的指标进行对比的比值来反映犯罪现象数量特征和数量关系的综合指标。常用的相对指标可以分为结构相对指标、比例相对指标、比较相对指标、强度相对指标、动态相对指标。

（1）结构相对指标，是按一定的标准划分总体，由此将总体内某一部分数值与总体全部数值对比所得的比值，其反映总体内部的构成和类型特征，常用百分数表示。

[①] 参见〔日〕法务综合研究所：《日本犯罪白皮书》，李虔译，中国政法大学出版社1987年版，第283页。

例如,某地一年内发生杀人案 320 起,其中图财害命 150 起、奸情杀人 60 起、报复杀人 50 起、其他杀人 60 起,可以求出这 320 起杀人案的结构相对指标:图财害命 46.88%、奸情杀人 18.75%、报复杀人 15.63%、其他杀人 18.75%。

(2) 比例相对指标,是将总体内某一部分数值与另一部分数值对比所得的比值,常用系数或倍数表示。例如,2003 年我国公安部门刑事立案 4393893 起,其中,杀人 24393 起,伤害 145485 起,抢劫 40088 起,盗窃 2940598 起……在上述刑事立案总数(4393893 起)中,盗窃案是抢劫案的 73.4 倍,即为比例相对指标。

(3) 比较相对指标,是将某一总体指标与另一总体同类指标对比所得的比值,其反映同类事物在不同国家、不同地区等之间的差异程度,常用倍数或百分数表示。例如,甲地一年内发生盗窃案 1200 起,乙地一年内发生盗窃案 1800 起,则乙地一年内发生的盗窃案是甲地的 1.5 倍,即为比较相对指标。

(4) 强度相对指标,是将两个有联系但不同的指标对比所得的比值,其反映现象的密集程度,常用复名数单位表示。例如,犯罪率,即指一定时空范围内犯罪总数与人口总数对比而计算的比率,包括发案率与人犯率,通常为万分比或 10 万分比,单位是"起/万人"或"起/10 万人"。

(5) 动态相对指标,是将总体不同时期的同类指标对比(报告期数值比基期数值)所得的比值,其反映事物发展变化的程度,常用百分数表示。例如,某地 1998 年度发生盗窃案 1200 起,而 1999 年度发生盗窃案 1800 起,则该地 1999 年度发生的盗窃案是上一年度的 150%,即为动态相对指标。

第六章　中国犯罪的状况与特点

犯罪问题是一种社会现象，又是个人行为。因此，它不是孤立的，是随着政治、经济的变革而变化的。新中国成立后，我国犯罪随着我国的政治形势、经济变革和社会治安情况等的变化而变化着的事实，充分证明了这一犯罪的发展规律。考察新中国成立后犯罪的背景、状况与特点，如果以"文化大革命"作为分水岭，大致可以分为"文化大革命"之前的计划经济体制时期和"文化大革命"之后的市场经济体制时期。这两种不同经济体制下的犯罪背景、状况与特点大致又可以分为五个时期（时期系按历史文件的叫法）和五次犯罪高峰。详见下列新中国成立后1950—2006年刑事案件发案数量图和1950—2004年刑事案件发案率图（图6-1、图6-2）。2008年3月10日前最高人民检察院检察长贾春旺在第十一届全国人民代表大会第一次会议上所作《工作报告》指出："2003年至2007年，共批准逮捕各类刑事犯罪嫌疑人423261人，提起公诉4692655人，比前五年分别上升20.5%和32.8%。"

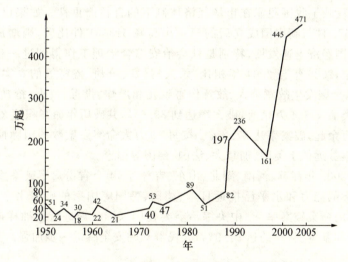

图6-1　1950—2006年刑事案件发案数量

从图6-1、图6-2可见，我国犯罪特别是在市场经济体制下的犯罪，总体上说是增加的发展趋势，并且基本上是每隔10年形成一次高峰。1950年是新中国成立后的第一次犯罪高峰；1961年是新中国成立后的第二次犯罪高峰；1981年是新中国成立后的第三次犯罪高峰；1991年是新中国成立后的第四次犯罪高峰；2001年是新中国成立后的第五次犯罪高峰。

由于第一次高峰是在国民党破烂摊子基础上造成的，所以新中国成立之后形成的第二次高峰低于第一次高峰，并且很快就平息下去。第三次高峰形成于改革开放

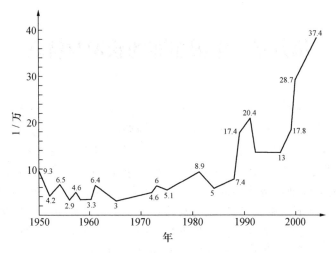

图 6-2　1950—2004 年刑事案件发案率

初期,较之第二次高峰从数量上看增加了一倍多。第四次高峰与第三次高峰相比增多了近两倍,第五次高峰与第四次高峰比较增加了两倍多,并且严重犯罪都有较大幅度增加,充分反映了我国犯罪在市场经济体制下的日益严重性。如果以第五次犯罪高峰的 4457579 件与新中国成立后的第一次高峰 513461 件比较,则增加了近 8 倍。但是,随着我国经济迅速发展,特别是社会治安综合治理工作得到进一步加强,治安形势持续稳定,2005 年与 2004 年相比,杀人、强奸、抢劫、盗窃等的立案数都有所下降。2005 年,全国发生故意杀人、故意伤害致死和爆炸、投毒、放火、抢劫、强奸、绑架致人死亡 8 类命案 3.1 万余起,破案率达到 89.6%,共破历年命案积案 2384 起,其中杀人案件 2 万余起,破案率达 87.2%。按每 10 万人命案发案数的国际惯例,2005 年我国命案发案数远低于美国、加拿大、法国、德国等国家。

据介绍,2005 年江苏、河南、湖北、山东、吉林等 14 个省份命案破案率超过 90%。我国侦破命案的能力和水平已接近日本、德国、韩国等国家的破案水平,超过了英、法、美等国家的命案破案率。[①] 中央综治委委托国家统计局进行的抽样调查显示,群众认为"安全和基本安全"的达 91.9%,人民群众的安全感进一步加强。

第一节　计划经济体制下的犯罪状况与特点

从 1949 年 10 月中华人民共和国成立到 1966 年"文化大革命"之前的 17 年之间,中国实行的是计划经济体制。如果将这 17 年再进一步划分,还可以划分为两个时期:一是从 1949 年新中国成立到 1956 年为基本完成社会主义改造时期,二是开始全面建设社会主义时期。

---

① 参见毛羽:《去年全国命案 89.6% 破案》,载《北京青年报》2006 年 5 月 17 日第 A2 版。

一、基本完成社会主义改造时期的犯罪状况与特点

1. 背景

从1949年10月中华人民共和国成立到1956年,是基本完成社会主义改造的时期。在这个时期,我们党领导全国人民有步骤地实现了从新民主主义到社会主义的转变,迅速恢复了国民经济,并进行了有计划的经济建设,在全国绝大部分地区基本上完成了生产资料私有制的社会主义改造,建立了一批为国家工业化急需的基础工业,发展了国民经济,安定了社会秩序。与此同时,取得了抗美援朝的伟大胜利。实践证明,党在新中国成立后头七年所确定的指导方针和基本政策是正确的,取得的胜利是辉煌的。因此,在基本完成社会主义改造时期,我国的犯罪状况,总的来说,呈现出急剧下降的趋势。1952年全国发生的刑事案件比1950年就下降很多。1950年全国发生的各种刑事案件有513461起,当时人口总数是5.5亿,按当时人口平均,发案率为9.3‰[1],出现了新中国成立后的第一次犯罪高峰。这次犯罪高峰具有旧政权迅速瓦解崩溃、新政权不断巩固发展的特点。

新中国成立后所形成的第一次犯罪高峰,主要是由于旧政权和旧社会的残余分子对新政权的仇视、颠覆与破坏所造成的。

在国民党崩溃之际,留在祖国大陆的溃散武装就有二百多万人,反动党团骨干分子约六十万,各种特务分子约六十万。坚持反动立场并进行破坏活动的反动势力,他们不甘心人民革命的胜利,继续与人民为敌,从事各种破坏活动,制造谣言,刺探情报,破坏交通,抢劫物资,暗杀干部,组织武装暴乱骚动等。仅从1950年春季到秋季的半年中,就有近4万名干部和群众遭反革命分子杀害。例如,上海市1950年到1953年查获各种刑事犯罪分子3.3万人,其中逃亡地主占0.68%,敌伪军政警宪人员占1.45%,不法资本家占4.3%,惯盗惯匪占8.77%,地痞流氓占18.26%。湖北省1956年全省抓获1.2万名犯罪分子,伪军警宪特占5.3%,地富和不法资本家占14.5%,反革命分子占6.8%。

新中国成立后,被击溃的国民党军队的散兵游勇加入到土匪行列或自身蜕变为土匪,更壮大了土匪的队伍。如从一些地区剿匪的"战绩"来看,在中南地区1950年十个月内就歼灭土匪达48万余人,而在同年西南地区(2、3、4)三个月共歼灭土匪达16万余人。[2] 至1950年6月时,估计在新解放区,仍有40余万分散在各个偏僻地方的土匪。[3] 可见当时土匪人数之多,规模之大。这些土匪组织"在各地破坏农村生产建设和农民翻身运动……煽动、威胁部分群众举行抢劫公粮的武装叛乱。甚至偷袭我驻地部队和政府机关,惨杀群众和革命干部"。[4] 因此打击土匪成为巩固人民政权,稳定社会秩序的重要任务。

---

[1] 参阅康树华、郭翔主编:《青少年法学概论》,中国政法大学出版社1987年版,第45页。
[2] 《人民日报》1950年5月27日。
[3] 《毛泽东选集》(第5卷),人民出版社1977年版,第18页。
[4] 《人民日报》1950年5月27日。

新中国建立初期,会道门遍布城乡,据不完全统计,当时全国有会道门三百多种,道首八十多万。① 这些邪教组织利用人多势众、散布妖言、胁迫群众,或组织武装叛乱,破坏土地改革,杀害干部群众,或称皇称帝,封官授权,组织自己的小朝廷……成为一股顽固的恶势力。如在上海,"一个皮匠出生的游民张顺宝,号称'真命天子下凡',利用理教'遇仙堂'的封建迷信组织,拉拢落后分子,成立了荒诞的'顺政国皇帝'匪徒组织,一批社会的渣滓特务、汉奸、敌匪、强盗、恶霸、流氓、游民、骗子、赌棍、毒贩、反动的道友教徒、旧军官、旧公务员等被吸收了进去,其成员为150名。其中以张匪顺宝(即所谓顺政国皇帝)为首领,并分封了朱匪扣宝(御林大元帅),张匪恒育(行军大元帅),曹匪连生(提督大元帅),殷匪有才(皇军大元帅)的官职,并在南道、镇江、太湖、昆山等地区,拉拢匪特武装,妄图建立游击根据地"②。同年,在上海又发生了规模更大,影响更广的"老母道"阴谋叛乱,匪首张雨霖等十八道首,不仅在新中国成立前,与日伪勾结,充当国民党的特务,而且在新中国成立后,组织了"农众自卫军",委匪张志成等以"总指挥""传令官"等名义分赴北京、天津、济南、苏北、皖北等地与当地的反动道门"九宫道""万国道德令""小刀会""黄沙道""大玄门""小玄门""离卦道"联络发展人员,委以"中""申""东""西""人"各路总政、军、财长等匪职,一面又派人前往"与香港蒋匪残余联络,作为内应,伺机聚众分别进行大规模叛乱,策应蒋匪军登陆"。"其西路总政长孙匪忠元于山东单县首先叛乱,抢劫粮二万八千斤,杀害村干、妇女……"幸被我军及时剿灭。③

2. 状况

面对如此严重的犯罪和混乱的社会治安状况,1950年10月10日,党中央发布了《关于镇压反革命活动的指示》,对土匪、恶霸、特务、反动党团骨干、反动会道门头子等五个方面的敌人进行了坚决镇压,同时对其他刑事犯罪分子也给予沉重打击。1951年镇反运动在城乡轰轰烈烈地展开,"杀、关、管"了一大批犯罪分子。1951年刑事发案332741起,比1950年下降了35%。1950年的第一次犯罪高峰仅一年就开始大幅度回落。在镇压反革命的同时,全国公安机关努力荡涤旧中国遗留下的污泥浊水。缉捕盗匪,禁绝烟毒,取缔妓院,收容游民。仅据北京、上海、天津、南京等12个大城市1950年统计,公安机关破获抢劫案件2197起,盗窃案件3.1万起。1952年下半年,全国共登记烟毒犯罪分子36万名,依法逮捕罪行严重的烟毒犯3.6万名,基本禁绝了一百年来在中国广为流行的烟毒祸害。从1950年到1954年,各地人民政府组织人力将大小妓院全部查封,分期、分批安排妓女从良。仅上海市1951年"1.25"查封妓院行动,就查封残存妓院72家,逮捕老鸨等234名,收容妓女513名,彻底埋葬了旧中国长期存在的娼妓制度。其后,针对经济领域的犯罪活动,如破坏社会主义建设、破坏抗美援朝物资供应、盗窃国家财产、贪污行贿、破坏金融等,党和政府发动了"三反""五反"运动,查处了一大批"老虎",严厉打击了经济犯罪活动。

---

① 晏乐斌著:《会道门内幕》,群众出版社1997年版,第1页。
② 《大公报》1951年1月7日。
③ 《大公报》1951年2月21日。

经过镇压反革命和"三反""五反"运动,粉碎了反革命势力的猖狂反扑,巩固了新生的革命政权,保障了国民经济的恢复和社会主义改造的顺利完成。随着我国社会主义革命和社会主义建设的深入发展,人民生活得到了提高,社会秩序迅速稳定,刑事案件也就大量减少,仅仅三年时间,到了1952年,我国刑事犯罪同1950年比较,下降了50%以上。1952年全国发生的各种刑事案件有24万起,当时人口总数为5.7亿,按当时人口平均,发案率为4.2‰。1955年,在党的领导下,在全国各地又开展了第二次镇压反革命运动(肃反),这次运动除了继续打击在社会上进行破坏活动的现行反革命分子外,还挖出了混入国家机关、企业单位、人民团体、医院、学校、民主党派内的反革命分子以及帝国主义和台湾当局派遣的特务间谍。这次镇反,给予隐藏在深处的反革命分子以毁灭性打击。至此,全国基本上扭转了社会治安的混乱局面,巩固了人民民主专政政权。其具体反映是:1955年全国发生的各种刑事案件有23万起,当时人口总数为6.3亿,按当时人口平均,发案率为3.7‰,1956年全国发生的各种刑事案件有18万起,当时人口总数为6.4亿,按当时人口平均,发案率为2.8‰。详见基本完成社会主义改造时期犯罪一览表。(表6-1)

表6-1 1949年10月至1956年犯罪一览表

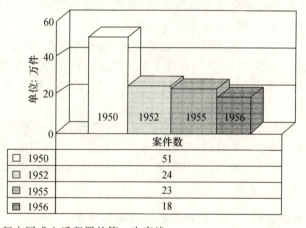

	案件数
1950	51
1952	24
1955	23
1956	18

注:1950年是新中国成立后犯罪的第一次高峰。

总起来说,从1950年到1956年基本完成社会主义改造时期,我国的犯罪是急剧下降的发展趋势。全国(除台湾省及港澳地区外)每年平均发生的各种刑事案件29万起,按人口平均,发案率为4.15‰。也就是说,在我国新中国成立后的头七年之中,平均每年每一万个人当中,只有四个半人走上犯罪道路。当时人民自觉遵纪守法,严守社会公德,社会治安和道德风尚很好,充分显示了社会主义制度的优越性。许多国外著名人士来我国进行考察,都亲眼看到了这一点,十分惊叹,他们认为中国把犯罪减少到令人惊奇的程度,创造了世界上的奇迹。

基本完成社会主义改造时期,为什么犯罪呈现出持续下降趋势呢?主要是因为在实行土地改革和镇压反革命给不法地主、反革命分子以及其他破坏分子摧毁性打击之后,同时在全国采取了"五项提高"措施,巩固了土改和镇压反革命运动的成果。五项提高措施是:国民经济发展,人民生活水平不断提高;文教事业发展,人民道德水平不断提高;社会秩序发展,行政管理水平不断提高;基层政权发展,与犯罪作斗争水平提高;群众组织发展,社会防范监督能力提高。

非常明显,在新中国成立初期,面对着旧政权遗留下来的政治土匪、反动党团骨干、反动会道门头子、地主、恶霸等等残渣余孽为非歹,疯狂地残害人民和妄图推翻新政权的形势下,搞一次摧毁性"严打"斗争,是完全必要的,效果也是非常好的。但是,这次暴风骤雨式的摧毁性"严打"斗争,如果没有相应地采取"五个提高"等等一系列措施,也是得不到巩固的。因为暴风骤雨式的摧毁性"严打"斗争,基本上解决的还是治标的问题,当然它为"五个提高"创造了良好的条件,而"五个提高",用现在的话说,就是综合治理。综合治理落实了,就巩固了暴风骤雨式的摧毁性"严打"斗争所取得的成果。

3. 特点

这个时期犯罪的主要特点是:

第一,反革命破坏颠覆活动猖獗。有的是策划武装暴乱;有的是绑架杀害党政干部和进步群众;有的是破坏交通及通讯设施;有的是破坏建设工程项目;有的是在群众中散布反动思想和政治谣言,蛊惑人心,制造恐怖气氛。

第二,犯罪主体基本上是以旧社会遗留下来的反动势力、社会渣滓为主,新生的刑事犯罪分子极少,青少年犯罪一直处于次要地位,只占全部刑事案件的 20% 至 25%。在严重刑事犯罪分子中主要的是:国民党的军、警、宪、特人员以及反动党团骨干、土匪恶霸、流氓阿飞、暴徒赌棍。

第三,破坏社会主义经济秩序的犯罪严重。一些反动分子和不法资本家采取各种手段,扰乱经济市场和金融管理,有的是相互勾结进行投机倒把,有的是囤积居奇,哄抬物价,破坏统购统销政策;有的是伪造货币、制造伪劣商品,走私金银、贩运毒品,妄图从经济上搞垮人民政权。

二、开始全面建设社会主义时期的犯罪状况与特点

1. 背景

从 1957 年到 1965 年"文革"前夕,是开始全面建设社会主义的十年。在这十年的开局,社会主义改造基本完成后,中国立即转入全面的社会主义建设时期。1956 年 9 月召开的党的第八次全国代表大会指出:"我国的无产阶级同资产阶级之间的矛盾已经基本解决,国内的主要矛盾,已经是人民对于建立先进的工业国的要求同落后的农业国的现实之间的矛盾,已经是人民对于经济文化迅速发展的需要同当前经济文化不能满足人民需要的状况之间的矛盾。党和全国人民的当前的主要任务,就是要集中力量来解决这个矛盾。"在党的八大路线指引下,1957 年提前完成了第一个五年计划,经济建设取得了巨大成就。因此,在这十年中,中国共产党工作的主导方面是正确的,党在政治、经济、科学、文化、教育等方面提出了许多正确的思想,制定了一系列适合当时情况的具体政策,积累了领导社会主义建设的重要经验,取得了很大成就。但是,另一方面,由于党的工作指导上"左"的影响日益严重,不适当地强调"以阶级斗争为纲",对社会基本矛盾的认识失误,加之经济建设上急于求成,不按经济规律办事以及三年自然灾害等原因,导致经济上受到严重挫折,并出现了困难局面。由于中国共产党及时提出了"调整、巩固、充实、提高"的方针,并认真地予以贯彻执行,形势得以较快好转。

2. 状况

在开始全面建设社会主义时期,我国的犯罪,总的来说,呈现出大起大落的发展趋势。例如,1959年全国发生的各种刑事案件为21万件,当时人口总数为6.72亿,按当时人口平均,发案率为3.1‰。1960年全国发生的各种刑事案件为22万件,当时人口总数为6.62亿,按当时人口平均,发案率为3.3‰。但是,1961年全国发生的各种刑事犯罪案件则急剧上升到42万余件,当时人口总数为6.59亿,按当时人口平均,发案率为6.4‰,出现了新中国成立后的第二次犯罪高峰。1964年全国发生的各种刑事案件为21.5万件,当时人口总数为7亿,按当时人口总数平均,发案率为3.1‰。1965年全国发生的各种刑事案件为21.6万件,当时人口总数为7.2亿,按当时人口平均,发案率为3‰。1966年我国的犯罪率下降为2.4‰。参见下表6-2。

表6-2 开始全面建设社会主义时期(1957—1965年)犯罪一览表

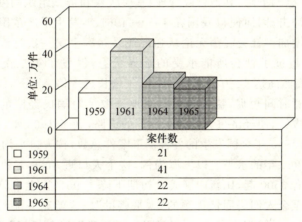

	案件数
1959	21
1961	41
1964	22
1965	22

注:1961年是新中国成立后犯罪的第二次高峰。

总而言之,与第一次犯罪高峰相同,1961年发生的犯罪高峰在达到顶点后也迅速地回落,1962年回落到32万起,1963年降到25万起。这种下降的趋势一直保持到1965年,形成了连续4年的稳中有降的态势。

开始全面建设社会主义时期,犯罪之所以呈现出大起大落的发展趋势,原因是多方面的。除了犯罪分子本身的主观原因外,还有深刻的历史和社会原因,特别是每一次起伏同我们的工作和政策有密切的关系。其中有两点需要着重加以说明。

(1)国内外政治形势发生了大的变化,而我们的工作没有及时跟上,使得少数犯罪分子认为有机可乘,抬头活动。例如1957年,我国在政治上取得了镇反、肃反和社会主义改造的伟大胜利,在经济建设方面提前完成了第一个五年计划,全国人民意气风发,斗志昂扬,按照党中央部署,开展了全民整风运动,喜气洋洋地迎接第二个五年计划的到来。党和政府为了调动一切积极因素开始全面建设社会主义,大力发扬民主,对反革命分子和刑事犯罪分子则进一步采取了宽大政策。这是完全符合当时形势发展需要的,但是,由于我们对少数没有改造好的犯罪分子可能进行的犯罪活动估计不足,工作没有及时跟上,以致使一些犯罪分子错误地估计了形势,竟乘全民整风之机,进行捣乱破坏,导致刑事犯罪急剧增多的局面。

(2) 由于政策失误,人为地增加了社会动乱因素,在一定程度上促使犯罪率上升。例如,1957年的反右派斗争的扩大化。首先,应当肯定1957年的反右派斗争是必要的,但反右派斗争的扩大化不仅极大地伤害了敢于实事求是揭露错误的同志,助长了错误倾向的发展,而且导致对整个形势的错误估计。重提无产阶级与资产阶级的矛盾,社会主义道路与资本主义道路的斗争是国内的主要矛盾,改变了"八大"的正确路线,扰乱了社会主义建设的顺利进行。特别是1958年的"大跃进"、人民公社化运动和大批"唯生产力论"之后,注意力不再集中在生产力发展上,而是大抓"上层建筑革命",搞"插红旗、拔白旗",搞意识形态革命,大批资产阶级思想;加之连续三年的自然灾害和苏联政府背信弃义撕毁合同,使得农业遭灾,工业减产,市场供应十分紧张,人民生活水平急剧下降,其他行政管理、基层政权和群众组织的发展等,都遭到不同程度的削弱和冲击,因而使得我国在1959—1961年发生了严重困难,因饥饿和疾病而死亡的人口增加。社会震荡无论从强度还是频率上又一次达到了新的高潮,有些方面已达到或超过了社会所能承受的临界状态,触发了第二次刑事犯罪高峰。1961年,发案数突然高达42万余起,较1960年增长近1倍。

这次灾害毕竟时间短促,特别是党及时地采取了对国民经济的"调整、巩固、充实、提高"的八字方针,使经济重新走向了复苏的道路,到了1963年,社会治安又恢复正常。1964年和1965年全国发生的各种刑事案件总数,按人口平均发案率都降到了接近1956年和1960年的水平。以上海为例,这个人口近1000万的城市,1965年发生的刑事案件只有3500起,比新中国成立初期下降了90%以上,真可谓"夜不闭户,路不拾遗",成为至今人们仍回忆称颂的"太平盛世"。这就充分证明了,刑事犯罪活动也如同其他事物一样,都有其自身的规律性,只要我们对犯罪问题能够进行认真研究,找出犯罪的真正原因和规律性,制订出正确的方针政策,采取切合实际的措施,主动地进行工作,那么,及时防止刑事犯罪活动发生大幅度上升是完全可能的。

3. 特点

这一时期刑事犯罪的主要特点是:

第一,从犯罪案件类型来看,侵犯财产犯罪突出,特别是以盗窃犯罪为主体,主要表现为盗窃粮食、耕牛、农具等生产资料,以及诈骗和投机倒把等。根据公安部统计,1961年凶杀案件占全部案件的1.99%,诈骗案占1.56%,投毒案占0.6%,抢劫案占1.7%,强奸案占1%,盗窃案占81%。其中,盗窃案从第一次刑事犯罪发案高峰的

58.4%上升到81%,上升幅度最大。

第二,从作案主体来看,由于经过新中国成立初期几次政治运动的冲洗和严厉打击,土匪、恶霸、反动党团骨干、敌伪军政警宪人员作案大为减少,新滋生的刑事犯罪分子和人民内部的蜕化变质分子明显增多。

第三,从作案手段来看,流窜犯罪突出。迫于生计,当时以农民为主体的流亡大军主要指向城镇和人口稀少的边疆,以求活路。这是一种较低层次的逃避灾荒性的流动,一旦灾情好转,流动就相应停止。但是,人口的盲目流动,对社会治安造成了一定威胁,成为诱发犯罪的条件之一。例如上海市1961年破获的偷扒、诈骗案中,35.7%是外来流窜犯作案。当时仅湖北省就有几十万农民迫于生计,流入城镇以乞讨为生,有的走上犯罪道路。而混迹于灾民中的少数惯盗、流氓、骗子,他们集中于交通枢纽地带,如车站、港口等从事盗窃、抢劫等犯罪活动。

三、"十年动乱"时期的犯罪状况与特点[①]

1. 背景

1966年至1976年的"十年动乱",使我国的社会主义社会进入了一个非常曲折的时期。这个时期极"左"路线的指导与林彪、江青反革命集团的破坏,使党和人民遭到新中国成立以来最大的挫折和损失,从而陷入了史无前例的严重灾难和内乱。在这漫长的十年里,国民经济遭到严重破坏,无政府主义思想泛滥,社会主义法制被践踏,各级党组织和各级人民政府无法行使正常职能,公、检、法机关被砸烂,打、砸、抢横行,不仅人的基本权利没有保障,就连生命安全也没有保障,造反派打着"造反"旗号的犯罪活动猖獗一时,一方面制造了一大批政治上的冤假错案,草菅人命,一方面一大批流氓分子、"打砸抢"分子不仅被培植起来,而且作为林彪、江青反革命集团的爪牙,篡夺了部分国家权力。在这种情况下,产生了一种极度是非颠倒的畸形的社会文化道德,以致造成普遍性社会理想幻灭和文化道德沦丧的社会大震荡。这种大震荡直接触发了一次复杂独特的刑事犯罪高峰。

2. 状况

"十年动乱"时期,由于极"左"盛行,"文革"一开始就把青少年作为"革命小将"推到了第一线。许多无知的青少年在"造反有理"的口号下,肆无忌惮地践踏法律,进行打、砸、抢、抄、抓,侵犯人身权利、侵犯财产,破坏社会主义民主与法制,致使社会秩序混乱,刑事犯罪猖獗。

根据不完全统计,"十年动乱"平均每年发生的各种刑事案件为50万件左右,当时人口总数为8亿到9亿,按当时人口平均发案率为5‰至6‰。这个犯罪数字与我国1961年形成的第二次刑事犯罪高峰几乎相等。应该指出,1961年虽然刑事犯罪分子急剧增加,形成了我国新中国成立后第二次高峰,但是,青少年犯罪案件只不过占

[①] 由于"十年动乱"时期政法公安机关基本上处于瘫痪状态,它的许多职能被"造反"组织所取代,因此,这一时期的统计数字是不完全的。

全部刑事案件的 30% 至 35%,而"十年动乱"当中,青少年犯罪案件却占全部刑事案件的 50% 至 60% 左右。

这一时期犯罪之所以如此严重,并且时间持续较久,主要是由于许多犯罪活动与政治上的动荡交织在一起进行的,其中许多犯罪分子就其实质而言,就是林彪、"四人帮"煽动和培植出来的。这种局面只有在国家法制遭到严重破坏的情况下才可能出现,因此持续的时间很长,不像第二次高峰那样,很快就稳定下来。但是,必须着重指出,首先,当时政府瘫痪,公、检、法被砸烂,"造反组织"取代专政机关,无论是统计制度还是统计机构都失去正常职能。其次,这个时期在林彪、江青反革命集团支持下,一些犯罪分子乘乱肆虐,在"革命无罪,造反有理"的招牌下,草菅人命,滥杀无辜,被伤害的广大干部和人民群众何止千万。在这样特殊历史环境下的犯罪活动,是在"造反"口号和"革命"旗帜掩护下进行的,许多案件根本未列入统计数字之内,即使是重大案件各地立案也极为混乱。因此,我们说这一时期的统计数字是不完全的,只能作为参考。

3. 特点

由于这一时期的刑事犯罪活动有许多是与政治上大动荡交织在一起进行的。因而表现出与正常情况下明显不同的特点。

第一,不少犯罪活动是在"革命"口号和"革命"旗帜掩护之下,乘无政府盛行之机,大搞打、砸、抢、抄、抓,严重破坏了政治秩序、经济秩序和社会秩序。

第二,侵犯公民人身权利和民主权利的犯罪严重突出。"文革"期间,少数帮派分子夺取了公安政法机关的执法权,他们随意抄家,任意抓人。有的还私设公堂,残害无辜。特别是林彪、江青反革命集团炮制的"公安六条"公布以后,公民的民主权利和人身权利更是得不到保障。不少干部和群众被罗织莫须有罪名。有的剪报剪了背面的毛主席头像,都被打成反革命,许多人被扣上反革命帽子而遭到监禁、关押、殴打,直到被迫害致伤、致残、致死。

第三,流氓犯罪活动猖獗。由于这一时期社会秩序混乱,出现了大量强奸、侮辱摧残妇女的犯罪案件。

第四,青少年犯罪数量急剧增加,从 20 世纪 50 年代的百分之二十几,上升到百分之六十左右,从此青少年犯罪问题,开始成为我国令人关注的一个社会问题。

总而言之,新中国成立后至改革开放前(1950—1977 年),由于我国处在计划经济体制之下,社会高度一元化,相对封闭、静态的社会状况决定了犯罪率的平稳。根据公安部门统计的刑事立案数、立案率,我国的犯罪率一直是比较低的。在此期间,因特殊情况,虽然出现了两次高峰,如 1950 年新中国刚刚成立,旧有政治势力进行各种破坏,刑事立案率达这一时期的最高值,达到 9.3‰;又如三年自然灾害期间,1961 年刑事立案大幅度增加,达到 6.4‰。除有限的这两次以外,"文化大革命"前(1950—1965 年),我国刑事案件立案率一般是在 3‰—4‰。应该着重指出的是,"文化大革命"期间,我国青少年犯罪急剧增加,从 20 世纪 50 年代的百分之二十几,上升到百分之六十左右。如上所述,从此青少年犯罪问题,开始成为我国令人关注的一个社会问题。迄今为止,尽管党和政府采取了从党内发通知,从国家制定法律和社会治安综合治理等等一系列措施,仍然未得到从根本上解决,并成为我国进入21世纪后决定犯罪多与少的一大犯罪主体。

第二节 市场经济体制下的犯罪状况与特点

党的十一届三中全会以来,我国进入了新的发展时期。但是,由于"十年浩劫"造成的政治、经济、思想、道德、文化的严重破坏与创伤,特别是对人们心灵上造成的"内伤",难以在短期内得到恢复,社会生活中积累的问题非常多。党的十一届三中全会以后,我们的党和国家为了加速我国社会主义现代化建设,实行了对外开放和对内搞活经济的政策,把我国从封闭型的社会,转变为开放型的社会。特别是由于开展有步骤地解决新中国成立以来许多历史遗留问题、调整"文化大革命"中受到严重扰乱的各种社会关系,澄清一些重大的理论是非问题,平反冤假错案,以及开始试行农业改革等一系列工作,使得我国在政治体制、经济体制、科技体制、教育体制等领域里,发生了一系列深刻而又全面的改革,增强了整个社会的活力,极大地解放了生产力,有力地促进了社会的发展和进步。这是这一时期的主导方面。但是,在新旧体制交替的社会大变革、大前进中,必然伴随着社会的大震荡。由于新的体制、新的管理措施、新的价值观念正在建立和形成的过程之中,法律法规不完备,制度不健全,必然会出现这样或那样的问题,必然会出现这样或那样的空隙和漏洞,给犯罪分子以可乘之机。一些别有用心的人更是利用拨乱反正之机,曲解"解放思想"的口号,煽动"无政府主义"思想,致使刑事犯罪、特别是青少年犯罪日益严重。而我们队伍中,由于对刑事犯罪的危害性认识不完全一致,因此,改革开放以后,我国的犯罪除1978年出现暂时的好转外(同1977年相比,犯罪案件由548415起减为535698起),由于国内外诸多因素的作用,犯罪现象一反常态,急剧恶化。其间经历了三次犯罪高峰和三次"严打"斗争。即1981年的890281起的犯罪高峰与1983年的"严打"斗争,1991年的2365709起的犯罪高峰与1996年的"严打"斗争,2001年的4457579起的犯罪高峰与2001年的"严打"斗争。在这期间,各地又针对本地方的犯罪情况,陆续搞过多次专项斗争。每次"严打",都收到了立竿见影的效果。然而伴随着这种效果之后,迎来的却是犯罪急剧增多,且这种"严打"的效果越来越短。下面从三次"严打"看我国市场经济体制下的犯罪背景、状况与特点。

一、1983—1987年初的第一次"严打"斗争

1. 背景

这一时期,总起来说,一方面,随着我国改革开放,境内外人财物的大量流动,制度不健全,法律不完善,社会控制力相应减弱,为犯罪的发生、发展与变化提供了条件;另一方面,各类传统型的刑事犯罪在外部司法打击力量的强势压力下,虽处在看似分化和衰变的状态,但却发生着适应性的变化,因而一些犯罪,则在社会控制力与

犯罪反控制力此消彼长的互动过程中，处于一种滋生、发育和壮大的状态。

正因如此，在粉碎"四人帮"之后，据统计，1977年我国犯罪总数为54万起，1979年为63.6万起。1980年全国发生的各种刑事犯罪案件总数为75万件，1980年全国人口总数为9.8亿，按当时人口平均发案率为7.7‰。1981年全国发生的各种刑事犯罪案件为89万件，1981年全国人口总数为10亿，按当时人口平均发案率为8.9‰。这是新中国成立以来第三次犯罪高峰。1982年全国发生的各种刑事犯罪案件总数74万件，其中大案64000起。1982年全国人口总数为10.1亿，按当时人口平均发案率为7.4‰。1983年头几个月案件继续猛烈上升。犯罪现象的恶化首先反映在青少年犯罪案件急剧增多和在部分大中城市中出现。而青少年犯罪案件，20世纪80年代前三年，在整个刑事案件中的比率高达70%至80%。1979年8月至10月，仅北京、天津、上海三个市就发生凶杀案99起，强奸案141起，抢劫案616起。团伙犯罪尤其突出，9月9日，上海控江路几十个流氓白天在大街上把一个女青年的衣服扒光，凌辱摧残，居然横行无阻。9月11日白天，天津市四十多个流氓分子成群结伙，手持凶器，窜扰32条街巷，封锁道路，拦截行人、车辆；见人就打，见东西就抢，打伤、砍伤群众14人，砸坏许多路灯和公私财物。10月10日，北京市有6名犯罪分子结伙抢劫，叫嚣从东城杀向西城，一个晚上连续抢劫了3次。这些人目无国法，经常在光天化日之下结伙起哄，寻衅闹事，聚众斗殴，掠夺财物，打家劫舍，追逐调戏女青年，胆大妄为，无恶不作，严重扰乱社会正常的工作秩序，威胁人民群众的生命财产安全。从当时抓获的作案人员看，14—25岁的青少年案犯高达70%—80%，成为新中国成立以来犯罪一个最为明显的特点。

1979年全国城市治安会议以后，开展了以大中城市为重点的整顿治安，打击刑事犯罪的行动。据京、津、沪等64个大中城市的不完全统计，在这一年，打击处理刑事犯罪分子19000余名，破获刑事案件11000余起，摧毁犯罪团伙3400余个。其中有的犯罪团伙成员较多，组织严密，具有职业性的特点，有计划地进行犯罪活动，手段恶劣，危害严重，正处在向黑社会性质组织转变过程之中。例如，1982年10月底，襄樊铁路公安分处破获了一个以流窜犯为骨干的劫持、拐卖妇女犯罪团伙。这个团伙共有成员28人，其中流窜犯18人，铁路职工2人，窝主8人。他们从1981年6月开始纠合到一起，专门进行劫持、拐卖妇女的犯罪活动，作案达39起，劫持、拐卖妇女43人。他们使用暴力胁迫，冒充民兵、民警进行诈骗，以拉老乡、介绍朋友、帮助找工作为诱饵进行勾引，然后将所劫持拐骗的妇女转手卖给山区或农村一些年岁大、有残疾缺陷难找配偶的人，总计得款2.9万余元。受害者被拐卖后，身心受到极大摧残，有的在被劫持拐卖中，就被犯罪分子强奸、轮奸。这个犯罪团伙人数众多，有组织、有计划地进行犯罪活动，犯罪职业化，而且有暴力化倾向，但是没有形成有组织的暴力，还没有转变为黑社会性质犯罪组织。

1983年先后发生了震惊全国的沈阳市王宗玮、王宗坊"二王"盗抢杀人案，沈阳市卓长仁等六名暴徒"五五"劫机案，以及北京北海公园强奸案和唐山"菜刀队"流氓团伙杀人案等一系列恶性案件。这些案件有着共同的特点，就是犯罪主体相当一部分由过去传统的单一的个体犯罪演变为结伙性的共同犯罪,出现了为数众多的犯罪团伙。

2. 状况

面对如此严重的犯罪情况,1980年至1982年,在党中央的领导下,依照刑法、刑事诉讼法,连续开展了打击刑事犯罪活动的斗争。但由于对刑事犯罪的危害性认识不完全一致,实行依法从重从快的方针思想不够统一,有的人犹豫不决,有的人担心出新的冤假错案,不时还有人责怪公安机关抓人多了,对刑事犯罪分子心慈手软,以致打打停停,摇摇摆摆,零打碎敲,软弱无力,从而出现了"坏人不怕法,好人怕坏人"的不正常状况,导致刑事犯罪活动越来越猖獗。在这种情况下,邓小平于1983年7月19日在北戴河同当时的公安部长刘复之谈话中,尖锐地指出:"刑事案件、恶性案件大幅度增加,这种情况很不得人心。几年过去了,这股风不仅没有压下去,反而发展了。原因在哪里?主要是下不了手,对犯罪分子打击不严、不快、判得很轻。对经济犯罪活动是这样,对抢劫、杀人等犯罪活动也是这样。""为什么不可以组织一次、二次、三次严厉打击刑事犯罪活动的战役?""现在是非常状态,必须依法从重从快集中打击,严才能治得住。搞得不痛不痒,不得人心。"[①]

1983年8月党中央高瞻远瞩,果断地作出了《严厉打击严重刑事犯罪活动的决定》。同年9月,全国人大常委会作出了《关于严惩严重危害社会治安的犯罪分子的决定》。至此,"严打"的刑事政策正式形成并取得合法地位。1983年"严打"的对象:一是流氓团伙分子;二是流窜作案分子;三是杀人犯、放火犯、爆炸犯、投毒犯、贩毒犯、强奸犯和重大盗窃犯;四是贩卖妇女、儿童的人贩子,强迫、引诱、容留妇女卖淫的犯罪分子和制造、复制、贩卖内容反动、淫秽的图书、图片、录音带、录像带的犯罪分子;五是有现行破坏活动的反动会道门分子;六是劳改逃跑犯、重新犯罪的劳改释放分子和解除劳改人员以及其他通缉在案的罪犯;七是书写反革命标语、传单、挂钩信、匿名信的现行反革命分子,以及有现行破坏活动的林彪、"四人帮"反革命集团残余分子。

按邓小平同志的指示,全国各级政法机关,在党委和政府的统一领导下,在广大群众的支持下,开展了"三年为期、三个战役"的"严打"斗争。这一"严打"行动,从1983年至1987年初,持续进行了三个战役的"严打"。"严打"开始时间不过半年,形势就明显好转。据统计,1983年8月至12月,全国除二省一市外,发案下降10%以上的为七个省,下降20%以上的为八个省,下降40%以上的为两个省,下降50%以上的为两个省。经过"严打",重大刑事案件也开始呈同步下降的趋势。以1984年第一季度与1983年同期相比,全国发生的重大案件中,强奸案件下降4.7%;伤害案件下降5%;杀人案件下降24.6%;投毒案件下降43%;抢劫案件下降72.6%;盗窃案件下降45.7%。其中除强奸、伤害下降幅度较小外,其余下降幅度均很大[②]。在此期

[①] 转引自曹凤等:《中国"严打"十八年》,载《警力》2001年第6期。

[②] 参阅周密、康树华、储槐植主编:《青少年犯罪的原因和对策》,北京燕山出版社1989年版,第10—11页。

间,摧毁了犯罪团伙 19.7 万多个,逮捕流氓犯罪分子数以十万计,缴获各种枪支 1.8 万多支,子弹 42 万多发,群众检举线索近 150 万件,群众扭送犯罪分子 4.7 万多名,投案自首的 10 万多名[①],破获了一批久侦未破的案件,依法惩处了一大批重大案件的罪犯及犯罪团伙的头目、骨干,治安形势有所改观,一些公共场所的流氓滋扰、欺行霸市、结伙斗殴、侮辱调戏妇女等现象明显减少,群众普遍反映安全感明显提高。这表明恶性犯罪已开始受到某种程度的控制。此次"严打"斗争,对于稳定社会治安秩序,保障改革开放和经济建设的顺利进行都具有重大的意义。

但是,到了 1985 年 5 月以后我国的犯罪案件又开始缓慢上升,在一些地区特别是某些重大案件发案趋势很不稳定,同时青少年犯罪仍然十分突出,在社会犯罪各年龄组中,所占比重呈上升趋势。据有关部门统计,1985 年全国刑事案件共 542005 起,发案率为 5.1‰;1986 年共 547115 起,发案率为 5.1‰;1987 年共 570439 起,发案率为 5.2‰;1988 年共 827594 起,发案率为 7.5‰;1989 年由于公安机关大力改正立案不实情况,是年立案 197 万起,发案率为 18‰。其中,青少年犯罪不仅居高不下,而且明显增多。据有关部门统计,当时我国青少年犯罪占查获的全部刑事案犯总数的比例是:1985 年占 71.3%,1986 年占 72.5%,1987 年占 74.3%,1988 年占 75.6%。[②]详见表 6-3。

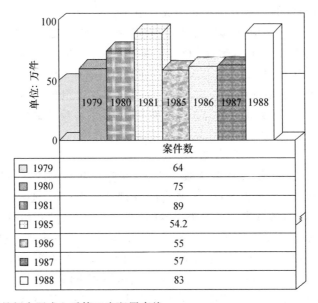

表 6-3　市场经济体制初期(1979—1988 年)犯罪一览表

	案件数
□ 1979	64
▨ 1980	75
▦ 1981	89
□ 1985	54.2
▨ 1986	55
▬ 1987	57
□ 1988	83

注:1981 年是新中国成立后第三次犯罪高峰。

综上所述,这次"严打"开展以来,取得了明显效果。但是,为了总结经验教训,今

---

① 刘复之:《"严打"就是专政》,载《法制日报》1992 年 1 月 13 日第 2 版。
② 参阅《中国青少年犯罪研究年鉴》,1987 年首卷第 42 页和司法部劳改局研究室提供的资料。

后更加有效地搞好"严打",应该指出:从1983年开始"严打"至1987年初的"严打"第三个战役,确实存在一些不足之处。根据一些资料来看,"严打"存在的主要问题有两个:一是面上打得较宽,但深度不够。在"严打"中先后逮捕了一大批,判了一大批犯罪分子,震慑面较大,在一定程度上促进了对犯罪分子的分化,增强了社会安全感。然而,对那些潜藏在社会阴暗角落的犯罪分子,却没有给予沉重打击。他们的犯罪之心不死,一遇到可乘之机便进行犯罪活动。特别是对某些案件,公安机关长期不能侦破,使一些人仍怀侥幸心理而犯罪。二是"严打"以来其他相应的预防工作没有跟上去。"严打"在犯罪猖獗的情况下是非常必要的,但是,如果只打不防,打击的效果就难以巩固,安定的社会秩序就不会持久。因为"严打"不能消除一些家庭对青少年的不良影响,"严打"也不能消除不良社会因素对青少年的影响。因此,要争取社会治安根本好转,除了进一步严惩严重犯罪分子之外,一定要将综合治理落到实处,加强社会主义精神文明建设,加强社会各个方面的预防犯罪工作。否则,犯罪动因就受不到抑制,漏洞就得不到堵塞,因而一些重大恶性犯罪继续发生,是不足为奇的。事实说明,治本跟不上,治标所取得的效果也难以巩固。

3. 特点

第三次犯罪高峰在1981年达到顶峰,当年发案约89万起,发案率为8.9‰。这次犯罪高峰形成的显著特点如下:

第一,从犯罪性质看,存在着严重的"文化大革命"后遗症特点。这次犯罪高峰发生在"文化大革命"刚刚结束之后改革开放之初的20世纪70年代与80年代之交。因此,明显地存在着"文化大革命"严重后遗症的特点。"文化大革命"的后遗症之一就是滋生了一大批刑事犯罪分子。这些犯罪分子活动猖獗,破坏社会治安,危害人民的生命和财产安全。

第二,从犯罪类型看,以强奸、流氓、抢劫、盗窃等骚扰型案件最为突出。一些几乎绝迹多年的犯罪又死灰复燃,社会丑恶现象沉渣泛起,严重暴力犯罪、流窜犯罪、有组织的犯罪、跨国跨境犯罪及利用先进技术手段的犯罪等都表明犯罪已达到一个新的水平。

第三,从犯罪主体看,绝大部分是青少年。这是新中国成立以来犯罪的一个最为显著的特点。从当时抓获的作案成员看,14岁至25岁的青少年案犯高达70%至80%。这些人目无国法,经常在光天化日之下结伙起哄,寻衅闹事,聚众斗殴,掠夺财物,打家劫舍,追逐调戏女青年,强奸轮奸妇女,胆大妄为,无恶不作,严重扰乱社会正常的工作秩序和生活秩序,威胁人民群众的生命财产安全。

第四,在中国共产党历史上首次专门为治理与预防犯罪问题向全党发布通知。这就是在1979年8月"拨乱反正"之始,中共中央发出的第58号文件《提请全党重视解决青少年犯罪问题的通知》,可见青少年犯罪的严重性和危害性。

二、1996 年 4 月的"严打"与 1996 年 12 月至 1997 年 2 月的"严打"

1. 背景

距 1983 年第一次"严打"之后的 9 年,我国开展了第二次"严打"活动。此次"严打"情况较为复杂。1996 年 4 月,中共中央办公厅转发了中央政法委员会《关于当前社会治安、社会稳定方面的突出问题和加强工作的意见》,确定是年 4 月、5 月、6 月三个月开展"严打"斗争,打击的重点划定为杀人、抢劫、强奸等严重暴力犯罪、流氓犯罪、涉枪犯罪、毒品犯罪、流氓恶势力犯罪以及黑社会性质的犯罪等严重刑事犯罪(有人将其归纳为"六害"犯罪)。此次"严打"由中央部署和动员,由公安部等最高司法机关具体组织实施。集中打击三个月后,于 1996 年 12 月至次年 2 月,又开展了"冬季整治"活动。其间还穿插了严厉打击走私犯罪的活动。

在 1983 年"严打"斗争的威慑下,刑事犯罪数量有了短暂时期的回落,但是在 1986 年之后又出现强劲反弹,而且来势凶猛,大案辈出。例如,1986 年 7 月,湖南省邵阳市连续发生 6 起恶性案件,严重地影响了群众安全感。市委、市政府和省公安厅领导多次亲临现场,指挥破案,市公安机关集中兵力,快速出击,综合运用多种侦查手段,挖出一个盗枪、持枪抢劫、持枪杀人,自称"中国枭雄会"的暴力犯罪集团,缴获"五四"式手枪 1 支、子弹 20 发以及火枪、匕首等凶器。这个"中国枭雄会"枪杀了一名干警后,还公然以"枭雄会"名义贴出"处决公安人员一名"的布告,猖狂之极。

1986 年以后,我国犯罪一路攀升,再没有出现真正意义上的下降。其中犯罪团伙数也呈上升趋势,详见下表 6-4。[①]

表 6-4　团伙犯罪数量表

年度	查获违法犯罪团伙(个)	团伙成员数(人)
1986	46883	214736
1987	52608	235886
1988	66851	287443
1989	95121	388880

在此期间,被查获的团伙成员占整个抓获人员总数的比例已由严打期间的 29% 上升到 35%。一些结构松散、浮在社会面上的违法犯罪团伙迅速遭到摧毁,因而形成"骤然生成,快速覆灭"的短期存续特点。另有一些违法犯罪团伙接受屡遭打击的教训,犯罪行为更趋隐蔽、狡猾,组织结构更趋严密,呈现出平稳、隐秘的扩散状态。团伙犯罪开始向两种新的犯罪形态演变:一是向组织化程度更高、成员更固定、分工更

[①] 参见刘尚煜主编:《黑社会犯罪与对策》,群众出版社 1997 年版,第 116 页。

明确的集团犯罪发展,出现了一大批职业性的盗窃、抢劫、制贩毒品、走私贩私的专业犯罪集团;二是发展成为地方流氓恶势力。作为犯罪团伙变体形式的地方流氓恶势力,带有自发性、纠合性和区域性的特征,主要以暴力犯罪手段攫取社会资源,具有公开、鲜明的反社会性。它们大量滋生于农村乡镇、城郊结合部和控制力薄弱的城市区域,其聚集的成员多为"两劳"释解人员、地痞无赖、市井流氓,形成了严重危害一方的村霸、市霸、路霸等形式的邪恶势力。其中一部分已接近了黑社会性质组织的雏形状态,如辽宁省义县"三利一伟"恶势力,在本地村镇从事流氓、赌博、贩毒、抢劫、强奸、敲诈勒索等多种犯罪,并公然扬言:"在义县我们想办的,没有办不成的,想玩哪个女人,没有玩不到手的;谁要在义县站住脚,我们不点头,他就呆不成。"地方流氓恶势力有的内部以江湖义气为纽带,结成封建帮会,出现了跨地区犯罪的趋向。如20世纪80年代中后期,在长江全线查获的"芜湖帮""池州帮",在东北查获的"真龙帮",在上海查获的"震中帮",在山东查获的"海泉帮",在江西查获的"卧龙帮",在河北查获的"改口帮",在邵阳查获的"阴阳帮",等等。仅湖南邵阳地区1987年就打掉了60个带有帮会性质的犯罪团伙。[①]

与此同时,随着20世纪80年代以来改革开放步伐的加快,境外资金、技术的大量引进,境外黑社会犯罪组织也乘虚而入,与内地的集团犯罪、地方流氓恶势力推波助澜,遥相呼应。他们首先在东南沿海、沿边地区登陆,落地生根后,便建立组织谋求发展。据有关方面统计,1983年至80年代末,广东、福建、上海、江苏、广西、海南、黑龙江、辽宁等十多个省市区先后发现查获国外、境外黑社会成员千余人,涉及黑社会组织八十多个。这些入境的黑社会组织成员或头目,不少是被境外警方通缉到中国大陆避风的案犯。他们以投资项目、开办工厂的名义在大陆建立据点后,便开始从事洗钱、走私、偷渡、贩毒等各种违法犯罪活动。其犯罪手段、组织方式和犯罪文化对中国大陆形形色色的犯罪组织起着强烈的示范效应,使得团伙犯罪、集团犯罪和地方流氓恶势力得以大量借鉴境外犯罪经验,提高犯罪档次,并将境外黑社会的组织形式作为参照,强化了犯罪组织内部的系统性和整体功能性。同时,也使境外各种新的犯罪类型进入中国内地,扩充了境内犯罪组织的作案手段,增强了对司法机关的反打击、反侦查的对策能力,拓展了犯罪发展的空间,扩大了其犯罪能量和规模。而且形成境外黑社会组织与中国内地犯罪组织相互勾结,交叉影响。已发现中国大陆犯罪组织成员非法越境,参加港澳黑社会组织。最为典型的就是在香港,已有部分大陆非法越境的犯罪人员在黑社会雇佣下从事抢劫、绑架等犯罪活动。

应该着重指出的是:1978年以前我国刑事案件年发案数一般是在20万至40万起之间浮动,最高的年度为1977年的54万起,最低的年度为1956年的18万起。改

---

① 参见刘尚煜主编:《黑社会犯罪与对策》,群众出版社1997年版,第116页。

革开放以来,我国刑事案件年发案总数一改常态,1979年突破了60万起(当年为63.6万起),十年之后的1989年又突破了百万大关,达到197万件。1991年3月2日全国人大常委会作出《关于加强社会治安综合治理的决定》。一年来,全国政法部门认真贯彻执行这个决定,以此为武器,积极参与社会治安综合治理,充分发挥职能作用,做出了很大成绩。例如,1991年全国公安机关共侦破刑事案件146万余起,比1990年多破19万多起,增加15.3%。依法逮捕犯罪分子51万余名。侦破了一批很有影响的大案要案,打掉了一批危害社会、为非作歹的犯罪团伙。如黑龙江省公安机关破获的以鲁林为首的犯罪团伙,武汉市公安局破获的以张明高为首的犯罪团伙,上海市公安局破获的由流窜犯组成的专门盗窃密码箱的所谓"东方魔人总公司",等等。这就有力地打击了犯罪分子的嚣张气焰,鼓舞了群众的斗志。①

　　1992年党的十四大提出"建立社会主义市场经济体制",我国经济发展进入一个新的转型期。随着社会经济的发展,特别是在这一期间的一段时期里,由于一些地方的领导和有关部门对社会治安综合治理工作认识不足,抓得不力,致使一些地方的社会治安状况恶化,严重危害社会治安的各种犯罪活动猖獗,严重危害了人民群众的生命财产安全,危害社会秩序和社会安定,妨害改革开放和经济建设顺利进行,人民群众对此深恶痛绝,反映强烈。由于各种复杂的因素,公安机关立案不实的情况普遍存在。据有关方面统计,前几年公安机关的立案数只有实际发生的犯罪数的40%至50%,存在大量的犯罪黑数,不破不立,甚至破而不立,以显示该地区治安状况虚假的良好。1989年公安机关大力改正立案不实的情况,是年立案数为197万起,比1988年增长138.2%。比1981年的89万起增加1.2倍。1990年全国发生的各种犯罪案件增至221.7万起,比1989年增长12.7%。1991年全国发生各种犯罪为236万起,比1990年增长了6.7%,发案率为20‰,出现了第四次犯罪高峰。1992年由于公安机关调整了盗窃案件的立案标准(1992年以前,农村立案标准为40元,城市80元即可立案,1992年则按照经济发达与不发达地区确定为300元、400元、500元、600元才能立案),使得1992年的盗窃案件大幅度下降,从而犯罪案件总数下降为158万起。实际上,1992年的犯罪案件总数并没有下降,因为据统计,1992年全国各级公安机关受理的报警案件,尽管受立案标准的变更和其他人为因素的影响,仍然高达453万多起。我们就以1992年立案标准提高了之后的158万多起来说,其中重大犯罪刑事案件为45万多起,仍然是上升的。凶杀犯罪增长4.9%,伤害犯罪增长4.8%,抢劫犯罪增长24.6%,强奸犯罪增长0.9%,伪造货币犯罪增长17.3%。1993年全国刑事犯罪案件立案总数是161万余起,其中重大犯罪案件为53万余起。1994年据公安部通报上半年刑事犯罪情况,全国立案刑事案件比1993年同期上升5.9%;其中大案要案比1993年同期上升20.1%。据《法制日报》刊文所载,1994年全国共抓获各

---

① 参阅俞雷:《坚持严打斗争,促进综合治理》,载《法制日报》1992年3月3日第1版。

类违法犯罪人员高达409.5万人。1995年全国刑事犯罪案件仍然是上升趋势,特别是大案要案上升更加突出。

2. 状况

综上所述,整个20世纪90年代中期我国犯罪的发案率一直高居不下,是20世纪80年代前半期的8倍。其中,重大刑事案件继续呈较大的增长之势,以攫取金钱、财物为目的的犯罪尤为突出。1996年2月2日凌晨,全国人大常委会副委员长、民革中央主席李沛瑶在住所内被担任驻地警卫任务的武警执勤哨兵张金龙图财杀害,这是新中国成立以来首次发生的国家高级领导人遇害事件,举国震惊。2月8日,两名歹徒在光天化日之下,持枪抢劫了工商银行北京市分行甘水桥分理处,开枪打死保安员和业务员各一名,抢走现金116万元,再度震惊京城。在其他地区,恶性案件也接连发生。再如1996年1月9日至25日,沈阳市一伙歹徒持枪连续跟踪个体户入室抢劫,作案10起,抢劫钱物价值20余万元。1月31日,犯罪分子持猎枪潜入黑龙江齐齐哈尔市宝丰银行营业部,打死两名值班员,抢走黄金和首饰价值169万余元。2月14日14时许,一名持枪歹徒闯入吉林省乾安县农业银行第八储蓄所,开枪打死3人,抢走现金3.3万余元。福建、浙江、江西三省连续发生7起同一犯罪分子持被害人身份证登记住宿,杀死同房旅客,抢劫其钱财的系列抢劫案。据统计,1996年全国一季度立抢劫案件3万起,其中大案2.3万起。在抢劫案中,持枪抢劫金融机构的案件十分突出,分别比上一年上升一倍多。此外,凶杀、爆炸和流氓团伙犯罪也比较突出。① 人民群众对于社会治安的状况明显不满,根据国家体改委的抽样调查,全国公众对社会治安状况的满意程度,1993年只有14.5%,1994年为18.3%。因此,1996年4月由中共中央政法委员会书记任建新同志传达了党中央开展二次"严打"的指示精神,主要是侦破一大批重大案件,追捕一大批负案逃犯,打击带有黑社会性质的犯罪团伙和流氓恶势力、抢劫金融财会部门和洗劫过往车辆等重大流窜犯罪案犯、贩毒贩枪、拐卖妇女儿童、卖淫嫖娼、制黄贩黄、赌博及对群众危害面广的多发性盗窃犯罪。同时,要求各地根据这次"严打"的总体部署,结合本地实际情况,抓住本地最突出、最紧迫问题,确定打击重点。如"北京紧紧抓住影响恶劣、久侦未破的大案组织攻坚;上海、河南重点打击流窜犯罪;山西把'打团伙扫恶势力'作为主要任务;广东重点'打黑禁毒打击暴力犯罪';广西、青海集中力量打击制贩枪支、毒品犯罪;新疆突出打击暴力犯罪团伙"②。

1996年开展的"严打"斗争,在4月至7月间,接连组织了三个战役,效果异常明显,可以说是立竿见影。1996年全国刑事犯罪案件总量首次出现下降,是年全国刑事犯罪立案总数为1600716起,同年人口总数为122389万人,按当时人口平均,立案

---

① 《1996:全国统一"严打"行动》,载《时事报告》1996年第10期。
② 同上。

率为131‰。1997年几类主要刑事案件立案与1996年相比继续有较大幅度的下降(详见表6-5),从而使大部分地区治安秩序保持基本稳定的态势,人民群众的安全感进一步增强。

表6-5 几类主要刑事案件立案情况表

	杀人	伤害	强奸	抢劫	盗窃	其中大案	制贩毒品	非法制贩枪支弹药
1997年1至9月	19751	48691	31013	99560	720002	309268	33926	987
1996年1至9月	19550	49196	33482	113581	755755	297217	26588	3635
1997年与1996年相比%	1.03	−1.03	−7.37	−12.34	−4.73	4.05	27.6	−72.85

但是,1997年全国刑事犯罪立案总数为1613679起,与1996年的1600716起相比,继续有所增加。从人口比来看,与1996年立案率相比持平。1998年以后,我国刑事犯罪案件又开始猛增,直至2001年增加到4457579起,同年人口总数为127627万人,按当时人口平均,立案率已高达349‰。比"文革"后第二次"严打"的1996年的立案率131‰,增加了1.66倍。"严打"的效果,由1983年的"严打"可持续近三年治安好转,而1996年"严打"仅减到不足一年的治安好转,是值得我们认真思考的。详见表6-6、表6-7。

表6-6 20世纪90年代以后市场经济体制发展过程中犯罪一览表

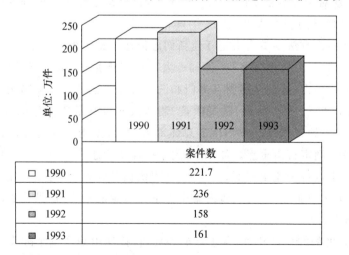

注:1991年是新中国成立后第四次犯罪高峰。

表 6-7 1994—2008 年全国刑事犯罪一览表[①]

年份	刑事犯罪案件数
1994	1660734
1995	1690407
1996	1600716
1997	1613629
1998	1986068
1999	2249319
2000	3637307
2001	4457579
2002	4336712
2003	4393893
2004	4718122
2005	4648179
2006	4666000
2007	4746000
2008	4889000

3. 特点

改革开放以来,我国犯罪最为显著的特点有二:一是犯罪数量明显上升,二是犯罪质量日趋严重。

(1) 犯罪数量明显上升。改革开放以来所出现的第四次犯罪高峰,是以 1991 年全国发生各种犯罪 236 万起作为顶峰的,发案率为 20‰。这个数字与世界上其他许多国家相比是不高的,英国每千人当中有 60.2 个犯罪分子,美国是每百个人中就有 28.8 个是受害者。和英美这些国家相比,我国犯罪显然少得多(当然,这其中还有一个统计标准的问题)。但与我们国家前些年相比,却有较大幅度增加,比如我国第一次犯罪高峰的 1950 年的发案率为 9.3‰,第二次高峰的 1961 年的发案率为 6.4‰,第三次高峰的 1981 年的发案率为 8.9‰,第四次高峰为 20‰。从中可以看出:第一,基本上是每隔十年左右出现一次犯罪高峰;第二,改革开放前所出现的两次犯罪高峰,按人口平均,都没超过 10‰,改革开放后所出现的第四次犯罪高峰,猛增至 20‰,犯罪发展数量明显上升,实属罕见,已成为严重的社会问题,应引起高度重视。

在分析犯罪数量统计时,还要说明两点:第一,20 世纪 80 年代以来公安部门对立案标准曾作过两次修改。1984 年盗窃案立案标准修改,城市从 25 元提高到 80 元,农村由 15 元提高到 40 元。1991 年对上述标准又加以修改,盗窃立案标准将个人盗窃公私财物数额提高到 300 元至 500 元;少数经济发达地区则提高到 600 元。第二,刑事犯罪统计中在世界上存在"暗数"问题。对犯罪暗数进行调查和研究已经成为世界

---

① 1994—2000 年与 2006—2008 年的数据参见《中国法律年鉴》,中国法律年鉴社出版。2001 年至 2005 年的数据是依据全国公安机关刑事案件分类统计表进行统计的。

许多国家或地区犯罪学研究人员及司法实践部门的一项经常性工作。我国通过以派出所为单位计算的真实发案率分析,使我们了解到1985年、1987年、1988年三年抽样地区较真实的发案状况,以及市、郊、镇、乡四类地区发案率差异较大的状况。根据全国人口及抽样调查的城乡真实的平均发案率加以计算,1985年我国实际应立案数约为208万起,发案率约为19‰;1987年为244万起,发案率约为23‰;1988年约为366万起,发案率约为34‰。这表明,早在1985年(而不是1990年)我国刑事案件已达到200多万起。1985年至1988年平均每年增加52.67万起,年递增率约为20.73%。依此推估,1989年全国应立刑事案件数约为419万起,1990年全国应立刑事案件数约为471万起。据公安部办公厅1988年至1990年调查的1990年全国应立案数约为457万起,公安部五局的估算也是400多万起。① 由此可见,我国刑事犯罪统计中也存在着立案不实问题,立案数只约占实际发案数的1/3左右。

显然,这种对盗窃犯罪规定数额标准立案的做法,人为地掩盖了犯罪的真实情况,造成了令人盲目乐观的假象,不利于面对现实,采取有针对性的对策。因此,笔者不赞成对盗窃犯罪规定数额标准立案的做法。从原则上应当明确,盗窃1元钱也是犯罪。有的人反驳说,不要说盗窃1元,即使把数额较大的标准下降到600元,盗窃犯不但抓不完,而且监狱里也关不下。笔者认为,这其中有两个观念需要转变:第一,每提高一次盗窃罪数额标准,虽然盗窃犯罪的人数似乎减少了,但事实上是放纵了一大批偷窃违法行为。这样,刑法的一般性预防犯罪作用如何体现?社会治安如何维护?第二,对于小偷们,为什么非关起来不可呢?我国《刑法》第264条明文规定对盗窃罪的法定刑最低刑罚是单处罚金,最低主刑是管制。完全可以不用关起来的办法对小偷进行惩罚。关键是性质上要给它以否定性评价,至于刑罚轻重可以根据数额的大小和认罪服法的态度来决定。这样在社会上才会形成"偷即犯罪"和"不能偷"的观念,纯正的民风才能逐渐形成,盗窃案件才能真正下降。

(2)犯罪质量日趋严重。改革开放以来,我国发生的各种刑事案件,不仅数量上发生了巨大变化,而且在质量上也日趋严重,呈现出许多新的特征。据公安部门统计的十九类案件看,盗窃、诈骗、抢劫、伤害、强奸、杀人六类犯罪案件合计占全部案件的95%上下。其中盗窃数量最多,占全部案件的80%上下,左右着全部案件数量的变化,在抢劫、入室盗窃、强奸等犯罪活动中,犯罪分子动辄将受害人置于死地。从公安部门统计看,杀人案件在20世纪80年代初(1980—1983年)平均每年以2.6%的速度递增,而1984年之后(至1990年间),竟以15.32%的速度递增。最能说明这种严重情况的莫过于"双抢"犯罪的存在。在光天化日之下竟然明目张胆地抢劫和抢夺财物,使政府不得不集中力量打"战役",犯罪的嚣张气焰可见一斑。至于令人胆战心寒的杀人事件,层出不穷,甚至一人连年杀人达18人之多,实在令人发指。这些触目惊心的犯罪现象,使人充分地感到,中国在抓好经济建设的同时,必须认真对待犯罪的问题了。

---

① 参见余雷主编:《中国现阶段犯罪问题研究》,中国人民公安大学出版社1993年版,第129页。

三、2000年12月至2001年3月"打黑除恶"与2001年4月"严打"至2008年奥运

1. 背景

1997年9月,党的十五大正式将"以公有制为主体,多种所有制经济共同发展"作为我国社会主义初级阶段的一项基本经济制度确定下来,同时这一精神也正式写入《宪法》。随着1997年恢复对香港行使主权和1999年澳门回归,中国的改革开放事业进入了一个新的发展阶段,沿海、沿江、沿边和内陆地区全方位、多层次、有重点梯度推进的对外开放格局已经初具规模。伴随着加入WTO,中国的经济发展已属于世界经济全球化的一个重要组成部分。在这样一大背景下,我国经济领域内的个体私营经济成分获得了进一步发展。

私营经济的壮大,带来经营主体社会地位相应变化和提高。相当一部分个体、私营业主积极介入政治领域。据1995年统计,他们中间担任县以上人大代表5401人、政协委员8558人、团委委员1357人。同时,"私营企业商会""民营企业工会""青年商会""民办企业家俱乐部"也纷纷成立。另一方面,在主体私营经济的迅猛发展过程中,由于国家管理体制的滞后,也出现了不容忽视的违法犯罪问题,如偷税漏税、制假售假;掠夺性地开采、破坏自然资源和环境污染;进行不正当竞争,扰乱市场,采用回扣、行贿手段,进行钱权交易;非法经营"黄、赌、毒",走私贩私、危害社会、牺牲民族利益、破坏社会精神文明。① 我国的犯罪,特别是黑社会性质组织犯罪就是利用这种私营经济大发展、社会管理空隙加大和干部队伍出现腐败现象的机会乘虚而入,迅速崛起而得以发展壮大的。据对已查获的30个比较典型的黑社会性质组织开办的67个企业调查统计,几乎清一色的是私营经济性质(只含少量股份制)。他们除强取豪夺,以暴力垄断市场资源外,还大量偷逃国家税款,通过收买国家工作人员包揽利润丰厚的工程项目,迅速成为腰缠万贯的暴富者和实力雄厚的企业老板。经济地位的确立催生政治需求的欲望,为攫取更大的社会收益,黑社会性质组织骨干开始广泛介入社会生活,积极谋求政治地位,甚至窃据基层权力。一些犯罪组织骨干利用我国参政、议政体制上的不完善,采取多种手段跻身政界,力图实现"头戴一顶红帽,脚踏黑白两道"的局面。据对30个黑社会性质组织调查统计,首犯身份为人大代表、政协委员、乡村干部、人民警察、企业协会会长的共13人,占首犯总数的43%,并且有的已具有省市级人大代表、政协委员的身份。这些变化较为明显地反映在这一时期国家总体犯罪状况上。如将1991年至2000年我国刑事案件立案与团伙(集团)犯罪数量间的关系进行纵向比较,就不难发现,10年间的犯罪总量有增无减,而犯罪主体的数量则呈下降趋势。特别是1995年至2000年的五年统计状况与前五年相比,刑事案件立案数更是直线上升,而团伙(含集团)犯罪及其成员数量却呈逐年减少趋势,出现了"一高一低"的现象,详见表6-8。

---

① 参见谢百三:《中国当代经济政策及其理论》,北京大学出版社2001年版,第316页。

表 6-8　1991—2000 年我国刑事案件立案与团伙(集团)犯罪状况统计表
(升降比例为笔者计算)

分类\年度	刑事案件立案数(起)	升降比例%	团伙(集团)数(个)	升降比例%	团伙(集团)数(个)	升降比例%
1991	2365709	6.70	134435	8.20	506649	-9.85
1992	1582659	-49.47	121760	-9.34	463102	-8.60
1993	1616879	2.12	151279	24.24	575175	24.20
1994	1660734	2.64	152297	0.67	574539	-0.11
1995	1690407	1.76	147654	-3.05	546529	-4.80
1996	1600716	-5.61	136171	-7.78	495836	-9.28
1997	1613629	0.80	105900	-2.22	381405	-23.08
1998	1986068	18.75	102314	-3.39	361927	-5.11
1999	2249319	11.70	102157	-0.15	352446	-2.26
2000	3637307	38.16	74000	-38.05	294000	-19.87

如上表所示:"九五"期间较之"八五"期间,我国刑事案件的数量与犯罪团伙(集团)数量及成员数量的比率,呈明显的"一高一低"状态。透过统计的表象分析,不能排除由于刑事犯罪日趋隐蔽化、智能化的因素,使得相当一部分团伙(集团)犯罪行为未被司法机关掌握或查处。但是,另一方面则在很大程度上反映着犯罪组织发生的结构性变化:一是大量犯罪组织借私营经济大发展的潮流介入经济领域谋求发展,一些犯罪组织成员也随之完成了向合法身份的转化。在这一过程中,又有相当一部分犯罪组织演变为黑社会性质组织,并且多以合法的企业组织为掩护,其首犯及成员的身份也相应被"漂白";二是黑社会性质组织在迅速发展过程中,在犯罪组织社会化的作用下,其内部呈现规律性的变化。一方面,黑社会性质组织在形成发展中伴随着剧烈的吸纳、联合和兼并、淘汰的过程,其核心层和组织形式不断凝聚、收敛,组织数量及人员规模也在不断地减少和收缩,反映了这一特殊犯罪形态由低级向高级阶段跨越的社会化进程;另一方面,黑社会性质组织经过形成期以暴力手段完成原始积累后,在行为方式上发生转变,即由过去的传统暴力掠夺型转向合法掩护经营型,改变了过去与社会全面对抗的叛逆形象,转而向社会生活的各个领域渗透。从"以商贿权"达到"以权护黑",腐蚀收买党政官员和司法干部营造保护盘根错节的关系网。从寻求庇护到寻找代理人,从谋取较高的社会地位到直接获取政治权力,成为能够干预甚至左右局部地区政治、经济生活的地下社会力量,以求最大限度地攫取各种非法权益,降低犯罪风险。在这一特殊犯罪形态由非法手段向合法手段转变的社会化过程中,相当一部分犯罪组织也完成了"社会角色"的转换。这些都使得团伙(集团)组织的绝对数量减少,但犯罪的社会危害性和对政权的破坏性却在日益强化和加剧。

针对这种情况,党中央、国务院采取了一系列重大措施,各级党委、政府和政法部门等各方面做了大量工作,确保了我国社会大局稳定。但是,必须看到现在我国刑事犯罪案件总量仍呈上升趋势,严重犯罪明显增多。爆炸、杀人、抢劫、绑架、投毒、拐卖妇女儿童等严重犯罪活动猖獗,2001 年 3 月 16 日,靳如超制造的石家庄特大爆炸案更为典型。一些地方黑社会性质的犯罪横行霸道,乡霸、市霸、路霸等一些流氓恶势力为害一方。2000年,中国法院系统判处的黑社会性质组织犯罪比1999年上升36倍。① 入室盗窃、扒窃、盗窃机动车等多发性案件居高不下。伴随着我国经济高速度发展的同时,经济犯罪案件数量急剧增多,犯罪数额巨大。据统计,1998年全国立案侦查的经济犯罪案件5.1万余件,涉案金额达540多亿元;1999年1—8月比1998年同期立案数增长23.4%,涉案金额840多亿元,是1998年同期的3.9倍。因此,公安部决定在2000年12月到2001年10月在全国范围内开展"打黑除恶"专项斗争,重点打击黑社会性质的有组织犯罪和黑恶势力。

自2000年12月至2001年3月,"打黑除恶"专项斗争取得了初步的战果。截至2001年3月30日,全国公安机关共查获黑社会性质组织66个,涉案成员1466名,破获刑事案件2342起;查获黑恶势力团伙695个,涉案成员3224名,破获刑事案件5262起。公安部挂牌督办109起黑恶案件,各省、自治区、直辖市公安厅、局也挂牌督办353起案件。大部分督办案件的首犯和骨干分子已被缉拿归案。② 全国查获了一批性质相当严重的黑社会性质组织,如黑龙江肇东的蒋英库、河北曲阳的李建设、陕西西安的郑卫国、湖南衡阳的邱敬易、湖北襄樊的余林、甘肃兰州的李氏四兄弟等组织。2000年12月开展的"打黑除恶"专项斗争虽然取得了一定成绩,但是,全国治安情况依然十分严峻。

2001年4月2日至3日在北京举行了全国治安工作会议,会议强调,社会治安不仅是个重大的社会问题,也是一个重大的政治问题。切实保障人民群众的生命和财产安全,是党和政府肩负的重大责任。当前,要在全国范围内开展一场"严打"整治斗争,坚决打掉犯罪分子的嚣张气焰,改变治安面貌,这是广大人民群众的强烈愿望。"严打"是打击严重暴力犯罪活动的长期方针,要坚持贯彻执行。各级党委和政府要立即行动起来,按照中央的要求,精心组织,全力推动,一抓到底,务求实效。会议指出,要重点打击三类犯罪:有组织犯罪、带有黑社会性质的团伙犯罪和流氓恶势力犯罪;爆炸、杀人、抢劫、绑架等严重暴力犯罪;盗窃等严重影响群众安全的多发性犯罪。各地要从实际出发,突出重点,什么问题突出就坚决解决什么,哪里问题严重就抓紧整治哪里。要认真开展治安排查活动,做到发现早、解决快,坚决打击,决不手软。一要坚持依法从重从快原则,二要坚持"稳、准、狠"。对各类犯罪活动,要充分发动群众,造成"老鼠过街,人人喊打"的强大声势。各级党委和政府要明确专人负责,统一组织,周密部署,加强检查督促,齐心协力打好"严打"整治这一仗。会议强调,在开展"严打"整治斗争的同时,要全面落实社会治安综合治理的各项措施。大力加强基层组织建设,深入开展基层安全创建活动。搞好社会治安,基础工作是教育、管理和综合治理。只有真正搞好教育、管理和综合治理,才能巩固"严打"成果。这几方面的工作,都要全面抓好。

---

① 参见《读报参考》2001年第10期。
② 《中国"严打"十八年》,摘自新浪网《论文天地》2001年5月23日。

按照党中央、国务院的部署,2001年4月以来,在各地党委、政府的领导下,政法各部门和有关单位密切配合,协同作战,以"打黑除恶"专项斗争为重点,分"打黑除恶"、"治爆缉枪"、整顿和规范市场经济秩序三条战线①,在全国范围内开展了声势浩大的改革开放以来的第三次"严打"整治斗争,一批黑恶势力受到了严厉的打击。

为了维护国家安全和社会稳定,特别是为2008年成功举办奥运会创造良好的社会环境,中央政法委2006年2月部署开展全国"打黑除恶"专项斗争。2008年5月5日中央政法委在京召开全国继续深化"打黑除恶"专项斗争电视电话会议。会议总结了两年来全国"打黑除恶"专项斗争的成绩,针对当前维护社会稳定的形势和黑恶势力犯罪的特点,对继续深化"打黑除恶"专项斗争进行再动员/再部署。

自从2000年12月至2008年奥运会,连年不断地"打黑除恶"斗争,全国公安机关坚持"打早打小,露头就打"的原则,采取广泛发动群众、精心组织指挥、加强案件督办和异地关押等多种办法,向"黑恶势力"展开了猛烈的攻势,一大批强拿硬要、欺男霸女、欺行霸市、罪恶累累的"街霸"、"市霸"、"村霸"等"黑恶势力"犯罪分子被绳之以法,为社会铲除了毒瘤,为群众消除了祸患。

2. 状况

经过两年多的努力,"打黑除恶"的严打整治斗争取得了明显效果,摧毁了一批黑社会性质组织,铲除了一批为害地方、作恶多端的"街霸"、"村霸"、"市霸"等恶势力,打掉了一批黑恶势力的"保护伞",扭转了一些地方社会治安秩序混乱的局面,有效地促进了党风廉政建设和反腐败斗争。通过开展为期70天的"追逃"专项行动,抓获了网上通缉的逃犯12.8万多名,其中有公安部督捕在逃人员162名。据统计,2001年1月至11月,全国公安机关共破获刑事案件214.4万起,查处治安案件423.2万起,分别比上年同期上升24.9%和26.5%;查获犯罪团伙7.3万个,其中黑社会性质组织379个,恶势力团伙5476个。2001年4月至12月,全国公安机关共重点整治违法犯罪活动的地区、场所133个。各级公安机关共组织开展"治爆缉枪"专项行动,收缴非法枪支138万支,其中军用枪12508支;子弹1283万发、炸药5409吨、雷管1680万枚;查处涉爆涉枪案件11万起,打击处理涉爆涉枪违法犯罪人员24万名。各级公安机关狠狠打击了制贩假冒伪劣商品犯罪、涉税犯罪、制贩假币、金融票证犯罪和传销违法犯罪。2001年4月至12月,全国公安机关共破获破坏社会主义市场经济秩序犯罪案件7万起,挽回经济损失189亿元。

2001年全国法院全年共审理此类案件350件,1953人,比上年增加了6.3倍和3.8倍。以蒋英库为首的黑社会性质组织,杀害21人,肢解焚尸,手段极其残忍;李捷等37人黑社会性质组织,残害无辜、抢劫财物、绑架勒索,无恶不作。对这些为害一

---

① 三条战线分别为:第一条战线,以深入开展全国性的打黑除恶专项斗争为龙头,抓紧组织开展打击严重暴力犯罪和多发性侵犯财产犯罪等专项行动。第二条战线,在全国范围内开展治爆缉枪专项行动。第三条战线,积极投入整顿和规范市场经济秩序的工作,以打击金融、财税和商贸等领域的经济犯罪为重点,深入开展打击经济犯罪的专项斗争。

方的犯罪分子依法严惩,伸张了社会正义。① 如湖南、重庆两地法院审理的张君、李泽军等特大抢劫、故意杀人案,张君、李泽军等18名罪犯分别依法受到了严惩,共判处14名罪犯死刑、3名罪犯死缓、1名罪犯无期徒刑;甘肃法院审理的李捷等37人黑社会性质组织、故意杀人案,依法判处李捷等8名罪犯死刑、7名罪犯死缓,其余22名罪犯分别被判处无期徒刑或有期徒刑;此外,湖北、陕西、浙江、广西等地法院还分别审理了影响较大的容乃胜等10名被告人、郎卫国等32名被告人、张畏等32名被告人黑社会性质组织犯罪案件及广西百色市公安局副局长黄政贤包庇、纵容黑社会性质组织犯罪案件,共判处7名罪犯死刑,其他罪犯分别被判处无期徒刑和有期徒刑。

2002年全国刑事案件立案比2001年下降了2.8%。通过深入开展"治爆缉枪"、打击经济犯罪为重点的专项行动,扭转了过去一些地区非法爆炸物品和枪支弹药泛滥的局面,涉爆涉枪案件有所减少。通过打击经济犯罪的专项行动,整顿了集贸市场秩序,严厉打击涉税犯罪、虚假出资、制造假冒伪劣商品、制贩假币、非法买卖外汇、金融票证犯罪、非法传销等违法犯罪活动,破获了一大批经济犯罪案件,抓获了一大批经济犯罪嫌疑人,初步遏制了经济犯罪案件高发的势头,一些地区和领域的经济秩序有了明显改观。通过开展"严打"整治斗争,全国的治安秩序开始好转,刑事案件大幅度增长的势头得到初步遏制,一些地方的刑事发案有所下降,人民群众的安全感有所增强。中央提出的两年内使社会治安工作取得明显进步的奋斗目标基本得以实现。

公安部新闻发言人武和平2006年4月17日在发展中国家执法指挥与领导决策研修班上透露,从2000年开展"严打"整治至今,我国公安机关共打掉黑恶性质犯罪组织700个,严重侵害人身安全和易造成不安全感的犯罪案件连续下降。武和平在分析我国刑事犯罪现状时表示,改革开放二十多年来,我国发生的刑事犯罪增长了6倍多,但是其中严重危害群众安全感和严重侵害公民人身权利的恶性案件逐渐下降。"特别是自2000年以来,随着公安机关的'严打整治'、'两抢一盗'和'命案必破'行动,严重暴力犯罪案件、治安案件受理查处数量及重大火灾和交通事故持续下降,而破案数量连续上升"。

据悉,2005年全国"两抢一盗"案、杀人、放火、爆炸、投放危险物品、强奸、拐卖妇女等恶性案件全面下降,最大降幅为37.9%。武和平说,2005年我国刑事共立案464.8万起,比上一年减少7万起,4年来首次回落。其中,随着西部大开发,侵财案件有向西部发展的趋势。2005年全年,东部地区万元以上侵财案件共上升9.1%,而西部上升了9.3%。

在2006年11月15日召开的新闻发布会上,公安部新闻发言人武和平公布的数据显示,2006年1月至10月,全国公安机关共立刑事案件374.9万起,比去年同期减少4.1万起、下降1.1%;破获各类刑事犯罪案件221万起,比去年同期增加11.3万起、上升5.4%。数据还显示,2006年1月至10月,杀人、强奸、放火、爆炸、投放危险物质等严重暴力犯罪案件分别比去年同期下降13.8%、5.9%、13.8%、20.4%、25.4%。

---

① 见2002年3月11日《最高人民法院工作报告》。

"两抢一盗"案件全面下降。2006 年 1 月至 10 月,全国公安机关共立侵财犯罪案件 318.2 万起,同比减少 6.2 万起,下降 1.9%。在侵财犯罪案件中,共立盗窃案件 252.9 万起,同比下降 1.5%;共立抢劫案件 25.7 万起,同比下降 6.1%;立抢夺案件 16.4 万起,同比下降 8.6%。详见表 6-9。

表 6-9　2001—2005 年全国刑事犯罪一览表

年份	人口数（万人）	立案数合计	立案数			
			杀人	强奸	抢劫	盗窃
2001	127627	4457579	27501	40600	352216	2924512
2002	125235	4336712	26276	38209	354926	2861727
2003	126035	4393893	24393	40088	340077	2940598
2004		471822	24711	36175	341908	3212822
2005		4648179	20770	33709	332185	3158707

分析这些数字大幅下降的原因,武和平表示,主要是社会治安综合治理的大力加强,最大限度地减少了不和谐因素。

据了解,公安机关打击犯罪能力进一步提高,截至 2006 年 9 月,全国命案破案率达到 875.7%,全国 1863 个县、市(区)公安机关达到命案全破,525 个县、市(区)未发命案,两项相加,接近 70%。

总之,2006 年头 10 个月恶性犯罪案件大幅度下降,刑事案件数与 2005 年同期比下降一成,破案数上升逾五成。[1]

自从 2006 年 2 月中央政法委部署开展全国"打黑除恶"专项斗争以来,全国各级政法机关依法严厉打击各种"黑恶势力",取得了明显效果。据 2008 年 5 月 5 日召开的全国继续深化"打黑除恶"专项斗争电视电话会议上,最高人民检察院副检察长朱孝清介绍,两年多来,全国各级检察机关共批准逮捕黑恶势力犯罪案件 5932 件 29525 人,提起公诉 5219 件 25130 人(其中黑社会性质组织案件 682 件 7789 人);立案侦查充当黑恶势力"保护伞"的职务犯罪案件 85 件 101 人。

如上所述,犯罪不是静止不动的社会现象,更不是孤立的社会问题。它随着政治、经济、文化等的变化而变化。因此,治理犯罪不是一蹴而就,更不能一劳永逸。展示在我们面前的市场经济体制下的刑事犯罪态势,其数量、质量乃至社会危害程度均已发展到了一个新的水平,我们面临着同刑事犯罪斗争新的挑战。因而,我们必须紧跟社会政治、经济的发展变化,不断地进行广泛深入的社会调查,加强犯罪研究,才能及时、准确地了解与掌握各种犯罪类型的发展变化。只有如此,才能采取切合实际地、有针对性地预防与治理犯罪的对策。

我们还必须清醒地看到,决定我国 21 世纪犯罪多与少,危害严重程度有两大犯罪主体:一是青少年犯罪,一是有组织犯罪。其中,自 20 世纪 90 年代中后期以来,公安司法机关查获惩处的黑社会性质组织,不仅已经完全具备了《刑法》第 294 条所规

---

[1] 参见王斗斗等:《头 10 个月恶性犯罪案大幅下降》,载《法制日报》2006 年 11 月 15 日第 5 版。

定的罪行特征,而且在社会危害的性质和量上都有新的发展。特别是在 2000 年前后,我国黑社会(性质)组织的发展进入了一个新的阶段。在这一阶段,很多地方的黑恶势力已发展为初具规模的黑社会性质组织,黑社会性质组织发展成为黑社会组织。这些组织集多种犯罪于一身,犯罪手段凶狠残暴,令人发指。他们或横行乡里,称霸一方,欺压百姓;或欺行霸市,强取豪夺;或从事赌博、色情等非法行业,攫取巨额不义之财;他们或仇视政府,藐视法律,公然以武力对抗执法机关;或拉拢腐蚀党政干部和政法干警,编织关系网,寻求"保护伞";有的甚至控制基层政权,与政府分庭抗礼;境外黑社会也在继续向境内进行渗透。

总而言之,我国的有组织犯罪的形成与发展,也如同其他事物一样,都有一个从无到有、从小到大、从雏形发展以至成熟的变化历程。具体地说,即在萌芽时期的特点:在国外、境外黑社会组织渗透和影响过程中,犯罪形态首先在组织形式上发生了变化,相当数量的个体犯罪被松散的团伙犯罪所替代,并迅速向专业集团犯罪和地方黑恶势力转化;在形成时期的特点:犯罪进一步向专业化、集团化演变,地方黑恶势力得以恶性发展,并且进入经济领域,开始以暴力为手段进行资本原始积累,形成了黑社会性质组织犯罪的物质基础;在发展时期的特点:黑社会性质组织利用非公有制经济迅猛发展的条件,完成犯罪的原始积累后,开始向政治领域渗透,并侵入社会公共领域的多个层面,具有较强的社会性综合功能,有的已演变为有组织犯罪的典型形态——黑社会。这就是我国有组织犯罪在形成、发展阶段各个时期的基本状态。一句话,我国已存在黑社会,这是一个不应该回避的事实。

3. 特点

在市场经济条件下我国的刑事犯罪如上所述,不仅在数量上发生了巨大变化,而且在质量上也日趋严重,特别是呈现出许多新的特点。

(1) 一度绝迹的犯罪死灰复燃,且来势凶猛。在市场经济条件下,我国刑事犯罪趋于严重的特点之一,就是新中国成立后曾加以打击而几乎绝迹的犯罪又死灰复燃,而且复出后发展极快。例如,制贩滥用毒品、绑架人质、武装抢劫、拐卖人口、制贩枪弹、引诱容留妇女卖淫,以及海盗、土匪、黑社会性质的犯罪又卷土重来。其中,拐卖人口、制贩滥用毒品、制贩枪弹的犯罪从 20 世纪 80 年代初到 80 年代末竟增长了 10 倍左右。无论从作案成员、还是作案手段方式看,这些复出的刑事犯罪都范围更广、危害更加严重。尽管经过多次打击高潮,仍然是有禁不止。例如,拐卖妇女、儿童犯罪虽然经历了 1991 年、1993 年、1995 年三次打拐高潮,但是,拐卖妇女、儿童犯罪仍有其生长的温床。1998 年,中国拐卖妇女、儿童的立案首次出现反弹,这一年,仅城市立案数就比 1997 年上升了 7.4%,1999 年拐卖妇女、儿童案件比 1998 年分别又上升了近 40 和 15 个百分点。

1991 年至今,我国已经组织开展了 5 次大规模的"打拐"专项行动。尤其是 2009 年 4 月公安部部署开展第 5 次"打拐"专项行动以来,各地相继侦破、起诉了一大批重、特大拐卖妇女、儿童犯罪案件。随着"打拐"专项行动的深入开展,人民法院受理此类案件数量大幅上升。2009 年全国法院共审结拐卖妇女、儿童犯罪案件 1636 件,

2010年1月至7月,全国各级法院受理拐卖妇女、儿童案件已达1233件,审结1060件,收、结案数量比2009年同期分别上升了45.23%和32.43%;受理、审结收买被拐卖的妇女、儿童案件同比上升46.81%和33.33%;判决发生法律效力的犯罪分子2137人,同比增长75.74%,其中被判处5年以上有期徒刑、无期徒刑直至死刑的1238人,同比增长74.37%,重刑率为57.90%,高出同期全部刑事案件重刑率41.94个百分点。①

2011年全国公安机关仍继续深入推进"打拐"专项行动,继续严厉打击拐卖妇女儿童犯罪,以"打团伙、摧网络、抓逃犯、攻积案"为重点,进一步加大侦查破案力度,形成强大打击声势。依照最高人民法院、最高人民检察院、公安部、司法部联合发布的《关于依法惩治拐卖妇女儿童犯罪的意见》和《关于限令拐卖妇女儿童犯罪人员投案自首的通告》的规定,强化侦查破案、查控堵截、敦促自首、审讯深挖、摸底排查、采血比对、查找解救等工作,贯彻宽严相济刑事政策,千方百计侦破更多拐卖案件,解救更多拐卖受害人。同时,协调相关部门落实国家反拐行动计划,建立健全多部门齐抓共管、综合治理的工作机制,坚决遏制拐卖妇女、儿童犯罪活动的发展蔓延,维护社会和谐稳定。

总而言之,尽管拐卖妇女、儿童犯罪发案率高、破案率低,但是,中国打击拐卖妇女、儿童犯罪工作,已取得了明显成效,全国拐卖妇女儿童犯罪发案数总体下降。当然,部分地区此类犯罪仍然比较突出,犯罪形势和手段也出现一些新的特点。这些新的特点:一是犯罪团伙化趋势明显;二是犯罪网络错综复杂;三是拐卖对象复杂化,以儿童为侵害对象的案件增多,非法收养仍然是拐卖儿童犯罪的主要目的;四是犯罪手段多样化,暴力化趋势明显,盗窃、抢夺儿童案件时有发生,部分犯罪嫌疑人通过网络聊天交友、相约游玩等新的作案手段拐卖妇女;五是犯罪地域逐渐扩大,尤其在贫困地区,如云、贵、川和流动人口集中的发达地区,如东莞、深圳、福建等地,此类犯罪长期猖獗;六是跨国、跨境拐卖妇女儿童案件屡有发生。

(2)案件性质日趋严重,暴力犯罪日趋增多。与20世纪五六十年代刑事犯罪明显不同的是,在市场经济条件下使用暴力或严重暴力手段作案的犯罪日趋增多。同时,随着境外犯罪意识、犯罪方式的输入和国际恐怖活动的影响,过去罕见的持枪作案等危害公共安全的严重暴力犯罪也频频发生。例如,1990年10月2日,蒋晓峰持枪劫持厦门飞往广州的2510号民航客机,在广州白云机场造成3架客机相撞,死伤180人的惨案。1991年11月武汉市公安机关破获的张明高杀人抢劫集团,该抢劫集团先后持枪杀人、抢劫作案30余起,杀死21人。1995年陈文建等3人在往返于港、澳间的"东星"号客轮上,持枪抢劫中国银行澳门分行港币1000万元。不仅如此,杀人方式也向多样化发展,手段日趋残酷,一案杀死多人、雇凶杀人、杀人碎尸以及系列性杀人犯罪不断发生。如1995年广东发生的张小建等16人杀人、抢劫的重大案件,犯罪分子多次作案,杀死17人,抢劫汽车18辆,价值629万元。2001年3月16日,

---

① 参见高一飞:《建议对拐卖妇女、儿童的罪犯处以死刑》,载无锡新传媒网2011年6月3日,来源·红网。

河北省石家庄市几栋居民楼连续发生爆炸,108 名群众被炸死,38 名群众受伤,造成了严重的生命和财产损失。此案引起了国内外的广泛关注。破案后,犯罪嫌疑人供认不讳。2002 年南京汤山投毒案,造成 300 多人中毒,42 人死亡;2008 年上海闸北区杨佳暴力袭警案,导致 6 死 6 伤;2009 年成都"6·5"公交车燃烧事件,造成 27 人死亡,74 人受伤;2009 年 7 月 5 日更发生了震惊中外的乌鲁木齐打砸抢烧严重暴力事件,截至 2009 年 8 月 6 日的统计,这起暴力事件已造成 156 名无辜群众丧生、1700 余人受伤。事件中被砸烧的车辆 627 辆,其中有 294 辆为城市公交车;不少房屋、店铺被砸烧,受损的房屋有 633 户、21353 平方米,其中受损店面 291 家,被烧毁的房屋 29 户、13769 平方米;许多市政、电力、交通等公用设施遭到严重破坏;数十名公安民警被打伤、一名武警壮烈牺牲;自治区党委、公安特警、武警消防驻地、新闻媒体所在地、民族干部大院等遭受攻击。

(3) 经济犯罪突出,日益严重,新型犯罪不断出现,制作伪劣假冒商品泛滥成灾,涉众型经济犯罪更加隐蔽。改革开放初期,我国的经济犯罪主要表现为盗窃、贪污、贿赂、走私、利用合同诈骗等,后来逐渐出现了制作销售假冒伪劣商品,假冒注册商标,偷税抗税,骗取国家出口退税,制造、贩卖、虚开、伪造、非法销售增值税专用发票,制贩伪币,非法集资诈骗,金融票据、信用证、信用卡诈骗,侵犯知识产权,洗钱,证券犯罪甚至出现了地下钱庄等等,经济犯罪的类型日趋多样化。近几年,经济犯罪又出新花样,一是利用手机短信和网络进行诈骗。一些犯罪分子采用冒名开设银行账户,购买不记名手机卡、设计网页等手段向手机用户大量发送"中奖"、"出售廉价走私物品"、"提供六合彩特码"等虚假短信。一旦有人与他们联系,便以代缴税金、邮费、保险费等名义,让受害人汇款,骗取受害人钱财。还有一些犯罪分子通过短信大量发布制作假文凭、假证件、提供假钞、假增值税发票,以及淫秽、反动信息,扰乱社会管理和市场管理秩序。二是非法传销或变相传销。被斥为"经济邪教"的非法传销和变相传销近几年屡禁不止,一些非法组织以招工、做生意等为诱饵,许诺高额回报、迅速致富或打着"连锁经营"、"特许加盟"等旗号骗取不明真相的群众加入,以骗取其入门费,其活动的性质已经转变为"拉人头"式的欺诈活动,其特点是以发展人员多少作为提取报酬的标准,整个传销网络完全依靠下线人员缴纳的金钱维系运作,同正常的经营活动毫不相关,一些非法传销组织甚至为了维持下线人数而对加入者采取监视活动、变相拘禁、非法拘禁等侵犯人身权的手段。非法传销或变相传销严重扰乱了我国的市场经济秩序,严重侵害了人们的人身权利和财产权利。三是违法经营国际电信业务。一些不法单位和个人采用私设电信转接平台等手段非法经营国际电信业务,牟取暴利,严重扰乱了我国电信业务市场的正常秩序,给国家和电信企业造成巨大经济损失。

经济犯罪侵害的领域也不断扩大,从最早的生产、流通领域经济犯罪突出,后来发展到外汇、税收、金融、证券等领域,近年来,在就业、体育、教育领域也出现了经济犯罪现象。经济犯罪大案要案突出,涉案金额动辄上百万、上千万甚至上亿元,改革开放初期的经济犯罪,上万元就是大案了,20 世纪 80 年代初期的个案最高案值为百万元,80年代末就出现了案值上千万的个案,90年代以来的个案案值有的突破亿元,还有的达到上百亿元,这是改革开放初期所无法比拟的。经济犯罪的手段也越来越智能化,犯罪分子往往利用高科技手段,利用管理工作中的漏洞盗取资料或破译密码从事犯罪活动,犯罪具有更强的预谋性,犯罪手段更为隐蔽和狡猾。跨区域甚至跨国犯罪增加,一些经济犯罪横跨全国十几个省区甚至与境外犯罪集团相勾结,另有一些经济犯罪分子在犯罪后逃匿国外。据报道,"1998年以来,全国公安机关先后从30多个国家、地区将230多名在逃犯罪嫌疑人缉捕回国"[①]。犯罪后隐匿国外,逃避法律追究,已经成为很多经济犯罪分子为自己设计的"康庄大道"。

改革开放以来,促进了我国经济发展和社会繁荣,另一方面也引发了经济犯罪日益增多,新型犯罪不断出现,其中伪劣商品泛滥成灾,就是最为明显的例证。

大量的黑工厂是假冒伪劣商品产生的源头,中国各地都有。这些工厂专门生产一些冒牌商品和劣质产品,从药物、食品、建材到电器产品,无所不包。采取的方式五花八门,如擅自使用与他人特有的商品相同或近似的名称、包装、装潢、商标或者标记;擅自使用他人特有的企业名称、字号或姓名;在商品上隐匿依法应当标明的质量、成分、性能、用途、产地、生产者、生产日期、有效期限等,或对此做虚假的表示,以及欺骗性的价格表示;利用广告等形式对商品或服务的质量、成分、性能、用途、产地、生产者作虚假不实或引人误导的宣传,等等,不一而足。

大量伪劣产品充斥市场,严重损害了消费者的利益。其中对社会危害最大的莫过于假药、假农药、假酒、伪劣建材,以及食品等等。假洋货也充斥了市场,例如假酒。中国年产酒量2000万吨其中有不少假酒。据不完全统计,从1985年到1994年,全国共发生假酒中毒事件20多起,中毒人数为5400多人,其中有200多人死亡。这些假酒的生产者主要是一些产品在市场上无竞争能力的地方酒厂。据北京市卫生检疫局进口食品处一位负责人介绍,福建已出现假洋酒生产线,对高档酒采用"釜底抽薪"法,先用焊枪将水晶瓶底烤软,钻一个小孔将真酒抽出后,兑入假酒,一瓶真酒通常可胎生100多瓶假酒。对于中低档酒则用注射器插入软木塞抽酒出来后,再兑入假酒。云南电视台1996年8月26日晚在"今日话题"中播出"会泽毒酒案",案犯李荣平、彭传云从云峰化学工业公司购买甲醇3420公斤,非法勾兑成有毒假酒销售,致使192人中毒,其中35人死亡,6人重伤。在2003年5月11日广州"假酒中毒"事件中,有11人中毒死亡,超过56名中毒者住院。2010年12月29日中国新闻网报道,河北省昌黎县部分企业用化工原料勾兑葡萄酒案,共封存葡萄酒原汁55吨、葡萄酒产品55种、共计1.6万余件,无标签的葡萄酒280瓶,封存涉嫌侵权葡萄酒5114箱,扣缴了涉嫌制造侵权商标标识的模板19套。

近些年来,国内一些商贩纷纷向国外输出各种伪劣假冒商品,如我国在国际上享有盛誉的茅台酒、五粮液酒等。由于一些不法分子把劣质酒冒充名酒在国外出售被查出后,该地政府愤怒地称为"毒酒",并规定不准出售中国酒。又如,中国吉林生产

---

① 参见中国警务报道(www.china110.com)2004年5月29日《公安部通报近年来打击经济犯罪情况》。

的"新开河"人参,曾荣获16届日内瓦发明金奖,但有的国家和地区发现其中有假冒产品后,便不经销这种药品,致使国家蒙受了巨大损失,影响了当地市场秩序,损害了当地消费者权益,以致一些国外报纸不惜笔墨讽刺中国商品质量低劣,不仅败坏了我国出口信誉,而且严重影响了我国对外经贸关系的发展。

在经济犯罪日益严重中,应该着重谈一谈涉众型经济犯罪。所谓涉众型经济犯罪,是指涉及众多受害人,特别涉及众多不特定受害群体的经济犯罪。主要包括非法吸收公众存款、集资诈骗、传销、非法销售未上市公司股票等犯罪活动。另外,在证券犯罪、合同诈骗犯罪、假币犯罪、农村经济犯罪活动中,也有类似涉众因素存在。黑龙江省哈尔滨市检察机关2007年以来共受理涉众型经济犯罪案件276件439人。其中,非法吸收公众存款罪所占比重最大,占发案总数的38%,非法经营罪占36%,集资诈骗罪占9%。

现阶段的涉众型经济犯罪,犯罪分子除继续使用"虚假骗局""高额回报"等传统伎俩之外,还利用了所有能利用的现代媒介,如发送手机短消息、利用媒体发布虚假广告,特别是利用人们对新事物的好奇,以新的投资经营模式以及高科技产品的名义,诱骗投资人。有的甚至邀请学者及社会知名人士召开研讨会、发布会。例如,集资诈骗8.6亿元的"金源葆"一案,为制造回收螺旋藻出口盈利的假象,以达到继续骗取群众投资的目的,2007年9月,庄某授意伪造若干俄文合同,并邀请若干俄罗斯商人到哈尔滨市,举办声势浩大的签约仪式和新闻发布会,编造金源葆公司与俄罗斯某公司成立合资公司的假象,谎称回收鲜活螺旋藻出口俄罗斯盈利,一些媒体进行了大篇幅的宣传报道,使此案受害群众达2.2万人。

现阶段的涉众型经济犯罪,呈现出四大新的特点:

一是以取得合法经营主体资格掩人耳目。非法集资的犯罪嫌疑人大多具有合法注册的公司、法人代表身份,有正规的营业执照。如"金源葆"一案,庄某等人为获取非法利润,成立100多家分公司,通过编造与中国科学院某公司、全国高科技健康产业工业委员会等知名单位的关系,夸大企业实力,骗得信赖。

二是充分利用"红顶商人"的帽子骗取信任。在被查处的涉众型经济犯罪嫌疑人中,省、市、区人大代表、政协委员不乏其人。

三是犯罪组织趋向传销式、家族化等多元化共同犯罪结构。近年来的新型集资诈骗和非法吸收公众存款案中,犯罪组织结构更加严密,这种严密性已不单纯体现于公司结构和分工的完整性、明确性上,而是更为突出地表现为利益关系的严密有序。如金源葆公司集资诈骗案中,该公司经过周密策划,在亲友中培养了多名骨干中介分子,推行按照集资额给予奖励的激励政策,迅速拉动了集资额的攀升。这样的集资诈骗犯罪方式,在一定程度上已具备了传销的特征,上下线之间的利益关系相互紧密依赖,犯罪组织结构愈发紧密。

四是犯罪分子隐蔽性更强。涉众型经济犯罪案件多具有一定的组织性,主要策划者多居于幕后进行遥控指挥,通过雇用社会上的闲散人员和发展下线的方式作案。如某经贸有限公司集资诈骗案中,犯罪嫌疑人何某雇用陈某和王某从事该公司的财务管理和具体运作,诈骗金额高达2300余万元。由于在合法注册公司的掩护下,犯罪嫌疑人分工明确,组织严密,利用他人身份注册公司,平时也不参加公司的运营,表面上和公司没有一点关系,给侦查机关的侦破工作造成很大的困难。①

最后,还应该重点讲一下职务犯罪问题。职务犯罪日益严重,近年来大案要案不断,震惊全国的犯罪案件时有发生,不仅发案数量持续上升,而且犯罪数额之大,犯罪主体职位之高,犯罪涉及人数之多,顶风作案之严重等,已成为近几年来职务犯罪的新特点。百万元直至千万元大案屡见不鲜,甚至已有上亿元的案件,厅局级以上干部犯罪愈来愈多,社会影响越来越大。最近的统计数字表明,1997年10月至2002年9月,全国纪检监察机关共立案861917件,给予党纪政纪处分846150人,其中开除党籍137711人。被开除党籍又受到刑事追究的37790人。在受处分的党员干部中,县(处)级干部28996人,厅(局)级干部2422人,省(部)级干部98人。

2008年3月10日最高人民检察院检察长贾春旺在第十一届全国人民代表大会第一次会议上作最高人民检察院工作报告说,2003年至2007年五年来,共立案侦查贪污贿赂、渎职侵权犯罪案件179696件209487人,比前五年分别下降13.2%和9.9%;除正在侦查、审查起诉和审判尚未终结的以外,已被判决有罪116627人,比前五年上升30.7%;2007年有罪判决数与立案数的比率比2003年提高了29.9个百分点。立案侦查贪污受贿10万元以上、挪用公款百万元以上案件35255件,涉嫌犯罪的县处级以上国家工作人员13929人,厅(局)级930人,省(部)级以上35人。大案、要案占立案数的比例分别从2003年的46.8%和6.3%上升为2007年的58.3%和6.6%。完善境内外追逃追赃机制,对在逃的5724名职务犯罪嫌疑人已抓获4547名,追缴赃款赃物244.8亿多元。

2009年3月10日最高人民检察院检察长曹建明在第十一届全国人民代表大会第二次会议上作最高人民检察院工作报告说,2008年全年共立案侦查贪污贿赂、渎职侵权犯罪案件33546件41179人,已侦结提起公诉26684件33953人,人数分别比上年增加1%和10.1%。其中,立案侦查贪污贿赂大案17594件,重特大渎职侵权案件3211件;查办涉嫌犯罪的县处级以上国家工作人员2687人,其中厅局级181人、省部级4人。会同有关部门加强境内外追逃工作,抓获在逃职务犯罪嫌疑人1200名。

2010年3月11日最高人民检察院检察长曹建明在第十一届全国人民代表大会第三次会议上作最高人民检察院工作报告说,2009年全年共立案侦查各类职务犯罪案件32439件41531人,件数比上年减少3.3%,人数增加0.9%。突出查办大案要案,立案侦查贪污贿赂大案18191件、重特大渎职侵权案件3175件;查办涉嫌犯罪的县处级以上国家工作人员2670人,其中厅(局)级204人,省(部)级8人。加大惩治行贿犯罪力度,对3194名行贿人依法追究刑事责任。加强境内外追逃追赃工作,会同有关部门抓获在逃职务犯罪嫌疑人1129人,追缴赃款赃物计71.2亿元。

---

① 参见闫佳楠等:《涉众型经济犯罪:隐蔽性更强了》,载《检察日报》2011年1月26日。

2011年3月11日最高人民检察院检察长曹建明在第十一届全国人民代表大会第四次会议上作最高人民检察院工作报告说,2010年全年共立案侦查各类职务犯罪案件32909件44085人,同比分别增加1.4%和6.1%。其中,立案侦查贪污贿赂大案18224件,同比增加0.2%;查办涉嫌犯罪的县处级以上国家工作人员2723人(含厅(局)级188人,省(部)级6人),同比增加2%。加大查办行贿犯罪力度,立案侦查行贿犯罪嫌疑人3969人,同比增加24.3%。健全境内外追逃追赃机制,会同有关部门抓获在逃职务犯罪嫌疑人1282人,追缴赃款赃物计74亿元。

加入世贸组织后,职务犯罪的方式必然会出现一些新的方式:一是以赠与、赞助、奖励等"合法"形式实施的职务犯罪。例如,涉外企业为了争取国内建设项目,向工程主管人员采取邀请当事人出国考察、疗养,或者赞助当事人的子女留学,或者聘用当事人及其亲属为公司、企业"名誉"员工等方式行贿,看似合法,实际上使职务犯罪更加隐蔽。二是以投资、期权等方式实施职务犯罪,利用股票发行、上市和企业破产、拍卖、投资等时机,非法收取股票等有价证券和其他好处。名义上是个人投资,但其投资与所拥有的股权、期权之间差额巨大,其实质是利用资本市场将犯罪所得"合法化",并且取得非法利益的时间具有不确定性,使职务犯罪长时间处于持续状态。三是以跨境跨国贪污、挪用、受贿等方式实施职务犯罪,即直接在境外收受贿赂,或者对境外的国有资产实施贪污、挪用、私分,并利用当地条件转移、隐藏赃款,寻机"洗钱"或潜逃。四是外商为了降低交易成本,很可能要求我国比照国外的"佣金"制度把某些发生在交易活动中的费用公开化、合法化,这样一来,诸如回扣等不法行为就会变得更加隐蔽和猖獗,从而增大了对职务犯罪预防的难度。特别是国有企业在转型改制、资产重组过程中,许多管理漏洞和行政干预等深层次的问题更加充分暴露出来,一些企业内的蛀虫趁此混乱之际,大肆侵吞国有资产,并且造成国有资产的大量流失。例如,在中外合资联营、国有资产产权转让、资产处置、企业承包、租赁及股份改造中,故意压低价格,化公为私,钻加入世贸组织之初管理机制不健全、监控存在盲区的空子。诸如贪污、私分国有资产和徇私舞弊低价折股、出售国有资产等犯罪行为会明显多见。有的为掩人耳目,无视"盗公"行为丛生,任凭国有资产"大家拿";有的利用职权挪用公款,或无偿转借给亲属、朋友,将国家资金"体外循环",让个人赚大钱,其背后则多有权钱、权色交易的龌龊行径,以致大量公款公物不能返还,造成国有企业亏损、破产。

其他类型的经济犯罪,如走私、制造、贩运、运输毒品和制作、贩卖伪劣商品、贩卖、传播淫秽物品,以及聚众赌博犯罪等等,近年来都有很大程度的增加。其中,从1988年8月开始查办的厦门赖昌星等走私犯罪集团案件,其犯罪数额之大,涉案的政府官员之多,堪称20世纪大案之最。

(4) 有组织的犯罪发展迅速,进入21世纪已成为连年不断的重点打击对象。20世纪70年代末、80年代初,青少年团伙犯罪曾经相当严重,经过1983—1987年初的"严打",其势头被遏制。但是,1986年以后,萌芽与松散状态的犯罪团伙开始向专业集团犯罪转化,进入20世纪90年代以后,在有组织的犯罪中,既有为从事某类犯罪

（如走私、拐卖人口、伪造、制贩毒品、制贩枪弹等）而组织协作的犯罪集团，又有称霸一方、带有黑社会性质或封建行帮色彩的犯罪组织。他们在经济上有些完成了原始积累后，开始向政治领域渗透，并侵入社会公共领域的多个层面。

在城市里，这类有组织的犯罪出现了如下一些特征：第一，具有一定的经济实力。他们通过走私、投机倒把、设赌抽头、倒卖文物、倒卖毒品等手段大量攫取不义之财，以此购置高级小轿车、各种作案工具和武器，雇用打手。较强的经济实力和现代化犯罪手段，为有组织的犯罪活动及逃避打击提供了物质条件。第二，利用某种合法身份掩盖其犯罪活动。随着个体经济的出现与发展，一些犯罪分子以承包后的经理、主任或公司负责人的身份出现，利用所开设的酒吧、舞厅、作坊等掩盖赌博、卖淫嫖娼、制贩淫秽物品、吸毒、走私以及倒买倒卖违禁物品等违法犯罪活动。第三，借助金钱、财物、美女拉拢腐蚀某些国家干部，甚至公安、司法人员，寻找犯罪保护伞，达到扩展黑势力的目的。第四，披上"红色外衣"干着"黑白两道"罪恶勾当。犯罪分子中，有的当上政协委员，有的当上人大代表，有的直接混入某一部门，甚至当上领导。

在农村，黑恶势力有组织犯罪的罪恶表现，集中起来说，一是欺行霸市；二是非法讨债，从中渔利；三是开办实体，非法垄断经营；四是充当保镖，坐享其成；五是巧取豪夺，非法收费；六是破坏基层选举，妄图安插心腹或者自己登上乡镇领导宝座。

进入21世纪，"黑恶势力"已成为连年不断的重点打击对象。诸如，2000年12月至2001年3月的"打黑除恶"专项斗争、2001年4月开展的"打黑除恶"专项斗争，以及2006年2月开展的全国"打黑除恶"专项斗争与2008年5月5日中央政法委在京召开的全国继续深化"打黑除恶"专项斗争电视电话会议等，取得了明显成效。但是，正如最高人民检察院副检察长朱孝清在中央政法委继续深化"打黑除恶"专项斗争电视电话会议上所说："当前我国黑恶势力犯罪处于活跃期，并呈现一些新的特点：隐蔽性强，经济实力快速扩张，对抗打击能力提升；极力向基层政权领域渗透，出现了跨区域勾连聚合的苗头；境外渗透活动严重，犯罪国际化趋势凸显，社会危害加剧。"

（5）跨国跨境犯罪日益突出。改革开放前沿的广东省，几乎任何一种重大刑事犯罪都有入境犯罪分子的参与，如走私、贩毒、盗窃、抢劫、诈骗、伤害、强奸、报复等。入境犯罪者由于披着港澳同胞、侨胞的外衣，作案后便迅速逃出境外，曾一度难以追究打击。其中有的用走私入境的违禁品换取大量文物、字画偷运出境，有的利用境外非法取得的信用卡与境内犯罪分子相勾结伪造身份证和签名，到京、津、沪等八大城市银行兑换点骗取外汇兑换券。北京、西安等城市还发现多起国际金融诈骗案。

除入境犯罪外，过境犯罪也不断发生。例如，近些年来发现的国际贩毒集团将"金三角"的毒品从泰国、缅甸、老挝边境偷运入我境，经广东的深圳、珠海、汕头等地运往港澳，再转贩其他国家。此外，有的境内外犯罪分子互相勾结，形成网络，组成跨境犯罪集团。这种犯罪形式更难对付。目前，在已查获的伪造货币案、走私枪支案及上述毒品走私案中均发现这类犯罪集团的活动。

（6）高科技犯罪、洗钱、环境犯罪等新型犯罪层出不穷，后果严重。犯罪手段复杂多样，犯罪工具日趋现代化。随着我国社会经济发展和现代化步伐的加快，出现了大量新的经济活动方式和手段,与此相应,在刑事犯罪中也出现了许多新的犯罪手段。如信用卡在我国出现不久,就出现数起信用卡诈骗案;银行系统建立计算机管理体系不久,便发生修改程序或内外人员勾结盗窃银行巨款案件。还有盗用银行电汇、邮汇密码诈骗,伪造银行汇票诈骗,以"法人"面目出现进行诈骗等,这在过去都是罕见的。随着现代科学技术的发展,许多科技产品既为人类造福,也成为犯罪者手中的工具。如犯罪分子利用新型复印机复印假钞、证件、公文等;抢劫中使用激光手枪、麻醉枪及麻醉药品、电棍等;盗窃中使用千斤顶、燃焊器等。许多犯罪分子还拥有轻骑摩托车、高级小轿车、快艇等等。

为了遏制犯罪发展,我国在市场经济条件下,从1983年到1996年,从1996年到2001年,组织了三次全国范围内急风暴雨式的"严打"斗争,2001年至2008年奥运更连年不断地进行"打黑除恶"专项斗争,以及在这期间,全国各地又针对本地方的犯罪情况,陆续搞过多次专项斗争。每次"严打",都收到了立竿见影的效果。因此,"严打"是我国现阶段的重要刑事政策,这是丝毫不能动摇的。它不仅可以充分发挥刑罚的震慑功能,打击严重犯罪的嚣张气焰,而且可以充分鼓舞广大人民群众同犯罪分子作斗争的勇气和士气,扭转社会治安恶化的局面。然而,在这种效果之后,迎来的却是犯罪急剧增多,且这种"严打"的效果越来越短。这充分证明了,在犯罪猖獗的情况下,不搞"严打"不行,只靠"严打"也绝对治理不了犯罪。因为犯罪是一种由多种原因聚合而成的复杂社会现象。"严打"作为对付犯罪的一种手段,对控制和预防犯罪能够产生一定的作用。但是,事实证明,仅仅依靠"严打"并不能从根本上减少和消灭犯罪。因此,我们在治理犯罪的对策上,必须坚定不移地走社会治安综合治理的道路。"严打"必须与其他社会预防与控制措施协调配合才能发挥更好的作用。

我们应该从中汲取以往的经验、教训,坚决避免因认识上的误区而带来的"严打"实践的负效应。为了总结经验,吸取教训,至少有下列几点值得特别予以注意:第一,应该在坚持"严打"方针的同时,坚持"打防结合,以防为主"的斗争策略,真正做到"严打、严管、严治、严防",综合治理,综合防范。第二,莫要等待统一部署"严打"斗争,要做好常规的警务工作,对于犯罪,特别是黑恶势力犯罪,必须露头就打,打早打小,将其消灭在萌芽状态,绝不能"养肥了再打",使其形成、发展、壮大起来,贻害人民和社会安宁。第三,要对"严打"的具体操作进行严格的、必要的规范,使其在法治的轨道上进行。"严打"之从重,不能采取重刑主义,不能造成刑罚的不公正,否则不仅达不到抑制犯罪动机的作用,相反,由于刑罚的不公正还可能引起适用对象的逆反心理,乃至仇恨心理,促使其伺机进行新的犯罪来对抗这种刑罚的适用,那样,"严打"的效果就会因这种负面影响而大大降低。第四,要正确理解刑法的价值和作用,不能用刑罚这种最后的手段代替经济、行政、教育和道德在调整社会关系中的作用,刑事处罚要特别慎重,不能扩大化。因此,在观念上,我们必须反对刑法万能主义,张扬刑法的谦抑观念;要大力加强犯罪学研究,倡导通过犯罪现象研究,进一步探索其产生的原因和采取有针对性的防治犯罪对策。这是治理犯罪具有规律性的经验总结。只有如此,才能使以预防犯罪为归宿的犯罪学,在我国作为一门独立学科,走出专门的法律科学的狭窄而枯燥的法律条文规定范畴的研究,成为真正名副其实的社会科学,从而肯定其在治理犯罪中的地位和充分发挥其应有的作用。第五,对于犯罪要在全社会形成"老鼠过街,人人喊打"的氛围。为此,我们要充分发动群众,揭发检举,依靠群众,有案必报;在搞好社区矫正的同时,对于刑释解教人员要承担帮教责任,使他们走出大墙,感到社会温暖,预防他们重新犯罪。

第三节　中国六十多年来犯罪发展的普遍规律

犯罪如同其他事物一样,都有其自身的发展规律。所谓规律,也叫法则,是指事物发展中本质的、必然的联系,具有必然性、普遍性和稳定性。犯罪发展的规律性研究,必须是建立在大量统计数据资料基础之上,进行定量与定性分析相结合而得出的结论性意见。这种结论性的意见,由于它们是来源于实践,是从中国犯罪发展的实际情况中,通过调查与研究提炼出来的,因此,它们不仅对于决策部门具有重大意义,而且对于政法实际部门也有借鉴意义,对于从事犯罪学研究者也会起到启示性作用。归根到底,我们研究犯罪发展规律的目的,是为了预防与减少犯罪。正如毛主席所说:"不知道那件事的规律,就不知道如何去做,就不可能做好那件事。"[①]江泽民同志在2001年4月举行的全国社会治安会议上明确指出:"对发生的各类案件特别是典型案件,对治安工作面临的突出问题,必须注意分析,善于举一反三,以取得规律性认识,这样才能真正实现标本兼治。"[②]

一、不同时期犯罪的上升和下降,与政策上有无失误和工作好坏有着直接关系

纵观六十多年来我国犯罪不同时期的上升和下降,显然,它不单纯是一个社会治安问题,而是一个与政策上有无失误、工作好坏、物质文明和精神文明建设水平高低、道德风尚如何有着密切关系的问题,同时,它也是上述一切的一个重要标志。我国20世纪50年代和60年代中期,社会结构较为严密,基层政权建设获得了较大发展,家庭、学校、社会教育相互配合,所以,青少年犯罪率极低。1961年的犯罪急剧增加,是由于1957年反右派斗争扩大化之后,出现了三年"大跃进"的严重失误。"穷过渡""共产风""吃饭不要钱"等反科学之风,造成了经济上的空前危机。这种危机在1961年全面爆发出来,它表现在犯罪问题上就是犯罪急剧增加。1961年高达421934件,与1960年222734件相比,增加了近一倍,形成了新中国成立后第二次犯罪高峰。我国"文化大革命"时期犯罪的大幅度增加,更加明显地说明,任何一场社会大动乱,都必然造成犯罪的大幅度增多。

在市场经济体制下,改革开放初期所出现的新中国成立后第三次犯罪高峰(1983年前),既有改革开放,对内搞活经济所引起的社会变革的影响,更有"文化大革命"的

[①] 参见《毛泽东选集》第1卷,人民出版社1960年版,第168页。
[②] 参见《江泽民文选》第3卷,人民出版社2006年版,第211页。

后遗症,即"文化大革命"动乱的滞后反映。我国在改革开放与经济体制改革过程中,曾经出现了通货膨胀、结构失衡、经济秩序混乱和收入分配不公等问题。特别是西方资产阶级的腐朽思想也乘我国开放之机大肆渗透。在我国一些坚持搞资产阶级自由化的人,大肆散布资产阶级利己主义,宣传资产阶级政治制度,兜售资产阶级自由与民主,鼓吹一切向"钱"看和资产阶级生活方式等等,妄图通过和平演变来实现他们把中国变成资产阶级共和国的美梦。在这样严峻的形势下,我们的思想政治工作不仅没有加强,而且被严重地削弱了。这种在政治上的严重失误,使得在新中国早已绝迹的丑恶现象纷纷沉渣泛起,精神世界被严重地污染了,从而诱发了许多违法犯罪问题,尽管经过"严打",但是,到了1985年5月以后我国的犯罪案件明显上升,到了1989年,全国刑事案件达到了197万件,几乎突破百万大关。到了1991年全国发生各种犯罪为236万起,发案率20‰,出现了新中国成立后第四次犯罪高峰。如果将第五次犯罪高峰的4457579件与第四次犯罪高峰比较,则增加了两倍多,如果与新中国成立后的第一次犯罪高峰的513461件比较,则增加了近8倍。

政策是根据形势的需要而制订的。当我们对形势有了比较正确的认识,就能制订出正确、完善的政策,就能对一些容易滋生犯罪的因素起抑制作用,减少犯罪。反之,如果我们对形势缺乏适当的分析和估量,制定出来的政策就很可能不切合实际,客观上给犯罪分子以可乘之机,直至造成犯罪活动出现较大幅度的上升。我们有党的坚强领导,有社会各界和广大人民群众的热情关怀和大力支持,只要我们能够认真总结经验教训,避免政策上失误,搞好我们的工作,不断完善社会主义制度和建立健全法律,努力搞好社会主义物质文明和精神文明的建设,是完全可以将犯罪率控制在正常的幅度之内,并使之逐步减少。

应该承认,我们对犯罪的危害性、严重性和长期性是认识不清的。这种不清主要表现有三:一是盲目乐观,认为"社会主义制度的优越性,犯罪不会增多,只能减少"。一旦增多,认为靠"严打"一手,就会恢复到20世纪50年代的犯罪水平。二是不敢面对犯罪现实,认为谈论犯罪多了,就是"抹黑"。因此,早期是数字保密,不敢公开,研究犯罪的学科被砍掉。近期虽有好转,但仍然不能适应形势发展的需要,全国无一本公开发行的犯罪研究杂志,就是一个明显例证。因此,我国犯罪研究的滞后状况,虽有改观,仍是举步维艰。三是不加强犯罪研究,不搞或搞不好基础性工作。不加强犯罪研究,找不出犯罪的规律,是搞不好有针对性预防犯罪的基础性工作的,因而也是解决不了犯罪的深层次问题的,只能是头疼医头,脚疼医脚,陷入打击、好转,再打击、再好转……而且好转的时期越来越短,使犯罪恶性循环,越来越严重。

二、在社会转型和政策重大调整时犯罪出现高峰

1978年12月召开的党的十一届三中全会,作出了把工作重点转移到社会主义现代化建设上来和实行改革开放的决策,启动我国经济体制改革和对外开放的步伐,随后进行的农村经济体制改革、国有企业改革和引进外资、引进国外先进的管理技术等一系列举措,逐渐将我国从计划经济模式引向市场经济模式,推动了我国经济的工业化、社会的城市化、政治的民主化、价值观念理性化的进程。但在新旧体制转换过程中出现的利益失衡、规则冲突、法律缺位、城市基本建设滞后、社会阶层高度分化、价值观念扭曲，以及人们心理的不适应和承受能力方面等问题，导致了刑事犯罪案件的增加。从1978年开始，刑事案件立案数和立案率每年递增，至1981年达到高峰，当年立案89万多起，立案率达到8.94‰的水平，形成改革开放后我国第一次犯罪的高峰。面对如此严重的犯罪情况，我国各级司法机关在党中央和全国人大决策下，开展了为期三年的严厉打击刑事犯罪活动的斗争，全国的刑事案件数量和立案率也随着"严打"斗争的开展而降低，从而使得1988年之前的刑事案件的立案率始终未突破10‰，但到了1989年，我国刑事案件立案数则猛增至1971901起，立案率突破了10‰的大关，骤然升至18.1‰。此后，我国的刑事案件立案率从未低于10‰。1991年更形成了我国改革开放后第二次犯罪高峰，刑事案件立案数为2365709起，立案率为20.971‰。1992年至1999年，我国的犯罪率处于波动起伏状态，先是在波动中缓慢下降，然后又在波动中较快上升。2000年，又是一个剧烈波动，刑事案件立案率从1999年的18.363‰上升至28.698‰，2001年继续攀升至36.043‰，达到新中国成立以来的最高值，2002年有下降，但仍然超过30‰。可以说，改革开放之后的第三次犯罪高峰已经初显端倪。伴随着犯罪高峰我们曾经搞了三次"严打"斗争。①

根据上述统计数据，我们可以清楚地看出：(1)社会转型和重大政策调整时，犯罪必然会出现高峰。(2)社会转型初期，犯罪呈缓慢上升趋势，随着社会转型的深化，犯罪增长的速度加快。因此，我国改革开放后第三次犯罪高峰和第二次犯罪高峰比第一次来得更加凶猛。(3)在社会转型时期犯罪数量和犯罪率处于整体增长的态势下，国家政策的调整会引起犯罪数量和犯罪率的小幅波动。

三、坚持"严打"，以预防犯罪为主，认真落实社会管理与综合治理方针，方能维护国家长治久安

无论新中国成立初期的镇压反革命运动也好，或者是1983年以来所开展的严惩严重刑事犯罪分子的斗争也好，"严打"都收到了巨大效应，产生了立竿见影和持久的影响。这就用生动的事实证明，对于"严打"必须坚持，丝毫也不能动摇。只要还有严重的刑事犯罪分子存在，还有破坏社会主义的犯罪分子存在，就不能放松打击犯罪工作。同样，事实也充分证明，解决社会治安问题，不搞"严打"不行，光靠"严打"也不行。在犯罪猖獗的情况下，采取大规模的统一行动，集中打击是非常必要的，与此同时，相应地巩固"严打"成果的措施，诸如不断地提高人民生活水平，深入持久地进行法制和道德教育，加强立法，强化社会管理和制度建设，以及加强和巩固基层组织等等多种社会管理与治安综合治理的措施，都必须认真落实。这已是我们与犯罪分子进行斗争而形成的一条颠扑不破的真理和确定不移的规律。

但是，长期以来，我国在"左"的思想，尤其是在"以阶级斗争为纲"的错误观念影

---

① 参见张晓秦、赵国玲主编：《当代中国的犯罪与治理》，北京大学出版社2001年版，第4页。

响下,"打击万能",一切为打击服务,"以打击为中心"等等思想在政法公安系统较为流行,因而不同程度地存在着"重打击、轻预防"的观念。这是值得我们特别加以重视的。因此,政法公安机关在同刑事犯罪的斗争中,"严打"放在首位,只要有严重刑事犯罪活动,就要严厉打击,这是必须充分予以肯定的。但更要注意"打防结合,预防为主"的问题。因此,我们必须在"打击、防范、教育、管理、建设、改造"等方面狠下工夫。因为犯罪问题是一种社会现象,它是各种消极现象的综合反映,是一种"综合病症",有复杂的思想根源和社会根源,有变革时期社会矛盾增多、思想政治工作薄弱、法律不完备、社会管理工作跟不上等等诸多原因。因此,治理犯罪应以预防为主,认真落实社会管理与综合治理的各项措施。社会管理与综合治理的重要意义,已经在多年的实践中充分显示出来。事实证明,哪里社会管理与综合治理搞得好,哪里的犯罪案件就少,社会治安就好。反之,犯罪案件就上升,治安问题就增多。近几年,全国各地涌现了一批社会管理与综合治理落实好、见效快的先进地区和单位。这些地方的犯罪案件没有大幅度上升,有些还稳中有降,社会治安秩序明显好转,经济发展也较快。他们的成功经验,如同新中国成立初期和三年自然灾害时期的经验一样,都充分说明了犯罪问题的增多,并非不可逆转,关键是在于在"严打"的同时,有没有全面落实社会管理与综合治理的各项措施。我们强调认真贯彻执行社会管理与治安综合治理的工作方针,就是要坚持一手抓依法从重从快严厉打击严重刑事犯罪分子;一手抓深入发动和依靠群众进行自我教育,依法监督、教育、改造违法犯罪人员,广泛加强社会管理和预防犯罪等多项群防群治的工作。

值得着重提出来的是:在加强社会管理与治安综合治理的工作中,各地注重建立健全群防群治网络,积极动员和组织广大群众参与社会管理与治安综合治理。各地专职治安巡逻队、治安联防队、乡镇社区保安、兼职法制副校长和法制辅导员、治安巡逻志愿者、铁路护路联防队、流动人口协管员、综治特派员、维护稳定信息员、矛盾纠纷调解员,以及法律援助、安置帮教和社区矫治等各种形式的群防群治队伍不断壮大,在维护治安和社会稳定中发挥的作用越来越明显。

我们一定要充分认识社会管理与综合治理的必要性和重要性,千方百计地认认真真地落实这一方针。特别是随着政治、经济形势的发展变化,社会治安形势已发生了很大变化,刑事犯罪已出现了向智能化、隐蔽化发展的趋势。如果我们与犯罪所进行斗争的基调,只限于以往所采取的大规模、长时间的集中统一行动,其结果只能是欲速则不达。因此,我们必须认真地调整、改进与犯罪进行斗争的方式,在强化经常性工作上狠下工夫,从基础、基层工作抓起,提高执法人员素质,严格依法办事,充分运用法律所赋予的一切手段,做到真正使社会治安形势从根本上得到解决,更不能在"严打"口号下做一些头痛医头,脚痛医脚的表面性工作,甚至陷入"严打"不断,刑事大案要案也不断上升的怪圈之中而不能自拔。否则的话,不仅"严打"的成果不能巩固,而且还会出现"打不胜打"的局面。

第三编　犯罪原因

第七章　犯罪原因的社会因素

社会是犯罪的生存空间,社会因素在犯罪形成机制中居于主导地位。严格而论,犯罪原因的社会因素并非孤立存在,而是依存于犯罪形成机制的体系,具有其相应的权重地位以及相互作用的关系模式。这一理论视野意味着犯罪社会原因理论的建构,不过这并非本章阐释的知识内容。本章犯罪原因的社会因素只是犯罪社会原因理论建构的前沿基础,就是仅从相对个别的角度具体分析有关社会现象与犯罪现象的关系,由此遴选一些重要的致罪因素。总体而论,犯罪原因的社会因素可以分为两个方面:犯罪原因的宏观因素;犯罪原因的微观因素。其中,犯罪原因的宏观因素涉及文化、现代化、社会变迁、社会互动、社会结构等现象与犯罪现象的关系;犯罪原因的微观因素涉及社会化、社会化执行机构、个体生物因素、个体心理因素等与犯罪的关系。限于篇幅,本书着重分析文化与犯罪、现代化与犯罪、社会化与犯罪。

第一节　文化与犯罪

对此,依循如下路径展开:文化与犯罪研究考究、文化概念及构成要素、犯罪原因的文化要素。

一、文化与犯罪研究考究

在犯罪学研究中,文化与犯罪的关系备受重视。我国著名犯罪社会学家严景耀指出:"为了了解犯罪问题必先了解造成犯罪的文化……犯罪与文化的关系深刻而密切,其密切程度是大多数初学犯罪学者所估计不到的。"[1]犯罪学对于文化与犯罪的研究,存在视角的差异与见解的争鸣。

文化冲突:强调犯罪蕴意本身的文化冲突意义。这一理论的思维模式具有两个特点。(1)犯罪界定:关注犯罪蕴意本身的文化定位。本来社会诸多文化各有特点,同时各自也表现出时代的差异,而法律却人为地将某种文化界定为犯罪。易言之,某

---

[1] 严景耀著:《中国的犯罪问题与社会变迁的关系》,吴桢译,北京大学出版社1986年版,第202页。

种行为被称为犯罪,这意味着犯罪只是这一行为的称谓,而这一行为本身有其特定的文化内容。(2)文化对立:社会存在着多元文化,各种文化的具体内容不尽一致,存在着价值观念与行为规范的对立冲突。当某种文化得到法律肯定,则与之对立的文化将被否定而成为犯罪。因此,犯罪在本质上是文化对立的表现,是肯定一种文化而否定另一文化的结果。美国著名犯罪学家索尔斯坦·塞林(Thorsten Sellin,1896—1994)所提出的文化冲突理论,属于这一理论思维模式的典型代表。我国也有学者基于这一理论思维模式,从文化变迁、文化传播、国民性格的角度,阐述了文化冲突与犯罪的关系。[1]

文化影响:强调犯罪文化的具体特征及其对犯罪形成的影响。这一理论的思维模式也具有两个特点。(1)犯罪文化:关注犯罪文化的具体特征。社会存在着主文化,同时也存在着亚文化。主文化受到社会肯定,而亚文化是与犯罪相应的文化。亚文化有其特有的价值观念、行为规范。犯罪研究需要揭示这种亚文化的独特内容及其与主文化的具体反差。(2)文化作用:亚文化既是犯罪表现的内在文化特征,也是犯罪形成的社会文化环境。亚文化可以世代相传。长期生活于以亚文化为主导的社会环境之中,将逐步形成对于亚文化的认同,按照亚文化的价值观念和行为规范行事,从而导致犯罪行为。美国犯罪学家沃尔夫冈(Marvin Wolfgang)的暴力亚文化理论、米勒(Walter Miller)的下层阶级文化理论、科恩(Albert Cohen)的少年犯罪亚文化理论等,属于这一理论思维模式的典型代表。我国也有学者基于文化影响的角度,阐述了不良书报、电影、电视等文化环境对于犯罪的作用。[2]

犯罪与文化密切相关,就犯罪本质而言,文化决定着犯罪的具体蕴含;就犯罪原因而言,文化影响着犯罪的形成。不过,文化是一个极为模糊的概念,研究文化与犯罪的关系,首先应当明确文化本身的内容,其次标示出文化中不同于其他社会现象的独特成分,揭示其对于犯罪形成的独特影响。

二、文化概念及构成要素

文化概念的歧义性极大[3],而且内容也极为丰富。考察浩瀚的文化定义,诸多学科的学者对之作了类型性的理论概括。[4] 例如,加拿大学者谢弗基于不同学科特征以及时代演进,将文化概念归结为九种类型:哲学文化概念、艺术文化概念、教育学文化概念、心理学文化概念、历史学文化概念、人类学文化概念、社会学文化概念、生态学文化概念、生物学文化概念。[5] 有的学者基于不同内在结构表现,将文化概念归结为

---

[1] 参见储槐植、许章润等著:《犯罪学》,法律出版社1997年版,第222—233页。
[2] 参见张甘妹著:《犯罪学原论》,台湾汉林出版社1985年版,第228—231页。
[3] 据美国文化人类学家A.L.克罗伯和K.克鲁克洪的统计,1871—1951年的80年间,严格的文化定义就有164个之多。后来的法国社会心理学家A.莫尔新的统计资料表明,20世纪70年代以前世界文献中的文化定义已达250多个。刘进田著:《文化哲学导论》,法律出版社1999年版,第36—37页。
[4] 诸多学科的学者,为使文化形成一个较为明确的范畴而进行了艰苦卓绝的努力,其首要的是分析诸种文化定义的特征并对之进行理论归类。
[5] 参见闵家胤:《西方文化概念面面观》,载《国外社会科学》1995年第2期,第64—67页。

五种类型:描述性定义、社会性定义、主体性定义、功能性定义、历史性定义。① 有的学者基于不同社会学意义,将文化概念归结为四种类型:主观意义的文化、结构意义的文化、拟剧意义的文化、制度意义的文化。② 有的学者基于意义包容的范围,将文化概念归结为三种类型:广义文化观、中义文化观、狭义文化观。③

文化是一个复杂的概念,基于犯罪学分析的要素、整合、动态的视角,本书也以相应的视角辨析文化概念的特征:(1) 内容丰富:文化是由极其丰富的构成要素而组成的形态。这些要素包括价值观念、社会制度、物质财富等等。(2) 关系密切:文化是由各种构成要素相互作用而形成的整体。不同文化要素之间以及不同类型的文化之间相互作用,形成了社会整体的存在机制。(3) 动态发展:文化是始终流淌着的历史事实,在时间的纵线上,观念更替、制度变迁、物质进步等,无不是文化的表现。由此可见,文化概念几乎涉及社会领域的各个方面,在一定意义上其与社会的构成相当。英国人类学家泰勒(Edward B. Taylor)指出:"文化从广义来讲,是一个包括人在社会中所习得的知识、信仰、美术、道德、法律、风俗,以及任何其他的能力与习惯的整体。"④日本社会学家富永健一认为:"文化的概念在它的基础部分或多或少是与社会的概念相互重合的"。⑤

三、犯罪原因的文化要素

文化概念内容覆盖之广、意义分歧之众,使得我们在使用这一术语时,应当尤为谨慎。与文学艺术思想的表达不同,学术研究需要简洁、明确、确定。由此,本书更为倾向于明示文化的具体所指,论及其与犯罪的关系。文化概念有其构成要素、整合机制、动态演进的特征。文化与犯罪的关系,集中表现在作为文化主体的"社会群体"以及作为文化内容的"意识价值""制度规范",它们在构成要素、整合机制、动态演进的角色中,基于互为冲突以及各别影响,对于犯罪的作用。

构成要素:社会群体、意识价值、制度规范,在构成要素的分析框架中,主要考究它们的各别特征对于犯罪的作用。不同社会群体,其所承载的意识价值、信奉的制度规范存在着差异。特定的社会群体存在相应的较为独特的意识价值与制度规范,而犯罪又具有特定的意义,由此特定的社会群体表现出其与犯罪的亲疏关系,这一群体的人以及亲合于这一群体的人,其成为犯罪人的机会也就相对凸显。社会群体如此,意识价值与制度规范亦然。

整合机制:社会群体、意识价值、制度规范,在整合机制的分析框架中,主要考究它们的相互作用关系对于犯罪的影响。(1) 不同要素的竞合:意识价值主要表现为社会的精神内容,而制度规范主要表现为社会的有形架构。意识价值与制度规范相

---

① 参见王国炎、汤忠钢:《"文化"概念界说新论》,载《南昌大学学报(人文社科版)》2003年第2期。
② 参见周怡:《文化社会学发展之争辩:概念、关系及思考》,载《社会学研究》2004年第5期。
③ 参见刘作翔:《从文化概念到法律文化概念——"法律文化":一个新文化概念的取得及其"合法性"》,载《法律科学》1998年第2期。
④ 参见〔英〕泰勒著:《原始文化》,蔡江浓编译,浙江人民出版社1988年版,第1页。
⑤ 参见〔日〕富永健一著:《社会学原理》,严立贤等译,社会科学文献出版社1992年版,第18页。

辅相成,共同维系社会的协调有序。在社会运行中,各别要素不可避免地会出现缺陷,但是各要素相互之间的弥补则有利于尽量保持社会整体的稳定。倘若各别要素之间不能相互补充,或者反而相互冲突,显然无益于社会的稳定。(2)相同要素的竞合:这种整合机制的作用,不仅表现于意识价值、制度规范等不同类型的要素之间的竞合,而且也表现于同一类型要素的不同性质的成分之间的竞合。在现代社会中,社会群体、意识价值甚至是制度规范,往往是多元的,由此形成了不同社会群体之间、不同意识价值之间等的竞合关系,这种关系同样影响着社会整体的稳定。

动态演进:社会群体、意识价值、制度规范,在动态演进的分析框架中,主要考究它们随着时间的延续而变迁对于犯罪的影响。构成要素、整合机制是基于同一时间横断面的研究,而动态演进则是基于时间纵向发展的研究。以意识价值为例,在同一时间横断面,意识价值存在着性质的差异,不同性质的意识价值表现出其与犯罪不同的亲疏关系(构成要素视角),不同性质的意识价值相互之间的竞合具体影响着犯罪的形成(整合机制的视角);在时间延续纵向上,意识价值存在着时代的差异,旧有的意识价值消退而新的意识价值生成,倘若这其间出现意识价值的缺席,则这种状态将会影响犯罪的形成(动态演进的视角)。

第二节 现代化与犯罪

关于现代化与犯罪,依循如下路径展开:现代化与犯罪研究考究、现代化的概念及构成要素、犯罪原因的现代化要素。

一、现代化与犯罪研究考究

科技革命强烈地推进着社会结构的转型,这在许多国家引起了犯罪率的波动。由此,现代化与犯罪引起了犯罪学研究广泛与深入的重视。美国犯罪学家路易丝·谢利(Louise Shellry),于20世纪80年代初出版了《犯罪与现代化》的专著,成为在这一领域方面研究的重要代表,也在我国产生了较大的反响。对于现代化与犯罪的问题,存在现代化与犯罪的对应关系,以及现代化对犯罪的影响内容等议题,学界在对此理论见解上颇有争议。

现代化与犯罪的对应关系,是指现代化的进程与犯罪率的上升,是否存在肯定的、必然的伴生现象。对此,犯罪学研究存在不同见解。(1)国外见解。A.肯定论:主张总体上伴随着现代化的进程,犯罪率也呈现同步增长的态势;并且在犯罪类型上,财产犯罪日益占据主导地位。例如,美国犯罪学家谢利指出:"社会发展进程把犯罪从一个孤立的主要是影响城市中心的社会问题提高到现代社会的主要问题……犯罪已成为现代化方面最明显和最重要的代价之一。""现代化的标志是从暴力犯罪占优势的社会转变为日益增多的财产犯罪为特征的社会。""社会发展的最常见的后果可以概括为财产犯罪的增多,总犯罪率的普遍增长以及出现了两类新的罪犯——少年犯和妇女犯。"①另一方面,谢利又强调,在现代化进程与犯罪率增长,两者并行的态势中,也存在着例外。"宗教的、社会的、经济的和政治的控制,能够在某一重要时期减轻现代化进程的影响。""尽管高犯罪率与经济发展之间的联系看来已十分牢固地确立,但是在这一般原则之外也有某些重要的例外……日本和瑞士一直是富裕的发达国家日益增长的犯罪率的两个重要例外。""他们独特的发展进程,保持着亲密的家庭结构,以及有全体公民参加反对犯罪的斗争,这些都是制止犯罪日益增长的强有力的因素。"② B. 否定论:主张现代化并非必然导致犯罪率的增长,现代化本身不是犯罪率增长的原因。例如,第七届联合国预防犯罪及犯罪处遇大会,对"犯罪与社会发展的关系"进行了专题研讨,许多与会代表指出:"不能认为工业化、移民和城市化本身是造成犯罪的因素。它们是社会经济发展十分正常而必不可少的方面。事实上规划良好的工业化可以成为减少犯罪率的原因,因为工业化可以满足物质和精神上的需要。不能把犯罪看成是发展的结果,相反,发展可以促进预防犯罪。"③ (2) 我国观点。对于现代化与犯罪的关系,我国学者提出了同步论、代价论、反比论、正比论等见解。基于同一逻辑前提的视角,这些见解大致可以分为两类:直接关系论、间接关系论。A. 直接关系论,强调现代化与犯罪率之间有着必然的联系,所谓同步论、代价论等就含有这一意义。例如,认为经济发展与犯罪之间存在"同步增长"的必然联系。理由是:在我国社会主义初级阶段仍无法排除犯罪继续产生和随着经济发展上升的可能性;任何历史的进步,都毫无例外地要以代价支付为前提,这是现代化进程中的普遍规律;经济的繁荣和发展虽不是犯罪升降的唯一因素,但却是起决定作用的主导因素。④ B. 间接关系论,强调现代化与犯罪率之间仅存间接的联系,两者通过一定的中介而构建联系。例如,认为犯罪增长这一社会现象与现代化、经济发展、社会转型之间的确具有一定的联系,但它不是线性相关关系,也不是简单的"代价"关系,他们二者之间的关系是间接的、不确定的,必须通过一个"中介"而发生,这个中介就是"社会控制"。犯罪率与社会控制这两者之间存在的关系才具有直接的相关关系。⑤

应当说,现代化与犯罪率之间并非直接关联,现代化与犯罪率之间的关系,关键是揭示现代化的因素对犯罪率的影响。也就是说,现代化进程中哪些重要因素,决定性地影响着犯罪。现代化是一种社会发展的进程,属于历时性的概念。在现代化进程中,呈现出社会结构的变迁与重组,这些社会结构的变迁与重组才是影响犯罪率的决定因素。由此,需要回答的问题是,现代化的构成因素是什么,伴随着现代化的哪些因素将决定犯罪率的波动。显然,回答这些问题的基本前提是现代化的概念。

---

① 〔美〕路易丝·谢利著:《犯罪与现代化——工业化与城市化对犯罪的影响》,何秉松译,群众出版社1986年版,第158、160、163页。
② 同上书,第164、88、91页。
③ 转引自肖建国著:《中国现代化进程中的犯罪研究》,复旦大学出版社1999年版,第32页。
④ 转引自阴家宝主编:《新中国犯罪学研究综述》,中国民主法制出版社1997年版,第169页。
⑤ 周路:《现代化与犯罪——社会控制中介论》,载《中国人民公安大学学报》2004年第4期。

二、现代化的概念及构成要素

现代化是一个相对复杂、歧义颇众的概念。综观并分析中外学者对现代化蕴含的揭示,对于现代化概念,可以集中如下三个中心议题及其具体内容予以阐述:(1)历时进程:强调现代化是由一种社会形态(A)向另一种社会形态(B)的演进,其公式是"A→B"。例如,美国学者詹姆斯·奥康内尔认为,现代化是用以表述一种过程的名词,在这个过程中,传统的社会或前技术的社会逐渐消逝,转变成为另一种社会。美国学者布莱克也认为,现代化反映着人控制环境的知识亘古未有的增长,伴随着科学革命的发生,从历史上发展而来的各种体制适应迅速变化的各种功能的过程。[①] 美国学者塞缪尔·亨廷顿指出,多数学者认为,现代化过程具有九个特征:现代化是革命、复杂、系统、全球、长期、有阶段、同质化、不可逆转、进步的过程。[②] (2)社会形态:注重描述现代化进程中转变着的社会形态类型(A与B)。根据这种社会形态类型(前社会形态A与后社会形态B)的不同定位,现代化的蕴意又分为普通现代化与再次现代化。例如,德国学者贝克提出再现代化理论[③],将现代化分为普通现代化与再现代化两种。从农业社会向工业社会的转变,是普通现代化;从工业社会向风险社会的转变,是再现代化(现代化的现代化)。中国科学院何传启研究员提出第二次现代化理论,认为人类文明的发展可以分为工具时代、农业时代、工业时代和知识时代;从农业时代向工业时代、农业经济向工业经济、农业社会向工业社会、农业文明向工业文明的转变过程,是第一次现代化;从工业时代向知识时代、工业经济向知识经济、工业社会向知识社会、工业文明向知识文明的转变过程,是第二次现代化。[④] (3)转变内容:着眼于现代化进程中社会形态转变的具体内容,作为现代化社会形态的转变,表现为多种社会因素的变迁,包括经济、政治、宗教、教育等。例如,美国学者塞缪尔·P.亨廷顿指出:现代化是一个多层面的进程,它涉及人类思想和行为所有领域里的变革。它就像丹尼尔·勒纳所说的,"城市化、工业化、世俗化、民主化、普及教育和新闻参与等,作为现代化进程的主要层面,它们的出现绝非是任意而互不相关的。"从历史角度来看,"它们是如此地密切相连,以致人们不得不怀疑,它们是否算得上彼此

[①] 参见〔美〕C.E.布莱克著:《现代化的动力》,段小光译,四川人民出版社1988年版,第11页。
[②] 参见〔美〕西里尔·E.布莱克编:《比较现代化》,杨豫、陈祖洲译,上海译文出版社1996年版,第19、44—47页。
[③] 又译为自反性现代化、反思现代化、反省现代化等。
[④] 参见何传启:《现代化概念的三维定义》,载《管理前沿》2003年第3期。何传启研究员将现代化分为第一次现代化、第二次现代化、综合现代化、未来现代化。现代化,一般是指18世纪工业革命以来人类社会所发生的深刻变化,包括从传统社会向现代社会转变的历史过程及其变化,它既发生在先锋国家的社会变迁里,也存在于后进国家追赶先进水平的过程中。第一次现代化、第二次现代化已如上述。综合现代化,是指发展中国家为迎头赶上发达国家第二次现代化水平,采取第一次现代化和第二次现代化协调发展的道路,形成综合现代化模式。未来现代化,是指完成第二次现代化后人类社会进行的新的现代化。

独立的因素"。① 我国台湾地区学者蔡文辉认为,"现代化所牵涉的社会变迁相当广泛,不仅社会成员之个人人格会有所改变,社会里的政治、经济、文化、家庭等制度也都受影响。现代化的特质之一是理性的原则。""在经济上,现代化代表经济成长率的提高;在政治上,现代化代表民众政治参与的扩大;在社会上,现代化代表社会的高度分化和专业化。"②

鉴于上述有关现代化的知识结构,现代化是指相对欠发展的社会形态转变成较为发达的社会形态的过程。现代化并非局部社会的变化,而是整个社会结构的变迁。由此应当注意,现代化与现代性是两个不同的概念。现代性,是指相对较为发达的社会形态所具有的一系列社会特征。例如,美国学者烈威认为,现代社会结构的特征是:社会单位的特殊化;社会单位的互赖性;一种普遍性的伦理观念;集权化和民主化之综合。③ 相对而言,现代化倾向于历时性的概念,强调由一种社会形态演变成另一种社会形态,而现代性侧重于共时性的概念,注重相对发达社会形态本身的各种特征。

三、犯罪原因的现代化要素

现代化的知识结构,有其历时进程、社会形态、转变内容的分析框架。现代化与犯罪的关系,也可由此展开探索。(1) 历时进程:现代化是一种社会进程,属于动态的社会变迁,由此,提供了犯罪学研究的动态分析视角,核心是社会变迁与犯罪的关系。在历时进程的意义上,现代化与犯罪着重探讨如下问题:现代化进程的不同模式对犯罪率波动的影响;现代化进程的某个侧面(工业化、城市化)与犯罪率波动之间的关系等。(2) 社会形态:现代化牵涉到前社会形态与后社会形态,由此,提供了犯罪学研究社会背景知识,核心是不同形态社会与犯罪的关系。在社会形态的意义上,现代化与犯罪着重探讨如下问题:农业社会特征及其犯罪率的状况;工业社会特征及其犯罪率的状况;知识社会特征及其犯罪率的状况;社会转型期的特征与犯罪率的状况;现代化所可能产生的社会解组形态与犯罪率波动的关系等。(3) 转变内容:现代化发生于多种经济、政治、意识、家庭等社会因素,由此,提供了犯罪学研究的社会结构要素分析,核心是社会结构与犯罪的关系。在转变内容的意义上,现代化与犯罪着重探讨如下内容:对于犯罪起着决定作用的社会因素类型;决定犯罪的社会因素对于犯罪的作用机制;各种决定犯罪的社会因素,在犯罪形成机制中的整合关系等。

---

① 参见〔美〕塞缪尔·P.亨廷顿著:《变化社会中的政治秩序》,王冠华等译,生活·读书·新知三联书店出版社1989年版,第30页。对于现代化、工业化、经济成长三者之间的关系,美国学者何劳维兹(Irving L. Horowitz)指出,现代化、工业化、经济成长三者并非同义词。现代化所牵涉的是种比较广泛和复杂的社会变迁,而经济成长或工业化只是经济变迁中的一种特别形态而已。不仅如此,工业化并没有解决社会体系里人际关系安排的问题,还常常给社会里的广大群众带来更多的紧张,造成更严重的阶级冲突。经济成长或工业化可以很快推展成功,而现代化的步调则常常是很缓慢的。Irving L. Horowitz, *Three Worlds of Development*, New York: Free Press, 1966, p.417.
② 蔡文辉著:《社会变迁》,台湾三民书局股份有限公司1995年版,第51页。
③ 同上书,第142页。

现代化是同时具有历时进程、社会形态与转变内容等意义的一个概念。由此,现代化与犯罪的关系,是同时兼有动态分析的视角、基于一定社会背景的剖析与社会结构要素的分析的犯罪学研究。这就意味着,探讨现代化与犯罪的关系,关键是基于一定的社会背景状况(转型期当代中国社会),对比以往社会形态的特征(改革开放前的社会形态)及其犯罪现象,与目前社会形态的特征(改革开放后的社会形态)及其犯罪现象,具体分析这种现代化进程中决定性地影响犯罪(犯罪率)的社会结构因素(意识价值、社会分层、制度规范等),揭示这些社会因素在犯罪形成中的作用机制(化解阻断模式宏观命题[①])。从这个意义上说,现代化与犯罪的关系,核心是当代社会转型中,犯罪与社会结构的动态分析。这里,关键词仍然是社会变迁、社会结构、意识价值、社会分层、制度规范、犯罪率等。

在现代化进程中,犯罪率的波动并非必然的现象,但是却是在特定时期极易出现的现象。对此,分述为二:(1) 社会形态成熟、犯罪率稳定:在现代化进程中,相对成熟的前社会形态(A),与相对成熟的后社会形态(B,现代性社会),虽然基于社会结构的差异(诸如,社会对于犯罪的容忍程度、社会经济发展水平、道德意识观念等),表现出犯罪状况的不同,包括犯罪率绝对数的不同、犯罪类型的区别等。但是,一种成熟的社会形态,犯罪率也会相应地达至一定的稳定状态,此时犯罪率保持在一定的水平,不会呈现较大幅度的波动。(2) 社会急剧转型、犯罪率波动:在现代化进程中,新旧社会交替的时期,社会急剧转型时期,是犯罪率波动的危险时期。尽管新旧社会交替,倘若各种社会关系处理得当,整个社会结构并未失去平衡,则不会导致犯罪率的大幅度波动。但是,全面急剧的社会变动,变动社会背景下的运作,稍有不慎,极易出现社会的不稳定,导致社会结构失衡,从而通过犯罪率这个社会变革的晴雨表得以表现。

第三节 社会化与犯罪

一、社会化的概念特征

社会化(socialization),是指一个人通过正常的社会互动,学习价值观念、社会规范、生活技能等社会生活方式,培养社会角色并借以获得个性,从而由生物性个体变为社会性个体的过程,这一过程贯穿于人的全部生命周期。社会化存在如下特征:

社会互动过程:社会化必须通过社会互动实现,属于社会互动的过程。人类的生物属性并不具有社会适应的本能[②],这种本能的缺乏使得人类的生存必须基于社会互动,缺乏正常社会互动过程的个体,无从获得生存与发展。社会互动(social interac-

---

[①] 转型期中国社会犯罪率的增长,主要缘于意识价值、社会分层的失衡而构成的社会紧张,尤其是由于缺乏合理有效的制度规范化解这种紧张。

[②] 本能,是指动物,包括人类,决定行为特质的生物因素。本能与生俱来,不需经过学习。本能使动物能够在任何情况下都能作出同样的行为或动作。参见蔡文辉著:《社会学》,台湾三民书局股份有限公司1997年版,第120页。

tion),是指人们在特定的情境下,基于他人对自己以及自己对他人的思想、情感、信息等的社会期待,以相互作用的方式对他人采取行动,或者对于别人的行动作出反应的过程。

社会化的内容:社会化以学习价值观念、社会规范、生活技能等社会生活方式为具体内容。价值观念,是指一个社会、民族或群体在长期的实践中所形成的相对持久的理想、信念。社会规范,是指基于维持共同的社会秩序而形成的具有一定的强制力和约束力的行为标准,包括习惯、道德、法律等。生活技能,是指人类生存所必需的衣食住行的技术能力,以及人类通过生产劳动获得生活资源的技术能力。

社会角色形成:社会化进程的一项综合性的成效,就是培养社会角色并借以获得个性。社会角色,是指对于居于社会结构中某种地位的人,赋予相应的特定的权利与义务的规范期望与规范行为。例如,学生、教师、父亲、医生等等。社会角色具有相对的普遍意义。个性(personality),又称人格,通常[1]是指在一定的社会历史条件下的具体个人所具有的意识倾向性,以及经常出现的、较稳定的心理特征的总和。人的个性结构主要包括个性的倾向性、稳定性、独特性和个性的心理特征(包括性格、气质和能力等)。[2]

个性形成理论:对于个性与自我意识的形成、发展阶段,不同学者提出各具特色的理论学说。[3] 弗洛伊德(Sigmund Freud,1856—1939)的潜意识论:人类个性分为三个部分:本我、自我和超我。本我受体质与情绪的需求满足的支配;自我属于个性的理性部分,意味着需求满足受社会规则方法的支配;超我是人将社会观念内化而成为其行为的准则。本我(欲望)与超我(道德良知)相互争斗,由此推进社会化过程。库利(Charles Horton Cooley)的镜中之我:自我作为一种社会产生,其形成经历三个阶段:察觉到我们在他人面前的行为方式;领悟到别人对我们行为的判断;基于对他人反应的理解,自我评价行为。由此,一个人的自我认识,表现为周围的人对自己反复同样评价的反映。米德(George Herbert Mead)的角色借用:自我分为两个部分:主我与客我。主我是每个人自发的、独一无二的自然特征;客我是对社会要求的内化以及对社会要求的个人意识。主我与客我连续交流,形成自我。足以影响一个人评估自己形象的团体,属于此人的参考团体;相对于普通他人而言,重要他人的评估对于个人行为,具有更大的影响。[4]

全部生命周期:社会化的过程,贯穿于人的全部生命周期。通常,人的终身社

---

[1] 个性的含义很多,至今没有一个公认的定义。参见〔美〕阿瑟·S.雷伯著:《心理学词典》,李伯黍等译,上海译文出版社 1996 年版,第 608 页。

[2] 参见叶奕乾、祝蓓里主编:《心理学》,华东师范大学出版社 1988 年版,第 251—252 页。美国著名社会学戴维·波普诺(David Popinoe)认为,人格指的是特殊的思想、感觉和自我观照的模式,它们构成了特殊个体的一系列鲜明的品质特征。人格可以分为几个主要部分:认知(思想、知识水平、知觉和记忆)、行为(技能、天赋和能力水平)和情感(感觉与感情)。〔美〕戴维·波普诺著:《社会学》,李强等译,中国人民大学出版社 1999 年版,第 147 页。

[3] 深入探究这些理论,对照犯罪原因的诸多学说,对于深入分析犯罪形成机制具有重要意义。

[4] 参见蔡文辉著:《社会学》,台湾三民书局股份有限公司 1997 年版,第 122—125 页;〔美〕戴维·波普诺著:《社会学》,李强等译,中国人民大学出版社 1999 年版,第 148—151 页。

化过程可以分为基本社会化、继续社会化和再社会化。基本社会化,是指婴儿期至少年期的社会化,主要内容是学习基本的生活技能、行为规范,培养情感、自信、荣辱等心理倾向;继续社会化,是指青年期及其以后的社会化。这一时期,个体面临更为广阔的社会生活领域,拥有各种新的角色的培养,以至创造、构建、改变、推进社会。再社会化,是指个体从原有的个性特征向新的个性特征转变、内化的过程,包括生活环境突变的再社会化与越轨行为的再社会化。再社会化的目标,是使个体放弃原有的价值观念、生活方式,而形成新的价值观念与生活方式。

二、社会化的执行机构

社会化的执行机构,是指对于个体的社会化起着监护、诱导、培育等作用的社会群体、社会组织,这些群体与组织也属于个体社会化的社会环境,是影响社会化的重要因素。具体包括家庭、学校、同辈群体、社区、工作单位、大众传播媒介等。人在一生中,通过与社会化的执行机构持续地相互作用,由此学会其所在社会的生活方式和行为规范,培养角色获得个性。各种的社会化执行机构,对于个体社会化的内容与阶段,各有相对独特的功能、作用。

家庭(family),是以一定的婚姻关系、血缘关系或收养关系为纽带组合而成的社会生活的基本单位,其组合的法则与体系构成一个最基本的社会制度。[①] 家庭社会化表现为如下特征:(1) 主体:社会化的执行机构表现为初级社会群体、非正式群体;(2) 阶段:家庭对于婴儿期、儿童早期的社会化,尤其有着重大的影响;(3) 方式:以非强制的情感因素、内心确认的父母权威形象作为互动的基础,具体的教育模式表现为专制型、溺爱型、放任型、民主型等;(4) 内容:体验、获得、培养人类的感情,传授生活技能习惯、社会价值观念、人生奋斗目标;(5) 途径:父母直接有针对性的教导,以及家庭气氛、生活方式、父母言行的潜移默化的熏陶影响。

学校(nursery,school,college,university),是有组织、有计划地通过专职教师向学生传授价值观念、社会规范、知识技能的专门机构与场所,包括幼儿园(日托中心)、小学、中学、大学。学校的社会化表现为如下特征:(1) 主体:社会化的执行机构表现为次级社会群体、正式群体;(2) 阶段:对于儿童、少年、青年时期的社会化影响,尤其明显;(3) 方式:以制度规则、相对强制、非个人权威的遵从作为维系社会互动的主导标准;(4) 内容:以传授文化知识技能和社会主导价值观念、行为规范为核心,具有相对的系统性;(5) 途径:社会化的基本平台表现为教师教学、教学教材、学校社团、社会实践等具体教育模式;(6) 筛选:通过考试考核等制度对学生进行比较评价以及一定程度的分化。

同辈群体(peer group),是一个由一群具有大致同等地位、兴趣或年龄的人所组成的关系亲密的初级群体。他们时常聚在一起,彼此间有着较大的影响。同辈群体,

---

[①] 通常,家庭具有如下功能:生物功能:实现两性关系和生儿育女;经济功能:在家庭内进行劳动组织和分工;社会化功能:将孩童训练成一个可为社会所接受的成员,感情功能:家庭成员之间提供某种程度的感情保护与支持。

通常表现为儿童、少年群体。同辈群体的社会化特征表现为:(1) 独立:成员之间以平等的姿态进行互动,各个成员相对自主地解决人际交往与冲突;(2) 价值:成员之间相互传递知识信息影响对方,并且基于共同的年龄志趣、生活背景等,可能形成群体独特的价值观念;(3) 代际:处于同一时代的同辈群体,基于时代社会背景的共同影响,可能形成具有更大范围意义的价值观念和行为准则。

社区(community),是指人们能常常互动其间的共同生活的一定区域。社区的规模可小到一个小村庄,大至一个大城市。构成社区的基本要素是:(1) 聚居的人群;(2) 一定的地域;(3) 生活服务设施;(4) 社会规范和行为准则;(5) 社会控制机构;(6) 居民群间形成一定的共属情感。基于血缘与业缘等关系而结合起来的社区居民、群体、组织,承载建构着社区的物理环境与社会环境,而社区的行为规范、生活方式、价值观念对于生活于其中的个体,有着重要的影响。

工作单位,是指个体进入社会谋生,从事职业生涯的环境与机构。工作单位的社会化特征表现为:(1) 继续:工作单位是继续社会化的重要场所,个体面临更多的社会现实,更为实际地切入社会生活,由此验证、调整直至更替原先家庭、学校所形成的价值观念、行为准则;(2) 事业:工作单位也是进一步全面、深入培养个体职业技能的重要场所,同时个体的职业活动成效,也为个体发挥才能确立社会地位,提供了条件,由此形成与强化自己的职业角色。

大众传播媒介(mass media),是指传到广大社会公众之中并对他们的价值观念、行为准则产生影响的各种信息载体,包括报纸、杂志、书籍、电视、电影、广播、网络等。现代大众传媒传播迅速与波及范围极其广泛,加之各个年龄层次的人对于大众传媒的青睐甚至依赖,使得大众传媒的影响不仅迅捷广泛而且深入重大,尤其是电视、网络对于儿童、少年有着重大的影响,由此对于确立社会普遍价值观念、行为准则具有更大作用。

三、社会化与犯罪的研究要旨

基于犯罪研究的视角,在社会化进程中,可能影响个体犯罪的关键性因素表现为:社会化的内容、个性的形成、社会化执行机构的影响、再社会化的实施等。社会化与犯罪的关系,也可由此展开探索。

社会化的内容:包括学习价值观念、社会规范、生活技能等社会生活方式。犯罪是与社会主导的价值规范相冲突的行为,由此个体所接受的价值规范的内容性质,对于个体犯罪有着重要影响。例如,美国犯罪学家埃德温·萨瑟兰的差异交往理论强调:动机和冲动的特定方向,是从赞同或反对法典的定义中学习得来的;在美国社会,经常存在着有关法典的文化冲突,一个人之所以成为罪犯,是因为他所接触的赞成违法的定义超过了反对违法的定义。

人格的形成:人格是社会化的一项综合性的成效,在某种意义上,社会化过程就是要培育个体的良好人格,而个体犯罪却是基于人格的不良成分。这里,需要考究犯罪人格的蕴含以及犯罪人格的形成。犯罪人格,属于一种人格类型(personality type），是犯罪心理①中具有相对稳定的犯罪②倾向的心理特征的总和。不宜将犯罪人格称为犯罪人的人格，因为犯罪人的人格可能具有两面性（某些方面亲合社会规范，某些方面背离社会规范）；犯罪人格是犯罪人的人格中具有稳定的犯罪性的部分。犯罪人格，同样是社会化的产物，需要探讨犯罪人格的形成机制。③ 例如，美国犯罪原因的社会化过程强调，犯罪是社会化过程中个体与各种社会化机构之间互动的结果。假如个体经历了不良的社会化过程，诸如，家庭关系不和、同伴结交不良、学习成绩不好、司法纪录不佳等等，那么这种不良的社会化将影响他们良好个性的形成，从而促使其走向违法犯罪。

社会化执行机构的影响：社会化执行机构，是个体社会化的社会环境和影响个体社会化的重要因素。社会化执行机构与犯罪，主要研究不同的社会化执行机构在社会化过程中的地位作用，进而对个体犯罪的影响；各种社会化执行机构的教养模式对于个体社会化的不同影响；各种社会化执行机构在个体社会化过程中的作用机制，及其对个体犯罪的影响。例如，米德在其角色借用理论中，以参考团体、普通他人、重要他人说明外在评价对个人行为的影响，认为足以影响一个人评估自己形象的团体，属于此人的参考团体，相对于普通他人而言，重要他人的评估对于个人行为，具有更大的影响。班杜拉的社会学习理论认为，人的暴力行为的能力，是通过后天的生活经验而习得的。暴力行为的学习方式有两种：观察学习与自我强化。其中，观察学习的途径主要有三种：家庭示范、亚文化环境示范、大众传播媒体示范。

再社会化的实施：再社会化，是使个体个性特征发生根本转变，在犯罪学研究中主要表现为对于罪犯的教育、矫治。具体地说，应当探讨：预防再犯及有利于犯罪人适应社会的刑事政策、社会政策；基于目的刑、教育刑等基本理念的具体刑事处置措施；犯罪人再社会化的运行机制、执行机构、主要内容、具体操作；犯罪人的不同类型及其与之相应的教育矫治方法等。例如，社区矫正作为刑罚开放化处遇的行刑方法，近年来备受我国刑法理论的重视，也为我国刑法实践所采纳。2003年，最高人民法院、最高人民检察院、公安部、司法部联合颁布了《关于开展社区矫正试点工作的通知》，开启了我国社区矫正工作的司法实践，标志着我国罪犯矫正工作的新起点，意味着罪犯矫正由监禁矫正的单一重心向监禁矫正并社区矫正的双轨并举的发展。

---

① 犯罪心理，是指影响和支配犯罪人实施犯罪行为的各种心理因素的总称。这些心理因素包括认识、情感、意志、性格、兴趣、需要、动机、理想、信念、世界观、价值观以及心理状态等。参见罗大华、刘邦惠主编：《犯罪心理学新编》，群众出版社2000年版，第2页。

② 犯罪人格（criminal personality）通常与犯罪性（criminality）、犯罪人格特征（criminal personality traits）相关联。

③ 苏联学者安德列耶娃指出："科学地认识个性的关键，只能是研究人的个性在其活动中产生和变化的过程。"〔苏联〕安德列耶娃著：《社会心理学》，蒋春雨、唐慕文、李锡勤、于秀贞译，南开大学出版社1984年版，第274页。

第八章　犯罪原因的生物因素

犯罪行为的发生固然有其自然和社会环境方面的因素,但在同样的环境条件下,为什么绝大多数人能遵纪守法,而极少数人却实施犯罪?我们认为,这是犯罪人的生物因素在其中起了一定的作用,尽管我们并不能将大多数犯罪行为的发生简单地归因于生物因素。应该说,最早从生物学方面寻找犯罪原因的是意大利著名犯罪学家龙勃罗梭,他提出了天生犯罪人论,企图从罪犯身上找到一些异常特征来说明犯罪与人的生物学特征的联系,他的天生犯罪学说问世之后,曾经盛极一时,但后来因受到来自各方面的抨击而被淘汰。犯罪原因的生物因素是指影响犯罪心理形成和犯罪行为发生的犯罪人个体解剖生理方面的特点,如年龄、性别和遗传等。我们之所以要研究生物因素,是因为人在具有社会属性的同时,也是一个有血有肉的自然有机生物体,忽视、否认犯罪生物因素的观点显然不是科学的态度。犯罪人的生物因素为犯罪心理的形成提供了必要的生理基础,在一定程度上影响着犯罪人的心理特征。

第一节　年龄与犯罪

年龄的大小对犯罪行为的发生有着重要的影响。为了深入细致地研究不同年龄阶段的生理特征与犯罪之间的关系,学者们通常将人的一生划分为青少年期、成年期和老年期三个阶段。可以说,不同年龄阶段犯罪人身心发育状况和社会阅历的不同,会直接影响到他们各自犯罪率的高低,以及犯罪类型、行为方式上的差异。

一、青少年期与犯罪

青少年期一般是指 10—25 岁的年龄阶段。这一时期正处于人生的发育阶段,是一个人从幼稚走向成熟的过渡时期,也是一个充满矛盾的时期。生理上的急剧变化和心理发育的相对迟缓之间的矛盾,个体需要的不断增长与社会家庭满足能力之间的矛盾,性冲动与道德法律的制约之间的矛盾,独立意向增强与认识能力较低及对父母的依附之间的矛盾,社会不良影响与青少年抵制能力不足之间的矛盾,精力旺盛与安全意识淡薄之间的矛盾,认识、意志与情感和行为之间的矛盾等等,都表现得较为突出。青少年身强体壮,血气方刚,好奇心强,模仿性强,可塑性大,但却容易感情冲动,不计后果,逆反心理强,自控能力差,缺少社会经验,缺乏对复杂事物的判断和鉴别能力,很容易在外界不良因素的诱惑下误入歧途,走上违法犯罪的道路。

当前,青少年犯罪已成为人们关注的社会焦点问题之一。尤其引人注意的是,近年来青少年犯罪率一直呈上升趋势,并呈现出不断低龄化、中学生犯罪率显著上升的特征。据中国青少年犯罪研究会统计,2007 年我国青少年犯罪总数占到了全国刑事犯罪总数的70%以上,其中14岁至18岁的未成年人(俗称"90后")犯罪又占到青少年犯罪总数的70%以上。[①] 可见,14岁至18岁这个年龄段是易发犯罪的高危年龄;目前我国未成年人犯罪的初始年龄与20世纪70年代相比也普遍提前了2至3岁,十三四岁以下少年犯罪的比例在不断上升,不少青少年罪犯从10岁、11岁就开始小偷小摸,到12岁至14岁时就已经能"小人作大案"了。尤其要指出的是,初始犯罪年龄在犯罪学上具有重大的意义,犯罪人初犯年龄越小,其再次犯罪的可能性就越大,矫正起来也就越困难。目前青少年犯罪低龄化的趋势,必然带来我国重新犯罪率的升高,据统计,我国青少年重新犯罪率20世纪80年代为7%,90年代上升到17%,现在还在继续上升[②],这会给本已状况不好的社会治安带来更大的压力,对此,必须引起我们的高度重视。

青少年犯罪具有以下特点:(1)从犯罪动机看,具有动机简单,有时是出于追求享乐、好奇、自我表现和寻求刺激等特点,带有一定的盲目性和随意性。(2)从犯罪类型看,多为财产、暴力和性犯罪,其中,抢劫、盗窃案件能占到青少年犯罪总数的一半以上,特别是近几年,以前不大常见的诈骗、抢夺、聚众斗殴、寻衅滋事、敲诈勒索、绑架、贩卖毒品等犯罪案件有不断上升的趋势,与网络有关的犯罪如利用网络进行强奸、诈骗等也时有发生。(3)从犯罪形态看,团伙性犯罪居多,这是因为,青少年这一特殊的年龄阶段决定了他们单个人势单力薄,而求众好胜的犯罪心理就促使他们通过结伙来相互利用、相互依存、相互壮胆、增加安全感,他们多是三五成群、七八一伙地共同作案。(4)从犯罪手段看,日益呈现出成人化、智能化的趋势,具体表现为设计型、预谋型的犯罪增多,采用的手段也越来越狡猾,例如,有的青少年盗窃团伙实行盗窃、运输、窝赃、销赃"一条龙"。

二、成年期与犯罪

成年期一般是指25—60岁的年龄阶段。与青少年期相比,这一时期是一个人成家立业的阶段,在生理、心理、社会适应能力等各方面都趋向成熟和稳定,考虑问题全面,生活目标清楚,意志坚强,善于控制自己的情感,所以一般较难形成犯罪心理,其犯罪率相对较低。但如果在青少年时期有过犯罪前科,此期又被诱发,或在生活中遇到重大挫折、矛盾激化、感情冲动,或者私欲膨胀、贪婪无度,都可导致犯罪行为的发生。

成年期与青少年期相比,其犯罪特点有:(1)犯罪心理上的诡秘性、预谋性和多样性等比较突出,犯罪人中累犯、惯犯较多,这势必会给案件的侦破和罪犯的改造工作带来较大的难度。(2)犯罪类型以精心策划实施的恶性杀人、伤人、强奸、劫财、骗财案件,以及贪污、受贿、渎职案件居多,特别是贪污、受贿等职务犯罪,绝大多数都集中在这一年龄阶段。

---

① 参见许洱多:《"90后"犯罪现象敲响社会警钟》,载《上海法治报》2008年2月25日。
② 同上。

三、老年期与犯罪

老年期是指60岁以上的年龄阶段。这一时期的人多已从工作岗位上退下来,社交活动也随之减少。其特征是身体各器官功能下降,体力和精力衰减,反应迟钝,情感单调,兴趣范围缩小,对年轻时的经历记忆犹新,而对新的经历则容易遗忘,并且还往往表现出精神空虚、固执己见、疑神疑鬼、爱发脾气、自我封闭等特点。与青少年期和成年期相比,因受生理条件限制,老年期犯罪的能力下降,机会减少,进而犯罪率也大为降低。但同时也应该看到,由于我国人口基数大,老年化速度快,老年人犯罪的绝对数仍不容轻视。

老年期犯罪的特点有:(1)因攻击力减弱,较少实施暴力犯罪,其侵害对象多为抵抗能力较弱的妇女、儿童、老人、残疾人和病人等,并具有智能性、隐蔽性和间接性等特点。与此相关,其犯罪手段多为较少使用体力的犯罪,如诱骗、教唆、盗窃、放火、投毒、赌博、伪造、窝赃、伪证等。(2)由于生活范围的缩小和孤独感的增加,在受到或自认为受到冷落、歧视的情况下,有时也会实施激情杀人或伤害等暴力犯罪,受害者多是其子女或配偶等。(3)老年人因身心发生了较大变异,犯猥亵、强奸特别是奸淫幼女罪的比例也较大。

第二节 性别与犯罪

犯罪的性别差异首先是由男女之间的生理差异造成的,女性在生理上与男性不同的特征,直接影响着她们的犯罪活动。影响女性犯罪行为及其特征的生理因素主要有以下几点:

一、体力与犯罪

女性的肌肉力量、腕力、爆发力和耐力都较男性差,因此,女性一般较难实施暴力犯罪,更多的是从事非暴力性的软犯罪,像盗窃、诈骗、放火、非暴力性的杀人、伤害、拐卖妇女儿童以及性犯罪等。也正是由于女性体力差,大部分犯罪中女性都少于男性,尤其是在那些需要有较强体力才能实施的犯罪中,女性所占的比例更少。许多女性犯罪人即使在进行攻击性的凶杀、抢劫等体力性犯罪时,也往往采取减弱其体力性的手段加以实施,或者采用投放危险物质、放火、趁对方睡眠时将其杀死的方式,或者选择小孩、老人、病残人等体力比自己还差的人作为犯罪对象。因此,我们可以说,女性犯罪大多具有非体力性的性质,并且轻罪较多。

二、雌激素与犯罪

科学研究表明,激素对于犯罪的发生、犯罪的类型和方式具有重要作用。雄激素中的睾酮会助长男性和女性的攻击性,而当个体的内分泌失调时,雌激素中的孕激素则可以减轻其冲动性和紧张性。由于女性体内的雌激素具有减弱、抑制攻击性的作用,再加上受传统观念和教育的影响,女性犯罪较少具有攻击性,女性的主动性、支配性和自信心也较男性差,其犯罪多带有依附性,并且发生率较低。但同时也是由于雌激素的作用,女性罪犯的情感比较细腻,对犯罪过程的体验较深,故往往难以摆脱习惯定势的驱动,具有较难悔改的特点。尤其是女性的性犯罪,更具有顽固性、持久性和恶劣性的特点。

三、经期与犯罪

月经周期和更年期是女性特有的生理现象,其对女性生理、心理状况会产生明显的消极影响,是女性犯罪的危险期。月经周期中无论是性激素,还是垂体促性腺激素都将发生一系列变化,它们将通过一定的神经机制影响着妇女的心理活动和行为,引起情绪的低落、紧张等变化。尤其是在临近月经前和月经期,女性的情绪更容易抑郁、烦躁、焦虑、恐惧或发怒,再加上女性情绪中固有的敏感、嫉妒心强、意志薄弱、对刺激的反应亢进等特点,极易导致犯罪。女性进行的许多犯罪,如杀人、放火、在商店盗窃、妨害公务等,都与其月经周期有着密切的联系。有关统计结果还表明,很大比例的女性暴力犯罪、自杀,以及女性犯罪比率较高的盗窃都发生在经期前四天和经期这段时间内。更年期的女性有记忆力减退、注意力不集中、心情烦躁等心理变化,若受到外界不良刺激或诱惑,很容易实施暴力、经济等犯罪活动。再有,尽管大多数女性杀人、伤人犯罪都有其强烈的情感因素,但却不像男性那样会立刻爆发,而是有一个比较缓慢的累积过程,被害人也多为她们感情的倾注者。另外,孕期和哺乳期也是女性的犯罪多发期。

四、早熟与犯罪

随着社会物质生活的提高,女性生理发育过剩像性早熟等的发生率呈逐年增加趋势,已成为引起女性进行犯罪活动的一个重要生理因素。实践中有不少女性罪犯都有生理发育过剩的情况,她们实施的绝大多数犯罪都与性有着直接或间接的关系。女性犯罪者多以色相诱惑他人,由异常的性冲动引起性犯罪者占有相当的数量,实施其他犯罪时也往往兼犯有性犯罪。再有,女性生理发育过剩还不可避免地带来低龄女性犯罪的增加,很多犯罪少女都过早地体验了性生活。少女早恋、同异性发生性关系的年龄段越早,出现犯罪的可能性就越大。性防线一旦被突破,便为堕落打开了方便之门,也等于为犯罪作好了铺垫。

第三节 遗传与犯罪

遗传是生物的一种属性,遗传信息是以"密码"的形式储存在构成基因的 DNA 分子中的。犯罪的谱系学研究发现,在早发犯罪者和累犯、惯犯中多具有较高的遗传因素。英国现代心理学家汉斯·艾森克(Hans Jürgen Eysenck,1916—1997)认为:"由犯罪父母遗传的一些因素增加了子女犯罪的可能性这种观点尤其适用于习惯性犯罪。在遗传因素面前,不利的环境因素充当着产生反社会行为的催化剂。"①但就目前来看,关于遗传与犯罪的关系这一问题在犯罪学研究中尚存在诸多不同的看法。下面就其中的主要观点作一简要说明。

一、孪生子论

遗传因素在犯罪中所起的作用主要是通过孪生子的研究来证实的。每个个体的基因一半来自父亲,另一半来自母亲。同卵孪生子具有完全相同的基因型,而由于遗传物质传递的复杂性,异卵孪生子在遗传因素的相似性上远低于同卵孪生子。在同样的环境中他们之间表现型的差异就反映了遗传因素的影响。只要孪生子中的一个成为罪犯,那么由于遗传的原因另一个成为罪犯的几率就比较大,这就是犯罪学家所说的"孪生子论"。

在早期的研究中,所发现的同卵孪生子的犯罪历史一致率平均为60%,异卵孪生子的一致率仅为30%。近期更为广泛的研究却表明了这种犯罪一致率的降低,如丹麦对3586对孪生子进行的调查发现,同卵孪生子的犯罪一致率为35%,异卵孪生子的一致率为13%。在挪威进行的一项类似研究发现,男性孪生子中同卵孪生子的犯罪一致率仅为26%,异卵孪生子的一致率为15%。②但由此我们仍可以认定,遗传因素在犯罪形成过程中起着重要作用。例如,我国黑龙江省双城市一对DNA遗传物质完全相同的范姓同卵双胞胎兄弟,在已经分离多年而事先又没有任何联系、互不知晓的情况下,多次离奇地同时在相距十几公里的两个不同地点实施抢劫或者强奸犯罪,且二人的作案手法如出一辙,而且,在其犯罪之前,他们的父亲和哥哥曾先后犯盗窃罪并被判刑。③

然而,邓恩、多博赞斯基等美国、德国和荷兰学者又早在20世纪60年代,通过应用遗传学理论对111对同卵孪生子的调查研究指出,遗传仅能使某些人以一种具有较高犯罪概率的方式,对某种环境作出预先确定的倾向性反应,同卵孪生子虽然在生理结构上相同,但是某些同卵孪生子的行为类型却有着很大的区别,某些罪犯的同卵孪生兄弟显然也是奉公守法的公民。④

二、基因与犯罪

随着近年来分子生物学技术的发展,越来越多的人试图从染色体和基因方面寻找犯罪的根源。染色体是具有固定形态的遗传物质存在形式,一条染色体是一条卷曲的、由蛋白质包裹的双链DNA。基因是具有特定的DNA序列、决定一个生物物种的所有生命现象的最基本的因子。人体估计有2万到2.5万个基因分布在细胞核的23对(46条)染色体中,每一个个体的所有性状归根结底都是由基因决定的。由于犯

---

① 艾森克:《人格理论与犯罪问题》,王俊秀译,载《青少年犯罪研究》1998年第8—9期合刊。
② 刘宗粤:《国外犯罪行为生物因素研究进展》,载《人民检察》2002年第11期。
③ 参见陈显username:《孪生兄弟的DNA奇案》,载《法律与生活》2007年第2期。
④ 陈显容、李正典著:《犯罪与社会对策——当代犯罪社会学》,群众出版社1992年版,第421—422页。

罪是一个复杂的社会现象,是多种个体因素和社会因素相互作用的结果,另外,还由于基因型与表现型之间关系的复杂性,目前并没有发现明确的"犯罪基因",所以,某个基因和染色体的异常并不一定导致犯罪,而只是增加了犯罪的可能性,基因只有通过同环境进行复杂的相互作用才会表达出来。

最近几年,一些科学家采用基因分析法,对同性恋、吸烟、离婚、自杀、精神分裂症、酗酒、羞怯、政治自由主义、智力以及犯罪行为等进行了解释,但直到今天,在对人的侵犯性和暴力性进行的生物学研究中,学者们仍然存在很大争议。例如"冲动基因",它是英国布里斯托尔大学的乔纳森·伊万斯博士在研究基因与人类自杀行为之间关系的时候偶然发现的,伊万斯博士在对 400 名研究对象进行了心理测试和遗传基因扫描后发现,只有那些行为冲动的人才有这种与众不同的基因,并且,这种基因 13% 的人身上都有。他给这种基因取了个 5-HT2C 的代号,并且认为这种基因可以预测哪些人有自杀的倾向。一方面,"冲动基因"是通过抑制人的大脑中某些特定区域里的血清素使得他们变得性格外向,行为鲁莽,容易酗酒、赌博,甚至故意伤害自己,激情犯罪的比例较高。另一方面,拥有这一基因的人却又富有创造性和决策力,这对于推进社会的发展有好处。①

目前,在染色体、基因与犯罪关系的研究中最能引起人们关注的是染色体异常理论,这种理论认为性染色体为 XYY 型的染色体异常与暴力犯罪有关。人类的体细胞中共有 23 对染色体,人的所有遗传信息和密码都贮藏在这 23 对染色体中。其中,前 22 对称为"常染色体",其在男女两性中都是相同的。第 23 对染色体称为"性染色体",具有两种形式,其中女性"性染色体"的组成为 XX,男性为 XY。但是如果初级卵母或精母细胞在减数分裂时发生错误,性染色体不分离,就会产生有两条性染色体的卵子或精子,由这样的卵子或精子发育成的个体染色体总数为 47 条,有三条性染色体,这在医学上叫做 47XYY 综合征。多一条 Y 染色体的 XYY 型男性被称为"超男性"。这类男性具有身材高大、肌肉发达、动作不协调、脾气暴烈等生理特征,易冲动和实施攻击性行为,尤其是在青春期。就整体而言,XYY 型男性并不一定存在智力障碍问题,但是如伴有智力障碍则更容易产生犯罪的倾向,容易进行杀人和性犯罪,攻击性极强,且不能自制。1965 年英国的杰可布斯等人研究了 197 个犯罪人,发现其中很大一部分人的染色体属于 XYY 的异常态,因此就认为,"超男性"染色体中多出的一个男性染色体在某种程度上与这类男性的暴力行为有关,是导致他们实施犯罪的生理因素。根据相关统计数字,XYY 型男性中刑事犯罪率较正常人群为高,大约可达几到十几倍,在普通群体中,每 1000 个男性中具有两条 Y 染色体的仅有 1 人,而在一些监狱的犯人中,这个比率高出了 5 倍,在极个别监狱中这个比率甚至会高出近 20 倍。但是迄今为止有关研究尚不能解释说明,为什么并非所有暴力犯罪人的性染色体都是"超男性",而大多数性染色体异常的人并未实施犯罪,以及女性暴力犯罪现象的存在。

---

① 贤华:《犯罪本能论的演绎》,载《福建公安高等专科学校学报》1999 年第 3 期。

2003年4月14日,美国、英国、日本、法国、德国和中国科学家经过13年的共同努力,绘制完成了人类基因组序列图,实现了人类基因组计划的所有目标,在人类揭示生命奥秘、认识自我的漫漫长路上又迈出了重要一步。根据参与"人类基因组计划"的科学家在2004年10月21日出版的英国《自然》杂志上公布的最新人类基因组图谱,人类基因数量在2万到2.5万个之间,但迄今为止,其中大量基因的结构和功能尚不清楚。相信,随着人类进入"后基因组时代"即由序列(结构)基因组学向功能基因组学的转移,越来越多的基因的功能将得到认识,再通过对成千上万的个体进行大数据量的社会调查和精确测算,遗传与犯罪的关系的研究也必将得到进一步的快速发展。

目前,犯罪行为的生物学因素只是作为犯罪社会因素的补充,与犯罪有关的生理因素的研究还比较欠缺,除以上所谈到的几个方面,还有血型、以大脑为中枢的神经系统的生理因素、肾上腺素及胰岛素等激素的水平、解剖生理结构特征、生物化学因素、微量元素水平等一些方面。

第九章　犯罪原因的心理因素

所谓犯罪原因的心理因素,是指支配和影响犯罪人实施犯罪行为的各种心理因素的总称。与犯罪原因的其他因素相比,犯罪原因的心理因素具有自己独特的作用,即任何犯罪行为都是在犯罪人的犯罪心理支配下实施的,犯罪原因的其他因素最终都要通过犯罪人的心理活动发生作用而导致犯罪行为的发生,所以,对犯罪原因的心理因素进行系统研究是十分必要的。犯罪原因的心理因素涉及许多方面,而且是错综复杂、相互联系、相互作用和相互影响的,本章主要从人生观、个体心理失衡、个体需要、人格障碍、个性特征等方面探讨心理因素与犯罪的关系。

第一节　人生观与犯罪

人生观是指人们对人生的看法,也就是对人类生存的目的、价值和意义的看法。人生观不同,就会有不同的思想情感和对事物的不同态度,在观察和处理问题时就会有不同的观点和方法。目前,我国政治、经济、文化、科技、社会等各方面都在发生着深刻的变革,这引起了人们思想、价值观念的巨大变化。一些人丢弃了原有的以集体和社会为本位的价值观,形成了以个人为本位、追求功利的价值观。这种人生观的变异、扭曲,必然会使阻碍国家进一步发展的犯罪问题日益严重。

一、拜金主义思想与犯罪

拜金主义思想作为一种价值观念是资本主义商品经济的必然产物。社会主义市场经济虽然与资本主义商品经济有着明显的区别,但又有商品经济的共性。随着商品意识的传播,商品的范围也日益扩大,人们所需要的很多东西,如名誉、地位、婚姻、爱情、权力、良心等,几乎都带上了商品的色彩,这就使得金钱的魔力超越了它本身的价值。在拜金思想的支配下,某些人不会满足于现状,可谓是欲壑难填,为了攫取尽可能多的金钱财富,他们会不择手段。金钱欲望的极度恶性膨胀,能扭曲人性,将某些人潜意识中最丑恶、最残酷的东西毫不遗漏地激活,使其丧尽天良、作恶多端。

应该说,随着三十多年来改革开放政策的推行,我国人民的物质生活水平得以稳步提高,人们的物欲得到了极大的释放和满足,但不容忽视的是,在市场经济大潮的冲击下,物欲的过度膨胀不可避免地带来了思想领域一定程度的混乱状态。这主要表现在:(1)一些人的思想观念、价值和行为取向被严重地扭曲,越来越朝着功利化、物欲化的方向发展。"鸟为食亡,人为财死""一切向钱看""金钱万能""有钱能使鬼推磨"的拜金主义思想在社会生活中泛滥,充斥在一些人的头脑之中,成为他们的生活信条和行为准则。(2)人们在评价一个人是否成功时,也常常以其经济地位作为衡量标准,把金钱看做是成功的标志,这就势必更加导致人们的功利倾向——崇拜、追逐金钱。(3) 特别是市场经济固有的属性和弱点,带来了人们经济收入的多样化和收入差距的拉大,这在一定条件下,就使得一些人为了追求最大的非法经济利益而不择手段,不计后果,有的甚至铤而走险,肆无忌惮地实施生产、销售伪劣商品、走私、经济诈骗、制毒贩毒等犯罪活动。(4) 尤其是一些青少年人,更是把谋求巨额金钱当作人生的最大目标,在这种价值观念的指导下,当其无端需要得不到满足时,他们就会为了实现自己的所谓"人生价值",敢于冒触犯法网的危险,不惜损害国家、集体和他人的利益,以诈骗、盗窃、抢劫、绑架等犯罪手段捞取钱财。这类犯罪能占全部青少年犯罪的 2/3 以上。可见,拜金主义思想的盛行是导致多种严重刑事犯罪特别是侵财、贪财型犯罪迅猛发展的心理基础。

另外,市场经济发展中拜金思想的泛滥也使得"商品等价交换"的法则泛化,从而导致某些犯罪行为的大量发生和非常严峻的犯罪态势。(1) 权力和金钱的"等价交换"是当前贪污、受贿、包庇、徇私枉法等以国家工作人员为主体的犯罪行为发生的心理基础。在市场经济条件下,一些担任一定职务、掌握一定权力的国家工作人员,由于受拜金主义思想的腐蚀,由原来对权钱交易现象的反感、痛恨逐渐发展到疑虑、观望甚至被动尝试,最后是非观念完全颠倒,思想防线彻底崩溃,大肆进行贪污、贿赂等犯罪活动。(2) 人格与金钱的"等价交换"是窃取、出卖国家秘密以及经济诈骗、偷税、骗取出口退税等刑事犯罪严重化的心理基础。某些人将人格作为金钱的等价物,在金钱与物质享受的诱惑下,不惜以出卖或牺牲自己的人格为代价去获取金钱。他们背弃了作为一个社会人应当具备的正直、善良、忠诚的品质,坑蒙拐骗,无所不为,其目的就是获取金钱,满足自身的贪欲。(3) 肉体与金钱的"等价交换"是卖淫嫖娼、拐卖人口、绑架人质等丑恶犯罪现象严重化的心理基础。卖淫者以自己的肉体作为资本,与金钱进行"等价交换",而嫖娼者则是以金钱换取异性的性服务,这极大地污染了社会风气,并由此而滋生多种暴力犯罪或财产犯罪。拐卖人口、绑架人质等犯罪行为则是以他人的身体作为获取金钱的手段。很显然,无论是肉体与金钱的直接交易还是间接交易,都是犯罪人对"等价交换"原则的曲解。

二、道德滑坡与犯罪

道德是社会意识形态的一种,是调整人们之间以及个人和社会之间行为规范的总和。道德规范的实现是以道德范畴(如善与恶、正义与非正义、公正与偏私、诚实与虚伪、荣誉与耻辱等)、社会舆论、人们的信念以及习惯的力量,来评价、影响和约束人们的行为。道德是适应人类共同生活的需要而产生的,其发展变化的总趋势是:随着人类社会的不断进步而从低级向高级,愈来愈完美。但其发展过程又是曲折的,在一定时期,道德水准难免会在一定的人群中出现暂时的倒退,我国当前由计划经济向市场经济的转型期就正处于这样一个阶段。

自我国实行改革开放和建设市场经济以来,人们的传统观念不断受到形形色色的西方外来文化的冲击。特别是以互联网为代表的传媒技术的迅猛发展,更强化了外来文化的冲击力。人们在接受大量新鲜、先进的事物时,可以说是眼界大开、受益颇多。然而,伴随着拜金主义思想的泛滥,再加上现实中过分溺爱的家庭教育、过于注重"分数"的学校教育和越来越商业化的社会教育的影响,也有一部分人出现了信仰危机和道德滑坡,滋长了"喜新厌旧"的心理,排斥和否定我们中华民族的传统美德,将西方许多腐朽落后、低级庸俗的东西一并拿过来加以效仿。

尤其是有些青少年,他们缺乏正确的世界观、人生观、价值观和道德观,没有远大的理想和抱负,盲目地向往和追求资本主义国家奢侈糜烂的生活方式,把吃喝玩乐当作幸福人生的唯一目标。他们特别喜欢赶时髦,极力模仿港台和西方影片中反面人物的衣着、腔调,在街上四处游荡、嗜好烟酒、赌博;他们追逐异性,甚至盲目认为西方的性解放、性自由是合乎时代潮流的,以致精神空虚、好逸恶劳、挥金如土、道德沦丧、是非颠倒、放荡不羁。根据对一组违法犯罪青少年的人生观调查,其中60%以上的人回答为"人生就是享受"。一些青少年中流行着"人生在世,吃穿二字""人生短暂,应尽情享受、及时行乐""今朝有酒今朝醉""跟着感觉走""牵着梦的手"等醉生梦死的生活哲学。有的因"无聊""寻求刺激"而进行故意伤害、杀人、抢劫等暴力犯罪,有的进行强奸、卖淫、吸毒等享乐型违法犯罪。有些青少年"人不为己,天诛地灭"的个人主义思想极端膨胀,只讲索取,不尽义务,不愿奉献,见利忘义,为了个人的利益和目的,他们会不择手段、不惜铤而走险而导致犯罪。还有的青少年向往资产阶级的所谓"自由""民主",把不遵守纪律和任意行动当作自由,甚至怀疑党的领导和社会主义的优越性,以至于造成他们精神萎靡、学业荒废,更缺乏坚定的政治信念。特别是有些人在无政府主义的自由观、横行霸道的英雄观影响下,往往把流氓、坏人当成榜样,把江湖义气当作友谊,整天逞霸街头,胡作非为,最终走上犯罪的道路。

当前百姓关注、议论较多的腐败犯罪的持续多发也同某些国家工作人员道德素质的滑坡和理想信念的错位有着直接联系。例如,常见的贪污、受贿犯罪就是利己心理的明显表现形式,特别是当某些人有限的收入难于满足其尽情享乐的欲望时,他们便会产生一种渴望得到补偿的心理驱动力,甚至胆大妄为地打出"当官不发财,请我都不来"的口号。俗言道:"三年七品官,十万雪花银。"不言而喻,在私有制社会里,权力和犯罪是孪生兄弟。而在当今天社会,纸醉金迷的腐朽生活方式和极端个人主义思想也严重地腐蚀着某些国家工作人员的灵魂,"早上围着轮子转,中午围着桌子转,晚上围着裙子转""三年搞基建,十年吃不完"等民谣就足以说明问题的严重性。司法实践中发生的腐败犯罪案件还表明有这样一种现象,大凡贪官污吏,在搞权钱交易的同时,绝大多数都存在权色交易。他们一方面贪污、受贿、索贿,肆意挥霍,另一方面又包养情妇,甚至嫖娼宿妓。这些人当中多数是年轻者,但也不乏一些年老的腐败分子,所谓"五十、六十才学坏,怀里抱着下一代"。

特别令人痛心的是,在极端利己主义思想的侵蚀下,一部分人将"明哲保身"作为处理问题的原则,"事不关己,高高挂起",以致出现了大量的"路人"冷漠观赏暴力侵害行为或侵犯财产行为等事件。见义勇为已成为极其珍稀的行为与品德。这种不正常的现象,大大削弱了被害人同犯罪分子作斗争的勇气和力量,使得犯罪分子的气焰更加嚣张,犯罪手段更加恶劣。可见,这种极端利己主义思想的泛滥,不但可能导致自身犯罪行为的发生,而且还会从反面助长他人去实施犯罪行为。

三、法律意识淡薄与犯罪

所谓法律意识,是人们对法和法律现象的思想观点、心理和态度的统称,即人们对法律的看法及学法、用法、守法的自觉程度等。应该说,目前我国公民的法律意识与过去相比有了很大提高,但同社会主义现代化建设的需要和社会主义法治国家的要求还相差较远。我们认为,之所以会造成这一结果,同我国两千多年封建文化和专制传统的影响,以及新中国成立后我们工作中的多次失误是分不开的。

回首我国自1986年开始三十年来不间断的全民普法教育,我们似乎更多的是重视向公民灌输一些法律知识,而却相对忽视了对公民法律意识的培养。现实社会生活中存在的许多问题仍值得我们深思。目前有些党政领导机关工作人员仍然自恃特殊,以权压法,以言代法,玩忽职守,滥用职权,甚至徇私枉法,敲诈勒索,贪污受贿,把自己置于法律之上或法律之外。他们当中有的习惯于凡事个人说了算,随意损害、贬低法律的尊严,对国家权力机关作出的决定和决议毫不尊重;有的对司法机关的正常工作横加干涉,强制司法工作人员按照他们的意图办事,强行更改或者拒不执行法院的裁判,任意将秉公办案的司法人员调离;有的无视有关法律的规定,任意决定拘留或搜查公民,或者强令司法机关去实施一些公然非法侵害公民人身权利和民主权利的行为,甚至把司法人员作为他们搞强迫命令和以权谋私的工具。有些司法工作人员不严格依法办案,不严格执行程序法,超期羁押,刑讯逼供。

在我国广大农村地区,由于农民更多地受到中国传统道德文化的熏陶,因而长期以来,传统的道德观、价值观和风俗习惯成了农民思想和行为的主要调整者和规范者,世代相沿的传统准则虽不成文但却稳定,虽无强制力保障,却已深入人心,而且涉及生活的各个领域,因而其调控范围和广泛影响是法律无法相比的。相应地,法律在农村的调控范围和程度较城市要差许多,因而农民的传统思想观念浓厚,法律意识普遍较为淡薄,与人发生矛盾纠纷时,常常不以法律法规为依据解决,而更多的是以约定俗成的风俗习惯处理,而其中有的风俗习惯已违背了法律法规精神,但不少农民对此并不知晓或不以为意。

第二节 个体心理失衡与犯罪

个体心理失衡是指社会中的某些成员在一定时期内与其所处的实际生活环境不相适应的一种心理现象,是当前我国犯罪状况严重化的一个重要心理因素。应该说,个体心理失衡极易造成人与人以及人与社会之间的抵触情绪。一般而言,心理失衡并不一定导致犯罪,它可以通过多种途径得到缓解和释放,如自我控制、自我攻击等,但达到严重程度的个体心理失衡却极易导致一些人犯罪意识和动机的产生,促使他们去实施违法犯罪行为。

一、社会分配不公引起的心理失衡与犯罪

自改革开放以来,我国经济建设取得了巨大成就,人民生活水平显著提高。但由于在社会主义市场经济条件下,允许多种经济成分和多种分配方式同时并存,就不可避免地产生了社会分配不公的现象。继而,社会分配不公导致了社会成员间的收入差距拉大,贫富悬殊。这种状况还将在一个相当长的历史时期内客观存在,从而引起了一些人的不满,使他们的心理失去平衡。特别是由于有些人是通过违法犯罪手段如走私、偷税、生产销售伪劣商品等致富的,这就更加剧了一些人心理上的不平衡。此外,先富起来的人在生活上的肆意享受,加之传媒不恰当的宣传和引导,促使了社会整体的高消费和互相攀比的心理,这也在一定程度上对心理失衡的产生起到了催化作用。

在心理失衡的人群中,有些人因为受各方面条件的限制,不能够用合法手段达到所追求的目标,其中法制观念、自制力弱的,尤其是那些好逸恶劳、贪图享受之辈,既不愿吃苦耐劳,又见人发财眼红,于是就产生了盲目攀比甚至报复社会的心理。在这种失衡心理的支配下,某些人就会采取盗窃、诈骗等非法手段去攫取公私财产,从而实现社会财富的"再分配"。这种状况使得财产犯罪的数量迅速增加,并且越来越多地与抢劫、绑架、故意杀人、故意伤害等暴力犯罪联系在一起;同时,针对社会的带有报复性和发泄性的放火、爆炸、投放危险物质等犯罪行为也有逐渐增加的趋势。

就目前来看,心理失衡最为严重的当属一些中青年农民和下岗工人。前者长期生活于相对稳定、封闭的农村,改革开放后迅速发展的致富高期望与客观现实之间的巨大落差以及城乡巨大差距的严酷现实,使他们受到极大的刺激,其心理的失衡、梦想一夜脱贫的心切以及对传统道德的背弃,强度之大要远远超过城市居民。一旦他们的发财梦为现实所破灭,便极易通过非法手段去实现其梦想。特别是一些进城农民,城市的富足和高消费刺激了他们不正常的消费欲望,高消费的欲望和低水平的收入现实之间构成了突出的矛盾。由于不能正确认识和适应城乡的这种差别,再加上他们的人身权利和就业、就学、医疗、福利等权利也得不到保障,还要忍受某些城里人的排斥、歧视和欺侮,于是这些农民往往把无奈和怨气化为心理抵制,而"等贵贱,均贫富""不患寡而患不均"的绝对平均主义思想则是他们犯罪的深层次心理因素。目前,农村的犯罪率虽然低于城市,但在犯罪的人员结构中,农民的犯罪比例是最高的。下岗工人曾经长期捧着铁饭碗,在企业破产或实行优化组合后,被迫流入失业队伍中,很多人因此而产生严重的心理失衡,认为社会不公正地对待他们,于是极易挟恨报复社会,实施恶性犯罪行为。

还有一部分具有特殊身份即掌握一定权力的国家工作人员,依据其合法收入划分,显然不属于富裕阶层。但是他们手中控制着某些利益分配的权力。当他们观察周围社会时,也会产生一种难以摆脱的心理不平衡:为何自己手中的权力可以为别人带去高收益、高收入,自己为什么就不能富起来?于是这种权力与金钱的矛盾激烈的作用于内心从而形成错误的观念,在心理上失去平衡。部分意志薄弱的人员经不起

各种诱惑,不能抵御和克服外在消极因素的影响,遂产生了权钱交易的思想。他们利用掌握的权力换取个人的物质利益,从而达到对占有财产的心理平衡。

二、腐败引起的心理失衡与犯罪

简单地说,腐败就是国家工作人员对公共权力的滥用,其表现形式是多种多样的。改革开放以来,腐败成为社会上反响最为强烈的一个问题。"有权不用,过期作废"成了一些人的信条,他们铤而走险,用手中的权力谋取私利,疯狂地实施贪污受贿、挪用公款、滥用职权等职务犯罪活动。据一项以某市市民为对象所作的关于腐败问题的社会调查表明,85.9%的被调查者认为,改革开放以来腐败现象越来越多;59.2%的被调查者认为,与西方国家的腐败现象相比,我国的腐败现象也比较严重。

我们必须面对的现实是,腐败日渐渗透到社会生活的各个领域,影响了国家的稳定,致使国家的方针、政策得不到很好的贯彻执行,阻碍了经济的进一步发展。腐败现象的发展,还模糊甚至扭曲了一些人的世界观、人生观、道德观和价值观,使他们丧失了远大的理想和正确的信念,自觉或不自觉地"卷入"腐败的队伍中去。不可否认,近年来我国在反腐败斗争方面的力度不断加大,其不断取得的阶段性成果也是有目共睹的,但同时也应该正视的现实是,腐败并没有得到根本的遏制,当前的腐败现象依然非常严重,离人民群众的要求还相差甚远,尤其令人忧虑的是,现在甚至出现了"攀比腐败"和"炫耀腐败"的现象。

更为严重的是,腐败不仅本身就是一种犯罪,而且它更挫伤了人民群众的积极性和创造性,使人们对整个国家、社会和个人前途持悲观态度,并导致一些人的心理失衡,这对多种犯罪的增加造成了直接影响。许多犯罪人正是怀着对社会上腐败现象的担心、不满和报复心理走上犯罪道路的。例如,《检察日报》2002年7月17日报道的"高中生撕票'反腐'"案件,曾引起了人们的广泛关注。安徽省太和县某中学的两名高中生发现其同班同学李某经常驾车上学,花钱大手大脚,后又得知李某的父亲是某镇党委书记,便认为李家的钱来路不正,于是两人就绑架并杀害了李某。此后,两人多次持被害人李某的手机与其家人联系,索要赎金100万元。据其中一人交代,在作此案之前,他已预谋购枪绑架县领导人。他说:"腐败现象全国都存在,我是一个农民的小孩,很看不惯这种现象,我就是用这种手段报复他父母,他这样死的不亏。"两名中学生之所以如此,除了其心理不健全、行为不理智等因素之外,"对反腐败失去信心"(太和县检察院一检察官语),将失望转变为仇恨恐怕也是一个重要的心理因素——而令人担忧的是,这种情绪并不仅仅存在于中学生之中。另外,社会上一些舆论、许多民谣、顺口溜也同样反映了这样一种心态。

第三节 个体需要与犯罪

需要是作为个体的人希望获得自己所缺乏的某种东西的一种主观心理状态。人的各种行为动机都源自相应的需要,需要是产生行为的原动力。需要对于犯罪心理的发展变化起着极为重要的引发、推动作用。犯罪人往往都是在需要的不断追求和满足中将个人的需要、欲望无限制地发展,以致脱离现实具体的客观条件,与社会的要求处于对立状态,最终导致犯罪行为的发生。

一、生理的需要与犯罪

人的生理需要是与生俱来的,它反映了人对延续和发展自己生命所必需的客观条件的要求。人的生理需要不仅受着人的生物需求的制约,而且也受着社会生产、生活条件和法律道德的制约。犯罪人往往将低级的生理的需要放置于优势地位,当通过合法的渠道不能满足其生理需求时,便去实施相关的违法犯罪行为,可以说,绝大部分犯罪都和生理需求有关。实践中,一些人为了满足贪财贪利的欲望,在扭曲的人生观、价值观的驱使下,不择手段地去实施盗窃、诈骗、走私、贩毒、卖淫、组织偷渡私渡、贪污、受贿,甚至抢劫、绑架、拐卖人口、故意杀害自己的亲人等犯罪行为。例如,当前常见的雇凶杀人案件中,被雇凶手愿意冒生命危险充当杀手的直接心理动因就是对钱财或某种利益的贪婪。另一些人为了追求精神刺激,去实施强制猥亵、侮辱妇女、聚众斗殴、寻衅滋事、聚众淫乱等犯罪。还有一些人,特别是一些处于生长发育期的青少年人,情绪极易冲动,再加上受色情文化的影响较大,过早地接受了两性方面的刺激,便产生了难以抑制下的性需要,为了求得性的满足,遂产生性犯罪动机,去实施强奸、嫖娼等犯罪。

由于犯罪人的非法欲求是无止境的,为了满足更大、更多的欲求,单个的犯罪人会感到个人力量的单薄,于是他就自然地要借助众人的力量来实现其欲求。这样,一些具有相同或相似非法欲望的犯罪人就会以多种方式纠集到一起,共同从事各种犯罪活动,从而导致了当前团伙犯罪、集团犯罪、黑社会性质犯罪的日益增加和日趋恶化。

二、安全的需要与犯罪

安全需要是人类最基本的五种需要之一。因为犯罪人只有保证了自身的安全,才能享用和享受犯罪所获取的利益,犯罪对其才有意义,所以为获取某种利益而犯罪。犯罪人在犯罪活动中必然要受着两种心理因素的支配和调节,即既要达到犯罪目的,又要不使其罪行暴露以逃避打击和惩处。在这种心理支配下,犯罪人会把犯罪风险降到最低程度,以达到保护自我的目的,满足其安全需要。在实践中,出于安全需要而实施的犯罪非常多见。例如,有的人不堪忍受他人的长期虐待而杀死对方;有的人出于自身和他人安全的考虑,大义灭亲,将作恶多端、危害乡里的逆子杀死;有的人为了达到报复杀人的目的而又不被发觉,就雇凶杀人;还有的人则为了怕罪行暴露而杀人灭口等等。

另外,前面提及的团伙犯罪、有组织犯罪等,各个犯罪人除了考虑这样做力量更大、更有利于达到他们的犯罪目的之外,安全的需要也是他们要这样做的一个重要原因。实践表明,团伙犯罪与单独犯罪的心理活动有着很大差别,团伙犯罪中,各个犯罪人在作案时会产生一种"罪责扩散"心理。即在作案过程中,许多人共同参与作案,并认为个人只是负担其中一部分刑事责任而不必负全部刑事责任,从而增加了各个成员的犯罪安全感与作案勇气。这是因为有些犯罪人在单独犯罪时会产生恐惧感和罪责感,而在团伙中,由于人多势众,相互壮胆,彼此解脱,各犯罪人容易产生罪责扩散感和安全感。也正是由于以上原因,团伙犯罪较单独犯罪具有更大的吸引力和诱惑力,其成员更加胆大妄为,它们对社会的危害也就更为严重。

三、爱的需要与犯罪

爱的内涵是十分丰富的。爱的需要是指一个人希望自己能在感情方面有所归属,在社会交往中能被大家接纳、认可的一种心理状态。爱他人和被他人爱可以说是每个人都有的心理需求。爱又分为本能的爱和社会性的爱,我们这里所说的爱主要是指本能的爱,它具体是指男女间的爱情即性爱,以及亲属间的情爱。有的人为了男女之爱,不惜冒险去实施盗窃、诈骗、抢劫、贪污、受贿、挪用公款、重婚、收买被拐卖的妇女等犯罪。有的家长出于疼爱子女,而暴力干涉子女的婚姻自由,或当子女犯罪时窝藏、包庇他们。还有的人因为得不到对方的爱而侮辱、诽谤,甚至伤害、杀死对方。

四、自尊的需要与犯罪

自尊的需要是指一个人希望尊重自己,不向别人卑躬屈节,并凭借自己的能力、成就和地位等来获得他人和社会的尊重、认同,不容许别人歧视、侮辱的一种心理状态。自尊需要对犯罪的影响主要表现在以下三个方面:(1)自尊心受损能令人产生报复、嫉妒心理。有些人的自尊心往往因为自己的某种需要无法满足而受到伤害,或者直接受到他人无端的侵害。继而这些人便会产生不满、痛苦、愤怒、仇恨等否定情绪,这种紧张情绪若不能得到及时缓解,最终会引发报复的恶念,该恶念一旦膨胀起来,轻则会造成人与人之间关系的紧张、破裂,重则导致杀人、伤害、放火、爆炸、投放危险物质等恶性犯罪的发生。例如2004年2月发生的曾经轰动全国的云南大学学生马加爵杀人案(先后杀害4名同学)。马加爵就是由贫穷导致自卑,而自卑又导致了过度自尊,一旦脆弱的自尊受到了伤害,便会进行疯狂的报复。嫉妒也是一种不良心态,它往往与报复心理纠结在一起,一个人卓越的声誉、地位、学识、财富、相貌、爱情、家境等都可能引起别人的嫉妒,而如果对这种嫉妒心理不加以控制,当其发展到极端时,就极易使人丧失理智,导致诽谤、诬告陷害、破坏、伤害、杀人等犯罪行为的发生。(2)自尊的需要能使人产生虚荣心理。心理学上认为,虚荣心是自尊心过于强烈的表现,是为了取得荣誉和引起普遍注意而从物质或精神方面表现出来的一种不正常的心理状态。爱虚荣的人多为外向型、冲动型、做作型,待人接物突出自我、浮躁不安、反复易变。其信条是"你有我也有,你没有我也要有"。这种心理若任其发展,就可能为了满足虚荣而违法犯罪。虚荣心在独立性相对较差、易受外界影响、喜好与人攀比的女性身上的表现尤为突出。例如,有些青年女性认为通过正当途径赚钱太少,无法满足其虚荣心,于是便去实施卖淫、盗窃、诈骗、抢劫等犯罪。(3)自尊心受损还能使人产生逆反心理。逆反心理是一种对事情所作的反应跟当事人的意愿或多数人的反应正好相反的心理现象。例如，有一些品行不良的青少年学生，虽然在校期间缺乏良好的自律意识，学习成绩也差，但其自尊心却极强，当他们受到学校或社会的批评教育时，不但不能正确认识自身的不足并予以改正，反而迁怒于学校和社会，对整个社会产生严重的抵触情绪。在这种逆反心理的支配下，这些学生便会走上与社会对抗、与人民为敌的歧途，他们还常常会形成一定的团伙，实行危害更大的违法犯罪活动。

五、自我实现的需要与犯罪

自我实现的需要是指实现个人理想、抱负，最大限度地发挥个人潜能，完成与自己的能力相称的一切事情，从中得到最大自我满足的需要，是人类个体需要中的最高层次。改革开放和市场经济的深入发展，给人们提供了更多的充分施展自己才华、实现自己远大抱负的广阔舞台，同时也培养了人们敢于独闯天下、实现自我的意识。但这样的社会形势和环境也使得一些人，特别是一些青少年人产生了不切实际的要求自我实现的需要。大量的事实有力地证明，这些人对自己力量的认识与估计远远超出了其实际的能力或年龄。这样一种狂热、急切的心态一旦在正常的发展途径上受挫，就很容易导致违法犯罪行为的发生。

第四节 人格障碍与犯罪

人格障碍又称人格异常、变态人格或病态人格，是一种介于正常人格与精神疾病之间的人格适应缺陷，是人格在发展和结构上明显偏离正常，以致不能适应正常社会生活环境的一种心理状态。人格障碍与犯罪的关系极为密切。在欧美国家曾有学者统计，有人格障碍的罪犯能占到所有罪犯的1/3左右。人格障碍有多种类型，与犯罪的发生密切相关的有以下几种：

一、偏执型人格障碍与犯罪

偏执型人格障碍表现为固执己见、多疑、心胸狭窄、容易嫉妒、行为偏激、一意孤行、不计后果，有歪曲事实的倾向，经常把别人本来中性或友好的表示看成敌对的行为，故而很难和同事相处，对配偶极不信任。该类型又分为三种：被迫害妄想、钟情妄想和嫉妒妄想，其中以被迫害妄想的发病率为最高。被迫害妄想的患者经常认为某人、某单位或一批人正在打击、监视和陷害他，因而无端地搜集证据，以证实自己的假设，并不断地控告、上诉或申诉。钟情妄想的患者通常表现为病态的"单恋"，甚至做出十分极端的示爱行为。而嫉妒妄想者最多的表现就是怀疑，如有的患者怀疑配偶有"外遇"，于是每天接送配偶，表面上夫妻恩爱，实际上却什么都不信任，甚而在回家后对配偶进行不停地盘问，严重的还会用暴力方法对待配偶。该类型的人常常自我估计过高，对自己认为的事物坚信不疑，如果在他们妄想的事件中，以社会认可的方式不能解决问题的话,可能就会采取违法犯罪的手段。

二、情感型人格障碍与犯罪

情感型人格障碍的表现形式又可分为三种:有的表现为情绪抑郁,具体症状为孤僻怪异、沉默寡言、失眠焦虑、胆小怕事,对什么都不感兴趣、缺乏信心,但在受到强烈精神或药物刺激的情况下会出人意料地实施暴力行为;有的表现为性情狂躁、喜怒无常,常因较小的刺激而突发无法控制的暴怒情绪和冲动行为,在狂躁情绪的影响下,患者会无所顾忌地做出毁物、伤人、杀人等举动,尤其是在醉酒的情况下,他们会更为兴奋,更易实施各种破坏性极大的暴行,虽然事后他们也感到后悔,但一旦又受刺激,会再次实施危害行为;还有的则表现为抑郁和狂躁交替发作,极不稳定,这在心理学上被称为双相情感障碍。

三、意志薄弱型人格障碍与犯罪

意志薄弱型人格障碍表现为意志薄弱、优柔寡断、多愁善感,在遇到挫折时,或者垂头丧气,或者一蹶不振。个人的爱好、兴趣、计划和决定易于改变,注意力不能长时间集中,易于在短时间内,由一种情绪变为另外一种情绪。该类型的人暗示性和模仿性较强,易于接受外界各种不同的影响,特别是周围环境对他们的行为能起到很大的诱导作用,在周围事物的剧烈影响下,他们可表现出情绪上的极度狂热。另据国外文献报道,该类型人中服用麻醉剂成瘾和滥用精神药物的比较多见。所以,该类型人对坏人坏事缺乏应有的抵抗力,容易上当受骗,若因此导致犯罪,也不能认真吸取教训,重新犯罪率较高。

四、轻佻型人格障碍与犯罪

轻佻型人格障碍表现为举止轻浮、嬉皮笑脸,缺乏起码的羞耻心、同情心、怜悯心和名誉感,虚荣心特别强,喜好自我夸耀、阿谀奉承和撒谎骗人。该类型的人多实施财产型犯罪和性犯罪。

五、反社会型人格障碍与犯罪

反社会型人格障碍又称悖德型人格障碍,具体表现为:思想信仰、行为方式与社会伦理道德相对立,且固执己见,对人冷酷无情、心狠手辣,又缺乏悔过之心;以自我为中心,极端自私自利,缺乏社会责任感,为了自己的眼前私益,可以完全无视他人的利益;敏感多疑,对所有的人均不信任,并抱有不同程度的仇视、敌对情绪,甚至向对方进行报复与陷害。该类型的人最易实施政治型、暴力型及财产型犯罪。

六、怪癖型人格障碍与犯罪

怪癖型人格障碍表现为具有为一般人很难理解和道德法律所不允许的异常而顽固的嗜好。最常见和最易导致违法犯罪的有偷窃癖、纵火癖和谎言癖三种。偷窃癖是以偷窃别人的财物为最大的愉快和满足,而其主观上并不以获取经济利益为目的,也不在乎所偷东西的价值。纵火癖是以看见他人被烧伤、烧死或财物被焚毁而感到精神上的极大满足,而其主观上却并无报复、破坏等动机。谎言癖是以编造谎言来获得心理满足,且屡教不改,难以自控,能随时随地编造出足以令人上当受骗的各种谎言,实践中多是骗取他人的财物,而不论数量的多少。

七、性变态型人格障碍与犯罪

性变态型人格障碍表现为对于正常的性活动通常没有要求,甚至心怀恐惧,自我控制和自我保护能力往往较差,变态性行为常具有强迫性和反复性,但并非时时发作。该类型的人一般是受歪曲的性冲动的支配,在特定的情景和处境下突然付诸行动,而事前并无周密准备,事发后又能供认不讳,还常常感到痛心疾首、无限悔恨。这种人格障碍极易导致犯罪行为的发生。如同性恋,有可能因"朋友"的"变心"而发生情杀或自杀。再如施虐狂或受虐狂,它已完全失去了男女之间性行为的意义,极易构成强奸杀人等暴力犯罪。又如恋物癖、恋童癖易分别导致盗窃犯罪和猥亵儿童犯罪的发生。其他类型的性变态还有色情狂、露阴癖、窥阴癖、异装癖、摩擦癖、恋尸癖和易性癖等。

第五节 个性特征与犯罪

个性特征又称个人的心理特征,是指个人在能力、气质、性格等方面所具有的独特而稳定的特征。这些特征的形成既受先天遗传因素的影响,也同后天的社会环境和教育影响分不开。由于每个人的遗传性状和所处环境、所受教育的不同,世界上个性特征完全相同的人是不存在的,这就必然会导致人与人之间在行为方式上的种种差异。通过对各种犯罪现象的分析,我们也可以发现,犯罪人之间犯罪行为方式上的诸多差异都与他们各自不同的个性特征有着密切的关系。

一、能力与犯罪

所谓能力,是人的综合素质的体现,是人们能够胜任某项工作、完成某项任务的个性心理特征。一个人能力的大小总是通过其平时的活动显现出来。能力包括智力和技能两个方面的内容。

(一)智力与犯罪

智力属于一般能力,是指人认识、理解客观事物并运用知识、经验等解决实际问题的能力,具体包括记忆、观察、想象、思考、判断和创造等方面的能力。人的智力可分为一般、低下和优秀三种,其中,智力低下和智力优秀在人群中占少数,大多数人的智力是一般。应该说,智力水平的高低将直接影响人的思想和行为方式,但并不决定某个人是否会实施犯罪。实践证明,智力低和智力高的人都有可能犯罪,只不过他们在犯罪的类型和手段上会有所差异。一般而言,低智力者的社会化程度较低,故其犯罪手段比较原始,易实施暴力犯罪;而高智力者,因其社会化程度较高,犯罪手段就比较狡诈,多实施经济犯罪。

1. 智力低下与犯罪

智力低下又称智力落后、智力缺陷或智力障碍,是指人的智力在发育过程中没有达到正常水平,多由先天性遗传缺陷或成长发育阶段的各种后天因素所引起。智力低下由轻到重可分为愚鲁(轻度智力低下)、痴愚(中度智力低下)和白痴(重度智力低下)三个等级,其中愚鲁最为常见,痴愚次之,白痴则比较少见。这三个等级各自的特征及其对犯罪的影响如下:(1)愚鲁的特征是缺乏理解分析能力、意志薄弱、缺乏主见、易受暗示、行为不计后果,因而容易被坏人诱骗利用参加各种违法犯罪团伙,或者在他人教唆挑拨下进行盗窃、窝赃、毁坏财物乃至放火、伤人、杀人等违法犯罪活动。尤其是,该类患者到了青春期性发育成熟时,因限于智力水平往往不易找到情侣,同时又缺少必要的社会化强度来控制自己内心的性欲冲动,所以一旦发生性冲动,就可能采用暴力手段强奸反抗能力较弱的老妇或幼女来满足自己的原始欲望,又因他们缺乏正常的性知识,故而还常常表现出一些低级的性行为,如鸡奸、露阴、兽奸、近亲奸等。(2)痴愚的特征是思维迟钝,缺乏主动性,情绪波动且不易控制,容易因兴奋激动而产生激情发作和冲动行为,导致伤害、毁财等犯罪的发生。(3)白痴的特征是生活完全不能自理,情感发育差,对周围事物毫无兴趣,常有啃咬吸吮等破坏性行为,又可进一步分为愚蠢呆板的迟钝型和不受约束、任性易怒的兴奋型,因智力严重低下,该类患者较少实施犯罪行为。

需注意的是,我国目前智力低下青少年所特别需要的更大强度、更长时间的社会化教育不但没有得到加强,反而有进一步弱化的倾向。这种弱化将会导致智力低下青少年社会化环境的进一步恶化和社会化进程的更加困难,从而使他们的犯罪率升高。

还应引起我们注意的是,一些智力低下者被诱骗加入某个违法犯罪团伙后,虽然要受智力较高者的指挥和操纵,但为了弥补自己智力上的不足,他们往往能干出其他团伙成员不敢干的事情,以便在团伙中争得一席之地,并能很快成为团伙中的骨干。同样道理,如果几个智力低下的人纠合在一起,由于他们都不具备正常人的那种分析判断能力,那么其中进行指挥和操纵的就很可能不是智力相对较高而是较低的一个。这是因为在团伙成员的智力普遍低下时,谁能在团伙中起决定作用就取决于谁的勇气和决心更大,而智力相对更低的团伙成员在行动中恰恰会更加无所顾忌和随心所欲。

2. 智力优秀与犯罪

智力优秀者由于其各方面的能力本来就强,再加上大多数又受过良好的教育,具备一定的专业知识,因而其犯罪一般以故意居多,大都经过蓄谋已久的策划,从预备、活动过程、事后退路甚至事发后的应对等都早已事先设计好,而不似一般犯罪具有突发性的特点,且其方法隐蔽、手段狡诈先进,毁灭证据快,从而给侦破工作带来了极大困难。从实践来看,智力优秀者多实施诈骗、贪污、受贿、挪用、伪造、计算机以及危害国家安全等犯罪。近年来,由于我国正处在转型期,人的思想变化较大,体制和法律上的漏洞又较多,智力优秀者犯罪的数量有逐年增加的趋势,这应当引起我们高度的重视。

(二)技能与犯罪

技能是指掌握和运用专门技术的能力,是经过反复的练习而逐渐熟练并得以巩固的行为方式。人的许多行为动作,特别是一些复杂的行为方式,都是在自己身体多个部位和器官的相互配合和作用下进行的,而要得心应手地完成这些动作,必须经过反复的练习和操作。经过长时间重复多次的训练,这些动作间依照一定的先后次序和强弱配置而构建的组合就会在人的大脑皮层上形成与其相适应的暂时神经联系,之后只要第一个动作一开始,大脑便会指挥其他动作依序进行,从而形成一系列动作的自动化,这就是动力定型。一旦动力定型形成,人对某一系列动作的意识就会相对减轻,就不再过多地注意动作过程本身,从而人就可以腾出更多的精力来兼顾其他活动,以提高自己活动的效率。这种经过后天学习和训练而形成的行为操作能力也就是我们所说的技能,它对人的行为具有十分重要的意义。

技能和习惯是比较接近的,可以说一切技能、习惯都是在不断的学习和训练过程中逐渐形成的动力定型,甚至有某些技能,当其达到了一定的熟练程度时,就会转变为人的习惯。所谓习惯,是指经过长时间的重复或练习而形成、巩固下来并成为需要的行为方式。可以看出,技能和习惯之间还是存有一定的差异。首先,作为技能,人们可以根据需要来决定是否利用它,而习惯则是将某一系列自动化的动作本身变成了一种需要,如果不去完成这种动作便会感到不安和不舒服,如吸烟、喝酒等。其次,技能往往是根据需要有目的地培养、训练而获得,而习惯则既可以通过有目的的培养、训练自觉地养成,又可以在某一系列动作无意识的多次重复中形成。

习惯一旦形成,会比技能更容易脱离人的意识,并且非常难以改变。这也就是说,某种动力定型成为习惯之后,人常常会实施下意识的行为。

了解技能和习惯的上述特点,对于我们深入考察犯罪技能和犯罪习惯对犯罪行为的影响具有重要的意义。一些犯罪人,正是由于其掌握了一定的犯罪技能,他才会更容易地实施某种犯罪活动,而由于长时间从事犯罪活动形成了某种犯罪习惯,同时又缺乏良好习惯的犯罪人即惯犯,当其遇到适合犯罪的情景时,则会无法自我控制地去进行犯罪活动。

二、气质与犯罪

所谓气质,是指高级神经活动在人的行动上的外部表现,是人的典型的、相当稳定的个性心理特征。气质(temperament)这个概念最早是由被西方尊为"医学之父"的古希腊著名医生希波克拉底提出来的,后来罗马医生盖仑作了整理。他们提出"体液(humours)学说",认为人体中有四种体液——血液(blood)、黏液(phlegm)、黄胆汁(yellow bile)和黑胆汁(black bile)。人体内这四种体液的不同配合,会导致人的不同气质的形成。据此,他们将人分为胆汁质(黄胆汁占优势)、多血质(血液占优势)、黏液质(黏液占优势)、抑郁质(黑胆汁占优势)四种基本气质类型,并认为人的疾病就是由四种体液的不平衡造成引起的。应该说他们的这种解释随着医学的发展早已被否定,取而代之的是现代神经生理学,但四种类型的称谓及划分却被沿用至今。另外,根据神经活动过程的强度、平衡性、灵活性等特点的不同结合,亦可将气质类型划分为与上述四种相对应的兴奋型、活泼型、安静型和抑制型。

气质类型的主要心理特征如下:(1)胆汁质(兴奋型)。胆汁质类型的特征是:情感发生迅速、强烈而持久,动作的发生也是迅猛、强烈,且有力。属于这一类型的人大都直率热情、精力旺盛、工作积极、有毅力、有信心、有创新精神,但有时也表现出脾气暴躁、傲慢不恭、好挑衅、缺乏自制力和灵活性,具有外倾性。(2)多血质(活泼型)。多血质类型的特征是:情感发生迅速、微弱而不持久,动作发生时迅速、敏捷和易变。偏于这一类型的人在社会活动中既可表现为性情活跃、机智灵活、应变能力强,反应速度快,喜爱交际,富有感染力,也可表现为动摇、轻浮、不踏实、忽冷忽热,注意力易转移,志趣易变,具有外倾性。(3)黏液质(安静型)。黏液质类型的特征是:情感发生缓慢、不易暴露,动作迟缓、沉着冷静且自制力强。这一类型的人可表现为善于忍耐,注意力不易转移,镇定、刚毅、实干,也可表现为顽固,保守,呆板,拖拉,沉默寡言,不善交际,具有内倾性。(4)抑郁质(抑制型)。抑郁质类型的特征是:情感体验深而持久、动作迟钝无力。属于这一类型的人大都情感细腻,善解人意,善于觉察他人不易觉察的细枝末节,待人谨慎,忠于职守,但有时也表现出性情孤僻,沮丧焦虑,敏感怯弱,多愁善感,优柔寡断,反应迟缓,具有内倾性。

可以说,气质的类型并无优劣之分,但不容置疑的是,每一种气质都既有其积极的一面,同时又有其消极的一面。当一个人在外界不良因素作用下走上犯罪道路的时候,气质对于主体接受不良因素的类型和方式有着重要的影响,气质的特征也会在不同主体各自的犯罪类型上反映出来。例如有资料表明,激情、暴力犯罪者中,胆汁质的人为多;诈骗犯中,多血质的人为多;贪污罪犯中,黏液质的人为多;盗窃犯中,多血质、黏液质的人为多;危害国家安全罪犯中,胆汁质、黏液质的人为多,就足以说明这一问题。并且,在同一犯罪类型中,不同气质犯罪人的行为表现也是各有其特点。例如,同样是实施报复犯罪,胆汁质或多血质的人具有发生较快、难以控制、事后后悔等特点;黏液质的人则大多事先不动声色、计划周密、不轻易改变主意、事后也不后悔;而抑郁质的人则较少实施报复型犯罪,当他们压抑至极感到绝望时,往往以自杀的方式寻求解脱,但有时也会转化成强烈的攻击行为。

还需指出的是,尽管人的基本气质类型有以上四种,但从人口的实际组成状况来看,典型单一气质类型的人只占少数,多数人则是属于中间型,或以某种气质为主,兼有其他气质类型的混合型,如胆汁质加多血质,或多血质加黏液质,或胆汁质加多血质加黏液质等等。所以,我们在分析、研究气质与犯罪的关系时,必须充分认识到气质类型的这种复杂性,仔细观察和测定犯罪人在犯罪实施过程中所表现出来的气质特点,这对于我们及时调整侦查策略和侦破案件具有重要的意义。

三、性格与犯罪

性格是指一个人在对周围现实的态度和与之相适应的行为方式上所表现出来的比较稳定的个性心理特征。性格(character)一词来自希腊语,其原意是特征、特性、属性。性格可以说是人的个性特征中最为突出的一个方面,它的形成是遗传和环境因素共同作用的结果。人的性格各不相同,一个人的性格一旦形成,就很难再有大的改变,俗话说,"江山易改,禀性难移",就是指此。

性格贯穿着一个人的全部心理活动,也调节着其整个行为方式。正如恩格斯所说,人的性格不仅表现在他做什么,而且表现在他怎样做。性格与气质相互渗透,相互影响,相互制约,关系极为密切。气质能给性格特征全部打上烙印,涂上色彩。正如巴甫洛夫所说:气质"赋予每个个体的全部活动以一定的外貌"。气质对性格的影响还表现在气质可以影响性格形成、发展的速度和动态。性格在一定条件下可以改造某些气质特征,起码可以起掩盖作用。不同气质类型的人可以形成同样的性格特征,具有相同气质类型的人又可形成不同的性格特征。在气质基础上形成什么样的性格特征,在很大程度上取决于性格当中的意志特征。

性格与气质不同,性格具有明显的社会评价意义,有好坏之分。某种不良性格在外界因素的影响之下,很容易激发犯罪。犯罪人的性格特征主要表现在以下几个方面:(1)在对待现实的态度上,表现为对国家、社会和集体缺乏责任感,对待他人冷漠无情、嫉贤妒能、损人利己,对待学习和工作墨守成规、好逸恶劳、奢侈浪费,对待自己骄傲自大、唯我独尊、自暴自弃。(2)在性格的意志特征上,其行为虽有明确的目标,但却常常与社会要求相悖,对自己的行为不能以社会道德和法律规范进行调节、控制,侥幸冒险心理强,任性而鲁莽,忍受挫折的能力差,攻击性强,报复心重。(3)在性格的情绪特征上,一般表现为情绪突发性强、波动性大、难以控制、易受感染,心境变化多端、喜怒无常。(4)在性格的理智特征上,一方面表现为对社会和人生片面、歪曲的认识,对社会规范的无知和偏见,对自我能力的错误估计;另一方面表现为从事违法犯罪活动的经验丰富,计划周密。再进一步讲,不同类型犯罪人的与其犯罪行为相关的不良性格也都各有其特点,例如,报复型犯罪人大多具有性情暴躁、心胸狭窄、自以为是、自尊心过强等特征;在性犯罪人身上,大多具有放纵任性、容易冲动、自控力弱、冷酷无情等特征;财产型犯罪人大多具有好逸恶劳、贪得无厌、虚荣心强等特征。

鉴于对性格的形成影响最大的环境因素是家庭,作为父母,当自己未成年孩子的性格发育有不良倾向时,应及时发现并予以纠正,以免使孩子形成不良性格,误入歧途。而对于那些生活在不良家庭中的未成年人,我们则有必要动用学校乃至全社会一切可以动用的力量,对他们进行足够的关怀和帮助,以使他们能健康成长,将来不出现性格异常。至于那些已经形成不良性格的人,应尽可能早地对他们进行耐心细致的心理治疗和干预,让其性格发生一些积极的变化和调整,防止因不良性格而导致的各种不良行为及违法犯罪行为的发生。

第十章 犯罪被害原因

第一节 犯罪被害人概述

一、犯罪被害人的概念

犯罪被害人是指合法权益遭受犯罪行为侵害的承受者。对此,我们应从以下几个方面理解:(1) 被害人合法权益的损失表现为物质和精神两个方面。犯罪行为对被害人造成的损害可能是有形的物质损失,也可能是无形的精神损害。在司法实践中,人们往往会注意到有形的物质损失而忽略精神损害。这种现象一方面不利于对被害人进行合理、公正的赔偿、补偿,另一方面也容易导致重复、再次被害的发生。(2) 犯罪被害人是犯罪行为的直接或间接承受者。有的被害人直接遭受了犯罪行为的侵害,如伤害罪的被害人,身体健康受到直接损害。有的被害人没有遭到犯罪行为的直接侵害,但同样会承受精神或物质上的损失,这些人包括与直接被害人有抚养、赡养、扶养等亲属关系的人以及第一时间目睹犯罪现场的旁观者、警察和救护人员。间接被害人的研究对于了解这些人的被害状态,对其适当补偿和合理援助,预防他们犯罪或再次被害均有着积极意义。(3) 犯罪被害人包括自然人、法人、国家。既然犯罪被害人是合法权益遭受犯罪行为侵害的人,因此,被害人不仅包括自然人,还包括法人、国家。当然,目前的研究主要还是围绕自然人展开。

二、犯罪被害人的特征

(一) 犯罪被害人的人口统计学特征

犯罪被害人的人口统计学特征,是指犯罪被害人的人口统计变量的表现。这些人口统计变量一般包括性别、年龄、婚姻状况、受教育程度、职业、经济收入等方面。犯罪被害人人口统计学特征的总结是为了确定重点被害人群、分析被害性,以提出针对性的预防对策。

(1) 犯罪被害人的性别特征。根据各国的统计,被害人同犯罪人一样总体上也以男性居多。

(2) 犯罪被害人的年龄特征。在我国,被害人集中在18—35岁的中青年段。司法部预防犯罪研究所的调查显示,犯罪被害人中18—25岁的占33.6%;26—25岁的占30.2%;其他依次为36—45岁的占14.8%;18岁以下的占10.6%;46—60岁的占8.2%;60岁以上的占2.6%。① 天津市1996年、1999年、2002年的调查显示,14岁

---

① 郭建安主编:《犯罪被害人学》,北京大学出版社1997年版,第94页。

到 35 岁的青少年被害人占被害人总数分别为 74.3%、73.8%、67.8%。① 与我国相比,西方国家犯罪被害人的年龄稍微偏低,集中在 12—24 岁青少年年龄段。② 由此可见,犯罪被害人主要集中在青少年,其次为中年,儿童和老年所占的比例最低。

(3) 犯罪被害人的婚姻状况。依据个体是否有过婚姻经历,婚姻状况首先可以划分为已婚和未婚两类。未婚是指尚未有过婚姻经历的人,已婚又可以进一步分为已婚夫妇、同居、离异、丧偶。在西方国家,未婚者的被害率高于其他婚姻状态的人群。根据美国司法统计局 2000 年的犯罪被害人统计资料,在暴力犯罪中,未婚者的被害率是已婚者的 4 倍多,是丧偶者的 6 倍之多。③ 2007 年,我国学者在广西的调查显示,76.8% 的被害人是未婚人士;已婚的被害人占到 20.2%。④

(4) 犯罪被害人的受教育程度。在我国,受教育程度与被害风险出现了两头小、中间大的特征,即被害人主要集中在小学、初中、高中三个层次,其中又以初中文化水平的群体被害风险最大,小学以下、高中以上被害风险较低。根据司法部预防犯罪研究所的统计,初中文化水平的群体的被害率为 48.4%,其次为小学文化程度,占 20.6%,高中文化程度的被害人占 14.8%,高中以上的占 8.3%,小学以下的占 7.9%。⑤ 我国台湾地区的犯罪被害人的受教育水平表现为国中(相当于祖国大陆的初中)以下。⑥

(5) 犯罪被害人的职业特征。我国大陆、台湾地区以及西方国家的犯罪被害人的职业特征呈现出不同的表现形式。根据司法部研究所 1994 年的调查,农民在被害人中所占比例最高,为 30.3%;其次是工人,占调查总数的 27.9%;公司职员为 10.5%;其他依次为学生 8.1%、个体户 7.4%、无业人员 5.5%;军人和公务员最低,分别为 0.4% 和 1.1%。⑦ 在我国台湾地区,无业和无固定职业者的被害比例最高,其次为工业、商业、自由职业、特种行业。⑧ 根据美国的《全国被害调查》统计,下列职业者比较可能成为抢劫犯罪的被害人:计程车司机、园丁、餐厅老板、洗碗工、洗车管理员、邮差、送报者、小贩及建筑工人;音乐家、作家、粉刷工人、雕刻家、摄影师的抢劫率也在平均值以上。而边境工作者、银行职员、农民、职业运动员、小学教员、工程师以及心理学家则较少被劫。⑨ 犯罪学家布洛克(Block)、费尔森(Felson)根据 1973—1981 年的全美犯罪调查统计资料,探讨 246 种职业与抢劫、伤害、家庭盗窃、普通盗窃

---

① 周璐主编:《当代实证犯罪学新编——犯罪规律研究》,人民法院出版社 2004 年版,第 252 页。
② Bureau of Justice Statistics: Violent victimization rates by age, 1973—2005, http://www.ojp.usdoj.gov/bjs/glance/tables/vagetab.htm#top.
③ 张平吾:《不同犯罪类型被害风险之探讨》,载《警政学报》第 28 期。
④ 张鸿巍著:《刑事被害人保护的理念、议题与趋势——以广西为实证分析》,武汉大学出版社 2007 年版,第 275 页。
⑤ 郭建安主编:《犯罪被害人学》,北京大学出版社 1997 年版,第 103 页。
⑥ 该结论总结自张平吾:《不同犯罪类型被害风险之探讨》,载《警政学报》第 28 期;张平吾编:《警察百科全书(四)犯罪学与刑事政策》,台湾正中书局 2000 年版,第 487—488 页。
⑦ 郭建安主编:《犯罪被害人学》,北京大学出版社 1997 年版,第 102 页。
⑧ 张平吾:《不同犯罪类型被害风险之探讨》,载《警政学报》第 28 期。
⑨ 同上。

及汽车盗窃等五个类型犯罪被害的关系。研究结果发现,娱乐场所的从业人员在五个犯罪类型中均有相当高的被害率;餐厅的洗碗工、服务生同样也有相当高的被害风险。[①]

(二) 犯罪被害人的心理特征

心理是指个体的心理过程和人格。认知、情绪情感和意志属于心理过程;人格,又称为个性,是指一个人区别于他人的,在不同环境中一贯表现出来的,相对稳定的,影响人的外显和内隐行为模式的心理特征的总和。它是在个体先天遗传特征的基础上,在后天社会因素的影响下而形成的个人综合特质,分为人格倾向和人格特征两个部分,人格倾向包括需要和动机,人格特征体现为性格、气质、能力。被害人在被害前、被害中和被害后有着不同的心理表现。个体心理可能引发犯罪行为,也可能被犯罪人主动地选择为侵害对象或者容易接受犯罪人的诱导进入有利于犯罪发生的情境,因此,它与犯罪被害具有密切的联系。比如好冲动、性格急躁的人容易诱发暴力犯罪行为的发生、粗心大意的人容易成为盗窃犯罪的被害人、容易轻信他人的人往往被诈骗犯罪人选择。日本学者调查表明,不法商贩诈骗犯罪被害人性格爽朗的比例为数最多,占 67.8%、爱交谈的人占 50.5%、遇事难以拒绝他人的占 47.7%。[②] 由于人格的测量并不确定,目前有关被害人人格特征的研究结论还不多。我国学者指出,性犯罪被害者具有如下心理表现:(1)"性招引"心理,(2)贪利虚荣心理,(3)忍辱屈从心理,(4)极度恐惧、怕报复心理,(5)自信、侥幸心理,(6)轻浮、放纵心理。[③] 还有人研究了智力和大脑发育状况与被害之间的联系,迄今并未得出确定性的结论,但统计表明,有些犯罪被害人经常有智力障碍者的身影,如强奸。被害人学创始人汉斯·冯·亨蒂在有关杀害亲父的研究中发现,孩子因精神或身体上有某些缺陷,父亲总不能承认孩子的独立,孩子又不满于总是在隶属状态中,这种自立的迟缓会酿成悲剧的发生。日本也经常会有母亲领着弱智的孩子双双自尽,但这里与亨蒂研究的缺陷子女杀害父亲的案例一样,并非因孩子的弱智而被害,而是父母对子女采取了不当行为所导致的。[④]

(三) 犯罪被害人的生活方式特征

被害人的生活方式与犯罪被害之间的关系,是西方国家犯罪被害人研究的重要内容,如生活方式暴露理论和日常活动理论。这些理论的生活方式包括两方面的内容:职业和休闲娱乐活动。此处的生活方式仅指个人的休闲娱乐活动。研究发现,个人暴露于公共场合的频率与被害风险成正比,也就是说一个人出入于歌舞厅、酒吧等休闲娱乐场所和其他公共场所的时间越多,被害的可能性越大;反之,个人的被害风险和参与家庭活动的多少呈反比。台湾学者研究发现,在暴力犯罪中经常以家庭为

[①] 许春金、陈玉书、王佩玲:《暴力犯罪被害者个人特性与日常活动形态之实证研究》,载《警政学报》第19期。

[②] 〔日〕诸泽英道:《被害者学入门——间接被害化要因》,隆霄译,载《青少年犯罪研究》1997年第11—12期。

[③] 董士昙:《性犯罪被害人心理分析》,载《妇女学苑》1998年第2期。

[④] 〔日〕诸泽英道:《被害者学入门——间接被害化要因》,隆霄译,载《青少年犯罪研究》1997年第11—12期。

活动中心者(包括生活作息时间规律、下班后立即回家、与家人在家吃晚饭、夜晚11点以前就上床睡觉、周末及节假日与家人共同度过)被害比率最低;普通者次之;较少以家庭活动为中心的人被害风险最高。① 北京大学法学院对内蒙古、深圳凶杀案件的研究发现,公共设施内发生的凶杀案件主要在人员流动性很大的娱乐服务场所(包括餐饮、购物、娱乐、休闲场所等)。②

第二节 犯罪被害人与犯罪人的互动关系

一、被害人与犯罪人的互动关系

(一) 被害人与犯罪人互动关系的定义

最先提出被害人与犯罪人互动的是德国犯罪学家、被害人学家先驱汉斯·冯·亨梯,他在1941年《论犯罪人与被害人的相互关系》一文中认为,在犯罪人与被害人之间确实存在着一种互动关系,"被害人在犯罪的发生与犯罪预防过程中不再只是被动的客体,而是一个积极的主体……被害人影响并塑造了他的罪犯。"③亨梯关于被害人与犯罪人互动理念的提出,使人们对犯罪行为的认识由静态向动态转变,学界开始关注在犯罪的发生、发展过程中,被害人的作用和责任,由此,针对其作用和责任进行相应的犯罪防控和刑事立法改革。

互动的原意是指个体之间、个体与群体以及群体之间互相影响、互相作用的过程。互动推动着社会、个人、群体、组织的发展、变化,同理,犯罪也是在互动的作用下发生、发展、变化的,被害人与犯罪人的互动关系,是指被害人与犯罪人互相影响、互相作用,使犯罪得以产生、发展、演变的过程。

(二) 被害人与犯罪人的互动模式

根据被害人与犯罪人在互动中的作用、所表现出的特点,二者间的互动表现为四种模式。

1. 可利用的被害人模式

可利用的被害人模式,又称为"单向利用"加害模式④,是指犯罪人觉得被害人具有某些可予"利用"的特征,或者,被害人在自己毫无察觉的情况下实施了某些令犯罪人感到系属诱惑的行为。⑤

2. 被害人推动模式

被害人推动模式,又称为被害人催化模式⑥,"单向诱发"加害模式⑦,被害人促成

---

① 许春金、陈玉书、王佩玲:《暴力犯罪被害者个人特性与日常活动形态之实证研究》,载《警政学报》第19期。
② 赵国玲、王佳明:《凶杀犯罪被害状况区域(深圳—内蒙古)比较研究》,载《政法论坛》2004年第3期。
③ 许章润主编:《犯罪学》(第二版),法律出版社2004年版,第144页。
④ 张建荣:《论被害人与犯罪人之间的相互关系》,载《青少年犯罪研究》1996年第8期。
⑤ 许章润主编:《犯罪学》(第二版),法律出版社2004年版,第146页。
⑥ 同上书,第147页。
⑦ 张建荣:《论被害人与犯罪人之间的相互关系》,载《青少年犯罪研究》1996年第8期。

模式,是被害人因实施了某种行为而促使、诱引、暗示或激惹犯罪人实施了针对自己的犯罪行为。① 在该模式中,犯罪的发生是由被害人先前的行为引发的,无论这种行为是"诱发""促使",还是"暗示""激惹",因此,被害人要对自己的被害承担一定的责任。

3. 冲突模式

冲突模式,又称为"双向推动"模式或"相向加害"竞合模式②,是指被害人与犯罪人在互动过程中经常出现易位现象,侵害与被害结果只在互动中止时才能确定的互动模式。在该冲突模式中,很难分清双方的责任。

4. 斯德哥尔摩模式

在被害人与犯罪人的互动关系中,斯德哥尔摩模式是一种非常态的互动模式。该模式源于1973年瑞典斯德哥尔摩的一起银行抢劫案,又称为"斯德哥尔摩综合征"、"人质情结"。是指在被害人与犯罪人的互动中,被害人逐渐对犯罪人产生好感,进而支持、帮助犯罪人的一种互动模式。

(三)被害人与犯罪人互动关系的具体体现

被害人与犯罪人的互动是一个动态的发展过程,被害人与犯罪人在此期间互相影响、互相作用使犯罪得以发生、发展、变化,为了清晰地认识这一过程,我们将之划分为被害前、被害中和被害后三个阶段。被害前的互动,是指犯罪人着手实施犯罪行为前二者互相影响、互相作用的过程。被害中的互动,是指犯罪人着手实施犯罪行为中二者的互动。被害后的互动,是指犯罪行为实施完毕后二者的互动。被害人与犯罪人互动可能只有被害前阶段,如犯罪人在预备阶段即放弃了犯罪动机或者被发现;二者的互动也可能只有两个阶段,即被害前、被害中如犯罪未遂或犯罪中止,或者被害中和被害后两个阶段;也可能三个阶段都有。另外,同一阶段中的被害人与犯罪人的互动一般也不只是一个回合,如被害人作用于犯罪人,犯罪人反作用于被害人,被害人对此产生反应,犯罪人又对反应产生新的反应,由此一步步推动着犯罪的发生、发展、变化。研究不同阶段中二者的互动具有重要意义,第一,可以通过揭示不同阶段被害人与犯罪人的具体互动形式,具体而形象地表现出他们在犯罪发生、发展、变化中分别起到的作用,所担当的责任,将相关研究结论应用于被害预防、刑事司法中。第二,从犯罪形态的完成与否,可分为完成的犯罪和未完成的犯罪。完成的犯罪,被害人与犯罪人的互动是一个连续的过程,前一阶段影响、作用于后一阶段;一个互动过程的结束,可能意味着下一阶段互动的开始,或者下一起犯罪互动的开始;被害人,尤其是犯罪防控部门要充分认识上一阶段对下一阶段可能产生的消极影响,主动采取措施,防患于未然。未完成的犯罪,我们着重研究导致被害不再继续的原因所在,哪些内容可以转化为可操作的预防措施;另外,犯罪人在犯罪的未完成中起到怎样的作用,这些作用如何在刑事裁判中得到体现,以实现司法公正。

---

① 许章润主编:《犯罪学》(第二版),法律出版社2004年版,第148页。
② 张建荣:《论被害人与犯罪人之间的相互关系》,载《青少年犯罪研究》1996年第8期。

1. 被害前被害人与犯罪人的互动关系

被害前被害人与犯罪人的关系以二者存在人际交往为前提。这种交往关系可能是长期的人际互动、工作关系或商业往来，也可能仅是被害前的一次谋面。

被害前，许多被害人与犯罪人有一定的人际交往。这种交往在相识程度上，表现为相识不相知或者既相识也相知；在关系性质上，可以是近亲属、恋爱、朋友、同学、雇佣、上下级、邻里、经营的竞争对手或合作者等等；在相识时间上，可能是初次见面，也可能是长期相识。其中存在一段时间的人际交往关系的被害现象，被称为熟人被害。

根据世界各国的研究，在各种犯罪类型中，熟人间的侵害占有相当大的比例。中国司法部1994年的调查显示，暴力犯罪中被害人与犯罪人认识的比例高达60.7%，侵财犯罪中被害人与犯罪人存在一定人际关系的比例虽然低于暴力犯罪，但仍然有39.5%。其关系类型包括配偶、直系亲属、旁系亲属、恋爱关系、同事、邻里、同乡、离异配偶和一般认识关系。日本学者的研究表明，在杀人犯罪中，二者相识的比例高达73%；但在伤害案件中，二者相识的比例仅占36%。① 依据美国联邦调查局1992年的《统一犯罪报告》，杀人犯在犯罪前与被害人认识的比例为78%，其中家庭成员占26%。②

表10-1 美国杀人犯罪被害人与犯罪人的人际交往关系③

人际交往类型	重罪类型		非重罪类型		类型不详		总数	
	数量	%	数量	%	数量	%	数量	%
家庭成员	214	7	2933	31	360	25	3147	26
熟人	1341	46	5115	55	706	50	6456	52
陌生人	1374	47	1323	14	356	25	2697	22
总数	2929	100	9371	100	1422	100	12300	100

附注：重罪类型是指因抢劫、盗窃、强奸等犯罪而杀人的犯罪。

从上述统计数据和结论来看，暴力犯罪中被害人与犯罪人相识的比例明显超过侵财犯罪。

2. 被害中被害人与犯罪人的互动关系

被害中被害人与犯罪人的互动关系，是指犯罪人在着手实施犯罪行为中，被害人对犯罪的反应，犯罪人的行为基于被害人的反应而发生的变化，以及二者进一步的互相影响、互相作用的过程。我们从被害人的反应模式入手，对被害人与犯罪人在这一阶段的互动关系加以阐述。被害人对犯罪的反应模式可以总结为激烈反抗、顺应、巧妙应对三种类型。

（1）激烈反抗。当被害人遭受犯罪侵害时，他们可能基于紧张、恐惧、愤怒、勇敢等原因，以激烈的方式积极反抗犯罪行为。在实践中，被害人的激烈反抗通常发生在

---

① 郭建安主编：《犯罪被害人学》，北京大学出版社1997年版，第136页。
② 任金钧：《被害者所引起的杀人犯罪》，载《警学丛刊》1997年7月第1期。
③ 同上。

被害人可以明显判断出正在遭受侵害的犯罪行为中,它一般是被害人的本能反应,是人类面临危险的一种常态反应模式。激烈反抗往往引发如下情形:第一,威慑住犯罪人,导致犯罪未遂。研究和实践表明,许多犯罪的未遂都是由于被害人的发现、反抗。第二,被害人招致更严重的伤害,尤其是在反应过度的情况下。第三,被害人向犯罪人发生转换。这种情况有防卫过当和先前的被害人故意实施犯罪行为两种。

(2) 顺应。顺应又分为主动顺应、被动顺从和表面顺应三种情形。主动顺应是指被害人主动配合犯罪人实施犯罪行为。被动顺从,是指被害人明知自己的利益正在遭受犯罪侵害,由于各种原因不得不服从犯罪人的意志。表面顺应是指被害人表面顺从犯罪人或乔装已经进入犯罪人的圈套,实际通过采取另一个犯罪行为来制服犯罪人。显然,这是另外一种被害人向犯罪人转换的情形。

(3) 巧妙应对。巧妙应对是指被害人以机智的方式与犯罪人周旋,避免犯罪侵害。被害人积极的应对方式有许多种,如向人群中跑、大声呼救、假装给家人或朋友拨打电话、拖延时间等等。无论采取哪一种措施,被害人临危不乱的心理素质都是很重要的。

3. 被害后被害人与犯罪人的关系

被害后被害人与犯罪人的关系是指在遭受犯罪行为侵害后,被害人对犯罪人采取了何种应对措施,犯罪人又是如何反应的,以及二者进一步的互相影响、互相作用的过程。与前两个阶段二者关系相比,被害后二者关系往往牵扯范围广泛,不仅只是直接被害人与犯罪人的关系,而且会将双方的亲朋好友卷入进来,后文我们分别称之为被害人方和犯罪人方。双方互动关系的具体内容如下:

第一,告发。被害人方通过告发希望犯罪人受到应有的惩处,并得到相应的赔偿。在有些案件中,如果司法机关对案件处理不当或对被害人保护不利,告发的被害人方很可能招致犯罪人或亲朋的报复;反之,如果被害人不服裁决,也可能报复犯罪人方,这两种情况都可能导致新的犯罪行为的发生。司法机关对案件处理不当或对被害人保护不利还会使知情人失去对司法机关的信任和信心,减少民众与司法机关的合作,增加犯罪黑数,降低国家对刑事犯罪的掌控程度。

第二,直接报复。即被害人方不通过告发,直接对犯罪人方进行报复。

第三,息事宁人。被害后被害人方也可能由于对方势力过于强大、个人声誉、不懂得寻找保护等原因对犯罪采取息事宁人、忍气吞声的态度和方法,这种处理方法不仅无法使犯罪人受到惩处,而且,更为危险的是可能助长犯罪人的气焰,导致被害人的重复被害。

第四,私了。被害后被害人与犯罪人的私了也是双方的一种处理方法,由于私了没有经过合法程序,双方私定的协议不能得到法律保障,不具有强制性,增大发生冲突的潜在危险。不过,这并不意味着私了不具有可取之处,私了可以节省司法成本,还有利于被害人、犯罪人双方面对面的沟通和交流,如果能够发挥私了所长,避其所短,就不失为一项有效的处理模式。

二、被害人与犯罪人的角色转换

被害人与犯罪人之间还存在被害人转换为犯罪人或者犯罪人转换为被害人的现象,这种现象被称为被害人与犯罪人的角色转换。有学者将被害人转换为犯罪人的现象称为正向转换,学界又把这种转换形式称为被害人的"恶逆变";犯罪人转换为被害人的现象称为逆向转换。① 被害人与犯罪人的角色转换表现为防卫过当型、报复型、认同型、堕落型、双重角色型和暴力循环型几种。

(一) 防卫过当型

防卫过当型,是被害人所采取的防卫行为明显超过必要限度,造成严重损害后果时,被害人与犯罪人发生的角色互换,先前的被害人转换为犯罪人,先前的犯罪人转换为被害人的转换形式。由于防卫过当针对的是正在发生的不法侵害,是人们面临犯罪侵害时的本能反应,是激情状态下的行为。由于激情是种情绪状态,它是"一种强烈的、爆发式的、短暂的情绪存在形式。""在激情状态下,人的认识活动范围往往会缩小,在短暂中,理智分析和控制能力均会减弱。"②因此,防卫过当造成的损害不是行为人主观故意追求的结果;在这种情境下,防卫人避免过当后果是不容易的。为此,刑法规定过失是防卫过当的必备要件,虽然防卫人应当负刑事责任,但应当减轻和免除处罚。

(二) 报复型

在犯罪中或犯罪后,有的被害人会对犯罪人、犯罪人亲属或社会采取犯罪性的报复行为。犯罪中的报复,一般发生在被害人经过与犯罪人的激烈对抗或假装顺应,最终战胜了犯罪人,掌握了支配权,以暴制"暴",然后又用犯罪行为对付犯罪人。犯罪后的报复,通常是被害人为了发泄心中的不满和愤怒,为此,他们的报复手段极可能比较恶劣和残酷;报复对象虽然主要是犯罪人,但并不以犯罪人为限,也可能是犯罪人家属或者无辜的第三者,甚至是不特定的人群。被害后的报复说明社会应当建立有效的主动的被害救助机制,以消除报复隐患。

(三) 认同型

认同型的转换是指被害人在受到犯罪侵害后,接受犯罪观念,并最终变为犯罪人的转换形式,可以分为主动型转换和被动型转换两种。主动型转换的被害人主观上认同犯罪,并积极实施犯罪行为。被动型转换的被害人是由于受到犯罪人的胁迫,不得不实施犯罪行为,主观上并不接纳犯罪。

(四) 堕落型

堕落型是指被害人在受到犯罪侵害后,破罐子破摔,自甘堕落为犯罪人的转换形式。这种转换形式经常发生在被奸后自甘堕落的女性身上。

(五) 双重角色型

双重角色型是指犯罪行为发生过程中行为人同时兼具犯罪人、被害人双重角色,

---

① 郭建安主编:《犯罪被害人学》,北京大学出版社1997年版,第183页。
② 孟昭兰主编:《普通心理学》,北京大学出版社1994年版,第402页。

最终的角色取决于犯罪结果。双重角色型主要发生在暴力斗殴事件中,参与斗殴的人既可能是犯罪人,也可能是被害人。

（六）暴力循环型

暴力循环型,又称为代际转换,是指暴力行为在代际之间的循环,即在成长早期受到暴力及其他形式虐待的个体,在成人后也具有暴力倾向或虐待他人的现象。① 研究发现,92%左右的性罪犯曾经常被父亲、母亲或父母双方严重地殴打。非性罪犯在早期经历中被父母殴打的比例为62%。儿童时期受虐待的女性在成人后被逮捕的可能性更大。在被虐待的家庭中长大的孩子,成人后有虐待自己孩子的倾向。②

第三节 犯罪被害因素

一、犯罪被害因素概述

犯罪被害因素,是指诱发或强化犯罪行为发生的被害人自身因素和客观因素的总称。

被害人自身因素主要包括被害人的年龄、性别、职业、文化程度、经济状况、婚姻状况、人格特征、行为方式等方面的内容。客观因素主要包括被害人所处的生活环境和周围环境中能对其容易被害产生促进作用的各种消极因素。如不良的家庭生活环境、不健康的社区文化环境、不道德行为和犯罪行为经常发生的场所以及导致被害人多次被害和重复被害的司法因素和其他客观因素。

对被害因素的研究,学者们是通过理论的构建进行的,他们已经创立了诸多有关被害因素的理论,这些理论主要包括个人被害因素理论、生活方式暴露理论、日常活动理论、被害性理论以及暴力循环理论、被害人化理论等,我们将之统称为被害因素论。

二、个人被害因素理论

美国人斯帕克斯(Sparks R. F.)和帕诺(Panel)创立并发展了个人被害因素理论。该理论针对某些个人或团体重复被害加以研究,指出有些人和团体之所以会重复被害,是因为它具有被害倾向,即具有许多导致被害的因素如个人特性、社会情境、居住环境及被害者与加害者的关系等。他们认为这些被害因素具体表现为八个方面:

(1) 激发或挑衅因素。激发是指被害人首先攻击一个具有犯罪动机的人。挑衅是指因被害人向守法者进行攻击,使之受到刺激而反相攻击。此处被害人的攻击并没有严重到犯罪的程度,可能仅仅是冷嘲热讽、做攻击状等,便引发了犯罪人的反向

---

① 郭建安主编:《犯罪被害人学》,北京大学出版社1997年版,第193页。
② 〔英〕Ronald Blackburn 著:《犯罪行为心理学——理论、研究和实践》,吴宗宪、刘邦惠等译,中国轻工业出版社2000年版,第184页。

攻击。

（2）煽动或加害因素。煽动或加害是指被害人积极主动地对另一方实施犯罪行为，使对方明显地感觉到其身体或财产正在遭受损失，导致对方对其实施加害行为。比如长期虐待家庭成员的家长，被受虐者杀死。

（3）促进因素。促进是指被害人所具有的导致被害的无知、愚蠢、鲁莽、态度暧昧或疏忽等心理特性。

（4）弱点或诱发因素。弱点或诱发是指被害人因生理、社会环境、社会角色等方面具有弱点，极易成为犯罪被害的对象。这些弱点可以划分为三类：第一，区域上的弱点，如居住在高犯罪地带。第二，地位上的弱点，如年龄、性别、心智有缺陷的人、种族、职业、社会阶层、受教育程度等。第三，角色上的弱点，如有婚姻关系和租赁关系的双方。

（5）合作因素。合作是指被害人对犯罪持有同意态度。合作因素体现在被害人与犯罪人合而为一的犯罪中，如吸毒、赌博、卖淫嫖娼。

（6）吸引因素。吸引是指被害人具有导致犯罪的明显目标。如家财万贯的人、随身携带巨额现金者。

（7）机会因素。机会是指被害人存在让犯罪人可以利用的因素。如钱财外露、女性单独搭乘陌生男子的车。

（8）免罚因素。免罚是指被害人不愿报案、案件破案率、发现率低等，犯罪人感觉有恃无恐，多次对同一被害人实施犯罪的因素。

虽然理论上对这些因素可以独立阐述，但在具体案件中，同一被害人可能同时具备两个或两个以上的因素。

三、生活方式暴露理论和日常活动理论

生活方式暴露理论和日常活动理论都是在探讨个体生活方式与被害之间关系的学说，我们将其放在一起比较和研究。

1. 生活方式暴露理论

生活方式暴露理论是美国犯罪学家亨德兰（Hindelang M. J.）等人创立的。该理论认为一个人之所以被害，是由于其生活方式具有某些特性，这些特性决定个体经常处于被害的危险情境或经常与具有犯罪特性的人接触，增加了个体的被害危险或使之成为被害人。该理论的核心概念是生活方式，亨德兰指出生活方式是指个人的日常生活活动，包括职业活动和娱乐休闲活动，职业活动中还包括上学、在家专职看管孩子、料理家务等方式。生活方式决定着某人在特定时空与具有某种人格特性的特定的人的接触，从而导致具有某种生活方式的人容易在特定时空条件下成为被害对象；也就是说，不同的生活方式蕴含着不同的被害危险，经常与具有犯罪特性的人交往的人，暴露在危险情境中的机会越多，被害的可能性越大。为了详细地阐释该理论，亨德兰利用八个命题对生活方式与被害之间的关系进行了说明。命题一：个人被害的可能性与其暴露在公共场所时间的多少成正比。命题二：个人是否经常置身于

公共场所是由其生活方式决定的。命题三：具有相似生活方式的人，彼此接触互动的机会越多。命题四：被害人与犯罪人具有相似的生活方式是个人被害的因素之一。命题五：个人与其家庭以外的成员接触时间的多寡，是由其生活方式决定的。命题六：个人被害的可能性与他和非家人接触时间的多少成正比。命题七：个人越经常与具有犯罪特性的人接触，其被害的可能性也就越大。命题八：一个人成为被害人的便利性、诱发性及个体的易于侵害性与生活方式相关。亨德兰指出，从表面看，某类生活方式似乎是个体自主选择的结果，然而个体的某种生活方式实际是受角色期望与社会结构的约束和限制的。他利用理论结构图来说明这个问题：

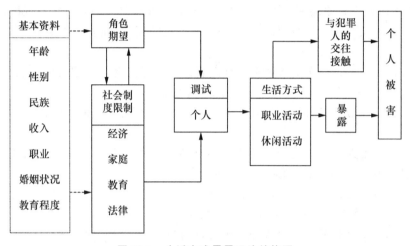

图 10-1　生活方式暴露理论结构图

图表中的角色期望是指社会对特定人群的权利、义务和行为模式的要求。社会制度包括特定社会中政治制度、经济制度、法律制度、教育制度等。具有特定个体情况的人，社会对其形成不同的角色期望。同时，个体在适应不同的社会制度时，也会受到个体情况的影响，比如不同的性别，社会经济制度给其提供的机会便有所不同。但个体的基本资料与生活方式并不必然存在因果联系，生活方式是由角色期望和社会制度共同塑造的结果。这便是图中将个人基本资料用虚线表示的原因。角色期望和社会制度深深地、不可避免地影响着个体职业、休闲活动的选择，在特定的角色期望和社会制度的共同作用下，再加上个体的自我调试，便形成个体特有的生活方式。

生活方式暴露理论第一次将研究犯罪的视角定格在个体的生活方式，将千差万别又存在统一性的生活方式与被害相联系。同时，该理论告诉我们由于个体的生活方式受到角色期望和社会制度的限制，在被害预防中仅靠个体的自我防范，预防效果并不突出，有效的被害预防依赖于整个社会被害预防机制的建立。

2. 日常活动理论

日常活动理论的研究视角同样也是人们的生活方式。日常活动理论的倡导者是美国犯罪学家劳伦斯·科恩（Lawrence E. Cohen）和马库斯·费尔森（Marcus Felson）。他们认为，犯罪的发生需要同时具备三个因素，缺一不可。(1) 有动机的犯罪人;(2)合适的被害目标;(3)缺乏"保护者"。上述三个因素均与现代社会人们的日常活动密切相关,如被害人的日常活动导致了他与犯罪人在同一时空下的接触或造成财物无人看管的情形,此时便给犯罪人创造了犯罪的机会。该理论指出美国20世纪60年代犯罪率的上升,是由于家庭解组、妇女劳动参与率提高、人们的生活越来越不以家庭为中心以及家庭中容易挪动的家用电器的增多等类似原因造成的。

四、被害人化理论

被害人化理论是日本著名学者宫泽浩一提出并推广的理论。被害人化是指自然人、法人遭受犯罪行为侵害,继而被害后果不断恶化的过程。宫泽浩一将这个过程划分为第一次被害人化、第二次被害人化和第三次被害人化三个阶段。

1. 第一次被害人化

第一次被害人化是指自然人、法人遭受犯罪行为侵害的过程。在这一过程中,导致被害的因素有人口统计学因素、人格因素、被害人与犯罪人的关系、社会变迁因素以及时空因素。社会变迁因素,是指社会、经济、政治等因素的变化,由于这些因素的变化,影响到社会生活的各个层面,从而产生新的犯罪行为和被害对象。

2. 第二次被害人化

第二次被害人化,是指被害人或其亲属在参与刑事诉讼的过程中,或者在被害后受到社会或其亲属、朋友的不良反应和态度,加深其被害后果的过程。这次过程是被害人因受犯罪行为侵害而引发的第二次被害,又被称为再次被害或再度被害。第二次被害人化受到伤害的不仅是被害人本身,而且包括其亲属。这个过程体现在三个方面:(1)刑事诉讼过程中的再次被害;(2)犯罪行为发生后,社会对被害人及其亲属的不良影响和态度所造成的再次被害;(3)被害人的亲朋好友所带来的伤害。

3. 第三次被害人化

第三次被害人化,是指经过两次被害人化的被害人,自我消沉、自暴自弃、自我毁灭以及由被害人向犯罪人转化的过程。造成第三次被害人化的原因除了个体性格、社会地位等因素外,主要是由于被害人无法获得必要的帮助和公正的待遇,使其感到孤立无援,无法排遣心理痛苦,并可能产生强烈的不公正感,以此导致过度自我谴责、情绪压抑、甚至自杀或实施报复行为的现象。

与其他被害理论相比,被害人化理论在探寻遭受犯罪行为侵害的被害因素方面,即第一次被害人化中并没有什么新突破。然而,该理论的第二次被害人化和第三次被害人化,带给我们如下新的思路:被害过程具有三个阶段,这使我们认识到被害后果可能并不会随着犯罪的结束而停止,如果对被害人和被害后果没有予以应有的重视和科学的解决,后果将进一步恶化。恶化既可能来自自身素质,也可能来自本应给予被害人感情支持的亲朋好友,甚至承担公民安全保护职责的刑事司法机关。该理论较为完整地探讨了被害后果进一步恶化的原因。对于第二次和第三次被害人化,虽然该理论认为不排除人格、社会地位等个体方面的原因,但隐含着绝大多数被害人仅靠自身无法解决被害后果,需要社会建立相应的救助机制的思想。

第四编 犯罪对策

第十一章 犯罪预测

一个正常的人堕落到犯罪,一般地说,都有一个发展变化的过程,开始都是从不显著的、不易被人们察觉的不良思想习惯开始的。如果得不到及时抑制,便逐渐由小变大,由轻变重,以致造成违法犯罪后果。某些青少年犯罪,特别是有些少年犯罪,尽管有偶然现象,但是这种偶然性也都和事物发展的必然性相联系的,仍然有一个量变到质变的过程,不过他们变化发展的过程较短而已。因此,犯罪这一社会现象,同其他社会现象一样,都存在着过去的遗迹、现在的基础和将来的萌芽,这是犯罪预测的现实前提。换句话说,任何社会现象,都是按照一定的规律发展的,都有其自身的规律性。犯罪也是如此。既然犯罪也有规律性,那么犯罪也是可以预测的。而且只有经过对犯罪进行预测,才能从中找出规律并提出有针对性的防治措施。因此,我们说犯罪预测是犯罪预防的前提。

第一节 犯罪预测概述

一、犯罪预测的概念

所谓预测,按字面来解释,就是预先推测或测定。而犯罪预测则是运用科学的理论和方法,通过调查、统计、比较、处理有关犯罪的数字和资料,分析研究犯罪活动的规律,对一定社会范围内未来犯罪现象的种类、数量、发展趋势,以及对某些犯罪或再犯罪的可能性等所作的推断和估计。可见,犯罪预测是一种以数据为基础,在从过去到现在和从现在到将来的发展趋势中,对犯罪事件和犯罪进程作出的预测。具体来说,对犯罪趋势的预测,从空间来讲可以分为全国性预测和地域性预测、城市的预测和乡村的预测。就目的而言,犯罪预测的目的有二:一是指明犯罪在某一时间或空间范围内可能发生的概率,二是指明某一方面偏离的可能性。从内容来讲,犯罪预测可以分为犯罪率、犯罪类型、犯罪主体、犯罪手段等方面的预测。所谓犯罪率预测,是从社会整个形势的发展和国际关系的总体形势出发,对犯罪率消长趋势作出的预测。所谓犯罪类型的预测,就是对犯罪类型的变化趋势作出的预测。它说明哪些犯罪类型是传统的较稳定的类型,哪些犯罪类型将逐渐减少,哪些犯罪类型将会增多,又会出现一些什么新的犯罪类型,等等。所谓犯罪主体预测,主要指的是对犯罪者的职业、年龄、性别及初犯、累犯等方面的发展变化趋势所作的预测。例如,犯罪年龄趋向于低龄化,女青年犯罪增多等。所谓犯罪手段预测,主要是指预测犯罪分子可能运用哪些新的手段犯罪,特别是利用新的科学技术进行犯罪。例如,利用电子计算机、生物学、医药学、化学新成果、新技术进行犯罪等等。总而言之,犯罪预测就是对上面所说的各个方面尚未观察到的犯罪,或者未来最可能出现的情况,提出预测性的意见。

二、犯罪预测的历史与现状

预测是一门古老的学问,它表现了人们试图发挥主观能动性,探索未来的要求,因而它吸引着众多不同层次的人们,从预测个人、亲属的前程吉凶祸福、自然界的变化,到国家的兴衰、生产的丰歉、生意的赚赔等等。但是,在社会科学和自然科学不发达的时代,预测大都是直观的、经验的,甚至包含着大量的猜测、谬误、愚昧、迷信的东西。因此,只有建立在以掌握客观规律的科学知识为基础的预测,才具有指导人类活动的实际意义。

从世界范围来看,最早以科学方法进行犯罪预测的是比利时统计学家阿道夫·凯特勒(Lamber Adolphe Jacques Quetelet,1796—1874),他利用19世纪初在法国发展起来的统计学,用客观数学法对社会因素如季节、气候、性别以及年龄等对犯罪倾向的影响进行了深刻研究。例如,他在1829年运用概率论预测法国犯罪时,"不仅仅以惊人的准确性预算出了后来1830年在法国发生的犯罪行为的总数,而且预算出了罪行的种类"。[①] 1915年美国的犯罪精神病学家荷莱(W. Healy),运用跟踪研究方法,对犯罪者未来的动向进行了预测。1923年美国犯罪学家沃纳(S. B. Warner)将麻省矫正院680名服刑者,分为三组进行了比较研究,并发表了其预测的结论。沃纳认为,通过观察和评价犯人在监狱生活的不同阶段和条件下的表现,就可以制定出一项决定是否假释犯人的重要标准。沃纳的研究论文在《刑法与犯罪学杂志》(1923年第4期)发表。从此以后,假释预测研究在芝加哥和伊利诺伊州盛行起来。1928年,芝加哥大学社会学教授伯吉斯(Ernest W. Burgess)和一些同事研究了三个伊利诺伊州监狱中各1000名犯人,进行假释预测表的编制工作。他们从假释的档案中确定21个因子,在各因子下面再设若干项细目,用来预测假释的成败。伯吉斯认为,犯人的工作记录可能是预测假释成败的最重要的因素。在布鲁斯(A. A. Bruce)、哈诺(A. J. Harno)、伯吉斯和兰德斯科(John Landesco)向伊利诺伊州假释委员会提交的报告——《假释与不定期刑》(1928年)中,他们论述了所创制的假释成败预测方法。

伯吉斯的研究成果发表两年后,美国哈佛大学教授格卢克夫妇也发表了自己长期研究的犯罪预测成果。他们对马萨诸塞州矫正院假释的510名犯人在假释后5年间的身心状态、社会背景、行为表现等多种项目进行调查,并对其在院期间内、假释以

[①] 《马克思恩格斯全集》第8卷,人民出版社1961年版,第579页。

后,进行了调查,并且列举了与假释后的行为相关的八个因子进行重点比较研究。特别是格卢克夫妇1940年开展的少年违法行为的早期预测方法研究,取得了具有更大影响的犯罪预测研究成果,后于1950年出版了《少年违法行为的解释》一书,对500名少年院的学生同波士顿公立学校的500名健康正常的少年进行了比较研究。

在格卢克夫妇的前后,美国还出现了莫纳切希、施奈德和奥林等人的优胜预测法,但是这些预测法几乎全是属于格卢克夫妇研究的系列,或者受其影响颇深,因此不再一一介绍。

在欧洲,特别是德国学者埃克斯纳,最初是从犯罪生物学的观点出发,致力于预后判定理论研究。然而,埃克斯纳自从访美归来后,深受伯吉斯的计量研究法影响,从此不仅重视预测因子研究和得点法的研究,并将其系统地介绍给德国。其学生希德于1935年调查了在1931年间由巴伐利亚监狱所释放的500名罪犯,仿效美国伯吉斯的方法进行再犯预测。德国学者梅维克又将希德的预测表加以改造,对200名犯罪人进行了再犯预测。与此同时,法国的本特、英国的威尔金斯和麦汉姆等人都进行了再犯预测研究。以后,苏联、荷兰、瑞士、日本等国的学者也都开展了犯罪预测研究。例如,日本学者西原村对犯罪人所进行的跟踪调查,日本的司法精神病学者吉益修夫在1946年对800名青少年服刑者所进行的调查。但是,直到1950年召开的第12届国际刑法及监狱会议以及同年召开的第二届国际犯罪学会议等国际会议上,才正式提倡对犯罪进行预测,并以犯罪预测作为议题,展开了热烈讨论。1960年,联合国在伦敦召开的第二届预防犯罪和罪犯处遇大会上正式提出了犯罪预测问题。目前,世界各国都在不同程度上重视和实施对犯罪的预测。有的国家建立了犯罪预测的专门机构,并将先进的科学技术应用于犯罪预测之中,从而使犯罪预测的领域、方法和手段也不断地向纵深发展。

我国的犯罪预测研究起步较晚,大约始于20世纪70年代末80年代初,特别是大多数都属于经验型的犯罪定性预测。同犯罪研究一样,我国的犯罪预测最早也是针对青少年犯罪调查开始的,当然很快就向着预测犯罪发展趋势方向发展。例如,20世纪80年代初北京市组织的青少年犯罪调查,以及20世纪80年代中期天津市进行的流失生调查。特别是1987年由公安部和中国人民公安大学联合举行的"中国现阶段犯罪问题研究"课题对我国犯罪未来发展变化趋势的预测,由于掌握的资料量多,调查面几乎涉及全国各个省、区,因而所得出的结论比较准确,起了很好的作用。20世纪90年代初天津社会科学院犯罪学研究中心和天津市警察学会所进行的调查,将天津市最近两年入狱的全部罪犯进行了一次普查,普查对象共计八千余名罪犯,调查内容涉及犯罪研究的众多方面,十分丰富和全面,获得调查信息450万个,建立了8000名罪犯的资料库,为进行犯罪学的全面研究打下了扎实的基础。他们利用计算机分析手段,突出了定量分析和中观、微观研究的特点,深入探讨了当代中国社会犯罪的基本规律,并预测了犯罪的发展趋势。20世纪90年代中期,司法部预防犯罪研究所对北京市2000名罪犯进行了抽样调查,并对北京市中级人民法院审结的多份案件进行了分析,研究了我国被害人的性别、年龄、职业、婚姻状况、文化程度等社会统计学特征和被害人空间与时间分布,比较了被害人的特征与犯罪人的特征,为有效地预防被害提供了科学依据,并对犯罪的发展趋势进行了预测。进入 21 世纪,2002 年 6 月浙江省监狱管理局狱政处对浙江省在押人员进行了调查,寻求出 4 年来该省在押犯中被判处两次以上的平均占总数的 13.87%。2003 年有学者对江苏省某监狱在押犯进行了一次调查,该监狱现有在押犯 1300 余名,重新犯罪人数占在押犯总数的 26%,而在重新犯中累犯占相当大的比例,近 70%。从而为制定有效地预防重新犯罪的对策提供了科学依据。

三、犯罪预测的重要性

我国社会主义制度为减少犯罪和预防犯罪创造了优越的社会条件。然而,要把这种可能性变为现实性,还有待于制定和不断完善科学的犯罪对策。而没有关于犯罪的科学预测,要制定出科学的犯罪对策和改进犯罪对策措施就缺少科学的依据。我国在长期社会治安工作实践中,已经积累了十分宝贵的经验,采用过某些方法,对于近期犯罪发展趋势,有一定程度的估计和预见。但是,我国还未建立起有关犯罪预测的科学理论,在预测犯罪的实际工作中,也缺乏科学的系统的方法。因而,有时出现打击不力或者打击有余的现象,这在一定程度上反映出犯罪预测上的缺陷。具体地说,犯罪预测的重要性表现在以下四个方面:

(1) 犯罪预测是加强犯罪预防工作的需要。

犯罪预测是预防犯罪的先导和重要组成部分。缺少犯罪预测的预防,是盲目的、无的放矢的预防。只有加强犯罪预测,才能真正做到防有方向、打有重点,把犯罪活动消除于萌芽状态之中。我们在实际工作中,要全面地进行调查、研究,分析各种情况。分析的内容包括:第一,对我国今后滋生和诱发犯罪的原因、因素、条件进行综合性的研究分析。第二,对违法犯罪个体的变化情况及社会上有可能走向违法犯罪道路的个体进行调查、分析。第三,对我国社会控制犯罪能力进行综合性考察。第四,对经济与社会发展及其所引起的各种变革、变化同犯罪之间的联系进行综合性的考察等。通过这些分析、研究,作出科学性的预测,以便确定今后一段时期的犯罪预防工作方向。

(2) 犯罪预测是使整个社会治安工作由经验型转变到科学型的需要。

我们在社会治安工作中积累了许多宝贵的经验,依靠这些经验,我们在维护社会治安方面,取得了良好的效果。但是,随着形势的发展,出现了许多新的情况和新的问题,依靠过去的经验,已经不足以应付新的犯罪现象所造成的严重局面。这就要求我们必须采取各种新的方法,研究新的问题。其中,包括运用各种先进的科学知识、技术手段,对各种有关犯罪的信息资料进行统计和分析。应当建立专门研究机构,配备专家和专门工作人员,利用先进技术,收取、储存各种有关信息资料,并进行科学分析。显然,单靠现有的政策性研究机构,单靠手工作业的工作方式和经验型的工作方法,是难以胜任犯罪预测任务的。

（3）犯罪预测有利于动员全社会力量做好预防工作。

对犯罪进行科学预测，将犯罪发展趋势等情况公之于众，有利于动员全社会力量做好预防工作。目前，由于我国青少年犯罪在整个社会犯罪中占有较大的比重，因此青少年犯罪的状况，将在很大程度上预示和影响整个社会犯罪的发展趋势，这就更增加了青少年违法犯罪预测的重要性。青少年犯罪受社会综合因素的影响，所以要治理青少年违法犯罪必须动员和依靠社会力量。为了有利于动员全社会力量，做好对青少年犯罪的防治工作，特别是针对青少年的特点，实施早期预防、个体预防，必须对青少年犯罪进行预测，把握青少年犯罪类型特点、原因、发展趋势等，并将这些情况公布于社会，让全体公民了解这些情况，关心这方面的问题，从而动员起全社会力量，积极地参与预防青少年犯罪工作。

（4）犯罪预测可以为完善刑事立法提供依据。

我国《刑法》自1979年颁布以来，在巩固人民民主专政政权、维护社会秩序、保障社会主义现代化建设顺利进行等各个方面都发挥了积极的作用。但是，近些年来，我国为了适应同犯罪作斗争的需要，立法机关对原有的刑法典进行了大量的修改和补充。最高司法机关也相继作出了大量刑法司法解释，为刑法的正确适用提供了司法指南。此外，还有若干附属刑法问世。有人统计，在对刑法典所作的修改和补充中，就增加的罪名而言，已经远远超过了原有的刑法典。这一方面说明了社会的飞速发展，必然要求刑法立法、司法与时俱进。另一方面，也充分反映了我国刑事立法缺乏前瞻性，立法之时缺乏对犯罪所作的必要的预测。譬如我国近年来发生的非常严重的法人犯罪问题、劫持飞机和轮船问题、卖淫问题、证券犯罪问题、公司犯罪和金融犯罪问题等，在原有的刑法典中有的缺乏规定，有的则规定得不够明确。这在一定程度上也影响了我国的司法机关对这些犯罪的惩治。

第二节 犯罪预测的内容

一、宏观预测与微观预测

犯罪预测的内容，按预测范围可以分为宏观预测（整体预测）和微观预测（个体预测）。

宏观预测，是指根据全国或几个省、市、地、县等政治、经济、文化、社会治安状况等因素和过去一定时期内各类犯罪现象的状况、特点和规律，运用科学的预测方法，推断未来一定时期内犯罪增减的总趋势、犯罪类型、犯罪特征以及对社会所造成的危害，从中引出规律，提出防治措施。具体地说，这种宏观预测的内容，大致可以分为两大类：犯罪发展变化趋势的预测；犯罪原因以及促使犯罪形成诸因素的预测。犯罪发展变化趋势的预测，是犯罪预测的重要内容之一。如果犯罪预测连犯罪发展变化的趋势都不能预见，就谈不上什么科学的预测。犯罪原因及其促使犯罪产生诸因素的预测，是犯罪宏观预测的重要内容，如果不查明犯罪原因及其促使犯罪产生的诸因素，就根本谈不到预防犯罪问题。

微观预测,是对个体犯罪的预测。按照犯罪人是否受过刑罚处罚的标准来划分,微观预测可以分为初犯预测、累犯预测、假释预测和重新犯罪预测。(1)初犯预测是对某一个体未来发生犯罪的可能性所进行的科学估计。其目的在于采取相应对策,预防犯罪的发生。(2)累犯预测是对某一个体由初犯发展到累犯的可能性所进行的预测。累犯预测的目的,是对专门机关的特殊预防措施效果的检验,也是预防罪犯向恶性发展的基础。(3)假释预测是指行刑机关对符合假释条件的罪犯,在假释过程中是否犯罪的可能性所进行的预测。因此,假释预测是行刑机关作出假释决策的依据,也是发挥假释奖励手段改造罪犯的前提。(4)重新犯罪预测是指行刑机关对刑满释放人员是否重新犯罪的可能性所进行的预测。这种预测是检验改造效果的手段,也是保证改造效果,避免刑满释放人员重新犯罪的有效措施。总起来看,微观预测可以分为两大类:一是初犯预测,二是再犯预测。

二、长期预测、中期预测、短期预测

犯罪发展变化趋势的预测,根据时间长短划分,可以分为长期犯罪趋势的预测、中期犯罪趋势的预测和短期犯罪趋势的预测。

长期犯罪趋势预测,主要指对10年或10年以后的犯罪现象、犯罪原因和犯罪预防的变化发展趋势所作的预测。它可以使人们对犯罪趋势有一个总体的了解,它也是制定预防犯罪战略,确立和编制远景规划不可缺少的前提。它的制定必须以国家制定的国民经济计划为依据,结合国家各项建设事业所提出的宏伟蓝图,确定其长期预测的时间和发展变化的趋势。例如,结合我国提出的到本世纪末要达到的总目标,作为长期预测的期限。长期犯罪预测最长不能超过15年,以10年左右为宜。

中期犯罪趋势预测,主要指对5年前后犯罪现象、犯罪原因和犯罪预防的变化、发展趋势所作的预测。它可以使人们对犯罪趋势有一个整体设想,是制定政策、解决重大犯罪问题时的重要依据。由于我国发展国民经济计划一贯以5年为期,因此,中期犯罪趋势预测适应国民经济五年发展计划为最适宜。这样的结果,对犯罪趋势的预测,可以带来很大的便利。因为国家制定了5年计划的总体规划之后,经济基础和上层建筑诸部门都要规划其发展计划和提出达到目标的各种措施。因此,犯罪趋势预测可以根据各门类将要发生变化的种种数据,较为准确地预测犯罪发展趋势。

短期犯罪趋势预测(近期预测),主要指对1年至3年左右期限的犯罪现象、犯罪原因和犯罪预防的变化、发展趋势所作的预测。它的功能在于根据现存社会诸条件、犯罪发生率的情况,同我们采取的具体刑事政策以及刑事法律本身是否适合目前犯罪发展趋势的需要,及时作出判断。例如,全国人大常委会在1983年8月作出严厉打击严重刑事犯罪分子的决定取得了很好的效果,就是根据这些预测作出的。

三、综合预测、类型预测、单项预测

犯罪发展变化趋势的预测,按照整体和部分关系来划分,可以分为综合预测、类型预测和单项预测。

综合预测,是指对犯罪现象、犯罪原因和犯罪预防的总体所进行的预测。它是制定综合性预防规划的前提,也是制定社会、经济发展战略的参考根据。因此,犯罪预测不仅带有综合性特点,它还是一项系统工作,必须按系统论原理进行预测,才能有更高的科学价值。

类型预测,是指对某类犯罪现象、犯罪原因和犯罪预防措施所进行的预测。例如,经济领域犯罪预测、性犯罪预测、暴力犯罪预测等。类型预测是确立类型犯罪预防措施的前提。

单项预测,是指对某一种犯罪所进行的专门的预测。例如,对走私犯罪、劫机犯罪、计算机犯罪的预测。单项预测是确立单项犯罪预防措施的前提。

第三节 犯罪预测的步骤与方法

一、犯罪预测的步骤

犯罪预测和任何社会调查一样,都有其自身的步骤和严格的程序。一般地说,犯罪预测有以下几个主要步骤:(1)明确犯罪预测的对象及预测的目的。(2)设计犯罪预测的工作方案,制定详细的预测计划。(3)设计个案调查问卷,收集犯罪信息,分析影响个体犯罪行为的因素和条件。(4)全面调查、收集资料,分析影响犯罪趋势的因素和条件。(5)选择犯罪预测方法,运用现代科学技术与理论进行预测。(6)整理犯罪预测的研究成果,撰写预测报告。(7)作出预测结论以及在实践中不断反馈修改、补充和完善预测的结论。在犯罪预测的步骤中,最为重要的是犯罪信息资料的收集、传送、整理、贮存和处理问题。预测实践证明,信息数据的真实性是预测的生命;信息数据的全面性是预测的基础;信息数据的有效性是预测的核心。因而只有掌握真实、全面、有效的犯罪信息情报资料,才能科学地进行犯罪预测。

二、犯罪预测的方法

犯罪预测方法,主要分为以下两大类:(1)犯罪行为的个体预测方法;(2)犯罪现象的社会预测方法。

(一)犯罪行为的个体预测方法

犯罪行为的个体预测方法,就其实质而言,就是微观心理的预测。微观心理预测,是指针对个体的心理表现,采取预测研究的方法。这种预测常见的方法,有观察法、谈心法、调查访问法、问卷法等。(1)观察法是指在自然情况下,有目的、有计划、有系统地从预测对象的行动、言论、表情、习惯、人际关系等方面进行调查,从中收集可供预测犯罪资料的方法。要成功地应用观察法来收集预测的资料,观察者必须具有善于精确地观察和记录被观察者的动作、表情、声调等外部表现的能力,要善于正确理解和说明被观察者各种外部表现的实际意义及其所表示意思的能力等。观察法所取得的资料只是外部表现,究竟被观察者出于什么内心活动的支配,还需要做深入细致的分析,更需要借助于其他方法来弥补其不足。否则就易于被表面的偶然现象所迷惑,使预测失去客观性、科学性。(2)谈心法。谈心法是指预测者通过与预测对象谈话探明他的心理活动的方法。运用谈心法时,首先要尊重、信任谈心对象。态度要亲切、诚恳、坦然,创造一种良好的气氛,才能使谈心对象讲出真心话。要避免让预测对象了解谈心意图。因为预测对象知道谈话意图,则抱有戒心,可能拒绝回答问题,也可能故意掩盖一些真实思想,或者只谈分析和认识,不谈问题的详细情节。在这种情况下,单靠谈心法来取得预测的资料是困难的,应该同时采取其他方法。(3)调查访问法。调查访问法是指预测者根据预测需要去访问有关人员,调查有关的档案材料,以了解预测对象的生活经历和现实表现,从中取得预测资料的方法。这是一种把预测对象在不同的时间、不同的场合、不同的活动和与不同的人们交往中的种种心理现象和行为表现收集起来,进行综合分析的方法。例如,调查预测对象在学习、工作过程中的表现,在家中的表现,在人际关系方面的表现等等,从中得出结论。在调查访问时,应抱诚恳谦逊的态度,要争取被访问者的信任与合作,倾听他们的意见,不带有任何成见,避免对被访问者提出带暗示性的问题。但要随时察言观色,以鉴别对方答话的可信度。访问后,要及时分析研究所得到的资料,对于调查访问中的相互矛盾的资料,要再进一步调查,并与其他材料相互比较和验证,以便从中得出正确结论。(4)问卷法。问卷法(也称心理测验法)是指把预测需要的资料,分为详细的纲目,拟为简明易答的问题,交给预测对象,要求其作答的方法。为了使预测对象能如实回答所提问题,在问卷发给预测对象前,要向他们讲明要求,作好思想工作,解除顾虑,使其如实作答。同时所拟问题,必须紧紧围绕预测主题,言简意赅;回答应尽可能简短,可能时应采取"是"或"否"的选择方法。

(二) 犯罪现象的社会预测方法

犯罪现象的社会预测是一种犯罪现象发展趋势的预测。这种预测常见的方法有趋势外推法、因素分析法、比较研究法、专家评估法等。(1)趋势外推法。即根据过去和现在已掌握的犯罪动态、规律,通过统计、数学的方法进行科学的延伸,以预测未来。(2)因素分析法。通过调查研究,把握影响犯罪类型、数量、特点变化的种种因素,特别是对犯罪变化具有重大影响的因素及其数量变化作出可靠的全面的了解,从而依据这些因素的变化对犯罪的未来变化进行科学的预测。(3)比较研究法。研究历史上某一时期、某一地区、某种情况下引起犯罪增减和变化的过程、特征、条件、伴随因素等,对比研究在新的时期、新的地区又出现与上述相近与相反的情况、条件或因素,通过比较分析,可以有根据地作出犯罪可能出现的某些变化的预测。(4)专家评估法。以专家掌握的有关犯罪变化客观规律的知识、资料、经验为根据,对犯罪变化进行科学分析,以预测犯罪未来的变化和趋势。

上述种种预测方法,有些是我们党所一向坚持的调查研究工作方法。实地调查研究是我们进行犯罪预测的最基本的方法。对此,毛泽东同志早就指出:"要了解情况,唯一的方法是向社会做调查……"[①]"应当从客观存在着的实际事物出发,从其中

[①] 《毛泽东选集》第3卷,人民出版社1991年版,第789页。

引出规律,作为我们行动的向导。为此目的,就要像马克思所说的详细地占有材料,加以科学的分析和综合的研究。"①

犯罪预测是一项复杂的综合多目标的社会活动,要收集各方面的信息,并要源源不断地收集具有新内容、新趋向的资料;犯罪预测又是一项庞大的系统工程,必须调动社会各个层次、方方面面的力量共同搞好犯罪预测与预防工作。因此,为了搞好犯罪预测,必须充分发挥社会主义制度的优越性,把整个社会组织起来,才能不断地获得新的信息,才能使犯罪预测达到最佳效果。为此目的,需要建立起一套行之有效的预测犯罪中心的组织机构。犯罪预测中心可以通过下列方式形成:(1)建立自上而下的行政系统犯罪预测中心,即全国各省、市、县都要自下而上的建立犯罪预测中心。每层的预测中心,将通过各部门、各个渠道收集的信息进行汇总分析,并为上一层的犯罪预测中心提供可参考的依据。也就是说,下一层的犯罪预测中心所收集的情报,要逐级反馈到上一级。如此把"下"与"上"的情报有机地结合起来,才能提高犯罪预测情报的全面性、准确性,更好地发挥犯罪预测中心的作用。(2)建立各行各业的犯罪预测中心,即社会各行各业都要建立起犯罪预测组织。这些犯罪预测组织的任务就是把本行本业犯罪征兆收集起来,经过加工反馈到犯罪预测中心,为犯罪预测中心提供准确、及时的预测信息。(3)成立居民委员会、村民委员会的基层预测小组。居委会和村委会是一个地区的基层群众性自治组织,它直接与群众接触,最了解群众的实际情况,它能起到政法机关不能代替的作用。如不成立基层预测小组,就会丧失基层组织的预测保证。社会治安和预测犯罪工作都离不开居民委员会、村民委员会。

为使犯罪预测中心的工作制度化、规范化,一要拟定长期、中期、短期预测的规划,使预测工作有计划、有目标的进行。二要做到经常调查研究,广泛收集资料与积累,并将所预测的信息资料,及时进行传递。三要建立分类预测档案。②

---

① 《毛泽东选集》第 3 卷,人民出版社 1991 年版,第 799 页。
② 参见《中国预防犯罪通鉴》,人民出版社 1998 年版,第 301 页。

第十二章 犯罪预防

犯罪预防是犯罪学研究中一个带有根本性和战略性的重要课题,是犯罪学研究的出发点和归宿。关于什么是犯罪预防,犯罪能否预防,怎样预防才能收到最佳的效果等问题,是古今中外所有国家和地区的政府与大众普遍关心的问题。对此,世界各国的专家和学者都在不断地进行研究和探索,并通过大量的实践,总结预防犯罪经验,将其上升为犯罪预防的理论,以便指导犯罪预防工作,为犯罪预防服务。

第一节 犯罪预防概述

一、犯罪预防的概念

在现有犯罪学著作中,专家、学者对犯罪预防概念有多种阐述。有的从行为科学的角度,称犯罪预防是"割断或者削弱犯罪及其原因之间的因果关系的行为体系"[1];有的从系统论出发,认为犯罪预防是"一项系统工程"[2];有的从社会大视野出发,认为犯罪预防是"防止、减少和根除犯罪的社会活动"[3];有的着眼于操作性,认为犯罪预防是"治本的办法"[4]。

在博采众长的基础上,我们对犯罪预防作出如下界定:所谓犯罪预防,就是国家针对一定社会历史时期犯罪的状况、特点、原因和条件,调动社会各种积极因素和可能调动的力量,采取政治的、经济的、文化的、教育的、行政的和法律的等综合手段,以达到防止、遏制、减少乃至最终消除犯罪的目的。从犯罪预防这一概念中,我们清楚地看到犯罪预防包含着如下三个方面的内容:

(1)犯罪预防是以对犯罪原因与条件的调查研究并进行科学分析为前提的。犯罪原因不清楚或者所得出的结论不正确,就不能采取有针对性的预防犯罪现象的措施。因而犯罪预防只能建立在对犯罪原因与条件调查研究与科学分析的基础之上,离开犯罪原因谈论犯罪预防,那是一句空话,或者是毫无根据的从事所谓的预防,其结果不言自明。因为犯罪的产生,是由犯罪原因与条件引起的;而犯罪作为一种社会现象,它又是一个人的行为所造成的结果。因此,要预防犯罪的发生,就要设法限制、消除引起犯罪产生的原因与条件。由此可见,犯罪预防,用一句话概括,它就是针对犯罪原因与条件所采取的一系列措施。

(2)犯罪预防是针对犯罪原因与条件所采取的一系列措施。所谓"一系列",是

---

[1] 康树华主编:《犯罪学通论》,北京大学出版社1992年版,第591页。
[2] 赵可著:《预防犯罪及其措施体系》,载《犯罪与对策》1993年第3期。
[3] 王牧著:《犯罪学》,吉林大学出版社1992年版,第301页。
[4] 李增春著:《公安学词典》,黑龙江科技出版社1988年版,第466页。

针对或者说是基于犯罪原因的错综复杂性而采取的相应措施。犯罪原因是一个多质、多层次、多系统的综合体,并且各个犯罪因素之间、各个子系统与子系统之间、子系统与母系统之间,都存在着内在的联系。所以,犯罪预防必须调动社会上一切积极因素,运用各种手段和采取社会性和专门性的防治措施。所谓社会性预防就是指动员全社会力量,对犯罪进行防范活动,诸如家庭预防、学校预防、社区预防以及预防犯罪工作中形成的人民调解、社会帮教、工读教育等等,其所运用的手段为教育的手段、道德的手段、习俗的手段、舆论的手段乃至行政的手段等等。所谓专门性预防,就是指国家设置的专门机构,诸如公安机关、人民法院、人民检察院以及监狱等,对犯罪所进行的防范活动。司法机关专门工作的重要性是不言而喻的。它在犯罪预防中具有特殊的地位和功能,是其他任何工作都不能替代的。但是,仅靠这些专门工作是不行的。只有取得广大群众的支持,犯罪预防才有坚实的基础。总之,犯罪既然是多个系统的综合体,多种因素形成的"综合病症",其对策必须是综合治理的方针,对付它则必须是一系列的措施和运用各种手段。

(3) 犯罪预防的目的是防止、遏制和减少犯罪。我们根治犯罪所采取的综合治理方针和对付犯罪所采取的一系列措施和所运用的各种手段,其目的都在于破坏、割断或削弱犯罪与其产生原因之间的因果联系,使原因不能决定或引起它的相应后果。因果关系的客观性,在于因果之间的内在联系。破坏、割断或削弱这种联系,犯罪必然会被防止、遏制和减少。这就是犯罪预防研究的理论意义和实用价值。

犯罪作为一种现象,同其他事物一样,都有其发生、发展和变化的规律,这种规律性是可以认识的。当我们在大量的调查研究基础之上,经过深入细致的分析研究,认识掌握了犯罪的规律之后,就能够采取一切有针对性的犯罪对策,有效地防止、遏制和减少犯罪结果的发生。我们之所以不讲不发生犯罪而只讲减少犯罪结果的发生,这是因为到目前为止,不仅我们的客观环境不具备这方面条件,特别是我们的认识能力还是有限的,不可能穷尽犯罪原因的真理性,尤其是对于犯罪原因系统中的内部机制及其相互关系,还有待于进一步认识。故只能讲防止、遏制和减少,而不能讲绝对地消除乃至消灭犯罪。但我们坚信,在客观环境具备了条件后,随着人们认识能力的不断提高,在建立了科学的犯罪原因论的基础上,终将一步步走向对犯罪原因的透彻认识,再加上采用现代科技手段,进而防止、遏制,乃至最终消灭绝大多数由于不良的社会因素所导致的犯罪。

二、犯罪预防的重要性

犯罪预防是减少和治理犯罪的根本途径,其重要性体现在如下几个方面:

(1) 搞好犯罪预防有利于避免和减少犯罪给社会造成的损害。犯罪是自从人类社会产生私有制以来出现的一种一直威胁、困扰和破坏人类生产、生活与安全的严重社会问题。进入 20 世纪以来,犯罪成为世界性公害。它对人类的威胁,特别是在物质上和精神上所造成的损害,已大大超过了战争。美国因犯罪每年给经济造成的损失高达上千亿美元,大大超过了美国全年军备开支,更大大超出美国全年文教和卫生事业的开支。至于犯罪所造成的人身伤亡,更加惨重。据统计,美国平均每 14 分钟就有一人被害。美国大街上每 100 小时被杀的人数要比海湾战争期间 100 小时战死的美军多三倍。我国在"八五"计划期间,犯罪就造成了 360 亿元的经济损失,造成了 17.1 万人的死亡。天津市是我国社会治安状况较好的城市之一,但每年犯罪造成的人身伤亡和财产损失都呈迅猛增加的趋势。据调查,1996 年天津市判刑入狱的罪犯为 4512 人,人均犯罪所造成的经济损失额为 19257.35 元,当年入狱犯的犯罪直接经济损失总额为 8681.21 万元,其中并没有包括未破获案件以及未立案案件的经济损失。[1] 可见,犯罪对人类所造成的灾害,在今天已大大超过了战争,是一种严重的毒瘤,已成为当今社会发展的最大的阻力。因此,搞好犯罪预防,防止、遏制和减少犯罪的发生,不仅是必要的,而且是极为重要的。因为任何犯罪的发生,都要给社会和人们造成一定的危害和损失,即使罪犯为此受到了最严厉的惩罚,也无法挽回他(她)已经造成的损失。与此同时,为侦破、惩罚和改造罪犯,国家又要在人力、物力和财力等方面付出相当的代价。显而易见,事前预防犯罪的发生,较之事后惩罚罪犯,更有利,更具有积极、主动的意义。

(2) 搞好犯罪预防,有利于社会秩序的稳定。如果犯罪频频发生,不仅会破坏社会生活,使社会成员处于惊恐不安状态,没有安全感,而且还会影响社会的政治、经济、文化和军事等事业的健康发展,导致社会的混乱,严重干扰和破坏社会主义现代化实现的进程。即使发案后能及时予以严厉打击,抓获罪犯,给人们的心理以一定的慰藉,也不如预防犯罪发生更有利于社会秩序稳定。当然,我国目前并未发生像美国"9·11事件"之类的犯罪,也未发生类似西班牙客车和伦敦地铁被炸那种骇人听闻、惨不忍睹的事件。但是这种可能性并非没有。因此,我国从中央到各省、自治区、直辖市上下联动、协调指挥,及时准确地预测犯罪动态,确保预防犯罪规划与决策的实施、落实和监督是十分必要的。尽管在中国现阶段要完全消灭犯罪尚不可能,但是我们有责任、有义务积极搞好犯罪预防,尽量减少犯罪的发生。因此,无论是对社会近期的发展目标,还是对社会长远的发展目标,犯罪预防都是必要的、不可缺少的。

(3) 搞好犯罪预防,有利于社会主义物质文明和精神文明的建设。社会主义物质文明建设的重点内容,是发展社会主义的生产力,并在此基础上努力提高人民的物质生活水平,而这一任务的完成要有一个安宁稳定的社会环境作保证。这就需要我们千方百计地搞好犯罪预防,只有这样才能为社会主义经济建设和物质文明建设提供可靠保障,从而加快我国社会主义经济建设和物质文明建设的步伐。

社会主义精神文明建设的根本任务是培养有理想、有道德、有文化、有纪律的社会主义公民。要完成这个任务,光靠做思想工作不行,必要时也要使用一些法律手段和行政手段。犯罪预防就是我们促进社会主义精神文明建设的综合手段之一,只有

---

[1] 张宝义:《犯罪造成经济损失的基本估计》,载《青少年犯罪问题》1997 年第 5 期。

把犯罪预防搞好了,犯罪现象被防止、遏制和减少了,才更有利于促进社会主义的精神文明建设。

显而易见,只有搞好犯罪预防,才能促进社会主义物质文明和精神文明建设;反过来,物质文明和精神文明建设又是预防犯罪的必要前提和基本保障。可见,它们之间存在着辩证统一的关系,犯罪预防是社会主义物质文明和精神文明建设的必然要求。

(4) 犯罪预防是治理犯罪的最根本途径。治理犯罪的对策,具体措施、方法乃至途径很多,但最根本的是预防犯罪。

在犯罪预防的实践中,我国总结出了打、防、改、管、教、建等一整套具有完整系统和内在联系的综合治理方针。因此,对犯罪只简单地"打"或者只简单地"防",都不是马克思主义的犯罪对策。马克思主义的犯罪对策,应该是"打防结合,预防为主"。我们以此为依据,将社会治安综合治理方针所提出的六个方面措施按犯罪发生与否来加以区别,可以分为防和治两个方面:防范、教育、管理、建设措施属于防,即在犯罪发生之前,防患于未然的措施;而打击和改造则属于治,即在犯罪发生之后,防患于已然的措施。两者都起着预防犯罪的作用,只不过一个是事前预防,一个是事后预防而已。防与治进行比较,防的优越性就在于将犯罪根除,使犯罪不发生,从而使社会不受到危害,不造成损失。治是在犯罪发生之后对罪犯的打击、处理、惩罚与改造,是罪中和罪后的惩罚、矫治,是治标的措施。"严打"虽不能消灭犯罪现象,但却也在一定程度上预防和遏制了犯罪。在目前刑事案件增多、刑事犯罪猖獗的情况下,必须搞"严打",不能简单地认为"严打"没有起作用。但是,如果只打不防,打击的效果难以巩固,则必将造成恶性循环的局面——"越打越多"。因此,必须采取"打防结合,预防为主"的方针、政策。还要清醒地看到,治也是必要的,但和防比较起来,由于犯罪已经发生,并给社会造成了某种程度的危害,显然不如防理想。从这个意义上说,防是治理犯罪的最根本的途径,是最为理想的措施。

三、犯罪预防的可能性

在西方,有些犯罪学者由于主张有人类就有犯罪的"犯罪永恒论",因而认为犯罪是不可能预防的。但是,国内外也有众多的犯罪学者一致认为,犯罪是可以预防的,其主要理由如下:

(1) 犯罪规律的可知性,为犯罪预防提供了科学依据。马克思主义认为,犯罪是一种历史的社会现象,是客观存在的事物。它同其他事物一样,都有其自身发生、发展和变化的规律,其规律是可以认识的。认识的途径是通过实践、认识、再实践、再认识……这一无限循环往复的认识过程,逐渐克服主观与客观、认识与实践之间的矛盾,不断发现和认识真理,揭示事物发展变化的规律,最终达到对事物本质的认识。人类社会的全部活动,都是建立在客观世界具有可知性的原理基础之上的,只有建立在这一基础之上,才有可能对复杂的甚至是扑朔迷离的事物有清醒的认识,对犯罪的认识也是如此。

以个体犯罪为例,任何个体犯罪行为的发生,不论其原因如何复杂,都有一个从无到有、从小到大、从轻到重、从量变到质变的发展过程。这个过程是有一定的规律的。比如青少年走向犯罪的道路,在一定条件下,开始都是从不显著的、不易被人们觉察的不良思想与习惯开始的,如果得不到及时抑制,这种不良思想与习惯,则会发展成为违法心理、犯罪心理,以致造成违法犯罪的后果。怎能设想一个天真无邪的孩子会突然变成一个犯罪分子呢？犯罪行为是犯罪心理的外化,正在走上或将要走上犯罪道路的人,在其工作、学习、待人接物等日常行为中,总有某些不正常的反映。这就为我们认识犯罪的发生提供了线索。总之,我们了解犯罪心理与犯罪行为这种由量变到质变的发展过程及其规律,就可以在日常生活中采取种种有针对性的措施,减少、削弱消极因素的影响,增加或强化积极因素的作用,则可以达到预防犯罪的目的。

一般犯罪有规律可循,偶然性的犯罪是否也有规律呢？一般地说,偶然性犯罪常常带有偶然性、突发性、随机性和情景性等特点,给人以不可理解、难以捉摸、预见度低的感觉。但是,从事物发展的规律来看,偶然性犯罪仍然是有迹可寻,是可以认识的。因为这种偶然性也都和事物发展的必然性相联系,它并不是孤立的社会现象,仍然有一个从量变到质变的发展过程,只不过它的发展变化过程短暂而已。比如某些行为的骤然变化,从三好学生突然成为杀人犯、强奸犯,或者从某一种犯罪行为跳跃到另一种犯罪行为的变化,如赌博突变成抢劫杀人,从恋人、爱人到仇人、凶手。这些行为表面上看是偶然性、突然性的,但经过调查,这种偶然性、突然性始终是受内部隐藏着的规律支配的,只要我们运用量变引起质变这一事物发展的普遍规律,都是可以解释得一清二楚的。实践证明,只要我们认真分析研究各种偶然性犯罪,就能从偶然性中找到必然性。

(2) 社会主义制度的优越性,使得国家、社会、集体与个人力量形成一个整体,为犯罪预防提供了最可靠的保障。首先,犯罪是人们深恶痛绝的一种社会丑恶现象,它不仅危害社会,而且牵涉到千家万户,必然引起全社会对犯罪现象的公愤,从而汇聚成为一股抵制和反对犯罪的宏大社会力量,这就为犯罪预防提供了坚实可靠的力量上的保证。长期以来同犯罪作斗争的事实说明,犯罪涉及社会生活的各个方面,没有广大群众的积极参加,要有效地预防犯罪是不可能的。其次,我国实行以工人阶级领导的、以工农联盟为基础的人民民主专政的根本政治制度,人民真正成了国家的主人,这就使得综合治理犯罪有了深厚的群众基础。国家关于综合治理犯罪方针、政策和措施的制定和提出,都是从人民利益出发的,必然得到广大人民的积极拥护和支持。

(3) 建立在以生产资料公有制为基础之上的社会主义上层建筑,使得它与人民群众的利益有了一致性,社会力量有了整体性,便于采取动员全社会力量,采取有针对性措施,抑制和削弱乃至消除导致犯罪发生的主、客观因素,预防和减少犯罪的发生。

显而易见,这种建立在国家、社会、集体与个人利益根本一致基础之上的广大人民群众与国家的密切合作,正是我国犯罪预防的最根本的保障。

(4) 国际性犯罪预防的合作与交流为犯罪预防提供了有利的国际条件。自有犯罪以来,人类社会为预防犯罪进行了长期的努力,世界各国为此做了大量的工作,取得了多方面的经验。当今世界各国犯罪日益严重的发展趋势,促进各国为犯罪预防进行了更加广泛的努力,犯罪预防的研究不只限于本国范围之内,而且开始跨出国界,进行国际交流与合作。自 1955 年以来,联合国每五年召开一次预防犯罪和罪犯处遇大会,其中一项重要的议题,就是交流预防犯罪的经验,制定预防犯罪的战略。国际刑警组织在预防和制止犯罪方面也进行了广泛的合作。各国司法部门、学术团体及其他有关组织为预防犯罪更是进行了广泛的接触、合作与交流,其内容越来越丰富。如包括打击跨国毒品犯罪,贩卖人口犯罪,走私枪支、武器犯罪,越境潜逃犯罪的合作,以及治理犯罪的设施、经验、学术理论的交流等。

总之,犯罪预防的国际合作,为打击、预防跨国犯罪创造了有利条件,为预防犯罪经验和理论的交流创造了便利条件和开辟了更广阔的前景,也为我国的犯罪预防提供了国际经验,大大增强了预防犯罪的可能性。

第二节 犯罪预防体系

一、犯罪预防体系的概念

犯罪预防体系,是指参与预防犯罪的各种力量、各种手段、各种举措围绕着犯罪预防这个共同目标有机联系、协调运行的工作体系。犯罪预防工作体系与其他工作体系一样,都具有一些共同的基本特点:

(1) 整体性。整体性要求把有联系的各个组成部分加以系统化,形成一个整体并运用于实践,这样可以发挥单个组成部门单独无法发挥的作用。

(2) 层次性。体系都是有结构的,而结构又是分层次的。层次反映出体系内的主从关系、协作配合关系及其各自的功能。

(3) 综合性。也就是说,体系是各种力量、各种手段、各种措施的综合体。

(4) 动态性。体系应该说是相对稳定的,但又如同其他事物一样,是不断发展变化的,没有固定不变的模式,需要根据情况的变化,调整结构,合理布局,实行动态管理。

概括起来说,我们的犯罪预防体系实质上就是社会治安综合治理工作体系,它融打、防、教、管、建、改为一体,以群众预防、专业预防和技术预防相结合为主要内容,实行在各级党委和政府的统一领导下各部门、各单位齐抓共管的领导体制,运用政治的、经济的、行政的、法律的、教育的等各种手段,进行一般预防、重点预防和特殊预防等活动,在打击和预防犯罪,维护社会治安秩序中发挥着重要作用。

二、犯罪预防体系的内容

从不同的角度出发,依据不同的原则,可以构建不同的犯罪预防体系。美国学者的三级预防论是犯罪预防体系的一种模式,荷兰学者的犯罪预防规划的二元模式也是犯罪预防体系的一种模式。我国学者也提出了犯罪预防体系的多种模式。例如,冯树梁主编的《中国预防犯罪方略》(法律出版社1994年版)一书提出了如下的犯罪预防体系:群众预防、专业预防、技术预防;一般预防、重点预防、特殊预防;家庭预防、学校预防、社会预防。魏平雄主编的《犯罪学》(中国政法大学出版社2008年版)提出了如下的犯罪预防体系:社会预防、心理预防、治安预防、刑罚预防。李晓明在其所著《中国犯罪学论纲》(中国审计出版社1996年版)中,认为犯罪预防体系具体包括组织体系、内容体系和方法体系三大部分。此外,有的学者提出道德预防、行政预防、刑罚预防的犯罪预防体系。公安部政治部编的《犯罪学》(中国人民公安大学出版社1997年版),将犯罪预防从不同的角度和标准进行了如下分类:(1)依据犯罪预防作用对象的不同,分为一般预防、重点预防和特殊预防。(2)依据犯罪预防的着眼点和功能的不同可分为保护性预防、疏导性预防、堵塞性预防、控制性预防、惩戒性预防和改造性预防。(3)依据犯罪预防措施切入犯罪发展阶段早晚的不同,可分为犯罪前预防、犯罪中预防、犯罪后预防。(4)依据犯罪预防所凭借的力量与媒介不同,可分为人防、物防、技防。(5)依据犯罪预防主体的不同,可分为个体预防、家庭预防、学校预防、邻里预防等。(6)其他一些分类方法。例如依据犯罪预防侧重点的不同,分为社会预防、心理预防、治安预防和刑罚预防等。

上述几种具有代表性的犯罪预防体系,虽互有重叠,但也各自成为系统,如果将上述几种犯罪预防体系,再进一步归纳、概括的话,则基本上可以分为狭义的犯罪预防体系和广义的犯罪预防体系。狭义的犯罪预防体系即家庭预防、学校预防、社区预防三道防线相结合,该体系主要讲的是在犯罪之前主动采取措施,防患于未然。广义的犯罪预防体系即社会预防、心理预防、治安预防、刑罚预防四道防线相结合,该体系不仅限于事前的预防,而且包括事中的预防和事后的处理与改造的重新犯罪预防。我们博采上述各位专家、学者所提出的犯罪预防体系的所长,总结实践经验,认为犯罪预防体系包括以下两个方面:宏观犯罪预防;微观犯罪预防。将两者结合,就是我国犯罪预防体系,它纵横交错,疏而不漏。

(一)宏观犯罪预防

宏观犯罪预防,包括社会预防、心理预防、治安预防、刑罚预防。这是从总体上建立起前后一贯犯罪预防体系。它可以针对违法犯罪的不同情况,给以切实有效的处置,以达到犯罪预防的目的。

(1)社会预防。社会预防是指通过对社会结构的调整与完善,使社会健康和谐发展,消除或减少社会弊病,从而达到预防、遏制和减少犯罪发生的目的的一种社会活动。由于犯罪现象在很大程度上是因社会自身的矛盾与弊端造成的,这就需要社会自我调整与完善,不断完善的社会加上不断完善的人便是犯罪预防最为理想的条件。需要说明的是,宏观犯罪预防里的社会预防同微观犯罪预防里的社区预防,其内含与外延是不完全一样的。前者是指总体上所说的一般预防,后者则是指社区环境具体预防措施。两者虽有联系,也是一致的,但其间的区别是明显的,具有原则性差别,不能混同。

具体地说,社会预防,从违法行为通常是由不以立法者意志为转移的经济因素造成的这一前提条件出发,重在大力发展生产力,加快国民经济的发展,无疑是首要的一环。这是犯罪预防的根本措施。当然,在制定科学的国民经济和社会发展规划之中,要把犯罪预防规划成为其中一个组成部分。在政治上发扬社会主义民主和健全社会主义法制,正确处理好人民内部的各种矛盾,发展安定团结的政治局面,应当说是搞好犯罪预防的重要一条。大力推进科学技术和教育事业,改变穷困、落后,乃至愚昧的社会状况,建立文明礼让的社会主义道德风尚,是预防犯罪的根本性措施。加强思想政治工作,反对封建意识残余,特别是资产阶级自由化思潮的影响,使我国社会主义精神文明建设和社会主义物质文明建设同步发展,这是犯罪预防的重要保证。推广军民联防,综合治理社会治安,健全治保、调解组织,制定村规民约,落实社会治安责任制,把社会搞成声息相关的和谐整体,这是犯罪预防的社会基础。

社会预防,要在社会上实行群防群治,综合治理。所谓实行群防群治,就是建立起遍及社会各个角落的群众性防范体系。这是维护社会治安、预防犯罪的最为有效的措施。各地应在以前工作的基础上,进一步落实由区(县)、街道(乡、镇)、居委会(村委会)的党、政、工、团、妇及其他群众组织参加的"治保"队伍,组织治安联防,实施安全防护,发现问题及时向有关单位和部门反映,使全国形成一个个严密的安全防范网络,使违法犯罪人员无法施行其伎俩。实行治安承包责任制,是群防群治的一种好形式。实践证明,凡是治安承包责任制落实的地区,社会治安状况就好。因此,在治安承包制尚未落实的地区,应按照责、权、利相结合的原则,把社会治安管理任务具体落实到各单位、车间、班组、村镇、街道和个人,并定期进行检查、考核和奖惩,使犯罪预防工作落到实处,收到更好的效果。

多年来,我国从中央到地方,从城市到农村,从机关、部队、厂矿到学校,普遍开展了普法教育,对于预防犯罪已经产生了巨大作用。今后,应在以前工作的基础上,更进一步利用办学习班、培训班、夜校、讲座、法律知识竞赛等形式,通过报纸杂志、电影、电视、新闻广播、街头法制宣传栏等途径,广泛开展法制宣传教育,特别是对于治安较差,违法犯罪现象较多的地区,更应大力宣传,借以遏制和减少违法犯罪活动。

社会预防犯罪,是极其庞大的社会系统工程,必须在各级党、政领导的统一指挥与协调下有序地进行,方能收到实效。特别是要将"谁主管,谁负责"的综合治理方针的责任制,最大限度地具体化、制度化、法律化。紧紧围绕着社会治安综合治理方针所要求的"打、防、教、管、建、改"的工作范围,将各级领导的责任与其经济利益、政治利益挂钩,明确责任,建立奖惩制度,形成社会治安综合治理的态势。

应当看到这是一场无声的战斗,治本的战略,各条战线和各行各业都必须各司其职,协同努力,齐抓共管,方能把社会的发案率降低到最低的限度。必须认识到没有一个安定团结的社会环境,改革、开放与发展都无从谈起。因此,全党、全民和全军,都必须在党与各级政府的统一领导、协调之下,胸怀全局,各尽其责,把犯罪预防工作落实、抓好,使违法犯罪人员被迫敛迹。

(2) 心理预防。心理预防是指对健全人格的社会培养和自我修养活动,同时也是削弱或者排除形成犯罪的内在动因,即将正在形成过程中的犯罪动机抑制住、消除掉。对个体进行世界观、人生观和法制观的教育,是消除犯罪的思想和心理形成的重要方面。犯罪心理不是与生俱来和一成不变的,也就是说,它既可以在一定条件下转为犯罪行为,又可以在良好的教育下导向正确的道路。一般地说,在犯罪心理结构中,犯罪的需要是犯罪心理形成的基础因素,犯罪的动机是导致犯罪行为的动力因素,而决定犯罪心理发展变化方向的,是一个人的人生观和世界观。如果用正确的人生观、世界观支配人的心理,人的行为就会朝着健康、有益的方向发展;反之,如果用不正确的人生观、世界观支配人的心理发展,人的行为就会朝着犯罪的方向发展。因此,进行犯罪心理预防,就必须首先从培养树立正确的人生观、世界观入手。此外,还要进行道德教育和法制教育,这是人生观教育的必要补充。各种犯罪,特别是青少年犯罪,有相当一部分是由于对法律的无知,甚至是蔑视和否定;也是由于道德修养极差,甚至缺乏公民最起码的道德修养。因此,必须抓紧道德教育和法制教育。法制和道德教育搞好了,人们的言行都符合法律和道德的要求了,违法犯罪现象就会大大减少。当然,不断完善社会,创造一个有利于人格健全发展的社会文化环境,亦十分必要。

(3) 治安预防。治安预防是指公安机关对于社会上具有违反治安管理行为的人所采取的专业防范措施。它是继社会预防之后的第三道防线。对于那些越过社会防线,实施违法行为但还不构成犯罪的人,给予一定的治安处罚,可以有效地制止和预防其违法行为的进一步发展,维护社会秩序;对于社会面的管理控制,可以及时发现违法犯罪活动,及时采取措施,防患于未然;对于危险物品的管理和控制,可以避免重大、恶性事故或案件发生;对于淫秽物品、卖淫、吸毒、赌博、封建迷信等社会丑恶现象的打击和取缔,可以消除犯罪的诱发因素。总之,筑起治安预防这道防线,对于稳定社会秩序,挽救失足者,预防和减少犯罪具有重要意义。

治安预防的依据,主要是《中华人民共和国治安管理处罚法》、《公安派出所工作细则》等。

治安预防的具体措施,主要有治安联防、巡逻,社会帮教,送工读学校,治安处罚(警告、罚款、拘留)。此外,对实行违反治安管理行为的工具以及由于违反治安管理行为所得的财物,则予以没收。

在治安预防中,加强户口管理,特别是流动人口的户口管理,是预防犯罪的一项重要措施。管理特种行业、娱乐场所、车站、码头和机场等,自然也都是治安预防的重要措施。

(4) 刑罚预防。刑罚预防也称刑事预防或司法预防。它是指国家通过各级司法机关,对刑事犯罪分子予以追究刑事责任,发挥刑罚的惩罚、威慑和改造教育功能,从而遏制犯罪的专门性活动。这一活动,包括立法机关对刑事法律的制定与公布、警察和检察机关对犯罪的侦查与公诉、法院和监狱对刑罚的量定和执行等具体阶段和内容。

刑罚预防包括一般预防和特殊预防两个方面。一般预防表现为,通过惩罚罪犯,威慑社会上的不稳定分子,使其不敢以身试法;通过刑法公布、法制宣传、公开判决等形式,教育公民自觉守法并勇于同犯罪分子或犯罪现象作斗争;通过对犯罪分子的惩罚来抚慰被害人及其亲属,以免产生冤冤相报的情形。特殊预防表现为,通过刑罚惩罚,使罪犯不敢重新犯罪;通过剥夺其人身自由或生命权利使之不能犯罪;通过改造教育使其不重新犯罪。

刑罚预防是典型的事后预防,应该说它在犯罪预防之中,实属"下策"。"戒为下",就是说,一个人犯了罪,要依法追究其刑事责任,使之提高戒心,前车之鉴,后事之师,不再犯罪。虽有预防意义,但其毕竟已经犯了罪,给社会造成了危害,且受到应有的惩罚,因而这是犯罪预防中的"下策"。刑罚预防,尽管是"下策",但它又不失为犯罪预防的对策之一。同时还应看到,刑罚预防的那些曾经犯了罪的人,往往恶习难改,防止他们再犯,应该说是比较困难的,而且他们一旦重新犯罪,许多大案要案都是他们所为,给社会造成的危害更加严重。因此,这种事后预防又具有特别重要的意义。有了这种事后预防,与上述的事前预防——社会预防、心理预防,以及事中预防——治安预防,配套成龙,则可以构成犯罪预防的完整体系,借以收到预期的防范效果。

宏观犯罪体系的四个组成部分具有各自的功能,缺一不可,由此构成犯罪预防的四道防线。前三道防线为防患于未然,第四道防线则为惩治于已然。社会预防和心理预防是社会与个人的积极的自我完善,即不断完善的社会加上不断完善的个人,是犯罪预防的充分条件;而治安预防和刑罚预防,则是在不充分具备上述条件的情况下而进行的外在强制与控制。社会预防、治安预防和刑罚预防相对于心理预防来说,其基本方向是指向且作用于个人的,而心理预防则是通过内在交流,使个体主动去接受、适应来自于外部的上述制约。这样,通过以上四道防线的协同运作,社会便形成了一种良性运行和动态平衡,从而从总体上降低犯罪行为发生的频率和行为强度,以便大大减少犯罪现象的出现,实现犯罪预防的终极目标。

(二) 微观犯罪预防

微观犯罪预防,包括家庭预防、学校预防和社区预防。这是讲社会组织间对违法犯罪的横向预防。一般来说,这主要都是事前的预防,防患于未然。搞好对于犯罪的家庭预防、学校预防和社区预防,使之相互衔接,相互配合,筑起犯罪预防的三道防线,是我国有关专家和学者在研究青少年犯罪问题时提出的一种有效预防青少年犯罪的体系,它对于一般犯罪的预防同样也有借鉴意义。

(1) 家庭预防。家庭是社会的细胞,是人生中最早接触的社会环境,这个环境的状况如何对于一个人的一生发展有着重要影响,特别由于家庭是以婚姻关系和血缘关系作为联系其成员纽带的社会群体,其控制力较强。因此,充分利用家庭这种控制力,就能有效地预防犯罪。所谓家庭预防,就是通过发挥家庭的教育功能抑制和减少犯罪的一种犯罪预防的方法。其内容主要包括家长对子女的犯罪预防和家长(或长辈)自身的犯罪预防。其任务是防止家庭成员犯罪和家庭受到犯罪侵害。在家庭预防犯罪中的核心内容,是家长预防子女违法犯罪。因此,家长处于核心地位,负有教育、管束和保护(监护)子女的责任。家长应充分运用自己的影响力以及权利与义务,采取科学的教育方法和教育态度,正确地引导、培养、教育子女,使他们树立正确的世界观、人生观、道德观、劳动观和价值观等,使子女从小就开始形成良好的个性品质和人格,有分辨是非、善恶、美丑、正义和非正义的能力,要知法、懂法和守法,从而起到预防犯罪的作用。同时,家长还要加强自身的修养,以身作则,言传身教,行为检点,从严要求自己,敢于为正义而斗争,既为子女树立榜样,又防止自己走上违法犯罪道路。

(2) 学校预防。在现代社会中,学校是绝大多数人的必经之路。一个人的一生中有几年、十几年甚至更长的时间是在学校度过的,而这一段时间一般又正是人的世界观形成的关键时期。如果能在学校受到良好的教育,那么他就有可能成为一个情操高尚、于国家于社会有益的人;相反,如果学校教育不力或不利,他就有可能走上歧途,违法犯罪。因此,学校预防是继家庭预防之后的犯罪预防又一道重要防线。

学校是青少年社会化的重要场所,其根本任务是对受教育者进行有目的、有计划、有组织的系统教育,使他们完成社会化的全过程,树立起正确的人生观和世界观,获得良好的个性修养和知识,成为有理想、有道德、有文化、有纪律、法制观念强、爱劳动、爱祖国、爱人民、爱党、爱社会主义制度、讲奉献的一代新人和社会需要的人才。学校通过良好的教育活动,有效地发挥预防犯罪的作用,是预防犯罪领域中普遍预防和基础预防的重要环节。因此,加强学校教育和管理,减少教育措施的失误,提高双差生的成绩,堵塞学生流失的漏洞,是学校预防犯罪的重要方面。其中,尤其应强调如下问题:一是重视和发展教育事业,提高全民族的文化素质。在加强中、小学教育的同时,抓好成人教育。我国社会治安当前不好的症结所在,主要是人口素质不高,缺乏教育和修养,在违法犯罪人员中主要是"文盲、法盲和流氓",从根本上讲主要是个教育问题。教育问题不解决,"严打"成果不能巩固。单靠"严打"一手,不仅犯罪打不胜打、防不胜防,就是社会治安也很难做到根本好转。二是学校和教育应根据未成年人的特点,进行活泼的思想教育工作,加强学生品德、法制和人生观教育,培养德、智、体全面发展,遵纪守法的人才,增强学生的"免疫力"。三是提高教师的思想品质和业务素质。教育者首先要受教育,以身作则,遵纪守法,热爱学校,忠诚教育事业,实行家访制,进一步了解学生的状况,同家长、社会密切配合,共同教育好学生。四是学校应当配合家长和社会组织做好社会帮助工作,就地转化顽劣学生。而对于孤儿、离婚家庭、再婚家庭和非婚生子女以及寄养、借读学生,应予特别关注,监护其校外、课余活动,免受不良社会风气和没落、颓废思想的影响。

(3) 社区预防。社区(community)是社会学中的概念,20世纪30年代即已被翻译成中文。它通常指的是以一定地理区域为基础的社会群体的聚居处。也就是有一定群众生活的地方社会。村庄、乡镇、街道、市区、郊区、大都市等都是规模不等的社区。所谓社区预防，就是以社区为基点，根据犯罪行为和社会违法与不良行为的实际情况、特点和规律，通过社区组织、社区行动、社区文化，以及改变社区环境等多种途径和方式，从时间、空间和人等多维度对犯罪行为、违法行为、不良行为进行预防、制止和处理相配合的犯罪预防模式。社区预防是预防、遏制和减少犯罪的重要手段和发展方向，是一项复杂的系统工程。其理论根据如下：一是社区作为一种地域性社会生活共同体，具有经济功能、社会化功能、社会控制功能、福利保障功能和社会参与功能。通过遏制社区成员违反社区规范和价值观念的行为，可以稳定社区秩序，保持良好的社会风尚，从而达到预防、遏制、减少犯罪的目的。二是每个人都生活在特定的社区内，个人犯罪行为的实施，从犯罪动机和欲望的产生，犯罪技能与手段的培养与选择，犯罪机会的创造直到实施犯罪，都离不开社区环境，不可能不留下犯罪的痕迹。因此，在社区内，采取多种方法，实现对有犯罪危险性的人和滋生犯罪环境的控制，进而预防、遏制犯罪的发生，是可行的。

当前我国的社区预防，已出现了多种形式。比如北京市出现了不同于老城区的街道和居委会的新型管理机构——小区管委会。它有三个明显的特点：一是建设的科学性；二是生活的社会性；三是管理的统一性。它体现了社区的今后方向。生活社会化，势必导致小区居民人际关系的密切、交往频繁，在社会管理体制的变化中，更加注意社区预防，把大小社会矛盾尽量解决在社区里边。一可及时防止矛盾的激化，二可减少政法机关的压力，以便它们能空出手来及时处理重大违法犯罪的问题。

再如广州市在基层社区范围内，由街道、乡镇党委和政府统一领导，以社会治安综合治理为核心，公安派出所为龙头，居委会、村委会为基础，企事业单位为依托，动员和组织小区内各方面力量，维护社会治安，建设精神文明的社区管理模式——安全文明小区。它以整治治安秩序为突破口，进行综合治理，使居民生活在道德高尚、治安良好、环境优美、服务周到的社区环境之中。广州市委曾组织力量对华乐、黄花岗、越华、南华西、黄沙五条街道的安全文明小区建设的经验进行了总结。其基本点：一是以解决治安热点问题为突破口，开展小区安全活动，带动全街道治安的好转，以小治安带动大治安。二是街道党委、办事处把安全小区建设摆上重要位置，在党委统一领导下，以综合治理委员会为核心，公安派出所为骨干，居委会为基础，企事业单位为依托，强化治安组织，建立健全安全小区建设领导小组。三是建立综合性治安防控体系。实行邻里联防，街坊守望，义务巡逻，住宅技术防护，并建立保安队，采取了围院式管理。四是改革警务，发挥派出所的龙头作用，推进治安管理社会化。五是把创建安全小区与创建文明街道、开展社区服务结合起来。

社区预防，这是一个涉及面极广的课题，除了上述一些工作之外，还应强调：(1)加强定居户口和流动户口的管理；(2)建立与健全治保、调解和帮教组织，及时解决问题，防止矛盾激化；(3)广泛开展法制宣传教育，使广大群众学法、知法、守法，鼓励和倡导社区成员自防自卫和主动同违法犯罪行为进行斗争，从根本上减少和抵御犯罪。

社区是社会的"细胞",它具有不可忽视的特点。一是作为社会"细胞"的社区,它是各种社会对策的出发点和归宿。社会治安问题的发生与解决主要在于社会之基层——社区。因此,社区是社会治安综合治理这一系统工程的终端。离开社会基层的社区讲落实综合治理,是未达于终端的"落实",可以说,这是一些地方综合治理不落实的原因之一。二是"细胞"的健康是身体健康的基础。与此同理,如果社区都有了良好的治安环境,那么这个城市或地区其必然的结果是真正有了良好、稳定的社会秩序。三是社区的普遍性赋予了小区治安的全局意义。"以小治安带动大治安",就是强调了这个"细胞工程"的普遍意义。一个小细胞,似乎是无足轻重,所有小细胞的联结就是整体效应。抓了城市的社区,就抓住了城市的普遍性构成。从众多的"一花独放",终成"繁花似锦"。这种起步于微观,成功于宏观,才是步步落实综合治理系统工程的正确思路。①

---

① 康人民:《论安全文明小区社会工程》,载广州市警察学会编:《广州市安全文明小区建设的理论与实践》,群众出版社1996年版。

第十三章 刑事政策原理

自20世纪90年代开始,特别是进入本世纪以来,对刑事政策的研究逐渐成为我国内地刑事法学研究中的一大热点。这方面的论文、专著、译著不断问世,各种有关的研讨会频频召开,国家相关部门也日益重视,从而把我国刑事政策研究的水平提升到了一个前所未有的更深、更广的新高度。现在可以毫不夸张地说,刑事政策学已经成为一门显学。尽管如此,迄今为止关于刑事政策的概念却同其他国家和地区一样,还远没有达成一致。但刑事政策概念的科学界定,又无疑是研究刑事政策首先要解决的一个问题。有鉴于此,本章拟通过对国内外各种观点的述评,重新界定我国刑事政策的概念。又鉴于宽严相济的刑事政策是我国目前的基本刑事政策,本章还将对宽严相济刑事政策的提出及提出的依据、宽严相济刑事政策与其他刑事政策的关系、宽严相济刑事政策的内涵、意义、实施等问题进行阐述。

第一节 刑事政策的概念

一、刑事政策的缘起

在界定刑事政策的概念之前,应该首先知道什么是"政策"。按照通常的解释,"政策"是指国家或政党为实现一定历史时期的路线而制定的行动准则。① 由这一"政策"概念可以看出,尽管刑事政策的概念出现得比较晚,但刑事政策的实践却古已有之。亦即,由某一国家制定的刑事政策同诸如土地政策、人口政策、外交政策等各种各样具体的政策一样,早已随着阶级、国家的出现而出现;而由某一政党制定的刑事政策也可以说已随着政党在近代的产生②而产生。日本著名刑法学者大谷实也认为:"犯罪防止对策对于社会共同生活来说是必不可少的,因此可以说,刑事政策在人类社会的起始之初便已存在。"③大谷实进一步指出:"但是,探讨防止犯罪的合适、有效的手段,并将其作为国家的系统性的政策——刑事政策而加以推进的自发性认识,则是在欧洲启蒙运动时期才出现的。"④

---

① 中国社会科学院语言研究所词典编辑室编:《现代汉语词典》(第5版),商务印书馆2005年版,第1741页。

② 一般认为,政党是代表某个阶级、阶层或集团并为实现其利益而进行斗争的政治组织。政党是近代西方资产阶级同封建贵族夺权斗争中的产物,后来,工人阶级在同资产阶级的斗争中,也建立了代表工人阶级利益的政党。从17世纪七八十年代英国最早出现的托利党和辉格党(保守党和自由党的前身)算起,政党已经存在三百多年了。18世纪末,以美国联邦党和民主共和党的形成为标志,产生了现代意义上的政党政治,迄今也已有二百多年的历史。

③ 〔日〕大谷实著:《刑事政策学》,黎宏译,法律出版社2000年版,第7页。

④ 同上。

第十三章　刑事政策原理

一般认为,"刑事政策"(德文:Kriminalpolitik;法文:politique criminelle;英文:criminal policy)一词起源于18世纪末的德国。具体而言,"刑事政策这一概念最早出现在18世纪末19世纪初德国法学教授克兰斯洛德(Kleinschrod)与费尔巴哈(Paul Feuerbach,1775—1833)的著作中。克兰斯洛德认为,刑事政策是立法者根据各个国家的具体情况而采取的预防犯罪、保护公民自然权利的措施。费尔巴哈则认为,刑事政策是国家据以与犯罪作斗争的惩罚措施的总和,是'立法国家的智慧'"[①]。不过,迄今最有力的说法则明确指出,刑事政策一词系由费尔巴哈在其所著《德国刑法教科书》(1801年出版)中首先使用,随后由德国刑法学者亨克(Henke)及李斯特等学者加以普遍推广,逐渐由其他欧陆法系国家所陆续使用而成为一门学问。[②] 日本的大谷实教授也认为:"刑事政策一词,在18世纪末的德国便开始使用,但现在意义上的刑事政策的称呼则始于费尔巴哈。他将心理学、实证哲学、一般刑事法及刑事政策作为刑事法的辅助知识,赋予了刑事政策的独立地位。"[③]但是,"依法国学者 Saldana 之研究,刑事政策一语,究竟由何人首先使用,目前尚未明朗"。[④]

二、国外学者观点述评

从上述克兰斯洛德和费尔巴哈给刑事政策所下的定义中,我们不难看出,他们都将刑事政策限定在了刑事立法政策的范围内,将制定刑事政策的主体定位于"立法者"或"立法国家"。尤其是费尔巴哈,他所考虑的刑事政策是基于其心理强制说的刑事立法政策。现在看来,他们的刑事政策概念的含义明显过于狭窄,但这是与刑事政策最初被看作是一种立法技术或技巧,被作为刑法的指导观念和思想而存在,因而仅限于刑事立法政策的背景联系在一起的。这一定义不但大大限制了刑事政策的范围,也不能体现出其应有的地位和作用。正如有国外学者指出,德国刑法学家费尔巴哈提出"刑事政策"一词后的相当长时期内,"刑事政策"一词常被视为刑法理论与实践的同义词。[⑤] 我国也有学者指出:"近代西方刑事政策始终在刑事法律的范围内展开,侧重于立法策略,并由此表现出一定的批判性而不同于规范刑法学,因而与近现代的刑事政策理论保持有一定的联系,并具有当代刑事政策学的基本特征。"[⑥]

费尔巴哈的刑事政策概念沉寂了相当长的时间之后,一直到20世纪初才由李斯特加以复兴,并被赋予了新的更加广泛的内容。李斯特认为:"刑事政策是国家和社会据以组织反犯罪斗争的原则的总和。"李斯特的这一刑事政策定义大大拓宽了刑事政策的领域,应对犯罪的策略、措施不再局限于刑法的范围,而是以刑法为中心扩展

[①] 〔法〕米海依尔·戴尔玛斯—马蒂著:《刑事政策的主要体系》,卢建平译,法律出版社2000年版,译序第1页。
[②] 参见张甘妹著:《刑事政策》,台湾三民书局股份有限公司1998年版,第1页。
[③] 〔日〕大谷实著:《刑事政策学》,黎宏译,法律出版社2000年版,第7页。
[④] 许福生著:《刑事政策学》,中国民主法制出版社2006年版,第2页。
[⑤] 〔法〕米海依尔·戴尔玛斯—马蒂著:《刑事政策的主要体系》,卢建平译,法律出版社2000年版,第1页。
[⑥] 曲新久著:《刑事政策的权力分析》,中国政法大学出版社2002年版,第2页。

到了整个社会政策领域。我国甚至也有学者因此分析说:"事实上,两位19世纪初期的德国学者(指克兰斯洛德和费尔巴哈)并未对刑事政策的概念加以明确的定义。从文献上分析,最早对刑事政策的概念加以界定的是德国刑法学家李斯特。"[1]李斯特坚持认为,由于社会的原因而产生的犯罪应当用社会政策来消除,并提出了"最好的社会政策就是最好的刑事政策"的著名论断。

李斯特的上述观点引起了各国刑法学者的注意,很多人在此基础上提出了自己的定义。法国早期刑事政策学者 Donnedieu de Vabres 认为:"刑事政策就是国家对犯罪所作出的反应,其作用是对犯罪进行惩罚。"由于该定义过分强调刑事政策的惩罚性,其影响比较小。法国刑法学家马克·安塞尔认为:"刑事政策是由社会,实际上也就是由立法者和法官在认定法律所要惩罚的犯罪,保护'高尚公民'时所作的选择。"[2]这一观点在欧陆法系国家影响颇深,至今仍被许多现代刑事政策学者所认可。如法国的米海依尔·戴尔玛斯—马蒂认为:"刑事政策就是社会整体据以组织对犯罪现象反应的方法的总和,因而是不同社会控制形式的理论与实践。"[3]现今西方最流行的刑事政策定义则表述为:"从认识论的角度看,刑事政策是对犯罪现象的综合分析,对犯罪现象以及与违法犯罪行为作斗争的方法措施的解析;它同时也是建立在一定理论基础之上的旨在解决广义的犯罪现象的打击与预防所提出的问题的社会和法律的战略。"[4]

在英美等国家,本无"刑事政策"这一专用语,而是将刑事政策学的研究内容并入犯罪学(criminology)之中,作为广义犯罪学的一部分。除此之外,还有刑罚学(penology)、监狱改革(prison reform)或刑罚改革(penal reform)等用语,与刑事政策的意义较为接近。直到第二次世界大战以后,才逐渐有德文 Kriminalpolitik 之英译 criminal policy 一词。此后,联合国于1952年开始发行国际刑事政策评论(International Review of Criminal Policy),对于世界性的刑事政策活动起着相当重要的作用。然而,"刑事政策"一词的使用却至今并不普遍,一般仍多将刑事政策的研究包括在犯罪学的范围之内。但这并不是说,在这些国家就不存在刑事政策的研究,相反,他们对刑事政策的研究也是全方位的,在许多领域甚至是相当深入和发达的。尤其值得注意的是,近年来,英美国家以刑事政策冠名的著作开始增多。如牛津大学犯罪学研究中心主任罗杰·胡德教授分别于1989年和1999年主编了《欧洲的犯罪与刑事政策》和《欧洲犯罪和刑事政策的转型状况》两书,分别收入了欧洲数国学者对犯罪预防、犯罪被害者的抚慰、非监禁化、毒品政策等问题的研究成果。还有的对刑事政策下了定义。如安德鲁·卢瑟福于1996年出版的《刑事政策转轨》一书中对刑事政策定义如下:"刑事政策,广义来说,可以被认为是社会整体对由于犯罪现象所引发的问题的具

---

[1] 陈浩然著:《应用刑法学总论》,华东理工大学出版社2005年版,第44页。
[2] 〔法〕马克·安塞尔著:《社会防卫思想》,卢建平译,香港天地图书有限公司1988年版,第12页。
[3] 〔法〕米海依尔·戴尔玛斯—马蒂著:《刑事政策的主要体系》,卢建平译,法律出版社2000年版,译序第2页。
[4] 〔法〕克里斯蒂娜·拉赛杰著:《刑事政策学》,法国大学出版社1989年版,第7页。转引自卢建平著:《刑事政策与刑法》,中国人民公安大学出版社2004年版,第5页。

体反应。其中心内容包括:刑法的界限(包括个人责任的界限);在刑事诉讼各个阶段与犯罪作斗争的措施;为防止任意搜查和逮捕以及为确保公平、公正和体面对待所提供的保护;在执行刑法时无论性别、阶级、种族,一律不偏不倚;被害人的地位;最后,还有更深更广的犯罪预防领域。"①

从以上德国、法国、英美等国学者的观点来看,尽管他们各自的定义有所不同,有的差异还比较大,但他们均是从整体上给刑事政策下的定义,亦即把刑事政策看成是国家、社会打击和预防犯罪的一个完整的防御体系或系统工程,认为刑事政策的主体是"国家"或"社会(整体)",刑事政策的内容是"国家"或"社会(整体)""据以组织对犯罪现象反应的方法的总和",而不仅指其中的某一或某几个方面。并且,针对复杂多变的犯罪现象,这种"反应"又必须具有机动灵活的特点。

在日本,刑事政策一词由大场茂马在他的著作《最近的刑事政策的根本问题》(1909年出版)一书中最初使用。其后,不断有刑事政策学的著作问世,从而也就有了多种刑事政策的定义。②例如木村龟二认为刑事政策有广狭二义:"广义之刑事政策乃在探求犯罪之原因而确立其对策";"狭义之刑事政策乃在探求犯罪原因,研究犯罪对策,而批判现行刑罚制度之价值,且以确立改革刑罚制度之诸原则,并补充现行刑罚制度的犯罪对策之各种原则。"③藤木英雄认为:"刑事政策系以犯罪之镇压、防止为目的之公私组织之活动。"④田中政义认为:"刑事政策系国家、自治团体抑民间团体,借刑罚或类似刑罚之方法或制度,以达直接防止犯罪与矫正犯罪为目的,更且为排除因犯罪所生之社会的恶害,考究其手段与方式,以对犯罪实施斗争之谓。"⑤按照上述藤木英雄、田中政义的刑事政策定义,可以把私人、民间团体的防止犯罪的活动列入刑事政策的范围,即可以把民间团体和个人作为刑事政策的主体。然而根据日本目前的通说(下面的大谷实、森本益之等人就持通说),虽然承认民间人士对于防止犯罪的贡献的重要性,但还是认为"政策"是借国家、社会团体之手实施的。⑥大谷实认为:"所谓刑事政策,是国家机关(国家和地方公共团体)通过预防犯罪、缓和犯罪被害人及社会一般人对于犯罪的愤慨,从而实现维持社会秩序的目的的一切措施政策,包括立法、司法及行政方面的对策。"他进一步指出,他所采用的是狭义刑事政策概念,至于最广义刑事政策概念(认为刑事政策是指国家有关犯罪的所有的对策),其对象过于广泛,和社会政策等难以区分;而最狭义刑事政策概念(认为刑事政策是指对犯罪人及具有犯罪危险性的人所采取的强制措施),其对象又过于狭窄,会将少年的

---

① 参见刘仁文著:《刑事政策初步》,中国人民公安大学出版社2004年版,第22—23页。
② 参见〔日〕大谷实著:《刑事政策学》,黎宏译,法律出版社2000年版,第13页;李海东主编:《日本刑事法学者》(上),法律出版社、日本成文堂1995年版,第41页。
③ 许福生著:《刑事政策学》,中国民主法制出版社2006年版,第6页。
④ 谢瑞智著:《刑事政策原论》,台湾文笙书局1978年版,第6页。
⑤ 同上。
⑥ 参见〔日〕森本益之、濑川晃、上田宽、二宅孝之著:《刑事政策学》,戴波、江溯、丁婕译,中国人民公安大学出版社2004年版,第2页。

不法行为之类的重要事项从刑事政策的领域中遗漏。① 森本益之等人认为:"刑事政策是由国家或社会团体以预防和镇压犯罪为目的所采取的各种措施。"森本益之等人进一步指出,根据这一定义,刑事政策"就不仅仅停留在立法政策上,而是包含了司法、行政上的各种措施",但又认为不能将刑事政策的范围无限扩大,像社会政策、教育政策、劳动政策、住宅政策等在犯罪防止上都是有效的,但都不是以防止犯罪为直接目的的措施,通常不能包括在刑事政策的范围里。② 可以看出,在刑事政策的主体和范围这两点上,森本益之等人和大谷实的观点是非常接近的。

三、我国台湾地区学者观点述评

在我国台湾地区,尽管有关刑事政策方面的著作并不算多,但对刑事政策的研究却比较系统、全面,并且针对刑事政策的概念,大多进行了广义和狭义的划分。其中,有的持狭义说,有的则坚持从狭义说出发进行折中的观点。而持同一说者,其观点的具体内容又有所不同。

林纪东于1957年初版的《刑事政策学》一书被认为是我国台湾地区第一部系统研究刑事政策学的著作。在该书中,作者将刑事政策分为广义狭义二说:广义说认为"刑事政策乃是探求犯罪的原因,从而树立防止犯罪的对策";狭义说认为"刑事政策乃是探求犯罪的原因,批判现行刑罚的制度及各种有关制度,从而改善或运用现行刑罚制度及各种有关制度,以期防止犯罪的对策"。他进一步说明:广义狭义二说的相同之处在于,都是以探求犯罪的原因作为刑事政策的起点,以防止犯罪作为刑事政策的终极目标;不同之处在于,狭义说使用的手段只限于以改善或运用现行刑罚制度为范围,而广义说则不限于此。他更进一步指出:广义说导致刑事政策学的研究范围过于宽泛,因而主张应由狭义说的观点出发,同时兼顾广义说的观点,以免把刑事政策和其他社会安全政策完全隔离开,使其陷于孤立无援的境地。至于狭义说的内容,林纪东认为主要包括以下几点:(1)犯罪原因之研究;(2)现行刑罚及各种有关制度之批判;(3)如何改善或运用现行刑罚制度之研究;(4)如何改善或运用各种和刑罚有关制度之研究;(5)而其最终之目的,则在犯罪之防止。③ 可以看出,林纪东的见解受到了前述木村龟二观点的深刻影响。

张甘妹在其《刑事政策》一书中也认为:刑事政策大体上可以概括为广义及狭义二种,"就广义言,刑事政策得谓为国家以预防及镇压犯罪为目的所为一切手段或方法";"狭义之刑事政策,得谓为国家以预防及镇压犯罪为目的,运用刑罚以及具有与刑罚类似作用之诸制度,对于犯罪人及有犯罪危险人所作用之刑事上之诸对策"。她进一步分析说:"依广义说,刑事政策之防止犯罪目的不必是直接、积极的或主要的,而凡与犯罪之防止有间接或从属的目的之方法亦可属之。申言之,广义的刑事政策

---

① 参见[日]大谷实著:《刑事政策学》,黎宏译,法律出版社2000年版,第3页。
② 参见[日]森本益之、濑川晃、上田宽、三宅孝之著:《刑事政策学》,戴波、江溯、丁婕译,中国人民公安大学出版社2004年版,第1—2页。
③ 参见林纪东著:《刑事政策学》,台湾正中书局1982年版,第3—4页。

并不限于直接的以防止犯罪为目的之刑罚诸制度,而间接的与防止犯罪有关的各种社会政策,例如居住政策、教育政策、劳动政策(失业政策)及其他公的保护政策等亦均包括在内……就理论上言,犯罪问题并不仅为刑事问题,同时亦为严重的社会问题,故倘欲收有效的防止犯罪效果,当必须与有关犯罪之各种社会政策相配合。然就实际上言,若采广义说,则刑事政策之范围过广,在研究上及实际活动上亦有不易专精之困难,以致无法期待确实的效果。因此一般刑事政策之书,殆无论及一般社会政策。""在狭义说,刑事政策之范围,不包括各种有关犯罪的社会政策在内,而仅限于直接的,以防止犯罪为主要目的的刑事上之对策。惟所谓刑事上之对策,并不仅限于刑罚各制度,更包括具有与刑罚类似作用的诸制度。如各种保安处分、缓刑、假释、更生保护等制度亦包括在内。今日一般所谓刑事政策者,多指狭义而言。"张甘妹还在该书中将刑事政策的研究内容分为三部分:(1)犯罪原因之研究;(2)刑罚各制度效果之研讨;(3)犯罪之预防。① 从张甘妹的论述中我们可以看出,尽管她和林纪东的见解比较接近,但还是有明显区别的,她明确坚持狭义说的观点。

也有学者如谢瑞智就不采用广义狭义二说的区分方法,而是简单的定义为:"刑事政策者,国家或自治团体为预防或镇压犯罪所讲求之各种措施也。"②而许福生在综合分析各种观点的基础上主张,尽管"今若欲有效地防制犯罪,必须同与犯罪有关的各种社会政策相配合",然而,"若采广义说,则刑事政策范围过于广泛,在研究上及实际活动上亦有不易专精的困难,以致无法期待确实效果",至于狭义说,"其研究范围则限于刑罚及刑罚相关制度,虽然研究范围明确,惟手段上仍嫌不足,忽略了共同结合民间力量,以达成以防制犯罪为直接目的的一切措施",因此,刑事政策的手段应较狭义说为广,但不包含广义说所言的一般社会政策在内,刑事政策乃"政府及结合民间力量,基于犯罪原因论上之认识,以防制犯罪为直接目的之一切活动"。他还特别指出,之所以认为公部门以及结合民间团体均可担任防制犯罪的主体,是基于"政府资源有限,民间力量无穷",且犯罪者处遇及被害者保护的成功与否,民间是否参与占有相当重的分量这一原因。但他同时又指出,"倘若私人或民间团体自发性的防制犯罪活动,即不是刑事政策研究的对象。"③可以看出,许福生在刑事政策的主体这一点上有自己独到的见解,显然在一定程度上扩大了刑事政策主体的范围,并且尽管他把"政府结合民间力量"所从事的防制犯罪活动作为了刑事政策的研究对象,但他还是将各种仅对防治犯罪有间接作用的社会政策排除在了刑事政策的范围之外。

四、我国大陆学者观点述评

正如本章开头所言,在我国,迄今为止关于刑事政策的概念远没有达成一致。以至于有的学者就说:"可以这样认为,至今几乎所有关于刑事政策的著述,找不到两个

---

① 参见张甘妹著:《刑事政策》,台湾三民书局股份有限公司1998年版,第2—7页。
② 谢瑞智著:《刑事政策原论》,台湾文笔书局1978年版,第17页。
③ 参见许福生著:《刑事政策学》,中国民主法制出版社2006年版,第8—11页。

相同的刑事政策的定义。"①还有学者说:"有多少个刑事政策研究者大概就有多少种刑事政策概念。"②

兹从专门研究刑事政策的论文、著作中,择取有关刑事政策概念列举如下:(1)"我国的刑事政策应该定义为:国家专门同犯罪作斗争而制定和运用的策略和手段。"③(2)我国的刑事政策"是党为了指导国家创制与实施刑事法律的活动而制定的政策,是国家机关为进行刑事法律活动而制定的政策,是国家机关进行刑事立法与司法等项活动所遵循的准则"④。(3)我国的刑事政策"是指中国共产党和人民民主政权,为了预防犯罪,减少犯罪,以至消灭犯罪,以马列主义、毛泽东思想为指导,根据我国的国情和一定时期的形势,而制定的与犯罪进行有效斗争的指导方针和对策"⑤。(4)"刑事政策是国家或执政党依据犯罪态势对犯罪行为和犯罪人运用刑罚和有关措施以期有效地实现惩罚和预防犯罪目的的方略。"⑥(5)"刑事政策和策略,简略来说就是一个国家在同犯罪作斗争中,根据犯罪的实际状况和趋势,运用刑罚和其他一系列抗制犯罪的制度,为达到有效抑制和预防犯罪的目的,所提出和实行的方针、准则、决策、措施和方法等。"⑦(6)"所谓刑事政策,是指国家基于预防犯罪、控制犯罪以保障自由、维持秩序、实现正义的目的而制定、实施的准则、策略、方针、计划以及具体措施的总称。"⑧(7)"刑事政策是指代表国家权力的公共机构为维护社会稳定、实现社会正义,围绕预防、控制和惩治犯罪所采取的策略和措施,以及对因此而牵涉到的犯罪嫌疑人、犯罪人和被害人所采取的态度。"⑨(8)刑事政策是"国家和社会整体以合理而有效地组织对犯罪的反应为目标而提出的有组织地反犯罪斗争的战略、方针、策略、方法以及行动的艺术、谋略和智慧的系统整体。"⑩(9)"所谓刑事政策,就是指社会公共权威综合运用刑罚、非刑罚方法与各种社会手段预防、控制犯罪的策略。"⑪

综观上述我国大陆学者的众多观点可以看出,学者们对于刑事政策的内涵和外延的具体理解可谓是见仁见智,并且同国外学者和我国台湾学者的观点相比,有明显的不同之处。主要表现是:(1)在对刑事政策概念进行界定时,尽管国外和我国台湾的学者也是从整体上出发的,但却多使用"措施""方法"等微观性的词语;而我国大陆学者则多使用"策略""方略""方针""准则"等宏观性词语,从而就凸显了我国的刑事政策在整个国家的反犯罪体系中占有统揽全局的指导性地位。(2)我国大陆大多数学者的刑事政策定义中缺少广义和狭义、基本和具体等层次性的划分,从而不利于人

---

① 杨春洗主编:《刑事政策论》,北京大学出版社1994年版,第4页。
② 曲新久著:《刑事政策的权力分析》,中国政法大学出版社2002年版,第34页。
③ 王学沛:《刑事政策学刍议》,载《法学季刊》1987年第4期。
④ 周振想:《论刑事政策》,载《中国人民大学学报》1990年第1期。
⑤ 马克昌主编:《中国刑事政策学》,武汉大学出版社1992年版,第5页。
⑥ 杨春洗主编:《刑事政策论》,北京大学出版社1994年版,第7、155页。
⑦ 肖扬主编:《中国刑事政策和策略问题》,法律出版社1996年版,第2、3页。
⑧ 曲新久著:《刑事政策的权力分析》,中国政法大学出版社2002年版,第68、73—74页。
⑨ 刘仁文著:《刑事政策初步》,中国人民公安大学出版社2004年版,第29、33—34页。
⑩ 梁根林著:《刑事政策:立场与范畴》,法律出版社2005年版,第23、17页。
⑪ 侯宏林著:《刑事政策的价值分析》,中国政法大学出版社2005年版,第77、79页。

们充分认识不同层次、不同级别刑事政策各自不同的功能,进而就不能很好地运用这些刑事政策、发挥它们应有的作用。(3) 在界定刑事政策的(制定)主体时,我国大陆学者多将"政党"或"执政党"纳入其中,即使只使用"国家"一词的,也要在定义下面专门说明此处的"国家"包括"执政党"在内。特别是在给我国的刑事政策下定义时,更是明确将"党(指中国共产党)"作为刑事政策的主体之一。笔者认为,之所以会出现这种情况,是因为我国《宪法》第1条就明确规定:"中华人民共和国是工人阶级领导的、以工农联盟为基础的人民民主专政的社会主义国家。"而《中国共产党章程》总纲则又进一步指出:"中国共产党是中国工人阶级的先锋队,同时是中国人民和中华民族的先锋队,是中国特色社会主义事业的领导核心。"并且,从历史上来看,我国革命战争时期和新中国成立后的相当一段时间内,制定包括刑事政策在内的各种政策是我党实现对国家领导的重要方式之一。1979年《刑法》颁行之前,我国的刑事司法活动主要就是靠党和国家制定的刑事政策进行指导的。可见,我国刑事政策的主体当然包括中国共产党。然而在西方国家,一个政党一旦取得了执政党的地位,就不再以组织的身份直接参与决策,而是将其主张通过自己的竞选纲领(即所谓的"政纲")反映出来,作为政府施政的依据。

笔者进一步分析后认为,单就我国大陆学者的诸多观点来看,还存在以下几个问题:(1) 关于我国刑事政策的制定主体,几乎所有观点都把党和国家(机关)包括在内。当然,有的只是笼统地这样说,而有的则进一步说明,地方国家机关也可以在自己的权限内制定相应的刑事政策。特别是最近几年来,有些学者还把社会(或称社会组织、社会整体),甚至是某些个人(如党和国家领导人),视为刑事政策的制定主体。笔者认为,在我国,具体而言,只有党和国家的中央机关才可以成为刑事政策的制定主体。而党和国家的各级地方机关(包括民族自治地方的各级自治机关在内),则只能根据当地的实际情况贯彻执行党和国家的政策;各种社会组织以及个人,就更不能制定刑事政策,只能同党和国家的地方机关一起成为刑事政策的执行主体。(2) 关于个人能否成为我国刑事政策的执行主体,在谈及这一问题的学者中,也有不同的看法。有些学者持肯定态度,尽管他们的表述有所不同。例如有学者明确指出:"我们党和国家现在所实行的对社会治安进行'综合治理'……等刑事政策,也集中反映了广大人民群众的利益和要求,得到他们的积极拥护和贯彻执行。"[①] 还有学者明确指出:"在刑事政策执行领域,虽然仍以'代表国家权力的公共机构'为主,但此时有的刑事政策执行并不排斥甚至需要社会组织和经济组织乃至个人来予以协助执行。"[②] 但另外一些学者则持否定态度。例如,有学者认为:在执行刑事政策的过程中,尽管公民个人总是会或多或少地取得和拥有对犯罪作出适当反映的权力,但原则上讲,公民个人不是刑事政策的执行主体,公民个人对政策只能是遵守,遵守和执行是两个不同

[①] 杨春洗主编:《刑事政策论》,北京大学出版社1994年版,第156页。
[②] 刘仁文著:《刑事政策初步》,中国人民公安大学出版社2004年版,第34页。

的概念。① 也有学者认为,刑事政策的执行主体只能是"政治国家和市民社会"。② 笔者认为,毋庸赘述的是,从我国现有的刑事政策及其实践来看,不但不能把个人排除在刑事政策的执行主体之外,而且还应把个人视为刑事政策的一个重要的执行主体。再有,我们在写个人总结的时候经常会用这样一句话:本人认真学习并贯彻执行党的路线、方针和政策。这里的"政策"当然包括了刑事政策在内。(3)关于刑事政策的领域,我国刑法学者过去多采狭义说,但近来则有不少学者持广义说。应该说,狭义说和广义说都有其各自的道理。但笔者认为,究竟是采狭义说还是采广义说,应根据给刑事政策下定义的不同角度来决定,具体说就是要看是从政策制定者的角度出发,还是从政策研究者的角度出发。这一点将在下文论及。(4)关于刑事政策的对象即刑事政策概念中"犯罪"一词的范围问题,我国绝大多数学者都将其界定为犯罪学意义上的"犯罪",这从逻辑上是讲不通的,也不符合我国制定各种刑事政策的实际情况。笔者认为,针对这一问题,上述曲新久的观点还是基本可取的,即刑事政策概念中的"犯罪"只能是指现行刑法规范意义上的犯罪,无须扩张其内容和范围。但是,刑事政策的视野却并不局限于此,而是可以涵盖整个犯罪学意义上的"犯罪"。(5)另外,不少学者在刑事政策概念中心词的表达上不够严格,单是以上列举的定义中就出现了"策略""对策""准则""方针""方略""方法""手段""措施""办法""计划",甚至"战略""规范""态度"等众多的词语,而至于它们各自的确切含义以及它们之间的相互关系如何,则并没有给予应有的注意和阐释。比如,有的学者就将"策略"和"方针"并列使用,而实际上根据权威汉语词典的解释,策略已经包含了方针在内。再如,还有学者竟然将六七个词语并列在一起,真的是不知所云。

五、我国刑事政策概念的重新界定

通过以上对境内外学者们关于刑事政策概念各种表述的分析可以看出,在世界范围内,不同历史时期、不同国家和地区的学者,由于其历史、文化和社会等背景的不同,对刑事政策概念的理解有着较大的差异。即使是同一时期、同一国家和地区的学者,基于他们各自不同的分析和见解,给刑事政策所下的定义也不尽一致,甚至也有较大的区别。可以说,这一状况的存在并不足为奇,因为其他一些相关概念的定义也存在类似的情况。例如,单是翻开我国众多的刑法教材和著作,它们给"刑法""犯罪""刑罚"这些基本概念所下的定义,我们也很难找到两个是完全相同的。所以,我们关键要看哪一种定义是合理、科学亦即具有理论和实践价值的。通过上面的述评我们可以明显感觉到,下一个世界各国通用而又简明的刑事政策定义是比较困难的。因此在这里,就只给我国的刑事政策下一个简洁的定义:我国的刑事政策是我们党和国家为了有效地打击和预防犯罪,依据我国一定时期的犯罪态势及其成因而制定的一系列行动准则。

---

① 曲新久著:《刑事政策的权力分析》,中国政法大学出版社2002年版,第69—70页。
② 梁根林著:《刑事政策:立场与范畴》,法律出版社2005年版,第14—16页。

需要进一步说明的是,上述定义显然是从刑事政策制定者的角度作出的,也可以说是一个狭义上的刑事政策概念。如果我们从刑事政策研究者的角度出发,为了能使其研究更为深入和有效,则就应该从广义上来把握刑事政策的概念,像诸如教育政策、人口政策、土地政策等社会政策,只要是它们与预防和控制犯罪有比较密切的关系,皆可纳入刑事政策的研究范围。另外,我们可以进一步将我国的刑事政策(指狭义)分为基本的刑事政策和具体的刑事政策。目前,我国的基本刑事政策有社会治安综合治理政策、宽严相济政策(由过去的惩办与宽大相结合政策演变而来)和"严打"政策;具体刑事政策如未成年人犯罪的刑事政策、经济犯罪的刑事政策、职务犯罪的刑事政策和死刑政策等等。

第二节　宽严相济的刑事政策

一、宽严相济刑事政策的提出

宽严相济的刑事政策是我国目前的基本刑事政策。它的提出经历了如下过程:(1) 2002 年 6 月,最高人民检察院为了不断加大新形势下惩治和预防职务犯罪的工作力度,确定了八项刑事政策,其中第三项就是"有效运用区别对待、宽严相济政策,提高驾驭办案工作的水平和突破案件的能力"。[①] (2) 2004 年 12 月 7 日,罗干在全国政法工作会议上讲话更进一步明确指出:"要认真贯彻宽严相济的刑事政策。对严重危害社会治安的犯罪活动必须严厉打击,决不手软。对具有法定从宽条件的应依法从宽处理。"从而将宽严相济政策的适用范围扩大到了所有的刑事犯罪,大大提升了其在所有刑事政策当中的地位。(3) 2006 年 10 月 11 日,为了最大限度地增加社会和谐因素,最大限度地减少社会不和谐因素,最大限度地缓解社会冲突,最大限度地防止社会对立,中共十六届六中全会通过的《关于构建社会主义和谐社会若干重大问题的决定》指出,为了"加强社会管理,维护社会稳定",要"实施宽严相济的刑事司法政策"。这就首次从全党、全国的高度强调了该政策对构建社会主义和谐社会的重要性,确立了其作为我国基本刑事政策之一的应有地位。可以说,"实施宽严相济的刑事司法政策"是长期以来预防犯罪、控制犯罪得出的重要结论,是发展社会主义民主政治,建设社会主义政治文明的必然选择,是最终体现立法宗旨、实现司法价值的客观要求,是维护社会稳定、促进社会和谐的题中应有之义。(4) 2006 年 11 月 27 日至 28 日上午,全国政法工作会议召开。为了深入贯彻党的十六届六中全会"构建社会主义和谐社会"的精神,会议特别提出:在社会主义和谐社会建设中,宽严相济的刑事司法政策更具有现实意义,政法机关要充分用好,最大限度地遏制、预防和减少犯罪。贯彻这一政策,要求宽严都要真正落实,宽严都要依法进行。

[①] 参见杨新顺:《加大惩治和预防职务犯罪工作力度,高检院确定八项刑事政策》,载《法制日报》2002 年 6 月 18 日。

二、宽严相济刑事政策提出的依据

（一）多年单一"严打"的效果并不理想

20世纪80年代初开始的针对严重经济犯罪和严重危害社会治安的犯罪的"严打"，是在当时犯罪数量迅速上升的特殊历史背景下提出的，迄今已有三十多年。其间，全国性的"严打"共进行了三次，各地区域性的"严打"则更有数百次之多。应该说，持续多年的"严打"确实起到了震慑犯罪，保障社会主义政治、经济、文化发展，保证社会秩序稳定的积极作用。但不容否认的是，单纯的"严打"，由于只强调"从快从严从重"，而忽略了办案程序上的合法性，重刑主义思想观念畅行无阻，可捕可不捕的捕了，可诉可不诉的诉了，可罚可不罚的罚了，冤假错案也时有发生。这种做法不可避免地导致了不和谐因素的增加，极不利于维护社会的稳定，不利于当前和谐社会的建设。并且，尽管坚持"严打"多年，但我国目前的犯罪态势依然严峻，各种严重经济犯罪和恶性刑事犯罪案件持续多发，尤其是青少年犯罪发生率居高不下，未成年人犯罪低龄化趋势令人担忧。现在强调"宽严相济"将避免司法实践中出现不应出现的问题，这是我国刑事司法工作"经验的总结，认识的深化，政策的调整"。

（二）转型期犯罪原因复杂多变

犯罪的原因本来就是多种多样的，而我国当前正处于社会转型时期，这一时代特征使得犯罪的原因更为复杂多变。在社会转型的过程中，由于利益主体的多元化和贫富差距的不断拉大等原因，各种深层次的社会矛盾不断爆发出来，社会冲突十分激烈。再加上转型期还将持续相当长一段时间，在这种情况下，我国犯罪的高发态势就很难在短期内消失。面对这种社会现实，我们必须清楚地认识到："我国目前的犯罪现象已经不同于几十年前的犯罪，犯罪的政治色彩逐渐淡化，更多的犯罪都是由于对财产的过度追求与社会不能提供更多获得财产的合法途径之间的矛盾所引发的，还有些犯罪是由于邻里纠纷、干群矛盾等各种社会因素所导致的。现在，在各种犯罪人中，绝大部分是我们这个社会的弱势群体，诸如下岗职工、失地农民、外来务工人员等。在判处死刑的犯罪人中，95％以上都是这些人。这些犯罪人是我们这个社会的成员，而且是处于社会最底层的成员。对于这些犯罪人，不能像过去那样简单地采用对敌斗争的方式。事实已经证明，一味地强调严刑重罚是解决不了当前存在的犯罪问题的，我们应当实行宽严相济的刑事政策，对不同的犯罪采取不同的处理措施，才能尽可能地将犯罪控制在社会所能容忍的限度之内。"①

另外，转型期犯罪原因的复杂多变性也会导致犯罪种类的增多和各种犯罪社会危害性程度的轻重不一。并且，从犯罪人的角度看，有的是惯犯、累犯，作恶多端、罪行累累，有的则是初犯、偶犯或过失犯，还具有自首、立功等从宽情节，所犯罪行也比较轻微。这就要求我们对这些犯罪人不能一概从严从重，而应该区别对待，分别不同情况给予轻重不同的处理，做到该宽则宽，该严则严，宽严适度，宽严有据，宽严相济。

---

① 参见陈兴良:《解读宽严相济的刑事政策》，载《光明日报》2006年11月28日。

在依法从严惩罚大恶,震慑重案犯的同时,适度宽容、轻处小恶,以感化轻案犯,从而增加社会的和谐因素。

(三)刑罚的目的是教育改造犯罪人

我们适用刑罚的目的不是惩罚报应(犯罪人被判处死刑立即执行的情况除外),而是要对犯罪人实行教育改造,使其能够重新做人,重新回归社会。既然如此,我们就不能一味地追求、迷信重罚的效果,否则就背离了构建社会主义和谐社会"民主法治,公平正义"的要求。过重的刑罚不但会使犯罪人产生对抗情绪,不再认真进行改造,社会公众也难以接受,从而也就达不到我们适用刑罚的目的,无法获得良好的社会效果。并且,适用过重的刑罚也违背了刑罚的边际效应递减的规律。

(四)我国《刑法》的基本原则

我国《刑法》第 3 条至第 5 条依次规定了罪刑法定、罪责刑相适应和适用刑法人人平等三个基本原则,其中,第 3 条规定:"法律明文规定为犯罪行为的,依照法律定罪处刑;法律没有明文规定为犯罪行为的,不得定罪处刑。"第 4 条规定:"对任何人犯罪,在适用法律上一律平等。不允许任何人有超越法律的特权。"第 5 条规定:"刑罚的轻重,应当与犯罪分子所犯罪行和承担的刑事责任相适应。"可以说,这三大原则是我国宽严相济刑事政策确立的法律依据,它们也保证了宽严相济刑事政策的准确性,使其充分体现了公平、正义。

三、宽严相济刑事政策与其他刑事政策的关系

(一)"宽严相济"与"惩办与宽大相结合"的关系

关于"宽严相济"与"惩办与宽大相结合"的关系问题,学术界有着不同的看法:一种观点认为,二者之间只是略有不同,属于一脉相承,亦即"宽严相济"本身并不是一种新的刑事政策,不过是新时代的一种新提法而已;另一种观点则认为,"宽严相济"与"惩办与宽大相结合"相比形似而神不似,属于一种新的刑事政策。

笔者认为,"惩办与宽大相结合"的刑事政策是从战争时期作为对敌斗争一项策略的"镇压与宽大"政策演变而来,在新中国成立初期的镇反、肃反运动中确立。因此,它难免具有明显的政治话语特征。在内容上,"惩办与宽大相结合"侧重于"惩办",其主要目的在于发挥刑法的惩罚功能,关注打击和遏制犯罪行为。而相比之下,"宽严相济"则不但字面表述不同,其内在的含义也有了很大的超越,是一种更为科学和法律化的表述。在内容上,"宽严相济"侧重于"宽",其主要目的在于发挥刑罚的教育改造功能,更关注犯罪人的悔过自新和回归社会。因此我们可以说,同"惩办与宽大相结合"相比,"宽严相济"不仅仅是一种新的提法,而是同时也具有适应目前新形势特点的更新、更丰富的内容,是对"惩办与宽大相结合"政策的调整、修正和发展,并且也体现出我们的刑法观念从工具主义向理性主义的重大转变。

(二)"宽严相济"与"严打"的关系

关于"宽严相济"与"严打"的关系问题,我国有学者作了比较到位的阐释,即:"宽严相济刑事政策不是对'严打'的取代,更不是对严打的否定,而应当将'严打'纳入到

宽严相济刑事政策的框架中确立其地位。从这个意义上说,'严打'并不是与宽严相济刑事政策并列的另一个刑事政策,而是包含在宽严相济刑事政策之中的体现宽严相济的严厉性的内容。只有在这个意义上,坚持'严打'方针不动摇与宽严相济刑事政策并不矛盾。只有在宽严相济的框架中坚持'严打'方针,才能避免片面追求从严惩处,从而做到严中有宽,更好地在'严打'中体现宽严相济的刑事政策。"①

笔者进一步认为,"严打"是宽严相济政策的重要内容和有机组成部分,是贯彻宽严相济刑事政策的重要体现。在当前和可以预见的将来,针对严重的刑事犯罪活动,我国都将坚持"严打"政策,也就是说,"严打"是一项要长期贯彻执行的政策。关于这一点,中国共产党十六届六中全会通过的《关于构建社会主义和谐社会若干重大问题的决定》就指出,要"依法严厉打击严重刑事犯罪活动,着力整治突出治安问题和治安混乱地区,扫除黄赌毒等社会丑恶现象,坚决遏制刑事犯罪高发势头"。再有,"宽严相济"政策框架下的"严打"与实施宽严相济刑事政策之前的"严打"相比,其内涵已经有了很大的不同。例如,在原来的"严打"过程中常常见诸文件、报端的"从严从重从快"等过于激烈的词语目前已不再使用。确切地讲,现在的"严打"政策是"宽严相济"政策的一个下位概念,而宽严相济刑事政策的上位概念则是社会治安综合治理政策。

四、宽严相济刑事政策的内涵

罗干在2006年11月27日全国政法工作会议上的讲话对宽严相济刑事司法政策的内涵作了明确的阐释:"严,就是要毫不动摇地坚持'严打'方针,集中力量依法严厉打击严重刑事犯罪。对危害国家安全犯罪、黑社会性质组织犯罪、严重暴力犯罪以及严重影响人民群众安全感的多发性犯罪,必须从严打击,决不手软。宽,就是要坚持区别对待,应依法从宽的就要从宽处理。对情节轻微、主观恶性不大的犯罪人员,尽可能给他们改过自新的机会,依法从轻减轻处罚。对未成年犯罪人,可依法判处缓刑、运用减刑或假释等措施,进行教育、感化、挽救。"②

宽严相济是我国在维护社会治安的长期实践中形成的基本刑事政策,其基本含义就是针对犯罪的不同情况,区别对待,该宽则宽、当严则严、宽严相济、罚当其罪,既不能片面强调从严,以致打击过宽,也不能片面强调从宽,以致打击不力。当前,我国正处于刑事犯罪的高发期,严的一手必须坚持。对严重刑事犯罪分子,既要通过打击、处理,达到震慑犯罪的目的,也要坚持惩办与教育相结合,通过教育、改造,使他们改恶从善,走上自新之路,而不能使他们走上与社会更加对抗的道路。对轻微违法犯罪人员、失足青少年、初犯、偶犯等,要运用好宽的一手,最大限度地减少社会对抗,最大限度地转化消极因素。政法机关必须从完善立法、司法解释、刑罚执行制度入手,抓紧统一政法各单位的宽严标准、执法尺度,有针对性地加强案例指导,建立监督制约机制,确保宽严相济刑事政策正确落实到侦查破案、批捕起诉、定罪量刑、监管改造

---

① 参见陈兴良:《解读宽严相济的刑事政策》,载《光明日报》2006年11月28日。
② 罗干:《政法机关在构建和谐社会中担负重大历史使命和政治责任》,载《求是》2007年第3期。

等各个执法环节。

宽严相济既包括对严重犯罪要从严打击,又包括对轻微犯罪要宽缓处理;既有实体方面的要求,又有程序方面的要求;既适用于普通刑事犯罪案件,也适用于职务犯罪等案件;既要求对严重犯罪和轻微犯罪宽严相济,也要求对一般犯罪宽严有度、依法惩治。但同时也可以看出,从宽或是从严都必须遵循刑法基本原则,严格执行相关法律,做到"以事实为根据,以法律为准绳"。其中,宽不是法外施恩,严也不是无限加重,无论是从宽还是从严,都要于法有据。并且,还应结合实际,深入开展调查研究,在法律规定的范围内,积极探索贯彻落实宽严相济刑事政策的有效措施。尤其是在处理具体案件的时候,应根据不同时期、不同地区的犯罪情况和社会治安形势,同时根据案件的具体情况,全面分析犯罪的社会危害性,犯罪嫌疑人、被告人的主观恶性以及案件的社会影响等,明确不同的宽严界限,依法予以从宽或者从严处理,做到当宽则宽、该严则严、宽严适度,既有力打击犯罪,维护法律的权威和尊严,又充分体现依法从宽的一面。

只有根据社会治安形势的变化,准确把握宽严相济的刑事政策,才能既保证司法机关执法办案的良好法律效果,维护法律的严肃性,同时又获得执法办案的积极社会效果,使得我们的刑事司法活动在有利于震慑严重犯罪、增强群众安全感、促进社会和谐稳定的同时,也有利于化解社会矛盾、减少社会对抗,有利于依法保障人权、维护公民权益,从而最终能够使我们最大限度地化消极因素为积极因素,减少社会对立面,实现社会和谐。

五、宽严相济刑事政策的意义

实行宽严相济刑事政策的意义体现在以下方面:

(1) 实行宽严相济的刑事政策,是我国长久以来惩治预防犯罪活动的经验总结。长期的实践证明,社会剧烈变革所带来的刑事犯罪高发的现实状况,决定了只有坚持"严打"政策,才能有效地控制社会治安局势,遏制刑事犯罪高发的势头。但从刑事犯罪的发展规律来看,"严打"的作用毕竟有限,单靠"严打"很难抑制犯罪的高发态势,而且随着"严打"斗争的长期持续进行,"严打"本身的边际效应也在递减。因此,我们必须根据目前形势的变化,调整并实行宽严相济的刑事政策,以维护社会的稳定,为构建和谐社会打下良好的基础。

(2) 实行宽严相济的刑事政策,是我国社会主义政治文明建设的必然选择。当前,依法治国、依法执政、依法行政已成为党治理国家的基本方式,政法机关已经从计划经济条件下、相对封闭的环境中主要靠行政手段管理社会、维护稳定,转变为在市场经济条件下、对外开放环境中主要用法律手段管理社会、维护稳定,政法机关所处的执法环境已经发生了重大变化。这些变化就要求政法机关要及时调整刑事政策,既依法从重从快严厉打击严重刑事犯罪活动,又要对具有从宽条件的依法从宽处理。

(3) 实行宽严相济的刑事政策,是最终体现我国立法宗旨、实现司法价值的现实要求。只有审时度势、坚持宽严相济,才能产生积极、正面的社会效果。也只有在严格、公正、文明执法的基础上,才能最终实现打击犯罪与保障人权、严格执法与热情服务、执法形式与执法目的、追求效率与实现公正的有机统一。从而有利于集中力量打击严重犯罪,有利于挽救失足者,有利于从根本上缓解社会冲突,实现法律效果和社会效果的有机统一,最终促成我国社会主义和谐社会的建立。

六、宽严相济刑事政策的实施

确立宽严相济的刑事政策以后,关键就在于如何在刑事立法与司法活动中加以贯彻落实。具体可采取如下做法:

(1) 积极探索因民事纠纷激化形成的刑事案件的处理办法,尽可能依法减少刑事处罚数量。对于犯罪情节轻微、依照刑法规定不需要判处刑罚或者需要免除刑罚的初犯、偶犯、从犯、过失犯、中止犯、老年犯等,因其主观恶性和社会危害较小,人身危险性不大,在检察阶段完全可以采用不批准逮捕、不起诉等方式。例如,对于因亲友、邻里及同学同事之间纠纷引发的轻微犯罪中的犯罪嫌疑人,认罪悔过、赔礼道歉、积极赔偿损失并得到被害人谅解或者双方达成和解并切实履行,社会危害不大的,应依法决定不起诉。在审判阶段,对有类似上述情节的可以扩大轻刑范围,多适用缓刑、单处罚金刑,甚至采用非刑罚化的方式,免予刑事处罚。对严重刑事犯罪要加大打击力度,比如同是非法拘禁、故意伤害、聚众斗殴等案件,对因普通民事纠纷引起的,可以根据案件情况采用轻刑化的方式,而对涉及有组织的犯罪、黑恶势力犯罪的应严厉打击。

(2) 积极探索扩大轻微刑事案件的自诉范围,建立刑事自诉案件和其他轻微刑事案件的和解、调解制度,节省司法资源,解决社会矛盾,力争取得最好的法律效果与政治效果、社会效果。刑事和解是司法上的非犯罪化的一种有效措施,它所体现的是恢复性司法理念(所谓恢复性司法制度是指对轻微刑事犯罪通过司法机关,在犯罪方和被害方之间建立一种对话关系,以犯罪人主动承担责任,避免双方冲突,从深层次化解矛盾,并通过社区、村委会等有关方面的参与,修复受损的社会关系的一种替代性司法活动)。通过刑事和解,不仅使大量轻微的刑事案件得以及时结案,而且便于集中司法资源解决重大犯罪案件,这是一种刑事司法活动的"抓大放小"。

(3) 认真研究依法正确适用缓刑、减刑、假释、保外就医等措施,减少关押数量,避免交叉感染,促进罪犯改造;进一步做好劳教工作,提高教育挽救质量;积极推进社区矫正试点工作,确保取得良好效果。社区矫正是一种将符合社区矫正条件的罪犯置于社区内,由专门国家机关在相关社会团体、民间组织以及社会志愿者的协助下,矫正其犯罪的心理和行为恶习,促进其改造和回归的颇具人性化的特殊策略。国内外的实践证明,社区矫正不仅有利于提高罪犯的教育改造质量,促进社会治安秩序的良性循环,而且有利于合理配置行刑资源,降低国家行刑成本。例如在上海市,关押一个罪犯的年平均成本费用高达2.5万元至3万元,而社区矫正成本一人一年仅为

6000元。

(4) 完善未成年人犯罪刑事政策。办理未成年人犯罪案件,应当坚持"教育、感化、挽救"的方针和"教育为主、惩罚为辅"的原则。在刑事实体法方面,应当明确规定对未成年人限制使用有关刑种,对未成年人犯罪从轻、减轻处罚的原则进一步细化,规定未成年罪犯缓刑制度以及建立非刑罚处罚制度等。在刑事程序法方面,建立未成年人刑事案件的专门立案、侦查、起诉、审判制度。尤其是对未成年人犯轻罪的情况,由于其主观恶性通常较小,社会危害不大,加之未成年人犯罪与他们生理、心理发育不成熟有直接关系,若仅因一次情节较轻的犯罪而对其简单地定罪并科处刑罚,将他们抛向社会,既增加了社会的不稳定因素,也非常不利于他们的发育和成长。所以,可以尝试对这类案件进行非刑事化处理,以减少社会对立面,增加社会和谐度。

(5) 应将实施宽严相济的刑事政策与推进司法体制机制改革、加强执法规范化建设结合起来,使之更加有助于促进社会和谐。比如,我们应当依法扩大简易程序和被告人认罪案件简化审的适用范围,建立轻微刑事案件的快速办理机制(是指对犯罪事实清楚、证据充分、嫌疑人认罪、社会危害不大的轻微刑事案件,提高办案速度,加快办案流程,尽快结案,最大限度地减少犯罪人在押期的一种快速办理制度)。这样做既能节省刑事司法资源,提高司法效率,也能使司法机关真正体现以人为本的价值追求。又如,重庆检察机关规定,检察官在侦查活动中,如犯罪嫌疑人家中有老人、未成年人或病人在场,可暂不执行抓捕、搜查任务;扣押、冻结犯罪嫌疑人款物时,要为其赡养、扶养的家属保留必需的生活费用;不轻易查封、冻结企业的账目账户,不随意查封企业厂房设备。①

(6) 切实严格贯彻宽严相济的刑事政策,做到该宽则宽,当严则严,宽严相济,罚当其罪,切忌片面理解。该严不严,重罪轻判,严重犯罪难以遏制,社会不会安宁;该宽不宽,轻罪重判,对抗性因素增加,社会也不会和谐。我们应该充分认识到,查办刑事案件无论是"宽"还是"严",都是维护社会稳定的重要手段,都同时体现着增加和谐因素、减少不和谐因素两个方面,并最终体现在处理结果的公平和正义上。特别需要指出的是,由于过去长期以来对"严"的强调,出现了重刑罚、轻教育的倾向,现在要求实行宽严相济的刑事政策,自然是要将目光更多地放在对"宽"的贯彻上,更多地强调"宽"的一面。在这种背景下,司法实践中就尤其需要注意对"宽"的把握,对严惩刑事犯罪要坚决严厉打击,依法快捕快诉,不能因为强调和谐、强调化解矛盾,就一味地宽,不讲标准、不讲界限地宽,更不能以贯彻宽严相济刑事政策为借口,办人情案、关系案和金钱案。并且,如果一味地求宽,一味地追求社会效果而放弃法律效果,就很有可能在降低法律效果的同时,也得不到和谐意义上的社会效果。② 再有,鉴于"保留死刑,严格控制死刑"是我国的基本死刑政策,在对死刑案件适用刑罚时,对极少数罪

---

① 参见郑军:《重庆规定老人小孩在场暂不抓捕嫌犯》,载《华西都市报》2007年2月7日。
② 参见马骏:《从一则案例看宽严相济刑事政策把握》,载《江南时报》2007年3月17日;岳嵬、李轩甫:《切忌片面理解"宽严相济"政策》,载《海南日报》2007年3月23日。

行极其严重的被告人必须坚决依法惩处,严厉打击,判处死刑立即执行;对于具有法定从轻、减轻情节的,依法从轻或者减轻处罚,一般不判处死刑立即执行;对于因婚姻家庭、邻里纠纷等民间矛盾激化引发的案件,因被害方的过错行为引发的案件,案发后真诚悔罪并积极赔偿被害人损失的案件,应慎用死刑立即执行。另外,认真做好司法解释工作,加强司法机关之间的沟通协调,统一宽严的适用标准,也是非常必要的。

下 篇

犯罪学专论

第五编 犯罪行为类型

第十四章 暴力犯罪

众所周知,暴力普遍存在于社会之中,但值得注意的是,暴力并未随着文明的进步而有减少的迹象。相反,在由于社会急速变迁而呈现多元、分歧、冲突增加的现状中,任何形式的暴力均可能被大量使用,甚至达到犯罪的严重程度,进而对民众造成巨大的恐慌与伤害。

虽然就整体犯罪类型而言,暴力犯罪的数量与比例并不高,但在高度现代化、民主化的今天,它的发生对个人与社会各层面均将造成深远的影响。因此,本章将着重探讨暴力犯罪的概念、状况与特点、原因及可能的防治对策。

第一节 暴力犯罪的概念

作为与刑法学研究领域相区别的显著特征,犯罪学更主要关注普遍或特定的犯罪现象论、犯罪原因论及犯罪学理论构建,力图通过科学技术的发展,通过对犯罪行为样态的分析,准确把握其行为人和行为的特征,为预防和减少犯罪提供思路和实证依据。应当说,犯罪学是融合各种有关学科的知识,表述犯罪现象,揭示犯罪原因,寻求治理、预防犯罪之对策的刑事事实科学。[1] 犯罪学包括中国犯罪学、外国犯罪学、比较犯罪学、沿革犯罪学、犯罪社会学、犯罪心理学、犯罪生物学、被害人学等。刑法学、监狱学、刑事诉讼法学、刑事侦察学等,是犯罪学的相关学科,它们共同构成刑事科学。我们在此前提下,讨论暴力犯罪的概念。而在讨论暴力犯罪的概念之前,首先要了解什么是"暴力"。

一、暴力的概念

毫无疑问,"暴力"这个名词可以有许多意义与解释。心理学家、法学家和社会学家都对之都会有不同的定义。因此,如果只在定义上打转,我们将无法界定探讨的范围。由于我们的目的是要限定探索的范畴,因此我们仅需将一般所认为的"暴力"应

---

[1] 张小虎著:《刑法的基本观念》,北京大学出版社2004年版,第9页。

用到我们所要观察的现象即可。美国犯罪学家纽曼教授(Graeme Newman)提出了三种暴力的定义:(1) 身体力量的使用:由于身体力量的使用而导致他人或财产受到伤害或损害。这是最广泛也是最常被用于有关暴力行为的定义。但由于该定义显然要求攻击者与其对象需有面对面或身体的接触,而排除了许多的暴力行为(如用枪向被害人射击),是其不足之处。(2) 自然的暴力:由于自然力量,如风、雨、火灾或地震等所产生的暴力。(3) 个人感觉或行为的强烈感受:这一定义和第一个定义合并,就可以被认定为是个人传给被害者和旁观者激烈的感受,透过行动而造成伤害和损害。[①] 上述有关暴力的定义有不少可取之处,但从犯罪学的视角看,自然界的风、雨、地震和意外事故,不应算作暴力,尽管它们所造成的危害有时十分巨大。从基本意义上来说,暴力应当具备两个要素:一是身体的动作:主要表现为一种积极的行为。这种行为可以是对行为对象的直接身体接触,例如用拳击打;也可以间接作用于行为的对象,例如利用棍棒击打他人、利用炸药的力量而伤害他人。这种作用,可以是面对行为的对象,也可以是不面对行为的对象,例如在远处开枪射击。行为的对象包括人和物。二是给人以强烈刺激:包括给受到行为击打的人以肉体上的感受,或者虽未受到肉体上的击打,但面临暴力场景受到精神上的震撼。[②] 从这个意义上说,广义的暴力包括以实施暴力行为为内容的威胁,例如扬言杀害、伤害等。鉴于暴力的基本意义,从价值评价上来说,暴力可以是合法的,如国家的强制力;也可以是非法的,如杀人犯罪。

对暴力可以按照不同的标准加以分类:依照暴力的属性可分为犯罪学中的暴力和刑法学中的暴力;依照暴力是否直接作用于人体分为直接的暴力和间接的暴力;按照暴力作用于人体的程度分为一般的暴力、造成轻伤的暴力、造成重伤和死亡的暴力,等等。美国犯罪学家马丁·R. 哈斯凯尔(Martin R. Haskell)和刘易斯·耶布隆斯基(Lewis Yablonsky)把所有的暴力归纳为四种基本类型:(1) 合法的、制裁性的、理性的暴力,例如士兵在战场上的暴力、警察在执法中的暴力、竞技运动中的暴力(如拳击)等;(2) 非法的、制裁性的、理性的暴力,例如丈夫对奸夫的暴力、对侮辱的报复性伤害、种族暴力等,这种暴力的发生常常是为了维护施加暴力者认为更高的道德准则;(3) 非法的、非制裁性的、理性的暴力,例如为获取财物而在抢劫过程中实施的伤害、出于维护犯罪辛迪加的利益而实施杀人或伤害等,这种暴力是职业罪犯为达到非暴力目的而惯用的方式;(4) 非法的、非制裁性的、非理性的暴力,例如无端地突袭陌生人、暴力团伙的杀人或为寻求刺激而实施的暴力等。这种暴力的发生,无诱因、动机不合乎逻辑,实施者通常是正在遭受感情上的疏远和孤独的精神"流浪者"。[③] 这种分类方式对于我们理解暴力和暴力犯罪的本质有所帮助。

---

① 许春金著:《犯罪学》,台湾三民书局 1996 年修订版,第 322 页。
② 张小虎著:《犯罪论的比较与建构》,北京大学出版社 2006 年版,第 461 页。
③ 王牧主编:《新犯罪学》,高等教育出版社 2005 年版,第 258 页。

二、暴力犯罪的概念

在犯罪学史上,最早提出"暴力犯罪"概念的是意大利的犯罪学家加罗法洛。他在1885年出版的《犯罪学》一书中,把犯罪人区分为自然犯罪人和法定犯罪人两种,认为暴力犯罪是自然犯罪的一种,并称这种犯罪是人类社会永恒的现象。暴力犯罪不属于特定的刑法术语,不是纯然的刑法上的一个具体的罪名,而是犯罪学上对犯罪进行分类使用的概念,是一类犯罪行为的统称,刑法的研究,只是借用了这一术语而已。从研究暴力犯罪的原因、规律以及预防对策的角度来看,从犯罪学角度剖析暴力犯罪更为恰当一些。关于暴力犯罪的概念,有不同的表述。从犯罪学角度,具有代表性的观点有以下几种:第一种观点认为:"暴力犯罪又称针对人身的犯罪,是指非法使用暴力或以暴力相威胁,侵犯他人人身权利或财产权利的极端攻击性行为"[①];第二种观点认为:"暴力犯罪是指为获取某种利益或满足某种欲求而对他人人身采取的暴力侵害的行为"[②];第三种观点认为:"暴力犯罪是以实施暴力或者以暴力相威胁等手段实施的危害社会的犯罪行为"[③]。

上述观点在一定程度上揭示了暴力犯罪的某些特征,都有应肯定的一面,但也存在值得商榷之处。第一种观点正确指出了暴力犯罪的手段性质,但把暴力犯罪仅限于"侵犯他人人身权利或财产权利的极端攻击性行为"是不够严谨的,因为暴力犯罪实际侵犯的权利比人身、财产权利更为广泛。第二种观点有两点不足:其一,从实践看,犯罪人在实施暴力犯罪时,暴力手段和以将要实施暴力进行威胁的胁迫手段通常是交错使用的,威胁行为传输给被害人的信息是,若有必要,就决定使用公开的暴力。以暴力为威胁内容的胁迫手段,同样具有暴力犯罪的本质特征,将其排除在暴力犯罪之外是不妥当的。其二,将暴力只限定为对人身的侵犯,也与刑事立法和司法实际不相符合。例如,爆炸罪既可针对人身而实施,也可针对公私财产实施。第三种观点将暴力和暴力威胁之外的其他手段也包含在暴力犯罪范畴之中,是不适宜的。因为作为犯罪的暴力类型,其核心是犯罪的暴力内容。暴力犯罪是一些具体犯罪的集合体,这些具体犯罪以暴力为内容的或者具有暴力内容。

基于以上简要分析,我们认为,暴力犯罪是以暴力为内容或者与暴力内容密切相关的犯罪。具体地说,是指实施身体的动作,给人以强烈刺激,使他人的人身、财产遭受侵害,危害社会的行为。通常表现为以暴力的方式实施的杀人、伤害、爆炸、抢劫、强奸等犯罪。作为行为对象来讲,可能是侵犯财产的暴力犯罪,也可能是侵犯人身的暴力犯罪。在侵犯人身的暴力犯罪中,可能是侵犯性权利的暴力犯罪。由于财产犯罪、性犯罪,是犯罪学研究中与暴力犯罪相并列的重要的犯罪类型,因此将某些以暴力手段实施的侵犯财产、侵犯性权利的犯罪分别归入财产犯罪或性犯罪也未尝不可。不过,暴力是暴力犯罪的重要标志,与暴力相关的犯罪均可纳入暴力犯罪的范畴。事

[①] 魏平雄等主编:《犯罪学教程》,中国政法大学出版社1998年版,第524页。
[②] 莫洪宪主编:《犯罪学概论》,中国检察出版社1999年版,第71页。
[③] 张绍彦主编:《犯罪学教科书》,法律出版社2000年版,第179页。

物并非是非此即彼,这种研究对象的交叉性在科学研究中是普遍存在的。①

暴力犯罪的类型很多,但各个国家的界定略有差异。例如美国联邦调查局的统一犯罪报告(Uniform Crime Report,UCR)将谋杀及非过失杀人(murder and nonnegligent manslaughter)等四种犯罪行为列为暴力犯罪。日本警察白皮书将暴力犯罪分为凶恶犯罪和粗暴犯罪两种,凶恶犯罪包括杀人、强盗、放火、强奸等;粗暴犯罪包括暴行、伤害、胁迫、恐吓、聚集凶器等。日本的犯罪白皮书则将暴力犯罪分为杀人、伤害、强奸及强盗等四种类型进行比较分析。我国犯罪学界一般认为对暴力犯罪类型的划分,可以有不同的角度和不同的标准。以侵害对象划分,暴力犯罪可分为以人的身体为主要侵害对象的暴力犯罪、以物为主要侵害对象的暴力犯罪;以侵犯的同类客体为标准划分,暴力犯罪可分为危害国家安全的暴力犯罪、危害公共安全的暴力犯罪、破坏社会主义市场经济秩序的暴力犯罪、侵犯公民人身权利的暴力犯罪、侵犯财产的暴力犯罪、妨害社会管理秩序的暴力犯罪、危害国防利益的暴力犯罪;以暴力犯罪的动机为标准划分,暴力犯罪可分为贪利型暴力犯罪、流氓型暴力犯罪、报复型暴力犯罪、恐怖型暴力犯罪、义愤型暴力犯罪。

第二节 暴力犯罪的状况与特点

一、暴力犯罪的状况

暴力犯罪是犯罪现象的主要表现形式之一。在当今世界各国,暴力犯罪几乎都呈上升趋势。以美国为例,谋杀、强奸、强盗、严重暴行等暴力犯罪,1976年比1960年上升了242%,1982年比1960年上升了504%。华盛顿、纽约1989年的谋杀案件均创历史最高纪录。美国联邦调查局(FBI)公布的数据显示,2006年美国全国共发生141.7745万起谋杀、强奸、抢劫和袭击事件等暴力犯罪案件,平均每22秒发生一起暴力犯罪,这一年的暴力犯罪相比2005年出现1.3%的增长,这是美国的暴力犯罪连续两年呈增长态势。其中,谋杀案比2005年的1.5万起上涨1.8%,抢劫案上涨7.2%,为4.5万起。数据还显示,美国大城市谋杀率明显增长(在2006年,美国100万人口以上城市的谋杀率增长了6.7%),而小城镇和中等规模城市以及农村地区的谋杀率则出现减少。日本、英国、法国等国,近年来的暴力犯罪也是有增无减。统计资料表明:1999年,日本的凶杀、强奸、纵火和暴力伤害案比前一年增加11%;2000年,日本暴力犯罪的发案率达到了23年来的最高点,打破了"日本是一个安全的社会"的神话。② 2008年6月8日中午12时30分左右,日本男子加藤在东京秋叶原驾车撞伤路人后又下车用刀刺向路人及警察,造成7人死亡、10人受伤,这起恶性伤害犯罪案件震惊全日本。英国最近公布的一项有关英格兰和威尔士地区暴力犯罪情况的统计报告显示,2003年英国严重暴力犯罪案件数量较2002年上升了14%。法国

---

① 张小虎著:《犯罪论的比较与建构》,北京大学出版社2006年版,第461页。
② 牟卫民:《日本:时代变迁 警界危机》,载《光明日报》第18390期,2000年4月14日。

内政部的传统统计数据表明,2006年确认的轻重罪案计有372.5588万件,降了1.33%,但人身暴力攻击案件却升了5.55%;2002年至2006年五年内,人身暴力攻击案件猛增了42.94%。

自20世纪70年代起,我国的暴力犯罪有所增多,暴力犯罪案件在整个刑事案件中所占比重处于上升趋势。据统计,1977—1979年全国年均发生刑事案件57万起,其中凶杀、抢劫、强奸、纵火等暴力犯罪案件约占7%。又据对我国1981—1986年刑事案件统计,在凶杀、伤害、抢劫、强奸、盗窃、诈骗和伪造货币票证等7类案件中,前4种暴力案件在1981年、1982年分别占了7类案件总数的9.9%和11.47%,而在1984年、1985年和1986年分别占15.5%、14%和15.55%。1988年全国法院受理的故意杀人案件比1987年增加了9.1%,抢劫案件增加了43.1%。从1980年至1990年,官方统计的暴力犯罪发案数增加了两倍,1991年、1992年发案数继续上升。可以说,进入20世纪90年代以后,我国暴力犯罪的发案数量不断增多,暴力化程度越发严重,恶性大案迭发。从全国刑事案件统计数据看,杀人、伤害、抢劫等典型的暴力犯罪逐年大幅度上升。据公安机关2000年统计,严重暴力犯罪案件达6549起,同比上升3.8%。刑事案件共造成4.2万人死亡,10.9万人受伤,直接损失达126.4亿元。进入21世纪以来,我国犯罪结构有所变化,暴力犯罪发案数有所下降。据公安部通报,2003年1—11月爆炸案、放火案、强奸案、杀人案以及抢劫案的发案数均比2002年同期有不同程度的下降,其中爆炸案下降33.7%、放火案下降25.3%、强奸案下降9.8%、杀人案下降7.7%、抢劫案下降5.7%。2004年上半年,爆炸、放火、强奸、杀人等几类案件继续明显下降,但是抢劫和抢夺这两种贪利型的暴力犯罪案件分别比上年同期上升了5.7%和9.3%。2006年,全国公安机关共立放火、爆炸、杀人等严重暴力犯罪案件53.2万起,比2005年减少2.2万起,下降4%。这是继2002年以来严重暴力犯罪连续四年出现明显下降,也是降幅较大的一年。其中,放火案件6701起,同比下降12.8%;爆炸782起,下降20.3%;杀人1.8万起,下降13.7%;强奸3.2万起,下降4%。但是同时,值得注意的是一些重大恶性暴力犯罪案件时有发生,如从1993年至2000年,以张君为首的犯罪集团犯下震惊全国的渝湘鄂系列持枪抢劫杀人案,在长达8年的抢劫杀人犯罪过程中,张君团伙共作案22起,杀死28人,重伤20人,劫取财物价值人民币545万余元,被列为新中国成立以来的第一刑事大案;2001年,靳如超制造石家庄特大爆炸案,致108人死亡、5人重伤、8人轻伤,犯罪后果极其严重;2006年,邱兴华犯下陕西汉阴恶性杀人案,一次杀死10名无辜群众,个案造成的人员伤亡属于近年来少有;2008年,杨佳制造上海闸北袭警案,在上海市闸北区政法大楼的多个楼层先后突然袭击毫无防备的公安民警,致6名民警死亡,3名民警和1名保安受伤,其个人极端暴力行为具有极大的现实危害性。

二、暴力犯罪的特点

从我国当前暴力犯罪的情况分析来看,它主要具有以下特点:

(1) 团伙犯罪增多。犯罪结构复杂化,由单干型暴力犯罪向团伙型暴力犯罪发展,使暴力犯罪的组织化程度迅速提高,有的还形成了独霸一方的恶势力。这些团伙犯罪,多数由刑满释放人员、解除劳动教养人员和社会上的闲散无业人员组成。他们拉帮结派,横行一时。有的欺行霸市、强买强卖,有的敲诈勒索、强讨强要,有的寻衅滋事、聚众斗殴,有的吸毒贩毒、盗窃抢劫,有的侮辱妇女、强奸妇女。更为严重的是,少数有组织的暴力犯罪集团组织严密,装备精良,活动区域逐渐扩大,犯罪手段由低级向高级发展,有的利用现代科技和现代化交通工具进行犯罪活动,有的还以直接或间接的方式经商办企业,用金钱贿赂国家工作人员,向权利领域渗透,逐渐演变成带有黑社会性质的犯罪团伙,对社会构成了极大的威胁。1998年7月,广东等地公安机关破获张子强严重暴力犯罪团伙案。这个犯罪团伙以张子强为首,由香港和内地人纠合而成,自1990年至1998年在内地和香港实施了走私爆炸物品、持枪杀人、抢劫、绑架勒索等多起严重暴力犯罪团伙案件,严重危害了当地的社会管理秩序和人民群众生命财产安全。2000年7月,沈阳警方将以刘涌为首的黑社会犯罪团伙一举摧毁,抓捕涉案成员50多人。这个犯罪团伙自1989年以来,为达到聚敛钱财、为非作歹、称霸一方的目的,目无国法,纠集一批有较深前科劣迹的人员充当打手,购买、私藏大量枪支弹药和管制刀具等凶器,采取野蛮的暴力手段,猖狂作案,近年来共作案30多起,致死、致伤数十人,在社会上造成了极为恶劣的影响,严重地干扰和破坏了当地的社会治安秩序和经济秩序。

(2) 犯罪主体低龄化。近年来,在青少年的刑事犯罪中,凶杀、抢劫、强奸、伤害以及爆炸等暴力型犯罪案件不断增多,特别是过去罕见的因盗窃、抢劫、强奸等犯罪而杀人灭迹,杀人越货等一案多罪的混合暴力型案件,在刑事案件中明显增多。一般地,不满18岁的青少年暴力犯占整个监狱暴力犯罪总数的近20%,年满18—25岁的占成年暴力犯罪总数的近40%,两项合并共占60%。根据统计,1985年全国杀人、抢劫、强奸三类案件的作案成员,青少年占41.6%,1986年占41.01%,而且1986年的全国14岁至16岁进行杀人、抢劫、放火、爆炸、强奸等严重暴力犯罪的绝对人数,比1985年增加了一倍。20世纪90年代以来,青少年涉及的故意杀人、抢劫案件各占总数20%以上,故意伤害、强奸、绑架等也均占有一定的比例且呈上升趋势,1999年重大杀人、抢劫案件占总案数的70%。根据最高人民法院的统计,从2000年到2004年,全国各级人民法院判决生效的未成年人犯罪的人数平均每年上升14.18%,2005年7月又比上年同期上升了23.96%。从犯罪分类情况看,排在前5位的是抢劫、盗窃、故意伤害、强奸、寻衅滋事,而这种排列是相当稳定的。2006年7月,一个参与人数达数十人的暴力犯罪集团在承德覆灭,令人震惊的是,该暴力犯罪集团16名团伙成员中竟然有11人是未成年人,他们中间甚至还有在校学生。

(3) 严重暴力犯罪剧增,作案手段极其凶残。过去少见或罕见的重大爆炸,抢劫枪支,持枪作案,驾车杀人,劫持人质、劫机、劫船,一次杀死杀伤多人,系列性杀人、抢劫、强奸以及雇佣杀手杀人等恶性暴力犯罪,如今却频频发生;在严重暴力犯罪中,数量最多,上升幅度最大的是爆炸案件和持枪犯罪案件。这些严重暴力犯罪一般都表现出犯罪行为野蛮,犯罪手段残忍的特点,反映出犯罪分子心毒手辣、胆大妄为、无所顾忌的秉性。他们不仅随意施暴,而且动辄杀人,如新中国成立以来发生在北京地区最大的一起恶性凶杀案件:犯罪人赵连荣为谋取钱财,于 1999 年 5 月 31 日凌晨 3 时,持折叠尖刀,潜入同单元 3 号的集体宿舍,将 8 名女青年全部杀害,8 名被害人共挨刀伤 110 多处,最少 8 处,最多 24 处,均因急性失血性休克当场死亡,手段极其恶劣。不仅行凶杀人,还要碎尸灭迹,如 2006 年黑龙江佳木斯特大杀童连环案。不仅强奸妇女,而且还杀人灭口,如 2004 年"二华特大系列强奸杀人案"。有的犯罪分子为了发泄个人不满,无端加害于社会,残害无辜,如 2006 年震惊全国的阳泉系列杀人案,罪犯 14 年累计残害妇女 12 人,致 9 人死亡、3 人重伤。有的为证明自己的能力,引起社会对自己的重视,竟制造爆炸事件,如 2005 年 7 月 8 日,脑瘫青年魏海波在北京火车站站前广场制造爆炸事件,只为证明自己不笨。更有甚者,有的杀人成癖,成为杀人狂,如 1985 年陕西省商洛地区农民龙治民杀人案,连续杀死 48 人。

(4) 时空分布具有以下特点:

① 从城乡分布来看,杀人、强奸行为的发案率,农村高于城市,而流氓斗殴行为则是城市高于农村。抢劫主要发生在城市的近郊。② 从作案的具体场所来看,杀人和强奸案发生在犯罪人或被害人的住所的占有一定比例;而发生在小出租汽车运营过程中的抢劫案以及最近发生在一些大城市驾驶机动车飞车抢夺案占有很大的比例。③ 从作案时间来看,强奸案多发生于每年的春夏秋三季,其中尤以夏季为最;抢劫则由以前多发生于年初岁末转为无明显的季节性分布。④ 从区域分布来看,我国幅员辽阔,人口众多,不同类型的暴力犯罪呈现地域分布的规律性,以杀人、伤害、强奸等侵犯人身最严重的暴力犯罪为例,这类暴力案件易发于东北、华中及西南地区的省份,呈现出东北—西南走向的一条狭长地带,包括黑龙江、吉林、辽宁、河北、山东、河南、湖北、湖南、广西、四川、贵州、云南等省区,自 1985 年至 1990 年间,这一区域杀人案件占全国同类案件的比率接近 70%。其中杀人案以黑龙江、四川、河南、辽宁发案数列前 4 位。

(5) 犯罪人分布具有以下特点:

① 在性别方面,男性高出女性很多。女性实施暴力犯罪,一般限于如下两种情形:一是女性帮助或伙同男性共同实施,或者多名女性共同实施;二是长期遭受对方暴力侵害或情感困扰,在忍无可忍的情况下进行报复。女性杀人、投毒和放火犯在全部女性暴力罪犯中所占比重高于男性同类罪犯在全部男性暴力犯罪中所占的比重。② 在年龄方面,大部分暴力犯罪由青壮年(尤其是男性青壮年)实施。暴力犯罪一般属于"体力活"的范畴,对行为人的力量、身体灵活性、反应能力等都有一定要求,严重暴力犯罪对此的要求更甚。青壮年人在这方面具有较明显的优势,因此更容易实施这类犯罪,这是一个普适性的特征。③ 在身份方面,暴力犯罪人以农民为多,社会闲散人员和工人居次。尤其值得注意的是强奸罪作案成员中农民约占 60% 以上。暴力犯罪人中 70% 以上是初犯,惯犯约占 8%,流窜犯约占 12%。但是,不少重大恶性案件都是惯犯和流窜犯所为。暴力犯罪成员中文盲、半文盲约占 70% 左右,女性犯罪人

尤甚,文盲、半文盲约占80％以上。①

(6) 被害人分布具有以下特点:

① 在性别方面,男性被暴力犯罪加害的可能性大于女性,且男性被暴力加害的程度高于女性。据2005年有关部门对天津市当年入狱罪犯的调查,在实施暴力犯罪的犯罪人中,以男性为加害对象的占77.78％,而以女性为加害对象的只占22.22％,即大多数暴力犯罪人都以男性为加害对象。此外,相比较而言,在被暴力加害的程度上,男性被害人要高于女性。调查结果表明,在以男性为加害对象的暴力犯罪人中,只是对被害人实施暴力威胁的占9.57％;而在以女性为加害对象的暴力犯罪人中,对被害人只实施暴力威胁的多达23.71％,直接实施暴力行为的占76.29％。通过上面的分析可以得出结论:男性相对于女性更容易受到暴力加害,且为暴力加害的程度较高。② 在年龄方面,26—35岁的青年人是被暴力犯罪加害的重点群体,以此群体为界点,随着年龄的降低或增高,其为暴力犯罪加害的可能性也开始分别减小。同样据2005年的调查,以26—35岁的青年人为加害对象的暴力犯罪人所占比重相对于以其他年龄段的行为人为加害对象的暴力犯罪人所占比重是最高的,为40.57％。另外,若从被害人年龄与暴力犯罪加害的相关性方面判断,以26—35岁的被害人群体为界点,随着被害人年龄的降低或增高,以这些人为加害对象的暴力犯罪人所占的比重逐渐下降,且被害人年龄越大,选择这些人为加害对象的暴力犯罪人所占比重就越小。

(7) 智能化趋势日渐明显。从作案手段来看,暴力犯罪一般具有突发性、残酷性、冒险性等特点。作案手段和工具一般比较简单原始,例如杀人一般是使用棍棒、砖石、刀斧、匕首等钝器或锐器,或采用拳击、卡喉、溺死、投毒等方式。但是,随着当今科学技术发展日新月异,科技在成为推动社会经济发展动力的同时,也成了暴力犯罪重要的作案手段,特别是利用信息网络、计算机等现代科技的暴力犯罪越来越突出,暴力犯罪的智能化趋势日渐明显。例如,有的使用小汽车、摩托车等现代化交通工具进行抢劫;有的利用先进技术如激光、核辐射、细菌杀人;有的采用现代化通讯手段联络作案,组织指挥严密而灵活。总之,运用现代化高科技实施的暴力犯罪,如重磅炸弹一样,能量巨大,影响广泛,后果严重,如果没有现代化的侦察手段,难以对付这些日趋智能化的暴力犯罪。

第三节 暴力犯罪的原因

犯罪作为一种社会现象,既有个人原因(主观原因),也有社会原因(客观原因),客观原因作为外因是条件,主观原因作为内因是根据,外因通过内因而起作用。暴力犯罪作为犯罪的类型之一,同样遵循着这个原因论体系,下文我们将沿着这个思维框架来对暴力犯罪的原因进行探讨。

---

① 王牧主编:《新犯罪学》,高等教育出版社2005年版,第260页。

一、暴力犯罪的主观原因

暴力犯罪的根本原因,在于犯罪分子内在的不良思想和不良心理因素。具体讲,主要表现在以下几个方面:

(1) 强烈的反社会意识。社会学家认为反社会倾向基本分为两种特征:一种是比较温和的,称为"社会不满";一种是比较激进的,称为"社会仇恨"。[①] 一般而言,暴力犯罪分子的反社会意识比较强烈。由于不满于社会现实,因此暴力犯罪人以一种反社会的心态对待社会。他们不是全面客观地看待社会的主流和支流,而是抱着个人偏见,错误歪曲地观察和评价社会和人生。总认为现实社会无好处可言;把社会说得漆黑一团;把少数人的腐败现象看得比比皆是。因而,对越是正确的东西越表示怀疑、厌烦和反感,越是错误的东西越表示赞许、同情和支持;还有一些人,在个人升学、就业、家庭、婚姻等方面遇到挫折时,不是从自己身上找原因,而是迁怒于社会,甚至站在反动的立场上,对党和国家不满。

(2) 错误的人生道德观。错误的人生道德观促成暴力犯罪,主要有以下几个方面:第一,极端的个人主义思想。它是一些暴力犯罪人人生观、道德观的核心。他们认为一个人的一生就是为自己,为了自己的私利,可以不惜损害他人的利益,用暴力去掠夺他人的财物,去满足自己的欲望。第二,腐朽的享乐主义思想。把吃喝玩乐当作人生追求目标,是暴力犯罪的一个重要因素。他们的物质欲望极强,贪婪地追求非分的物质财富和低级糜烂的精神生活,为了满足欲望,挖空心思、不择手段。第三,封建的"行帮""哥们义气"思想严重。一些暴力犯罪分子尤其是青少年暴力犯罪、团伙暴力犯罪把封建"行帮""哥们义气"的思想作为自己处世的哲学,作为在社会上做人的信条。开始,他们常常是因为臭味相投混在一起,或者是为了"不受欺侮"结帮在一起。到后来有的就以"哥们义气"为纽带发展成为犯罪集团。他们分不清团结互助、纯洁友谊与旧社会那种"哥们义气"的封建行帮思想,把"为朋友两肋插刀"的流氓习气,当成"好汉作风"倍加推崇,不计后果。他们为了哥们利益而不顾人民利益和国家的法律,什么坏事都做得出来。第四,崇尚野蛮凶残的所谓"英雄观"。暴力犯罪分子有极强的权力欲和表现欲,他们认为发狠斗勇才是"英雄好汉",视打架拼命为"英雄本色",心狠手辣为"丈夫气概",这促使他们往往行为猖狂,无视法律,横行霸道,为所欲为,企图打出威风,以显示自己。

(3) 不良的心理机制。暴力犯罪分子在心理机制上都存在着某种缺陷。这些不良的心理机制,降低了人的自我控制能力,而加大了对不良刺激的反应强度,在很多境况下容易激发暴力犯罪。第一,物欲畸形膨胀。其表现是有强烈的财物占有欲。改革开放以来,资本主义腐朽思想、生活方式不可避免地渗透到社会生活中来,商品经济的发展,在客观上也刺激了一些人的非分欲望。暴力犯罪分子往往在衣食住行等基本生理需要得到保障后,并不感到满足,而是有更高的非分要求。他们常常不择

---

① 吴波著:《现阶段中国社会阶级阶层分析》,清华大学出版社 2004 年版,第 125 页。

手段地满足个人的需要,但在正常条件下又常常遇到阻碍,得不到满足,在特定的环境下,他们就采取暴力手段,尤其是以抢劫、伤害、杀人等手段去扫除障碍,以达到自己非分的物质欲求。第二,情绪激动与意志薄弱。犯罪人的情绪稳定与否、意志的强弱(控制自己行为的能力),对暴力行为的实施有一定的影响。许多实施暴力犯罪的人,尤其是一些青少年,受到外界某些刺激,往往容易情绪激动,此时就不考虑任何后果,不控制自己的行为而实施暴力犯罪。第三,超常性非分生理需求。暴力犯罪分子往往情趣低下,向往淫乱生活,不能按照社会规范调节和控制性生理需要,而是不顾社会道德,非法强行获得性欲的满足。有的竟然置道德、法律于不顾,疯狂对妇女进行强奸、轮奸,甚至丧失人性残酷地进行伤害、杀人。第四,扭曲的"社交"需求。不少暴力犯罪分子认为,所谓"社交"就是要对"哥们"够意思,为"哥们"去打架斗殴,去冒险、去抢劫。第五,自身素质不高,抵御能力差。由于文化素质较低,分辨是非能力较差,其涉世的无知性、盲目性就很难应付来自社会各方面的影响,经不起诱惑,很容易被别人拉拢、利用,或控制不住自己的情绪,意气用事、不计后果等,从而走上了暴力犯罪的道路。

(4)淡薄的法制观念。许多暴力犯罪人法律意识差,很少或者根本没有法制观念。他们不知法、不懂法,甚至把法律当作儿戏,没能形成与法律规范的要求相适应的价值观,没有把法律规范的要求内化为自己的需要和行为,不能用法律规范约束自己的行为,形成守法的行为习惯,在外界诱因的作用下,极易产生犯罪心理,走上犯罪道路。常常因为一两句口角或者一般纠纷,就轻率地将对方打死、打伤。还有的人因为自己的合法权益遭到不法侵害时,不懂得正确地运用法律武器来保护自己,而是采取非法手段去报复对方,结果使自己走上犯罪歧途。还有的极少数人甚至把打人、用刀子捅人视为"英雄行为",甚至对管教、制止他们犯罪行为的干部群众进行杀伤报复。

二、暴力犯罪的客观原因

导致暴力犯罪的客观原因很多,概括起来讲,主要有以下几个方面:

(1)社会主义初级阶段的经济状况。社会经济生活中隐匿着一切社会现象的制约力量,也蕴藏着暴力犯罪的深层原因。当前经济关系与其他客观因素相互作用而影响暴力犯罪的主要表现如下:第一,物质利益和价值需求存在差异。我国现阶段生产力发展水平比较低,存在着多种经济形式和经济利益的差别,所以社会主义市场经济的发展,必须以完善效率与公正所构成的双轮驱动机制为条件,才能得以实现。这就要求引进价值规律与竞争法则,按市场要求进行资源与人才的合理配置,因而导致利益的重新调整。在逐步实施过程中,人们基于自身利益而普遍感觉到的外显性变化,则是拉开收入差别和消费档次,加剧了人们对物质利益追求的迫切感,即经济的巨大变革使人形成一种比较注重自我的价值观念。但是,社会消费的满足与社会增长很不适应,实际的物质利益不能满足自我需求,形成了物质生活水平和自我需求之间较大的矛盾,容易诱发以财物为目标的暴力犯罪。大量的持械抢劫、杀人越货、绑架勒索等以疯狂夺取钱物为目标的暴力犯罪,就是最好的例证。第二,就业和经济结构的变化。由于就业与经济结构的变化,大量下岗人员的再就业以及原有的城镇居民的待业问题突出。事实上,大量的下岗人员再就业的问题,以及由此而产生的社会矛盾,已经成为我国社会经济生活中一个十分突出的问题。下岗待业影响这部分人的经济物质生活来源,极易造成这些人不正常的精神状态,从而产生堕落、意志消沉、精神空虚甚至对社会的不满和反抗情绪。由于仇视社会分配不公、寻机发泄铤而走险,遇有适当的机会,就可能利用暴力实施犯罪。第三,经济因素引起的人际关系紧张。由于社会价值观念变化而引起的人际关系紧张,新事物出现与正误界限难以区别而引起对传统道德、价值观念的否定,也使金钱关系日益成为人际活动的重要联系方式。这就进一步削弱了集体意识对社会成员的约束力,极易使人们形成一种以注重自我需求为轴心的价值观念。而这种个人主义的感觉回过头来又进一步破坏个人对社会的忠诚和共同的价值标准、情操和信仰,从而加剧了社会经济活动中的无规范状态。这种恶性循环的定势,往往导致个人为过度追求金钱和物质而置整个社会利益和公德不顾,选择使用包括暴力手段在内的方式去追逐金钱,实施暴力犯罪。

(2)社会环境或大众传播媒介中的暴力渲染。根据心理学的研究,暴力犯罪行为人以前曾经看到过、听到过的暴力行为的情况,以及报刊、影视等对暴力行为的宣传报道,都会在无形之中给该行为人以一种心理上的暗示,在某种场合下他会比别人更具有实施暴力行为的倾向。如果他在某种场合下被激怒,那么暗示的影响就会被激发出来。因此,社会环境中存在的暴力行为或大众传播媒介中对暴力事件的宣传报道,可能实际上起着暴力犯罪的渲染作用,以至诱发强奸、抢劫、杀人等暴力犯罪行为。

(3)民事纠纷得不到解决,人民内部矛盾激化。民事纠纷常常作为一种强刺激而导致杀人、伤害等犯罪行为的发生。当纠纷中有过错一方未受到应有的批评与处理,而无过错一方亦未得到适当的救济与抚慰时,后者可能会采取过激行为以泄愤报复。如果民事纠纷中的一方或双方心胸十分狭窄,亦容易采取过激行为进行报复,实施伤害对方或杀人等攻击性行为,即暴力犯罪。在处理民事纠纷过程中,领导的官僚主义、不依法办事或者不能持之以公,都可能导致矛盾的激化而引起恶性暴力案件发生。由于相关组织对群众邻里纠纷、家庭矛盾、婚姻、恋爱矛盾导致的民事纠纷未及时处理和调解,有的甚至对已出现暴力危险苗头的民事纠纷仍相互推诿不予受理,当事人在受到挫折又得不到法律保护的情况下,出于应激心理自己动手解决,从而激化矛盾导致凶杀的案件,在故意杀人案件中都占有相当的比例。①

(4)家庭方面原因。家庭是社会的细胞,家庭的状况直接影响着社会稳定。家庭环境是一种与整个社会的政治、经济、文化等宏观社会环境相联系的微观社会环境。一个人一生中都生活在家庭关系中,家庭环境对个人行为倾向有着最直接的影响。一个良好的家庭生活环境,能够预防和约束个人的犯罪行为;而家庭生活中的种

---

① 康树华主编:《犯罪学通论》,北京大学出版社1996年版,第298页。

种病态现象,往往成为不良人格特征形成的主要原因。一般认为,家庭问题与暴力犯罪现象有着直接联系,是产生暴力犯罪的客观社会原因之一,主要表现在以下几个方面:第一,家庭结构不完整。在家庭结构因素中,对青少年暴力犯罪影响最大的就是家庭自然结构,即父母的组成结果状况与家庭关系。不良的家庭结构包括父母一方或双方死亡,或者离异,或者父母与子女关系紧张,甚至对立。子女得不到父母的亲情和家庭的温暖,就会引发紧张的情绪状态,产生一系列消极的心理反应,孕育了潜在的心理危机,特别是形成以自暴自弃、烦躁不安、容易激动,有较强攻击性为特征的病态人格。这部分青少年最容易走上暴力犯罪的道路。据100个暴力犯罪案例统计,属于单亲家庭的(含离异、死亡)占48%,属脱离家庭的占16%,属于完整家庭的占36%。这意味着来自残缺家庭的占64%之多。这些暴力犯罪青少年一致认为不良家庭环境对他们的犯罪起了很大的消极推动作用。第二,家庭教育不当。在暴力犯罪中影响较为直接的是其家庭教育环境。司法实践中大量案例证明,家庭教育不当与暴力犯罪关系密切。当前家庭教育不当的主要表现形式为溺爱型、粗暴型、放任型等三种类型。A. 溺爱型——亲情过剩。在溺爱型家庭中家长过分注重满足子女物质需求,而忽视对其思想品质的培养,对子女的缺点错误视而不见,甚至袒护隐瞒,对子女纵容放任,结果造成青少年子女自私、任性、好逸恶劳、蛮横霸道的性格,对自己的社会责任含糊不清。道德、法制思想淡薄,在社会上专横跋扈、气焰嚣张。这种青少年往往会具备暴力犯罪倾向。在个人利益、需要不能满足时,他们就可能不择手段,甚至以身试法去追求和满足。[1] B. 粗暴型——偏激教育。教育方式简单粗暴和"棍棒教育"容易使子女产生畏惧心理,形成神经质、闭锁、孤僻、粗野、不顺从、残酷等异常性格以及敌视社会、他人的变态心理。在偏激教育中,又尤其以家庭暴力为甚。这种暴力不仅使子女产生恐怖感,而且子女会在暴力环境中学习暴力,形成以暴力解决问题的错误思维,从而产生暴力倾向。虽然这种不良生活背景是作为人的直接环境而发生影响的,但它常常是社会矛盾的折射。研究表明,一个在非暴力环境下成长的少年,比在充满暴力的环境下成长的少年更少暴力倾向。C. 放任型——亲情淡薄。也称为自流型、游荡型。父母认识不到自己承担的教育子女的社会责任,把教育子女的义务推给社会、放任自流、任子女自然发展。即父母不喜欢,不愿教育子女,让其放任自流。一般有两种情况,一是父母毫无社会责任感,对子女感情淡薄,不履行教育子女的义务;二是父母教育子女无方,因而丧失信心而索性不管。青少年正处于成长阶段,是非辨别能力弱,缺乏对自己行为的评价能力。如果放任不管,极易在社会不良因素的影响下,染上恶习,走上违法犯罪的道路。第三,家庭经济状况与犯罪。贫穷本身并不必然导致犯罪,但贫穷家庭的父母终日为家庭的生计奔波操劳,挣扎在社会生活的底层,无暇也无力教育子女,甚至无能力满足子女的基本生活需要。家庭的经济状况对夫妻感情、父母与子女之间的关系或多或少都有着一定的影响。因此,生长在贫穷家庭的孩子从家庭中分享到的物质生活和精神温暖、正常教育自然要少

---

[1] 康树华、张小虎主编:《犯罪学》,北京大学出版社2004年版,第129—130页。

于其他家庭,影响了社会化过程。在缺乏基本生活保障和教养、关爱的家庭中成长的孩子往往会同有恶习的青少年发生联系,一起打闹、偷窃,或者被坏人引诱而走上犯罪道路。①

(5) 学校方面原因。学校是传授科学文化知识的场所,是培养精神文明的摇篮,是青少年成长的重要场所,对于青少年人格形成有很大的影响力。然而,目前在学校教育中存在的诸多问题和缺陷,不仅影响着学校的教学质量和学生的健康成长,而且严重干扰了社会的发展,客观地助长了犯罪苗头,可能导致学生走上违法犯罪的道路。应当说,目前暴力犯罪居高不下与学校教育不当有密切联系。第一,学校法制教育的缺位。部分学校仍秉承分数至上的传统思维模式,片面夸大智育成果在教育中的作用,单纯追求升学率和考试成绩,忽略了包括德育、体育、美育在内的全面的素质教育,思想、道德、法制等心理健康科目被称为"副课",出现老师不愿教、学生不愿学的现象。即使纳入教学日程,但真正的理论联系实际,将学与做相结合也颇有难度。结果导致许多青少年学生缺乏正确的理想信念,缺乏普通的法律常识,头脑中没有辨别是非的标准,不懂法、不知法,也就谈不上遵纪守法。第二,校内外教育管理脱节。一些学校只注重学生的校内教育管理,缺少与学生家长的日常联系沟通,学校管理与家庭管理二者中间出现空当。学校对学生的校外活动情况不了解,不掌握,致使不少学生长期逃学旷课,以至染上不良行为;对学生在校外的违法犯罪苗头不能及时发现、及时消除,为暴力犯罪埋下了祸根。家庭与学校没有形成互动机制,没有共同营造出有利于学生成长的空间,无法有效引导学生回归到健康成长的道路上来。第三,部分教师在教学工作、日常教学事务中也表现出偏袒优等生,忽视甚至歧视学习成绩落后的学生,尤其是"双差生"。这部分学生觉得老师对他们不够尊重、不够信任,甚至会讽刺他们、排斥他们。有些学生从而讨厌学校的学习生活、开始缺课逃学,结果使得这些青少年学生更难以适应学校生活。他们自暴自弃,整日在社会上游荡,到处惹是生非,发泄其内心的不平等压抑,一旦与不三不四的人交往上,极易走向暴力犯罪。据调查,有35.5%的青少年暴力犯罪者在校时常被老师说"没出息",有47.5%由于学习不佳、师生关系紧张而时常逃学,有11.5%上学时受过处分。这种教育思维模式,也使一些成绩较好的学生自恃高人一等,处处颐指气使,老师过分迁就,甚至袒护。这样就使一部分学生名利欲、表现欲极度恶性膨胀,在无法以正当途径得到满足时,便不惜采用各种手段甚至残忍的杀人、伤害、抢劫等暴力行为。

(6) 被害人促动。应当说,对社会上的犯罪所进行的任何意义的研究,都必须把对罪行的受害者和犯罪人的分析包括在内。通常人们认为被害人只是犯罪行为的被动承受者,但在暴力犯罪中则远非如此。因为在某些暴力犯罪中,罪犯与受害者、有罪一方和无辜者之间,很难从法律上划清一条界线。暴力犯罪常常是在被害人与犯罪人的互动中产生的。首先,有时被害人自身的原因,如个人品行不端、生活作风不

---

① 王牧:《犯罪学》,吉林大学出版社1992年版,第356页;康树华、张小虎主编:《犯罪学》,北京大学出版社2004年版,第131—132页。

严肃,首先实施挑衅行为等,往往成为暴力犯罪行为发生的诱发因素。其次,暴力犯罪人与被害人之间通常具有相似或相同的社会特征,比如属于同一个种族,具有相同的社会地位。再次,犯罪人与被害人之间先前可能具有某种关系,如亲友、邻居、相识等。

第四节 暴力犯罪的对策

暴力犯罪的原因复杂、多变,因此不能仅仅依靠单一防治对策,而应当予以综合考量,建立多维度、多层次的立体防治模式。

一、发展生产力,加强社会主义物质文明建设

社会主义物质文明建设是强国富民的不可缺少的物质保证,也是根本消除暴力犯罪现象的物质基础。物质基础雄厚,精神文明建设才能加速发展,预防暴力犯罪才有可能,暴力犯罪才能减少;相反,物质基础很差,人们为物质生活而奔波,暴力犯罪只能增多,这已被人类历史发展的事实所证明。中国古语说得好:"仓廪实而知礼节,衣食足而知荣辱"。因此,我们必须发展经济,加强物质文明建设,为预防暴力犯罪创造雄厚的物质基础。加强物质文明建设,首要的方法就是发展社会主义生产力,提高物质生产能力,以更小的劳动投入,获取最大的财富;要调动人的积极性,使人们能以极大的积极性投入到社会主义建设事业中;应特别注意发展科学技术,促进生产力水平的提高。其次,有必要采取相关措施来应对由于贫富差距日益扩大而无形中制造出的社会问题,如健全税收制度、深化经济体制改革、加强社会福利、提升就业机会、均衡社会、经济、文化资源分配等,以满足各方需求,抑制财富分配不均现象,减少冲突及暴力行为的发生。

二、发展教育,加强社会主义精神文明建设

要预防暴力犯罪,必须加强社会主义精神文明教育,加强包括文化、道德、法制等方面在内的素质教育,增强人们的素质,提高人们的社会责任感。素质教育是预防暴力犯罪的最根本措施,因为人们的素质不高,就难以改善决定暴力犯罪形成的主观因素,也难以形成有效的社会监督防范体系。在强调以文化、道德、法制为主要内容的素质教育中,应当坚持以科学的理论教育人,以高尚的情操感染人,以正确的舆论引导人,并认真把握好以下几点:(1)加强社会的文化、科学、技术教育,提高人们的知识水平,改变人们落后的思维方式和生活方式,提高社会非正式控制能力。因为愚昧和野蛮是孪生兄弟,暴力行为的发生多源于野蛮和愚昧的冲动,而有了较好的文化素质、思想水平、思维判断能力,就可以审慎地处理自己的行为,从而减少暴力犯罪的发生。(2)加强理想、道德教育。良好的理想、道德教育对于培养健全的人格和自我控制能力具有重要作用,它可以改变人们的不良心理性格,消除暴力激情的心理动因,或增强抑制暴烈情感发生的能力,能够使人以正确的态度和方法,去处理恋爱、婚姻、家庭问题以及各种人际关系。(3)加强法制教育。通过法制宣传教育,使得人们提高法律意识,树立法制观念,用法律规定统一思想和行为;人人都懂得哪些行为是合法的,哪些行为是非法的,一旦违法犯罪了,就要受到法律的制裁,尤其是暴力犯罪,是刑法严厉禁止的犯罪行为。这样使得广大群众知法、守法,正确行使公民的权利和义务,抑制犯罪动机的产生,不去违法犯罪,尤其是暴力犯罪。

三、净化大众传播媒体,杜绝暴力渲染

书刊、影视等大众传播媒体由于具有休闲娱乐、社会教育及资讯沟通等功能,因此它对社会大众的行为及生活各层面会产生深入、持久的影响。鉴于大众传播风格迥异并且渗透力极强,如不善加利用,它所造成的负面影响,足以摧毁任何正面教育已达到的效果。目前许多电影、电视、录像带粗制滥造一些诲淫诲盗以及暴力的节目,报纸、杂志对于犯罪新闻与犯罪技术过分渲染描述,无形中在人们心中传播一种不正确的观念,认为解决问题的最有效方法是使用暴力。所以我们应当把好书刊、影视出版作品的审批关,对于一些宣扬暴力、色情、格调低劣、内容污浊、社会效果很差的影视、刊物必须予以查禁。同时,在正面的宣传、报道中,也应充分估计到可能引起的社会心理效应,不要过多描述暴力犯罪的作案情节,以消除诱发暴力犯罪的各种社会垃圾,杜绝暴力渲染。

四、加强社会帮教和人民调解等早期干预工作

(1)要认真落实安置帮教工作。对"两劳"回归人员和那些有轻微违法犯罪行为的青少年,街道、居委会应逐个制定帮教方案,采取家长、老师、亲友、街道干部、民警相结合的办法,对其进行耐心劝导,有的放矢地开展经常性法制教育工作,并尽力帮助解决工作、学习、生活等方面的困难,使之停止违法犯罪行为,成为自觉守法的公民。尤其是对那些经常携带凶器打架斗殴、寻衅滋事的人要及时进行帮教工作,有力地预防暴力犯罪的发生。(2)要做好人民调解工作,及时化解民事矛盾。所谓人民调解工作,是在法院和司法行政机关的指导下,由基层调解组织(居民委员会、村民委员会)在纠纷当事人自愿的基础上,依法对民间纠纷进行诉讼外的调解,使矛盾和纠纷得到及时解决,避免矛盾激化导致暴力犯罪的发生。做好人民调解工作应该注意以下几点:第一,要动员整个社会重视解决民事纠纷,把解决民事纠纷纳入各级政府、机关、厂矿、学校的日常工作中去,做好疏导、教育、管理等工作。第二,要加强基层组织工作,健全居委会、村委会、调解委员会、治安保卫委员会等群众组织,积极调处民事纠纷。第三,加强纠纷排查,把纠纷消灭在萌芽状态。全面排查和重点排查相结合,对易出现纠纷的户、人、事重点排查,消除隐患。加强人民调解,化解矛盾纠纷,对长期矛盾纠纷未妥善解决而随时有可能爆发的问题,要指定专人进行经常跟踪关注,尽力协调解决,一旦出现爆发矛头,及时采取果断措施。第四,加强业务建设,培养一支高素质的调解队伍。调解人员要会用法律解决实际问题,逐步培养造就一支素质过硬、作风正派、业务精湛、办案廉洁的基层调解队伍,在社会主义市场经济条件下使

人民调解工作发挥出应有的作用。

五、加大打击力度,遏制严重暴力犯罪的发展势头

打击犯罪虽然不是消除犯罪的最好方式,但绝非可有可无,仍然具有其存在价值和无法替代的作用。犯罪是一定的社会的产物,有其产生的社会根源,杜绝犯罪现象在现阶段是不可能实现的。打击犯罪既是对已经发生的罪恶的惩罚,也是对将来可能的犯罪的儆尤;既是对被害人的抚慰,也是对法律正义的伸张。严格依法惩治暴力犯罪,罚当其罪,犯罪分子、受害人和社会公众都会心服口服,犯罪分子才会自觉接受教育,改过自新,社会公众也能从中受到法制教育,自觉同暴力犯罪作斗争,暴力犯罪就会减少。加大打击暴力犯罪案件的力度,一是要及时受理和侦破各种暴力犯罪案件。特别是对危害严重、影响巨大的严重暴力犯罪案件,以及特大杀人和结伙抢劫、强奸等恶性暴力犯罪案件,一定要集中警力,专案专办,深入侦查,务求破获,以免因为侦破不力损害公安机关的威信,使一些有暴力犯罪倾向的人从中得到消极的启发,敢于以身试法;二是对那些已经归案的暴力犯罪分子,要加强预审和移送起诉工作,为检察、法院的及时开展起诉、审判工作创造条件,最终做到及时打击处理,以进一步震慑那些意欲进行暴力犯罪活动的人。

六、加强针对暴力犯罪人的预防

暴力犯罪人可以分为四种情况:一是行为人本身并没有恶意,只是一时冲动或对事情的性质认识不清而实施了犯罪,即偶犯或者机会犯;二是行为人恶性程度不深,受外界影响而实施了犯罪;三是行为人具有严重的反社会心理,具有极强烈的破坏意识,主动创造机会实施犯罪;四是行为人具有严重暴力倾向或者精神障碍。对这四种罪犯要采取不同的预防措施,特别对后两类罪犯要加强预测和预防,进行生理、心理治疗,开展法制心理学和司法精神病学的咨询服务和门诊治疗工作。总的来说,预防重新犯罪,就要加强暴力犯罪人服刑期间的心理和行为的矫治。暴力犯罪是传统犯罪,与犯罪人的心理密切相关。因此,加强暴力犯罪人服刑期间的心理和行为的矫治,促使犯罪人重返社会,是预防重新犯罪的根本措施。暴力犯罪人心理咨询立足于发现罪犯违法行为背后的心理动因,并根据个体的特点寻找解决的方法或对策,以期达到罪犯犯罪心理的消除;在解决了罪犯的心理问题之后,还要从发展的角度,培养罪犯的健全人格。主要目标有:首先,释放情绪,缓解冲突;其次,改变认知,消除障碍;再次,破除旧我,重塑新我。

七、加强亲职教育,健全家庭功能

亲职教育是经以教育和学习的方式,而使父母成为称职父母的角色,并协助父母了解子女的身心发展需要,了解子女不大适应的行为,与子女建立正向的亲子关系。它包括了父母的教育与父母对子女的教育两个方面。家庭是整个社会的细胞,家庭的稳定与和谐关系到社会的稳定,而暴力犯罪的衍生往往与许多家庭原因密切相关。

许多父母不仅不了解子女的问题与需要,同时也不知道如何对子女施予正确管教,不是过分溺爱、宠爱,就是过分严厉、粗暴,甚至父母彼此间暴力相向,这些均为暴力犯罪埋下了祸根。因此,我们要加强父母亲职教育,扩大举办"爸爸、妈妈教育"活动,建立父母学校,对父母进行生理、心理知识的教育,使他们掌握子女成长过程的规律,以利他们正确地发挥家庭功能,强化监督子女,并予以适当管教,使子女健康成长,以免父母不正确的教育方式对子女造成伤害,为减少暴力犯罪奠定基础。另外,要加强对社会主义平等和睦的家庭关系进行宣传教育,提倡互敬互爱、尊老爱幼、平等和睦相处,反对家庭暴力,预防和惩治家庭暴力犯罪。

八、加强学校教育功能的发挥

(1)要充分发挥学校的教育资源,加强对青少年学生的法制教育,使青少年树立正确的世界观、人生观、价值观,提高法律意识,不仅学法、懂法,而且守法,用法律规范来约束自己的行为,自觉地抵制不良思想的侵蚀,健康快乐地成长。(2)鉴于暴力行为往往与行为人非理性的认知、人际沟通拙劣、缺乏愤怒情绪控制及管理有密切关系,因此有必要在学校教育阶段强化社交技巧训练及愤怒控制训练,让行为人在面临愤怒等负面情况时,能控制自己当下的愤怒及激动,用更加具有建设性的方式来处理,以免因为太过冲动而犯下大错。(3)学校应当认真组织学生进行学习等各项活动,不能使学生流失到社会,脱离学校的管理;学校应对学生、家长和社会负责,凡是在校学生逃离学校,在社会上进行违法犯罪,包括暴力犯罪,学校应当负管教不严的责任。因此,学校应加强学籍管理,如果学生逃离学校,学校应当及时将其找回来,以免学生流窜到社会参与暴力犯罪活动;要注意学生的思想动向,深入了解学生的生活,做好学生的成长日记,善于发现异常情况,进行综合分析,并及时采取措施纠正。(4)在教育过程中,教师应当始终尊重学生,以平等心态对待学生,爱护学生的自尊心,充分调动学生的积极性和主动性,发挥学生的主体作用。尤其是一些后进生或犯了错的学生,心理上比较脆弱,更需要老师的关怀和尊重。

九、积极开展被害人学研究,采取必要的预防被害措施

"所谓被害人学,是以科学地探讨在犯罪发生时,被害人起着什么样的作用,被害人的态度与诱发犯罪之间有什么样的关系,加害人和被害人之间处于什么样的关系等为目的的学问。"[①]被害人学研究把被害人当作一个真正的人来了解,明确了就一个完整的被害人研究而言需要什么,使我们对被害人的了解程度远远高于我们对自己生活中大多数人的了解。被害人学的研究表明,从被害人的角度出发,采取多种被害预防措施,能够有效地减少暴力犯罪的发生。被害人若能增强防范意识、掌握防范技巧,熟悉法律知识,就能够更好地预防被害和维护自己的合法权益。调查发现,我国公民对被害预防知识的了解情况令人担忧。因此,建议通过各种途径宣传被害预防

---

① 〔日〕大谷实著:《刑事政策学》,黎宏译,法律出版社 2000 年版,第 307 页。

知识,提高民众自我保护技能,做到防患于未然;增强报案意识,一旦遭受暴力犯罪侵害,及时报案;学习一些防身自卫术,受到袭击时在不能制服罪犯的情况下应尽量以最快速度脱离现场;教育公民自重自爱,认真检视自己的生活形态,强化采取自我保护措施,避免成为犯罪合适的标的物而暴露于危险情境,减少被害机会。另外,由于暴力犯罪多是对人身的侵害,对财物的侵害多伴随着对人身的侵害(抢劫罪中这个特征最为明显)或多是对目标较大财物的侵害(如爆炸罪),因此对财物的预防依赖于日常的防范管理措施以及认真负责的态度。

十、引进和运用现代科学技术打击暴力犯罪

21世纪是知识经济和信息时代,科技竞争已成为综合国力竞争的基础。随着科学技术的发展,利用高科技手段暴力犯罪亦即智能暴力犯罪的趋势越来越明显,我们必须积极采用科技成果来加强公安工作,打击暴力犯罪,做好治安防范。(1)要适应新形势、新任务的需求,坚定不移地走科技强警之路,把公安信息化建设工作摆到突出位置,全面引入计算机等现代通信技术和侦破手段,更加自觉、积极、广泛地运用信息技术武装自己,用现代科技手段全面提高公安队伍的战斗力。同时,借鉴外国在打击暴力犯罪方面的先进科技手段,与各国加强各种形式的技术合作。(2)加大技防投入,把更多的现代科技手段运用到主要街道、商业繁华区、重点要害部位、治安复杂场所的治安防控工作之中,以强化科技防范,提高快速反应能力,全面提高抓现行、破大案和街面治安控制的能力,最大限度地遏制暴力犯罪。例如,将GPS卫星定位技术与街面巡逻有机结合起来;在一些银行、运钞车上加上特殊的防护装置和警报系统;在商店重要部位安装监视器和报警器;等等。(3)对杀人等严重暴力犯罪,要充分发挥刑事技术等科技手段的作用,提高侦查破案的科技含量,真正做到向科技要警力,向科技要战斗力,向科技要防范力,通过现代科学技术不断增强攻坚克难能力,破获大案、要案。

第十五章 财产犯罪

无论是在我国还是其他国家,财产犯罪都是一类常见多发的犯罪。美国犯罪学家路易丝·谢利在《犯罪与现代化》一书中指出:"发达国家中财产犯罪占犯罪总数的82%","在1965年至1976年期间,发展中国家所有犯罪中,财产犯罪占大多数","现代化使发展中国家重演了19世纪欧洲伴随社会发展而产生的那种变化即犯罪率增长、财产犯罪增加并逐渐占据优势"。[①] 当前,我国正经历与发达国家曾经经历和其他发展中国家也正在经历的极为相似的社会变迁过程,财产犯罪态势也呈现与之相像的情况。在我国的官方犯罪统计中,自新中国成立以来,财产犯罪居各类犯罪之首。加强财产犯罪的研究,采取有效措施预防和减少财产犯罪的发生,是我国构建和谐社会的重要内容和重要保障。

第一节 财产犯罪的概念

一、财产犯罪的概念

财产犯罪是一种古老的犯罪,自产生之日起,一直伴随着人类社会的发展。早在原始社会末期社会出现剩余产品之后,便已经出现了财产方面的违规行为。随着私有制的确立和阶级的分化,人们的私有观念产生,并进而形成了对财物的贪欲,"寇攘奸宄,杀人越于货"等现象增多。到了现代社会,财产犯罪依然是犯罪的主要形式。所谓财产犯罪,是指犯罪行为人运用各种手段非法占有或者故意毁坏公私财物,对社会治安秩序构成严重影响的犯罪行为。这里的公私财产包括国有和集体所有的财产、民营企业的财产以及公民个人的合法财产。其中,既包括有形的财物,也包括电力、煤气、技术成果等无形的财物。

二、财产犯罪的分类

根据不同的标准,可以将财产犯罪作不同的分类。

(1)根据犯罪主体是否要求具备特殊身份,分为一般主体财产犯罪与特殊主体财产犯罪。多数财产犯罪不要求特殊身份,只要行为人达到刑事责任年龄、具备刑事责任能力即具备犯罪主体资格,如盗窃罪、诈骗罪等。但是有少数犯罪因其特殊性质决定行为人必须具有特定身份才能构成该种犯罪,如职务侵占罪、挪用资金罪的主体只能由公司、企业或者其他单位的人员(国家工作人员除外)构成。

(2)根据犯罪主体犯罪目的的不同,分为以非法占有为目的的财产犯罪,如盗窃

---

① [美]路易丝·谢利著:《犯罪与现代化》,何秉松译,群众出版社1986年版,第84、62、76页。

罪、侵占罪;以挪用或移作他用为目的的财产犯罪,如挪用资金罪、挪用特定款物罪;以毁坏财物为目的的财产犯罪,如故意毁坏财物罪、破坏生产经营罪。

(3) 根据财产犯罪侵犯的客体是否为单一客体,分为侵犯单一客体的财产犯罪与侵犯复杂客体的财产犯罪。多数财产犯罪都仅以财产所有权为侵犯客体,但有的财产犯罪不仅侵犯财产所有权,同时还侵犯其他社会关系,如抢劫罪,同时侵犯了财产所有权和人身权,其侵犯的客体具有双重性。

(4) 根据犯罪主体是否以暴力手段实施财产犯罪,分为暴力型财产犯罪和非暴力型财产犯罪。多数财产犯罪都以非暴力手段实施犯罪行为,如盗窃罪以秘密窃取的方式,诈骗罪以虚构事实或隐瞒真相的方法实施。同时,财产犯罪中还包括以暴力手段实施的犯罪,如抢劫罪即以暴力、胁迫或其他方法抢劫公私财物。

(5) 根据财产犯罪的犯罪对象是否具有特殊性,分为侵犯一般财产的犯罪和侵犯特殊财产的犯罪。多数财产犯罪对犯罪对象并无特殊要求,只要进行侵犯并达到法定程度就构成相应犯罪,而有些财产犯罪对犯罪对象有特殊要求,构成这类犯罪只能以特定财物为犯罪对象。如职务侵占罪和挪用资金罪的犯罪对象只能是公司、企业或者其他单位的财物或资金;挪用特定款物罪的犯罪对象只能是用于救灾、抢险、防汛、优抚、扶贫、移民和救济的款物。

三、财产犯罪的范围

关于财产犯罪的范围,中外犯罪学界有不同的看法,其焦点主要集中在财产犯罪与经济犯罪、暴力犯罪的关系上。[①] 我们认为,财产犯罪与那两类犯罪既有联系又存在诸多不同。

一方面,财产犯罪和经济犯罪、暴力犯罪之间关系密切。表现在:经济犯罪是从传统的财产犯罪中衍生出来的,如诈骗罪衍生的合同诈骗、贷款诈骗、保险诈骗;财产犯罪和暴力犯罪作为源于传统农业社会并延绵至今的古老的犯罪类型,被合称为传统犯罪,二者多是凭借体力实施;财产犯罪和经济犯罪、暴力犯罪在外延上存在交叉,如职务侵占罪既属于经济犯罪又属于财产犯罪、抢劫罪既是暴力犯罪又是财产犯罪的类型。

另一方面,财产犯罪不同于经济犯罪、暴力犯罪。财产犯罪作为传统农业社会的基本犯罪形态之一,与现代工业社会出现的经济犯罪的区别在于:财产犯罪往往针对特定人的财产权益,被害人受损情况通常是直接的、具体的,而经济犯罪却很少针对某个特定个人,其受害者不但有个人,而且有社会整体或集体,故其被害人的受损情况往往是间接的、复杂的;从犯罪手段看,财产犯罪大多为体力犯罪,除少数行为与犯罪人的职业行为有关外,多数行为与其职业无关,而经济犯罪则大多为智力犯罪,且与犯罪人所从事的职业有关。财产犯罪与暴力犯罪的区别在于:财产犯罪主要是侵

[①] 经济犯罪是指在商品经济的运行领域中,为谋取不法利益,违反国家法律规定,严重侵犯国家管理制度、破坏社会经济秩序,依照刑法应受刑罚处罚的行为;暴力犯罪是指行为人使用暴力或以暴力相威胁,非法侵犯他人人身或财产的犯罪行为。

犯公私财产所有权的犯罪,而暴力犯罪则主要是侵犯人身权利的犯罪;财产犯罪往往是生人之间的犯罪,即犯罪者与被害者之间是一种陌生关系,而暴力犯罪则多是一种熟人间的犯罪;与暴力犯罪相比,财产犯罪的易感性要差,甚至有时人们感受不到财产犯罪的发生和危害,如盗窃罪。

我国刑法分则第五章对财产犯罪共有 15 个条文的规定,涉及抢劫罪、盗窃罪、诈骗罪、抢夺罪、聚众哄抢罪、侵占罪、职务侵占罪、挪用资金罪、挪用特定款物罪、敲诈勒索罪、故意毁坏财物罪、破坏生产经营罪和拒不支付劳动报酬罪 13 个罪名。

第二节 财产犯罪的状况与特点

一、财产犯罪的状况

犯罪是一种复杂的社会现象,属于一定的历史范畴,随着社会物质生活、精神生活的发展、变化而不断呈现出新特点。当今世界各国普遍存在犯罪问题,其中,财产犯罪是主要的犯罪类型。财产犯罪随着各国经济社会的发展,也在不断发生变化。在美国,从 1960—2000 年犯罪统计中可以看出,各种类型犯罪中,财产犯罪占绝大多数,案件数量经历了急速上升到平缓下降的过程;日本财产犯罪从 1977 年的 1145634 件,发展到 1984 年的 1477123 件,到 1990 年财产犯罪达 1536881 件,在全部犯罪中的比例从 1977 年的 67.2%,增加到 1984 年的 69.2%和 1990 年的 69.3%;近年来,韩国的财产犯罪呈现上升趋势,1992 年为 173930 件,2001 年增至 392473 件,在全部刑事犯罪中的比例从 1992 年的 67.2%,增加到 2001 年的 70.9%,在全部刑事犯罪中占有较大的比例。①

新中国成立后,尤其是改革开放三十多年来,政治、经济、文化等各项事业日新月异,社会面貌发生了翻天覆地的变化。与此同时,各种社会冲突、社会矛盾也不同程度地存在,其中,尤以犯罪最为突出。伴随着社会经济体制的变革,社会财富的分配格局、社会阶层的组织结构、社会交往的方式方法、社会观念的形式内容均与以往有了很大的不同,相应地,危害社会治安的违法犯罪活动也呈现出新的特点和发展态势。② 1950 年以来,我国的犯罪率在不断波动起伏中呈逐渐上升趋势,尤其是改革开放后增长速度加快。1978 年以前,我国的犯罪问题并不突出,每年刑事案件只有 20 万起至 30 多万起,犯罪率一直很低,维持在每年 10 万人 30 起至 60 起刑事案件的水平(其中 1956 年的犯罪是新中国成立以来的最低点,只有 18 万起,犯罪率为每 10 万人 29 起),是世界上发案率最低的国家之一。③ 1978 年 12 月召开的中国共产党十一届三中全会,作出了把党和国家的工作重点转移到社会主义现代化建设和实行改革开放的决策,中国进入到新的发展时期。在经济不断发展,人民生活水平逐渐提高的

---

① 康树华主编:《全面建设小康社会进程中犯罪研究》,北京大学出版社 2005 年版,第 45、60、69 页。
② 由于我国一直尚未开展全国范围内的被害人调查工作,通常我们以公安部门统计的刑事立案数、立案率作为考察犯罪问题的标准。
③ 郭翔著:《犯罪与治理》,中华书局 2002 年版,第 9—12 页。

同时,利益失衡、法律缺位、价值观念扭曲等现象出现,犯罪问题越来越严重。1978年全国发生的刑事案件数量为535698起,1981年增加到890281起,1991年达到2365709起,2000年增至3637307起,2006年高达4653265起。其间,在三次(1983年、1996年、2001年)"严打"整治斗争中犯罪得到一定遏制,但"严打"斗争一结束,犯罪开始出现反弹。

财产案件历来是我国刑事犯罪案件的大户。从发展历程来看,改革开放后,我国财产犯罪在数量上大幅上升。1981年,我国财产案件为785305件,1989年上升到1788684件,2000年升至2836128件,2006年为3667383件。1981—2006年,财产犯罪在数量上增加了三倍多。从犯罪类型上看,盗窃是我国最主要的财产犯罪类型,因而也是最主要的刑事犯罪类型。据公安部门统计,1981年全国盗窃案件立案744374起,占刑事案件的83.6%[①];1984年公安机关提高了盗窃案件立案标准,盗窃案件有所下降,为395319起,占刑事案件的76.9%;1989年全国盗窃刑事立案1673222起,占刑事案件的84.9%;1991年达到1922506起,占刑事案件的81.3%。1992年再次修订盗窃刑事立案标准后,盗窃案件数目减少,1992年为1142556起,占刑事案件的72.2%;2000年盗窃案件2373696起,占刑事案件的65.3%;2004年盗窃案件3212822起,占刑事案件的68.1%;2006年年盗窃案件为3143863起,占刑事案件的67.6%。抢劫也是一类主要的犯罪,在财产犯罪中居第二位。1978年抢劫犯罪立案总数为5596起,1988年达到3.6万多起,1991年突破10万起,2000年突破30万起,2005年达到了33万多起,是1978年的59倍。抢劫犯罪率在1978年每十万人约0.58起,1988年达到每十万人约3起,2000年达到每十万人约24起,2005年每十万人约25起,是1978年的43倍多。抢劫犯罪总量在这28年间年均增长了约16.3%,抢劫犯罪率此间年均增长了约15%。近年来,抢夺案件不断增多。公安部"当前中国抢劫、抢夺犯罪"课题组研究发现,1992年至2001年10年间全国的抢夺犯罪占刑事发案总数的比重增长了442.69%,年平均增长速度为20.71%。[②] 此外,诈骗案件也同样呈现不断增长的态势,在刑事案件中的比例不断加重。1981年诈骗案件18665起,占刑事案件的比例为2.1%;2006年诈骗案件213648起,占刑事案件的比例为4.6%。

二、财产犯罪的特点

从总体上看,我国财产犯罪存在相对稳定和不断变化两个特点。其中,相对稳定的特点表现在:我国财产犯罪的数量一直占据刑事案件数量的多数;盗窃犯罪的数量始终在财产犯罪中占据主要位置。不断变化的特点是指,随着我国政治、经济、科技等领域日益发生深刻变化,财产犯罪不断出现新情况、新规律。财产犯罪,尤其是盗

---

① 需要指出的是,我国同其他国家一样,在犯罪统计中也存在犯罪黑数问题,据公安部课题组在全国范围内的调查发现,盗窃等财产犯罪案件黑数较大。

② 王智民等著:《当前中国抢劫抢夺犯罪研究》,中国人民公安大学出版社2003年版,第48页。

窃、抢劫和抢夺犯罪发案多、数量大,是衡量社会治安的"晴雨表"。① 下面重点介绍当前我国这些常见多发财产犯罪呈现的特点:

(一)犯罪主体特点

财产犯罪是最普遍的传统犯罪类型,通常对犯罪主体并无特殊要求,这也是该类犯罪高发的因素之一。当前,我国财产犯罪主体以青少年、流动人口和各类社会闲散人员居多,并逐渐呈现团伙化、有组织化的趋势。

(1) 青少年。青少年正处于人生的转型时期,思想尚未成熟,社会阅历较浅,辨别是非能力差,容易走上犯罪道路。一些青少年贪图吃、喝、玩、乐等物质享受,但缺少经济来源,又想不劳而获,往往通过犯罪行为获得钱财。近年来,青少年财产犯罪数量不断上升,而且低龄化趋势加强。

(2) 流动人口。随着我国社会主义市场经济体制的建立,社会生产力高速发展,农村及周边地区的大批剩余劳动力开始涌向城市。流动人口在为流入地的发展作出巨大贡献的同时,对流入地的社会治安也带来了压力。流动人口多是抱着务工经商、致富赚钱的目的而来,而现实工作生活的不适应、心理上的落差以及社会的一些不公正待遇等因素,使得一些人产生反社会情绪,企图用非法手段获得心理上和物质上的补偿,图财型犯罪突出。

(3) 社会闲散人员。随着农村经营方式的转变、企业的转制等诸多方面的原因,以农村剩余劳动力、企业下岗工人、失学或待业青年和回归社会的两劳释解人员为主要成分的社会闲散人员大量增加。这类人员大部分没有可靠的生活来源,没有稳定的工作和固定的收入,又常常招致家庭成员、亲戚、朋友甚至社会的歧视和排挤,导致他们丧失归宿感,自卑心理、逆反心理强烈,加之社会对这些人员的管理也存在诸多问题,他们迫于生计或为了享受、挥霍等原因实施财产犯罪。

犯罪人既要作案得逞,也要相对安全。近年来,在财产犯罪中,不论是实施入室盗窃、扒窃,还是抢劫、抢夺和诈骗,作案的团伙化倾向突出。以盗窃机动车为例,从各地破获的案件看,很多盗窃机动车的团伙内部分工明确、相互配合、彼此掩护、协同一致,形成盗窃、改装、运输、销赃一条龙。

(二) 犯罪类型特点

其一,大案、要案日益突出,犯罪金额越来越大。自20世纪80年代初以来,我国重大财产犯罪案件急剧增多,犯罪金额在几十万元以上,甚至数百、上千万元的大案时有发生。其二,盗窃机动车犯罪猖獗。随着我国经济建设的不断发展,人民生活水平有了很大提高。作为营运和代步的交通工具,汽车、摩托车等机动车辆大量进入各个单位和普通家庭。在机动车辆成倍增长的同时,盗窃机动车辆案件也逐年上升。据统计,2000年全国盗窃机动车案件共450377件,2005年上升到682680件,五年间增长了34%。其三,街头"两抢"案件频发。财产犯罪多在公共场所发生,如车站、广

---

① 三类犯罪一直是社会治安工作的重点和难点,2006年"两抢一盗"犯罪案件多达三百多万起,占财产犯罪案件的九成,占全部刑事案件的八成。

场、街道、马路僻静处、路口等地发生的案件数量不断上升,尤其是在街头乘摩托车突然袭击并攫取群众财物的"两抢"犯罪更为突出。

(三) 犯罪行为特点

(1) 行为方式逐渐公开化,即由隐蔽向公开转变。过去不论是入室盗窃或者拦路抢劫多发生在夜间和人少的情况下,现在白天也时有发生,甚至在繁华场所和城市街面实施犯罪。(2) 作案手段日趋暴力化,即由较为缓和向暴力转变。如街头扒窃、拎包等案件,行为人先是秘密偷盗,而一旦被察觉或遇到反抗,可能会立刻实施暴力,甚至动用凶器。(3) 在作案设计上呈现智能化,即由简单向智能转变。犯罪人从相对简单、传统、力量型的作案设计向复杂、现代、智力型方向转变,如借助先进的通信工具和科技手段,不断提高犯罪的预谋性、设计性和策略性,实现作案速度快捷、相互联系畅通、破解安全装置迅速等,令人难以防范和应对。

(四) 犯罪时空特点

犯罪时空是犯罪行为实施的必要条件,犯罪人总要尽力选择他们认为最为有利的时间和适合作案、方便逃脱的地方实施犯罪行为。财产犯罪的时间和地点具有规律性。从时间上来看:盗窃犯罪的发生,节假日前后较多;抢劫和抢夺犯罪受季节和时间的影响比较大,夏季天气炎热,人们外出活动比较多,加上衣着单薄,现金、手机、首饰等财物较易暴露,犯罪容易实施,且多发生在晚上;诈骗犯罪多集中在白天进行。从空间上来看:我国地域辽阔,国情复杂,地区之间、城乡之间发展不平衡,与之相应,我国财产犯罪在犯罪类型、犯罪手段上呈现地理分布差异。(1) 地区差异。东南沿海地区市场经济发达,经济增长快,工业化、城市化、信息化水平较高,财产犯罪比较突出,新型犯罪形式不断出现;中西部地区则是传统的财产犯罪类型较多。(2) 城乡差异。对于盗窃犯罪来说,在城区和城乡结合部多集中在人流物流集中的公交车、商场、超市等公共场所;在农村,由于农民的主要财物存放在院落和房屋内,因此发生的入户盗窃比较多。对于抢劫和抢夺犯罪来说,城市的经济发展水平高于农村,财产案件发案多、涉案价值大。

需要指出的是,随着科学技术的发展,交通和通信日益便捷,财产犯罪手段不断翻新,形式多样化。其中,网络盗窃、网络诈骗等新型犯罪的时间差异性不是特别明显;跨地盗窃、异地诈骗等案件的增多,使得财产犯罪跨空间作案的特点开始增强。

(五) 被害主体特点

被害人是犯罪行为的直接侵害对象。财产犯罪被害人是指财产权益受到犯罪侵害的人,是盗窃、抢劫、诈骗等多种财产犯罪被害人的总称。财产犯罪被害人的一般条件是:其一,被害人须有一定的财物,即被害人的财物在财产犯罪中成为犯罪对象;其二,具有可被犯罪人利用的空隙,这在盗窃犯罪中更为明显;其三,具有与犯罪人接触的机会。

财产犯罪的被害人与其他类型的被害人相比既有共同点,如其合法权益受到损害、所受损害是由他人的犯罪行为造成的、所受损害是由他人的犯罪行为直接造成的,等等,同时也有自己的独有特性。一方面,财产犯罪被害人基数大。和其他类型的犯罪相比,财产犯罪在全部刑事案件中数量最多,相应地被害人的人数也比较多。另一方面,财产犯罪被害人的隐匿性强。现实生活中,财产犯罪被害人有案不报的现象大量存在。其中,盗窃犯罪被害人的隐数更大。盗窃被害人往往由于损失的财物数额较小,没有超出自己经济实力所能容忍的限度等原因而不去报案。事实上,这类被害人的实际人数远远大于公安机关统计的人数。

三、财产犯罪的危害

犯罪危害是犯罪的本质特征之一,是犯罪行为所引起的对客观事物带有危害性的变化。财产权利是人类生存的基础,是社会发展的基石。财产犯罪是对财产权利的严重侵犯,和其他类型的犯罪一样,财产犯罪是具有社会危害性的现象。财产犯罪中,犯罪人对社会及其成员进行侵害,导致了社会的混乱和不安状态,对社会的和谐稳定造成妨碍,给被害人的财产、人身和精神带来损失和痛苦,不仅如此,犯罪行为甚至还会给犯罪人自己带来一定伤害。主要表现在:

(一)财产犯罪对人的危害

1. 被害人

被害人是犯罪人实施犯罪行为的直接侵害对象,要承受犯罪行为带来的各种伤害。在财产犯罪中,被害人的财产遭受犯罪侵害,直接承受各项直接、间接经济损失。在暴力型财产犯罪中,被害人还要承受人身伤害。除此之外,犯罪还会给被害人带来某些精神损害,如焦虑、恐惧等,严重的甚至造成被害人发生恶逆变。[①] 实践中,有的被害人在自己的合法权益遭受侵犯后,在得不到法律保护的情况下,产生了向社会报复的心态,成为危害他人、危害社会的犯罪人。

2. 犯罪人

西方曾流行这样一句话:"犯罪杀害它的主人。"意思是说,犯罪不但危害他人、社会,而且也危害犯罪人自身。一方面,财产犯罪对犯罪人自身财产带来损失,如案件破获后,除非法所得被没收外,还有可能被处以罚金。另一方面,财产犯罪给犯罪人的心理带来痛苦,如在犯罪实施中亢奋、心跳加速,惶恐、害怕自己被发现;服刑后担心被他人鄙视,与他人交往保持高度戒备心理,孤独、寂寞,承受一定的心理压力。

(二)财产犯罪对国家和社会的危害

1. 破坏国家稳定大局,危害社会和谐发展

稳定压倒一切,稳定是社会主义现代化建设不可或缺的前提条件和基本保障。当前,我国经济社会既处于"黄金发展期",又处在"矛盾凸显期",不稳定、不和谐的因素伴随着改革和发展的推进。在这些矛盾和冲突中,最为激烈的表现方式就是犯罪。犯罪作为一种反社会的行为,是各种消极现象的综合反映,直接影响着社会的和谐与

---

① 恶逆变是指被害人在其合法权益受到犯罪行为侵犯后,在不良心理的支配下和其他因素的推动下,导致被害人的逆向变化,亦即从被害者向施害者方向的转化。

稳定。财产犯罪高发，特别是多发性的财产犯罪如盗窃、抢劫、抢夺犯罪案件（简称为"两抢一盗"），造成社会治安混乱，直接影响人民群众的工作生活秩序。而且，治安差容易引起人们的不满，特别是容易诱发在改革中利益受损群体的不满，形成新的不稳定因素。

2. 直接影响公民安全感

安全感是每个人生存的基本需求之一，是居民对社会治安状况的主观感受和评价。财产犯罪严重危害人民群众的生命财产安全，影响人民群众的心理，是影响安全感的重要因素。2003年，济南市委政法委委托济南市统计局对1000户不同职业的居民调查显示，在影响居民安全感的事项中选择"盗窃、抢劫、抢夺"的竟占78％。[①]

3. 有损党和政府机关形象

党和政府的形象是由多方面因素决定的，人民群众往往通过具体事情，集中地、综合地进行观察和判断。我国宪法和法律明确规定，国家"保护公民的生命财产安全，保障正常的生产生活秩序"。中国共产党始终代表最广大人民群众的根本利益，全心全意为人民服务是其宗旨。我国各级政府是人民的政府，是改革开放和建设中国特色社会主义的领导者和组织者。维护和保持社会政治稳定，为社会发展和经济建设创造安定的社会环境，保护公民的生命财产安全，保障正常的生产生活秩序，不仅是法律的明文规定，也是党和政府的职责所在。打击犯罪，维护人民群众的生命财产安全和社会治安秩序，是公安机关的基本职能。财产犯罪中盗窃、抢劫、抢夺犯罪多发生在街面上，这些案件的多少成为衡量一个地区社会治安状况的重要标准，也是体现党和政府机关为人民办实事的重要依据。如果不能有效遏制财产犯罪，将会降低党和政府机关的形象，影响人民群众对国家的信赖。

第三节 财产犯罪的原因

犯罪原因是一个复杂的综合体，既有综合性又有层次性，是社会因素、生物因素、地理因素、主观因素等多方面结合的产物。客观、全面地分析我国财产犯罪的原因，有利于完善财产犯罪预防措施，更好地增进社会和谐与稳定。

一、社会原因

当前，中国社会正处在向社会主义现代化转型的加速期，其广度、深度和难度都是前所未有的。这一时期新旧体制相互碰撞、排斥，形成双轨体制混合并存的格局，同时伴随着体制缺口、体制倒错和体制逆转的特征。这种新旧社会结构之间的矛盾和对抗，势必引起社会环境的剧烈变动，引起各个阶层利益格局的调整，同时也导致社会治安秩序发生变化。刑事案件数量不断上升，社会治安形势不容乐观。犯罪是社会生活中消极现象的一种集中反映，也是社会转型中社会关系失调和社会结构失

---

① 李民、林峰：《"两抢一盗"侵财型多发性犯罪探析》，载《江淮法治》2004年第12期。

衡的一种表现。在社会转型期,造成财产犯罪居高不下的原因是多方面的。

(一) 贫富差距

贫富差距问题是影响社会秩序稳定的经济根源,是财产犯罪滋生的重要原因。贫富差距拉大严重地损伤普遍受益的社会发展原则,容易使一部分社会成员产生相对剥夺感。所谓相对剥夺感是人们在比较中所产生的一种心理失衡状态,当他们实际得到的和期待得到的之间、自己得到的和他人得到的之间存在很大差距时,便会产生相对贫困的判断,进而产生被剥夺的感受。相对剥夺不仅是犯罪产生的重要原因,而且其与绝对贫困相比,更容易使人犯罪。著名的社会学家默顿曾深刻地指出:"一个社会只是贫穷或者只是富裕均不产生犯罪,但一个社会贫富差别悬殊就会产生大量犯罪。"[1]谢利在《犯罪与现代化》一书中指出:"贫困不会产生犯罪,但是因贫困而不满却会而且奇怪地足以产生犯罪……"[2]

中国有着"不患寡而患不均"的文化传统,而贫富差距的拉大,心理落差的形成,容易在犯罪活动中表现出来,财产犯罪成为消除贫富差距的一种方式。1978年改革开放以来,鼓励一部分人和一部分地区先富起来的政策给经济发展注入了空前的活力,我国经济持续增长,人民生活水平明显提高。但是,由于各种历史的和现实的复杂原因,公民个人收入分化,城乡差距、地区差距不断拉大。1978年以来,我国收入分配的贫富差距总体上呈扩大的态势,基尼系数已经在2000年超过0.4的国际警戒线,连续多年进入收入差距严重的国家行列。[3] 社会贫富差距越大,一些社会成员的相对剥夺感越强,犯罪的可能性越大。至2006年,我国的基尼系数已从1981年的0.25上升为0.47,同期,我国的财产犯罪案件从78起/10万人上升到279起/10万人。

(二) 失业

就业是民生之本。我国人口众多,就业压力大。从社会问题的角度看,失业是犯罪滋长的重要诱因。犯罪是"蔑视社会秩序最明显最极端的表现"[4],长期失业不只是使人在经济上陷入困境,而且会使人在精神上遭受挫折,产生心理失衡,滋长对社会的不满情绪,从而诱发犯罪,尤其是财产犯罪。随着市场化进程的加快,企业体制改革的力度加大,劳动力市场化加速,我国失业问题凸显。除了大批下岗人员外,当前还存在农村大量剩余劳动力和毕业大学生等新增劳动力的就业问题。加之我国社会保障制度尚不健全,一些失业者和无业者的生活和生存受到影响,其社会地位、心理状态随之发生变化,一定程度上增加了社会不和谐、不安定因素。

1978年以来,我国城镇失业率经历了先短期下降后快速上升的变化历程。1981

---

[1] Robert K. Merton and Robert A. Nisbet, eds., *Contemporary Social Problems*, 2nd Ed., New York: Harcourt Brace Javanovich, 1966. 转引自陆建华著:《中国社会问题报告》,石油工业出版社2002年版,第84页。

[2] 〔美〕路易丝·谢利著:《犯罪与现代化》,何秉松译,群众出版社1986年版,第100—101页。

[3] 基尼系数是指在全部居民收入中用于不平均分配的百分比。基尼系数最小等于0,表示收入分配绝对平均;最大等于1,表示收入分配绝对不平均;实际的基尼系数介于0和1之间。基尼系数越大,则收入分配越不平均;基尼系数越小,则收入分配越接近平均。

[4] 《马克思恩格斯全集》(第2卷),人民出版社1995年版,第416页。

年的失业率为 3.8%,1985 年下降到 1.8%,此后逐步上升,1989 年达到 2.6%,到 2000 年上升到 3.1%,2006 年为 4.1%。在这种大背景下,1981 年以来我国的财产犯罪也基本经历了先降低后快速上升的发展历程,犯罪率由 1981 年的 78 起/10 万人下降到 1985 年的 43 起/10 万人,1988 人回升到 64 起/10 万人,1989 年上升到 159 起/10 万人,2000 年达到 224 起/10 万人,2006 年为 279 起/10 万人。经过统计分析,1981—2006 年,我国失业率与财产犯罪率的相关系数为 0.787,具有显著的正相关关系,表明失业对财产犯罪有非常明显的影响。[①]

(三) 文化冲突

文化是一个复杂的、包容度极大的概念。广义而言,文化是指人类在社会历史发展过程中所创造的物质财富和精神财富的总和;狭义上说,文化是指人类社会的精神文化,包括科技、教育、文学艺术、道德风尚、思想观念、风俗习惯等。这里主要指从精神文化的层面来论述与犯罪、财产犯罪有着密切联系的社会精神文化。人是文化的载体,犯罪是人的行为,社会的文化往往直接影响着人的思想观念和行为。文化与犯罪有着密切的联系。我国著名的犯罪学家、社会学家严景耀先生曾明确指出:"犯罪不是别的,不过是文化的一个侧面,并且因文化的变化而异变……如果不懂得犯罪的文化背景,我们也不会懂得犯罪。换言之,犯罪问题只能以文化来充分解释。"[②]

现代文化的突出特点表现为世界范围内各民族文化的交流融和,以及在交流融和过程中发生的文化冲突。每一个社会的重大转型,对文化都将形成不同程度、不同层次的冲击和震荡。改革开放以来,我国社会发生变革,处在一个文化冲突和失衡的时期。当前,我国文化冲突主要有三种形式:现代文化与传统文化的冲突;不同地域、民族、群体间的文化冲突;西方文化与中国文化的冲突。在这三种冲突之中,最为突出的是外来文化与我国本土文化的冲突。中国长达数千年的中央集权制度培养和凝聚了追求高度统一的主导文化思想,即维护专制,排斥个人利益,贬斥功利,轻视物质,强调全社会的统一和步调一致。新中国成立后,党和国家倡导克己奉公、艰苦奋斗、自力更生、毫不利己、专门利人、积极进取、勇于奉献的价值观和道德观。改革解放了人们的思想,开放传入了西方的文化。西方外来文化既有讲求效率、标新立异等积极方面的理念与要素,也有金钱万能、损人利己等消极内容。这种外来文化与我国文化形成激烈的冲突,表现为过分地强调个人利益、无度地追求物质享受、无视社会公德、抛弃理想信念等,这样的文化具有明显的反社会主流价值观的倾向。市场经济突出功利意识和利益观念,本来经济领域里的商品交易观念却渗透到社会政治、文化、生活的各个方面,出现道德滑坡、价值观扭曲等消极现象。这种物欲化的价值观刺激、影响着人们对金钱财物的追求,一些人置法律于不顾,以非法手段攫取钱财,造成财产犯罪案件的高发。

除贫富差距、失业、文化冲突等总体层面上的因素影响财产犯罪外,在具体层面

[①] 需要说明的是,由于我国的失业统计只统计城镇失业人口,将农村剩余劳动力排除在统计之外,因此,用城镇失业率推断出其对财产犯罪率的影响少于失业问题对于财产犯罪问题的影响力。

[②] 严景耀著:《中国的犯罪问题与社会变迁的关系》,吴祯译,北京大学出版社 1986 年版,第 2—3 页。

上,如社区环境、邻里关系、家庭结构、学校教育、大众传播媒介等方面存在的问题,也对财产犯罪的发生起着重要的作用。

二、个体原因

犯罪作为一种社会现象,必然受到多种社会因素的制约。但是,任何犯罪行为都是由个体来具体实施的,各种消极的社会现象只有具体作用于个人,才能最终对犯罪产生影响和发生作用。现实生活中各种犯罪现象之所以呈现不同的规律,在很大程度上都与犯罪人的个体因素有关。犯罪的个体原因又称个体因素或主体因素,是指存在于犯罪人方面的各种不良心理及其他促发犯罪的个性特征。在犯罪个体原因中,主要包括两大方面:心理因素、生理因素。财产犯罪的个体原因,是指导致犯罪人实施财产犯罪的个体心理和生理方面的原因。

(一) 心理因素

心理是心理现象或心理活动的简称,是指认识、情感、意志等心理过程和能力、性格等心理特征。人的心理本质上是人脑的机能,是一个多维度、多层次的系统,其诸要素相互联系和制约共同影响着人的行为活动。总的来说,影响财产犯罪的心理因素主要包括:

(1) 思想观念因素。一是极端个人主义思想。对财产犯罪人而言,他们常常把个人的利益看得高于社会利益,采取与社会发生冲突的方式来满足自己的需要,实现个人的价值观。为了享受所谓幸福生活,可以不择手段地偷、抢,将自己的幸福建立在他人的痛苦之上。二是拜金主义思想。进入商品经济时代,金钱的影响力较之计划经济时代大大增强,社会上"金钱万能""有钱能使鬼推磨"的不良思想开始泛滥。一些人的思想观念、价值观和行为取向越来越朝着功利化、物欲化的方向发展。尤其是一些青少年,他们缺乏远大的理想和抱负,把追求金钱作为人生的奋斗目标,为了实现"人生价值",不惜采用违法手段获取钱财。三是享乐主义思想。随着经济的发展,人们的社会物质文化生活不断丰富和提高,消费热潮兴起。高消费导致享乐主义蔓延,一些人不顾自身的经济条件,一味追赶时髦,走上非法取财的道路。

(2) 需要因素。需要是人对客观事物的要求在人脑中的反映,包括物质需要和社会精神需要两个方面。需要是人的行为的原动力,人的各种动机都源于相应的需要。需要既可以激发人们去从事积极的有益于自身身心健康和社会发展的活动,也能推动人们去实施消极的违反社会规范的违法犯罪活动。在财产犯罪活动中,犯罪人的需要主要呈现三个方面的特点:一是反社会性。人的需要应以社会的客观现实生活为基本条件,不受社会经济发展和自身经济条件等方面的制约,一味地追求无限制的物质享受,使其需要最终形成反社会的违法犯罪动机。不想通过辛勤劳动和刻苦努力而企图一夜暴富,进而实施盗、抢等犯罪行为,就是犯罪人无限度的反社会性的需要所致。二是低层次性。犯罪人的需要具有较低的层级,只是在满足饮食、娱乐等较低生理层面。犯罪人不顾社会的规范性制约和自我意识的正常控制而恣意放纵,把吃喝玩乐作为人生的终极目标,违法犯罪行为的发生不可避免。三是精神需要的错位和贫乏。精神需要是人的意识结构中的主要成分,属于高层次的需要。个人的精神需要必须符合社会习俗、风尚、道德和法律规范。而精神的贫乏、道德的滑坡和理想信念的错位容易诱发财产犯罪。

(3) 性格因素。性格是人对现实的稳定性态度以及习惯化的行为方式,是个性心理特征中最为核心的部分。一般来说,财产犯罪中犯罪人对社会、对他人和自己缺乏责任感,生活态度轻率;情绪容易受到环境的影响,自制力差,嫉妒心重;对客观事物和社会现象认识偏颇,不能明辨是非,易受不良因素的诱惑。

需要指出的是,心理失衡是当前我国财产犯罪严重化的一个重要心理因素。心理失衡是指社会中的某些成员在一定时期内与其所处的实际生活环境不相适应的一种心理现象。个体心理失衡容易造成人与人以及人与社会之间的抵触情绪。当然,心理失衡不一定导致犯罪,它可以通过多种途径得到缓解和释放,但达到严重程度的心理失衡容易导致犯罪心理和动机的产生,促使违法犯罪行为的实施。如前所述,改革开放以来,我国经济建设取得了巨大成就,人民生活条件明显改善,但同时也出现了收入差距拉大、贫富悬殊等现象。有的人甚至通过违法手段如偷税、走私等致富,更加剧了一部分人心理上的不平衡。在心理失衡的队伍中,有些人因为受到各方面条件的限制,不能用合法方式达到所追求的目标,其中法制观念差、自制力弱的,尤其是那些好逸恶劳、贪图享受的,容易产生盲目攀比甚至报复社会的心理。在这种失衡心理的支配下,就会有人采取盗窃、抢劫、抢夺等非法手段攫取财物,获得自己心理平衡。

(二) 生理因素

早在19世纪后半叶,西方国家的学者就对个体生理特征及其与犯罪的关系开始研究。犯罪人类学派认为犯罪人在生理上具有天生性,之后众多学者对犯罪个体与生理特征的关系进行研究,分析出体型因素、生物化学因素和遗传因素与犯罪有着关联。我国在这一方面尚未开展全面系统的研究。虽然我国公安机关在办理财产犯罪中发现了犯罪人具有的一些体型、遗传等特点,如实施扒窃犯罪中以体型弱小者居多;犯罪人在实施抢劫、抢夺行为中,多处于精神紧张、兴奋状态;财产犯罪人中家庭成员酗酒、脾气暴躁者多。但需要说明的是,这些生理因素对犯罪的影响是通过心理和其他因素而实现的。[①]

三、自然环境因素

任何一种犯罪都是在特定时空领域内发生的,犯罪从一开始就与自然环境有着密切的联系。自然环境是指人类活动所依赖的各种自然条件的总和,包括地理位置、气候、季节和各种自然资源。犯罪的产生与实施可能借助、也可能受制于自然条件,而且犯罪现象往往因循季节、气候的更替而出现有规律的起伏,在不同的地理环境中犯罪也呈现与其相适应的特点。犯罪的自然环境因素就是指能够诱发、触引或者促

---

① 靳新著:《多发性侵财犯罪实证对策的理论与实践》,群众出版社2006年版,第108页。

成犯罪行为发生和犯罪现象起伏变化的各种自然环境和条件,主要包括季节因素、气候因素和地理因素。财产犯罪的发生,同样深受自然环境因素的影响,甚至犯罪人对具体行为方式的选择也要充分考虑环境因素。

(一) 季节

季节是人们根据气象科学理论与长期的生活经验划分而成的时段。春夏秋冬四季的周而复始,影响着人们的社会活动和生活节律,也在一定程度上影响犯罪这一社会性行为的变化。表现在随着季节变化,人们的生活规律发生改变,犯罪条件因此有所不同,导致某类犯罪的增加,如在冬季人们穿着厚重,发生扒窃较多。另外,不同的季节、昼夜时间的长短变化会影响到犯罪人对作案时间的选择,如夏季日长夜短,人们在室外的活动时间增加,较容易发生抢劫、抢夺案件。

(二) 气候

气候是指一定地区、一定时间内的气象变化情况,包括温度的高低、降雨量的多少、相对湿度及风力的大小等。气候,作为人类赖以生存的自然环境的构成要素,对人类文化传统的形成、生活方式的演变有着深刻的影响。虽然气候、天气等因素不是犯罪产生的直接原因,但对犯罪包括财产犯罪有着一定的影响。如气温降低、天气寒冷时,人们对衣食住行的需要增加,加之此时谋生难度加大,容易发生财产犯罪。"偷雨不偷雪,偷风不偷月"是盗窃分子总结出来的经验。

(三) 地理

地理环境包括自然地理环境(如地形、地貌、河流等)和人文地理环境(如城市、工矿区等),是社会物质生活的必要条件和自然基础。一般来说,犯罪人可以凭借特殊的地理环境增强既能作案成功又能确保安全的侥幸心理。如城市的商业区,集中了大量的财物和金钱,具有较高的犯罪诱惑力,财产犯罪的发案率高;车站、路口等地,交通便利,人财物的流动性大,容易发生盗窃、抢夺、诈骗等犯罪。

第四节 财产犯罪的对策

自犯罪这一社会现象出现以来,如何有效地预防犯罪,最大限度地减少其对社会的危害,便成为人类社会的一种追求。在现代社会里,财产越来越成为决定人们社会地位的因素。人们为了满足生活的需要、体现自身的价值,疯狂地追逐财富。财产犯罪导致了社会的混乱和不安,给被害人的财产、人身和精神带来损失和痛苦。无论是在发达国家还是发展中国家,财产犯罪都是一类主要犯罪,都是各国犯罪治理工作的重要内容。当前,我国财产犯罪形势严峻,直接影响群众安全感,危害社会和谐发展。着眼于和谐社会的构建,结合我国财产犯罪的现状,借鉴国外犯罪治理的经验,科学地制定财产犯罪治理对策,既是我国和谐社会建设的重要内容,也是和谐社会建设的保障。

犯罪源于社会,当社会处于相对稳定状态,社会的犯罪现象也会保持在一定的水平上。在现代化的初期,社会面临多方面的变革,矛盾增多、激化,加之国家调控机制的不健全,犯罪会急剧增加。随着现代化进程的不断深入,社会生产力得到发展,社会制度和管理机制不断完善,社会进入稳定有序、协调发展的轨道,犯罪也会相应地随之减少。因此,对于我国严峻的财产犯罪形势,我们要给予科学的认识。既要看到在社会转型期财产犯罪高发不可避免,同时又要坚信,随着现代化进程的深入,财产犯罪增长是可以得到控制的。

一、开展被害调查

国际上研究犯罪问题的一个难点就在于各国警方公布的犯罪统计数据与实际情况存在不同程度的差异。犯罪黑数的存在,使得各国对犯罪问题的认识和治理效用大打折扣。为了真实了解犯罪状况,除了刑事司法机关在已有的统计方法上进行改革外,更为有效的方法就是进行被害调查。我国长期以来,无论是对治安状况的评价,还是对犯罪现象的研究,以至刑事政策的制定,主要都是参考官方的犯罪统计数据。与美国、英国、加拿大等国开展多年的被害调查工作相比,遗憾的是,我国尚未进行全国范围内的被害调查工作。借鉴国外被害调查的经验,建立被害调查制度,把发案多、黑数大的各类财产犯罪纳入被害调查的范围,了解财产犯罪的真实情况,对做好财产犯罪治理工作有着重要的意义。

二、严厉打击犯罪

公安机关要始终保持高压态势,严厉打击各类财产犯罪活动,及时组织开展区域性专项斗争和专项整治活动,把对财产犯罪高发、易发时间和地点的管理经常化、制度化。通过依法及时有效地打击这类犯罪,不仅惩罚了犯罪人,而且对于潜在的犯罪人也是极大的震慑,实现特殊预防和一般预防的双重目的。此外,通过打击犯罪,能够帮助我们及时正确地总结财产犯罪的新动向、新特点,以及防治工作中的薄弱环节,从而有针对性地改进工作,提高防治工作的实效。

三、完善社会政策

"最好的社会政策,也就是最好的刑事政策。"[①]完善的社会政策,对于协调利益关系,化解社会矛盾,保障社会良性运行,具有不可替代的作用。财产犯罪与贫富差距加大、下岗失业等社会问题有着极为密切的关系,因而制定科学、完善的社会政策对于治理财产犯罪有着重要的意义。

(1) 明确价值取向。要把维护社会公平正义作为社会政策的重要取向,正确处理公平和效率的关系,做到初次分配注重效率,再次分配注重公平;在经济生活中把效率放在第一位,在政治生活和社会生活中把公平放在第一位;加强对收入分配的宏观调节,科学调整不同阶层的利益结构,逐步扭转城乡差距和地区差距扩大的趋势。

[①] 这是德国刑事社会学派的创始人弗朗斯·冯·李斯特的名言。转引自马克昌主编:《近代西方刑法学说史略》,中国检察出版社 1996 年版,第 185 页。

（2）完善社会保障制度。社会保障是由国家和社会对弱势群体予以救济和物质帮助。健全的社会保障体系是社会震荡的"缓冲器"和社会稳定的"安全阀"，为社会的和谐有序发展提供制度保障。在社会转型期，治理财产犯罪，构建和谐社会，必须加强社会保障制度改革。从我国的基本国情和经济社会发展的实际出发，逐步建立和完善社会保险、社会救助、社会福利、慈善事业相衔接的覆盖城乡居民的社会保障体系。

（3）制定科学的教育政策。教育是提高人口素质的基本途径，也是社会发展和稳定的动力。目前我国教育中存在一些偏差，如地区教育水平差异、高分低能、学生的社会责任感不强、法律意识缺乏、义务观念淡漠等现象普遍存在。这不仅意味着未来社会建设者将可能难以承担重任，而且意味着潜在犯罪人群增加。因此，要深化教育体制改革，制定科学的教育政策，引导、规范教育事业，实现人的全面发展。

（4）健全就业政策。就业是居民取得安定生活的保障，没有就业机会意味着生存、发展机会的丧失。当人的生存受到威胁的时候，很容易走上犯罪的道路。健全和推行科学的就业政策，规范劳动力市场，真正落实再就业政策，尽可能公平、合理地为社会成员提供就业机会，是减少犯罪尤其是财产犯罪的有效手段。

四、加强文化道德建设

文化在社会生活中具有极为重要的功能。对个人而言，文化起着塑造人格、实行社会化的作用；对社会而言，文化具有社会整合和社会导向的功能。积极、健康、向上的思想文化对于犯罪欲念能够起到良好的抑制作用，消极、低级、颓废的思想文化对于犯罪则具有诱发作用。当前，全球化的冲击和社会转型的阵痛使得我国文化建设困难重重。在和谐社会构建中，要加强文化道德建设，净化文化市场，规范文化产业，加强公共道德和社会责任意识培养，创造积极向上的文化环境，摒弃色情暴力、拜金主义、享乐主义的侵袭，构筑治理财产犯罪的坚固防线。

五、做好对重点潜在犯罪人群的管理

遏制刑事犯罪的高发态势，需要加强对潜在犯罪人群的管理工作。一要重视流动人口的各项工作。要积极探索适应新形势的流动人口服务管理的新路径，重点抓好流动人口的社会服务、法制教育和技能培训，完善出租房屋管理协作机制，既有力维护流动人口的合法权益，又坚决打击混迹其中的违法犯罪分子。二要关注失业、待业人员。依靠社区等基层组织和单位，切实加强对失业和待业人群的管理，最大限度地为其提供就业岗位。通过各种途径对失业、下岗人员进行有针对性的职业技术培训，提高他们的职业劳动技能，增强就业竞争能力。三要做好对流浪儿童、服刑人员子女的关心教育，对吸毒人员的感化和管理，改进刑释解教人员帮教安置工作，最大限度地减少诱发滋生违法犯罪的社会消极因素。

六、加强被害预防工作

被害人学的研究表明，从被害人的角度出发，采取多种被害预防措施，能够有效

地减少犯罪的发生。社会公众增强防范意识、掌握防范技巧,能够更好地预防被害和维护自己的合法权益。在财产犯罪中,盗窃、抢劫、抢夺、诈骗等犯罪通常具有可防性,被害预防作为减少和治理犯罪的一条有效途径应被纳入到财产犯罪预防体系中来。加强被害预防就是要求社会公众做到:一方面要建立被害预防意识,提高防范能力;另一方面要消除自身的易被害因素,如摒弃个人的不良习气,规制自身的言行举止等。具体来说,预防财产犯罪被害的具体措施包括:采取必要的技术防范措施,如安装防盗门窗、报警器等;尽量不要携带大量现金财物外出;乘坐公交车或者进入商场等公共场所,将包、物置于身体前部视线范围内,避免暴露钱物和其他贵重物品;路边行走时,应将包放在身体离道路较远一侧;不要贪小便宜、轻易相信陌生人等。

七、有针对性地矫治犯罪人

根据犯罪的类型,结合犯罪人的性格、能力有针对性地对犯罪人进行矫治,有利于犯罪人顺利回归社会,防止其再犯新罪或进行其他违法行为。要针对财产犯罪人的特点对其进行改造:加强道德教育,消除犯罪人金钱至上、贪图享乐的思想,树立正确的人生观和价值观;加强法制教育,提高法律意识,培养遵纪守法的习惯,做到知法、守法;加强劳动教育,帮助犯罪人摒弃不劳而获的思想,树立劳动观念,培养自食其力的能力和习惯;加强管理和监督,做到根据犯罪人的犯罪类型、刑罚种类、性格特征、心理状况、健康状况、改造表现等,对其进行关押和管理,防止犯罪人之间的犯罪交流,杜绝恶习交叉感染。

第十六章 性 犯 罪

"万恶淫为首",此为我国古代占主导地位的孔孟儒学所奉行的性道德信条。这种千百年来的道德文化传承,有其积极方面,也有其消极方面。消极方面,主要是压抑了人性的自由发展和情感释放,形成了华夏文明中独特的含蓄、隐晦的性爱观。随着改革开放的不断深入,我国社会经济空前活跃,文化多元化发展,公众的思想观念发生了极大变化,传统的社会价值观受到了严峻的挑战。受拜金主义与"性解放"思潮,以及淫秽色情信息传播的影响,我国社会转型时期的性犯罪急剧增多,严重地危害着社会秩序,败坏了公序良俗,已经成为社会治安的热点之一。因此,及时而有效地遏制性犯罪的恶性膨胀,是历史赋予我们的重要任务。

第一节 性犯罪的概念

人类性行为不仅是性生理本能的反映,而且是包括认知、情感、道德形态影响在内的社会心理因素与生物学因素的相互作用过程。性行为既受生物性因素的调节,又必须遵守社会道德与行为规范的调控;既可以通过性文明而给人们带来幸福,也可能导致性犯罪而给社会造成损害。

性犯罪不是刑法学上统一的的法律术语,而是犯罪学上的一类犯罪行为的统称,是鉴于性犯罪现象及其对策的研究需要而提出的犯罪概念。其外延,即指同性行为有关的一系列犯罪活动。性犯罪的概念因其行为性质与范围的不同,有着狭义与广义之分。

一、狭义的性犯罪

狭义的性犯罪是指侵犯公民的性自由权,非法实施性侵害、性淫乱等,已经触犯刑法并且应当受到刑罚处罚的行为。关于性犯罪的刑事立法体现在我国现行《刑法》中,主要有以下罪名:强奸罪(第236条),强制猥亵、侮辱罪(第237条第1款),猥亵儿童罪(第237条第3款),聚众淫乱罪(第301条第1款),引诱未成年人聚众淫乱罪(第301条第2款),组织卖淫罪、强迫卖淫罪(第358条第1款),协助组织卖淫罪(第358条第3款),引诱、容留、介绍卖淫罪(第359条第1款),引诱幼女卖淫罪(第359条第2款),传播性病罪(第360条第1款)。

此外,我国《刑法》中还规定有:收买被拐卖的妇女、儿童罪(第241条第1款)、重婚罪(第258条)和破坏军婚罪(第259条)等,这些犯罪也破坏了刑法所保护的社会性关系和婚姻关系,亦应属于狭义的性犯罪。

二、广义的性犯罪

广义的性犯罪是指一切违反性道德规范,破坏人伦传统和社会秩序,受到相关法律、道德、风俗等惩罚、禁止和谴责的性行为。广义的性犯罪不仅包括刑法中规定的直接而严重的性侵害、性淫乱行为,也包括刑法没有规定为犯罪的违背性道德的性越轨、性骚扰、性罪错和性变态等行为,以及极易引发性侵害、性淫乱犯罪的传播淫秽色情信息、参与淫秽色情表演等行为。在广义的性犯罪中,狭义的法定性犯罪仅占很小的比例,其他的分别为以下三类行为:

(一) 性越轨、性骚扰、性罪错行为

性越轨、性骚扰、性罪错行为在广义的性犯罪中占绝大部分。其中,有些虽未构成法定的犯罪,但已违反了治安管理处罚法,依法应当受到治安处罚。比如介绍卖淫、安排淫宿、提供色情服务或色情表演、侮辱妇女尚未构成法定犯罪,卖淫嫖娼,以及在公共场所暴露身体阴部等行为。有些属于违背了社会主流道德规范的不当性关系和性越轨,治理实践中划归社会道德调整的范围,法律一般不予干涉。比如通奸、乱伦、试婚、包养情妇等行为。

性越轨、性骚扰、性罪错行为有悖于社会性道德与性文明,由于受西方腐朽思想(特别是以淫乱为乐的"性解放"思潮)的影响而急剧蔓延开来。通过阴暗渠道传播的淫秽色情信息又推波助澜,致使此类行为泛滥甚快。在那些黑色的路边店、神秘的按摩院、美容中心,进行着违背人类道德文明的、赤裸裸的色情交易。这些丑恶现象本已在新中国绝迹,而随着社会开放又沉渣泛起,不仅污染社会风气、助长腐败、传播性病等,而且往往引发诈骗、械斗、群殴等其他犯罪。

(二) 传播淫秽色情信息的行为

分析性犯罪的心理机制与行为演进,会发现性犯罪往往是由淫秽色情信息的诱导、激发而推动其行为过程的。淫秽色情信息赤裸裸地表现原始性行为,大肆宣扬违背社会文明与人伦道德的性乱交、性侵害、性变态等丑陋行径,强化性行为中的动物性,产生强烈的性刺激,激化人的性焦虑、性冲动。在行为人急于宣泄性压抑的驱动下,发生性犯罪的概率极大。因此,广义的性犯罪理应包括传播淫秽色情信息的行为。当然,色情文化的内涵要比法律关于淫秽信息的界定更为宽泛,色情文化不一定都是淫秽的,必须是露骨宣扬肉欲与淫亵,具有明显的诲淫性,才可视为淫秽信息。

对于此类行为,现行刑法已经有所规定,其罪名主要有:制作、复制、出版、贩卖、传播淫秽物品牟利罪(第363条第1款),为他人提供书号出版淫秽书刊罪(第363条第2款),传播淫秽物品罪(第364条第1款),组织播放淫秽音像制品罪(第364条第2款),组织淫秽表演罪(第365条)等。近年来,随着网络的普及,此类行为又以网络传播淫秽电子信息的犯罪形式出现,并且愈演愈烈,危害更甚。2004年9月,最高人民法院、最高人民检察院出台了《关于办理利用互联网、移动通讯终端、声讯台制作、复制、出版、贩卖、传播淫秽电子信息刑事案件具体应用法律若干问题的解释》,填补

了司法解释中的空白,为严厉打击"网络黄毒"提供了法律依据,使相关案件的查处得以进入司法程序。刑事法律的上述规定为性犯罪的研究提供了线索,因而尚未构成法定犯罪的传播淫秽色情信息的行为,应当纳入广义的性犯罪范围。

(三) 性变态行为

所谓性变态是指行为人无法从正常而文明的性行为中激起性兴奋并获得性快感,而在性追求的对象、性满足的方式、性结合的身体部位等方面不同于正常人的行为。性变态行为主要同行为人的性心理障碍有其密切的联系,因而在性活动中总是升腾起异常的性欲望与性冲动,采取各种畸形的性倒错方式来获得性满足。性变态主要可分为两种性倒错行为:一是性欲追求的对象倒错。诸如同性恋、恋物癖、恋童癖、近亲相奸癖、性嗅幻癖、恋尸癖等。二是性欲满足的方式倒错。诸如口淫、鸡奸、兽奸、性施虐狂、性受虐狂、摩擦癖、异装癖、露阴癖、窥阴癖、窥淫癖等。

性变态尽管在性行为中只占少数,属于性越轨的一种特殊形式,但其同样有悖于社会共同的性道德与性文明规范,尤其是性变态属于主体性心理障碍的行为表达,如果膨胀为极端,则极易转化为性侵害犯罪。比如性施虐狂、性受虐狂等就具有明显的危险性,而露阴癖、窥阴癖、窥淫癖等行为也极易招致被殴打伤害。再有,由同性恋导致的情杀罪案也时有发生。例如在一项对 61 例同性恋的调查中,发现有 8 例由同性恋引起的情杀,其中 7 例是女同性恋者的情杀案件。[①] 因此,广义的性犯罪亦应将性变态行为囊括其内。

综上,狭义的性犯罪概念是以现行刑法的具体规定为依据的,仅限于法定犯罪的范围。而犯罪学视角下的广义的性犯罪则是从性犯罪现象及其演进过程入手,通过揭示性犯罪的特点与原因,来探讨治理性犯罪的对策与措施。可见,二者的着眼点、侧重点有所不同,范围更是明显不同。犯罪现象不仅是一个法律问题,更是一个社会问题。德国法学家李斯特曾指出,最好的社会政策就是最好的刑事政策,要治理犯罪首先要治理社会。因此,犯罪学所研究的犯罪现象不仅包括法定的犯罪,还包括尚未构成法定犯罪的但已严重危害社会的行为。基于此,本章关于性犯罪问题的论述所采用的是广义的性犯罪概念。

第二节 性犯罪的状况与特点

随着改革开放的深入,我国的经济体制与社会生活全面转型,个人的生活态度和价值取向也产生了多元化选择。由于打开了长期封闭的国门,在引进了先进的科技与管理方式的同时,西方文化也对中国传统道德文化形成了强烈的冲击,一些腐朽没落的思想观念也乘机涌入,对现阶段的犯罪增长产生着影响。其中,性犯罪的大幅度增长,从一个侧面反映出社会生活变迁所带来的一定的负面效应。

---

① 康树华:《比较犯罪学》,北京大学出版社 1994 年版,第 344 页。

一、性犯罪的状况

我国当前性犯罪的增长状况,缺少比较权威的统计数据予以说明和评价。因为广义的性犯罪包括一切受到国家法律和社会道德、风尚、习惯以及其他社会规范所禁止、谴责和惩罚的有关性行为的活动,它必然渗透进社会生活的各个领域,反映在法律法规、道德伦常、风俗习惯等各个层面。性犯罪的数量在不断开放的社会环境与舆论氛围中,肯定呈现为明显上升的势头。仅以卖淫嫖娼一项为例,"从公安部关于查处全国卖淫嫖娼人员的数字上看,1984年全国查处的卖淫嫖娼人员12281人次,1989年10万多人次,1991年20多万人次,1992年25万多人次,1993年24.6万人次,1995年1月至5月全国查处11.3万人次,1994年4月起开始的"严打"斗争中查获14.2万人次,1996年为42.7万人次,1997年为43.2万人次,1999年为45万人次。近年来的增长势头仍然不减"。① 性犯罪的恶性增长之势,由此可见一斑。

性犯罪对于社会的严重危害是显而易见的。性犯罪违背性道德与性行为的社会规范,无视人的性权利和人格尊严,摧残妇女的身心健康,破坏社会稳定,污染社会风气,腐蚀人们心灵,助长官员腐败。特别是毒害正值成长中的青少年甚至未成年人的思想品质,阻碍他们的健康成长之路。性犯罪还是性病和"世纪恶魔"艾滋病的传染渠道,威胁着社会的正常运行、文明的发展和民族的复兴。

二、性犯罪的特点

性犯罪的增长状况同我国改革开放以来的经济、政治形势与思想文化潮流的发展变化紧密联系。在性信息量增加与影像化、人际交往日趋频繁的社会环境中,性犯罪不可能在短期内明显地减少,并且相应地呈现出以下特点:

(一)犯罪形式多样化

在20世纪"文革"前的年代,由于社会生活比较封闭而平稳,性犯罪罪案较少,其行为方式大多为强奸、猥亵等。卖淫嫖娼作为旧社会的丑恶现象早已被禁绝,通奸、同性恋、暴露阴部等性越轨、性罪错行为会受到行政法规的处罚和道德舆论的谴责,也表现为极个别的现象。但是,改革开放的不断深化,使相对封闭、平稳了多年的社会结构从整体上为之改变,人们的思想道德防线受到了猛烈的冲击,传统道德的规范功能趋于弱化,昔日信守的人伦戒律被一些人抛弃。这些思想道德层面的变化必然反映在性犯罪领域,使性犯罪出现了许多新的类型与方式。

(1)法定的性犯罪种类增多。性犯罪已经不仅止于强奸、强制猥亵等罪行。诸如已列入刑法并作为严厉打击对象的聚众淫乱的犯罪,组织、强迫、引诱、容留、介绍妇女卖淫的犯罪,制作、复制、出版、贩卖、传播淫秽物品的犯罪以及网络传播淫秽电子信息的犯罪等,这在改革开放之前是闻所未闻的。

(2)性越轨、性罪错以及性变态等行为大量产生。这些非刑罚化的性犯罪,一般

---

① 周路主编:《当代实证犯罪学新编》,人民法院出版社2004年版,第340页。

只是为道德舆论所谴责。因而一些道德感低下而又追求所谓"前卫"行为之人则有恃无恐,大胆尝试并视之为人性的解放。社会上卖淫嫖娼、包养情妇、通奸、试婚、"一夜情"以及各种性骚扰、性变态等行为纷纷出现。

(3) 出现了女性对男性以及男、女同性之间的性侵害、性骚扰现象。比如女上司骚扰男下属、"富婆"招揽"男妓"、女性强暴男童等。国内近年就出现了性犯罪团伙组织所谓"公关先生"提供性服务的案例,而刑法只规定了组织妇女卖淫的罪行,以致刑事审判面对如此特殊的案情也遭遇尴尬。男、女同性间的猥亵、伤害的案件也时有发生。尽管同性恋取向者为极少数,但这样的性犯罪方式是不能忽视的。

(4) "性贿赂"成为贿赂犯罪的一种新形式。伴随着社会开放和人际交往的活跃,"性贿赂"成为权力寻租的对象之一,"权性交易"出现在社会经济、政治、文化等领域的非正当交往中,助长了社会不正之风乃至腐败行径,尤其为广大人民群众所不齿。从已经查处并曝光的腐败大案来看,多数落马高官均有不正当性关系直至长期包养情妇,案情中多有"权性交易"的丑恶行径。由此可见"性贿赂"的渗透、污染之烈。

(5) 多样化的性犯罪依托开放的社会环境条件。经济生活的活跃,促使娱乐业、服务业、旅游业、餐饮业等第三产业发展起来,人口流动大幅度增多;而城市居住的改善,单元居室的分隔,使邻里关系淡薄,守望互助以及自然监督的功能减弱。这些也都为各种性犯罪活动提供了便利。诸如饭店客房、出租房和各种洗浴中心、美容院、美发厅、洗头房、洗脚房等场所,极易成为进行皮肉生意、色情表演与陪侍的龌龊所在。

总之,性犯罪正以形式多样、花样翻新的膨胀态势,颠覆性地侵扰着传统的性道德伦理、法律保护的婚姻关系直至健康文明的社会风尚。应当说,合法、文明的性行为作为人类的本能与性感、欢悦之享受,是社会繁衍与发展所不可或缺的。然而,性犯罪在全面开放的社会环境中,也可能会侵入到社会生活的其他领域。当前,性犯罪的多样化已是不争的事实。

(二) 犯罪手段软性化

我国新时期的性犯罪趋于软性化,即暴力因素减少,而软性情节增多。当然,强奸犯罪作为最原始最典型的性犯罪方式,一直是刑罚惩处的重点。有些强奸罪案的施暴程度还有所升级,出现了持刀持枪强奸、拦路强奸,甚至轮奸、强暴后杀人灭口、毁尸灭迹等穷凶极恶、令人发指的案情。但这只是极个别的案例。从性犯罪的整体情况看,强奸犯罪呈现为明显减少的态势。比如,据天津市实证犯罪调查统计显示,监狱中以强奸为主的性犯罪在押罪犯呈逐年下降的趋势。"1993 年性犯罪罪犯共510 名,1996 年比 1993 年性犯罪人数下降了 5.5%,为 482 名,1999 年比 1996 年性犯罪人数下降了 31%,为 329 名,2002 年比 1999 年性犯罪罪犯下降了 12.2%,为 289 名。"[①]

---

① 周路主编:《当代实证犯罪学新编》,人民法院出版社 2004 年版,第 340 页。

分析强奸犯罪减少的原因，在相当程度上是由于社会逐步开放，不断打破文化禁锢，性行为选择的自由度更高，人们对于性越轨、性罪错行为抱着相对宽容、漠然的态度。尤其是大量出现的卖淫嫖娼、婚外恋、养情妇、"一夜情"等性活动，大大缓解了一些人的性压抑与性焦虑，为其宣泄性冲动提供了软性的渠道。绝大多数性犯罪主体面对多种行为方式选择，一般会考虑犯罪的机会成本与惩罚成本，规避法律的严厉惩罚，从而选择比较轻缓的性犯罪方式。故而产生了"小恶防大恶"的效应。但是即便如此，也必须强调软性化的性犯罪虽然是"小恶"但数量众多，严重危害着社会关系与社会稳定，减损着社会道德文化的规范功能，从而避免让那种任凭性犯罪泛滥，甚至设立所谓"红灯区"的论调获得一定的舆论市场。

性犯罪软性化之特征还表现在所有的强奸犯罪案件中，直接以暴力手段强奸妇女的罪案比重愈发减少；而运用胁迫、诱骗、麻醉等手段以及从属关系要挟的非施暴型强奸案件比例明显增加。非暴力的强奸犯罪特点是先用软性的手段毒化、腐蚀被害人的心灵，或者使其有所顾虑与期待。比如先看淫秽光盘，撩拨起被害人强烈的情欲；以金钱、权势等许愿为诱饵，骗得被害人上钩；用春药、麻醉药品以及酒精等解除被害人的抗拒能力等；使被害人维护自己人格尊严和性自由权的意志有所削弱，继而乘虚而入、伺机行奸。

（三）犯罪的隐蔽性强

性犯罪的隐蔽性十分明显。无论是强奸、强制猥亵的犯罪，还是聚众淫乱、卖淫嫖娼的犯罪，受到查处、惩罚的只会占其中的少数。至于婚外恋、养情妇、"一夜情"等更是属于道德调整的范围而很少被举报揭发。可见，性犯罪的"犯罪相对暗数"，即相对隐案数量是很大的。其原因主要可归结为两点：

（1）大部分为"无被害人"的犯罪。性犯罪中除了强奸罪、强制猥亵、侮辱妇女罪、猥亵儿童罪等少数罪名之外，大部分犯罪行为诸如卖淫嫖娼、聚众淫乱、包养情妇、通奸、试婚、"一夜情"以及各种性变态等，属于所谓的"无被害人"的犯罪。称"无被害人"的犯罪，是因为没有直接违背当事者的意志，行为人一般默认行为后果、自愿参与其内并且觉得"互惠"；没有人报案，更没有人主动自首，而性犯罪活动却在暗中进行，如果没有局外人发现并且揭露，此类活动就会继续隐匿。

（2）被害妇女不愿报案。被强奸、强制猥亵、侮辱的妇女由于担心自己的名誉受损并且危及恋爱、婚姻与家庭的稳定，往往宁可保持沉默而不愿报案。这是因为我国封建儒教思想的残余并没有彻底根除，仍然蛰伏于人们的灵魂深处，不少人还是将女性的性贞操视为妇道之首；女性一旦受到性侵害，不论其是否有过错则总是被视为不贞洁之人。受此种传统思想影响，被害妇女多选择独自承受难以名状的耻辱与痛楚，而不愿意讲述并且不想让他人知晓自己的受辱经历。如果向司法机关报案，就必须详尽陈述被害过程，庭审中也会受到辩护律师的追问；被害妇女从暗处走到明处，将面对周围的冷言冷语，心灵上不得不经历"二次被害"。再有，有的被害妇女本身也可能有一定过错。凡此种种原因，让被害妇女宁可沉默甚至司法机关调查取证时予以否认，从而使许多性暴力罪案最终成为隐案。

(四) 卖淫嫖娼活动泛滥

我国现阶段的性犯罪中,卖淫嫖娼占有绝大部分,其行为的泛滥是性犯罪的最主要特点之一,这是无可否认的。卖淫嫖娼是人类社会伴随着财富不均和阶级产生而出现的一种社会丑恶现象,一直延续至今。卖淫作为"人类最古老的职业","是指妇女为了取酬所做或放任的性交或性行为"[①]。而卖淫和嫖娼是一种事物的两个侧面,是男女双方分别满足性需求与金钱需求的手段,其实质是把性作为商品同金钱相互交换的婚外性活动。卖淫嫖娼违反了性道德规范,败坏了社会风气,也是传播性病、艾滋病的主要途径。

早在新中国建立之初,人民政府就查封妓院、惩处鸨头、改造妓女,基本上禁绝了卖淫嫖娼活动。而 20 世纪 80 年代初,此种活动在社会开放、理想危机、西方文化冲击等因素的交互作用下,又沉渣泛起,并很快呈现为蔓延之势,在沿海开放城市尤为突出。如 1987 年与 1985 年广州市查获的卖淫嫖娼者为 6 与 1 之比[②],足见其增长之快。卖淫嫖娼已然成为一个严重的社会问题。卖淫嫖娼活动除了急速增长之外,还呈现如下特点:

(1) 分布范围广。卖淫嫖娼活动已经从经济发达地区蔓延到经济落后地区,从沿海开放地区蔓延到内地封闭地区,从大都市蔓延到中小城市直至乡村。虽经各地公安机关不断的严厉查处,仍屡禁不止、屡打不绝。

(2) 场所与方式多样化。为了逃避打击,卖淫嫖娼变换活动方式,比如利用酒店、美容院、按摩房、洗浴中心、婚姻介绍所等场所进行淫乱活动与皮肉生意。犯罪团伙以"招工""经商"等手段诱骗女青年上钩,然后逼其就范、迫其卖淫。卖淫女也往往以酒吧女、宾馆服务员的身份出现。骗婚犯罪团伙中的女性成员充当"放鹰"诱饵,使受骗者遭受经济与精神的双重打击。现代化的通信、交通工具的使用也使此类活动联络快捷,却更难查处。近年来,互联网也成为介绍、组织卖淫的渠道,司法机关所查处的淫秽网站案件中,大多有这样的犯罪情节。

(3) 卖淫职业化。在"笑贫不笑娼"等腐朽意识的污染之下,出现了以卖淫为职业而谋生、致富的行为取向。现在,因生活所迫或者被逼迫而卖淫者仅占极少数,大多数则是出于赚钱甚至享乐的目的而自愿为之。于是就有一些所谓"职业妓女""卖淫专业户"等,使得禁绝卖淫嫖娼活动的难度增大。

(4) 身份多元化。近年卖淫嫖娼的人员结构发生了较大变化:卖淫女不再限于城市无业妇女和外来打工妹,也开始有大中学生甚至研究生、演员等混迹其中;有的竟不顾人格、国格,到高级饭店向外国人出卖肉体;嫖娼者原以个体户、采购员、长途汽车司机等为主,现已扩展到收入较高的企业家、高级管理人员、港澳台商人、海外旅游观光客等,也有极少数的国家工作人员参与其内。

(五) 犯罪主体低龄化,女性比例增多

在 20 世纪 50、60 年代,性犯罪主体一般为具有性经验的中年人。而 20 世纪 80

---

① 《牛津法律大辞典》,光明日报出版社 1988 年版,第 730 页。
② 《中国老年报》1989 年 3 月 22 日第 4 版。

年代以来,我国社会由封闭逐步转向全面开放,社会的性信息量急剧增多,传统的性道德观念遭受冲击,性犯罪在整体犯罪现象中的比重加大,并且出现了犯罪主体低龄化的态势。一些青少年甚至未成年人成为性越轨、性罪错直至性侵害的行为人。

无可否认,社会的性禁忌"闸门"已然开启,道德舆论氛围的遏制效应明显减弱。另一方面,青少年也正值性机能发育的成熟期,在性本能的驱使下,会产生强烈的性渴求。通过阴暗渠道流传特别是网络传播的淫秽色情影像、图片等,以其直观、刺激的画面激发并且强化着青少年的性饥渴与性压抑。而青少年由于社会阅历浅,心智发展不足,因而心理承受的阈值低,极易被激发而产生难以抑制的性冲动。一旦同道德、法制观念淡薄、缺乏人生目标等思想因素交互影响,必然形成性意识的畸形恶化,进而实施性越轨、性罪错直至性侵害行为。

在各种犯罪类型中,性犯罪的女性犯罪人比例为最高。比如性越轨、性罪错、性变态等所谓"无被害人"的犯罪,女性成员就占到一半左右。即便在强奸、组织卖淫等法定的性犯罪中,女性犯罪人的比例也在增加。据天津市实证犯罪调查统计显示,监狱中在押的性犯罪的女性罪犯比例逐年上升,1996 年为 1.7%,1999 年为 5.5%,增长可谓明显。同时,性犯罪的女性罪犯在全部在押女犯中的比例也在增加。这也符合社会越开放,女性犯罪人所占比例越高的犯罪规律。

(六) 犯罪的腐蚀性明显

性犯罪的直接生理驱动力是人的性欲望。然而,人的社会性,决定了性行为既受生物性因素的调节,又必须遵守社会道德与行为规范的调控。性犯罪疯狂追求性满足的极端性,将婚姻、性爱与性行为割裂开来,迎合了丑恶、腐朽的生命趋向。因此,性犯罪相比其他犯罪类型,具有更明显的腐蚀性。腐蚀性强的特点是缘于性犯罪关乎人的最基本的生理需求,涉及人的最基本的道德层面。性犯罪的腐蚀性主要表现在以下两个方面:

(1) 性犯罪使人迅速地沉沦。涉足性犯罪则会走向消极、颓废,丧失正确的人生目标和生活信念。此点对于涉世未深的青少年尤为突出,会改变他们的人生轨迹。青少年正处于性躁动的青春期,一旦接触表现淫秽色情以及性暴力的腐朽信息,产生性幻觉、性欲求,大都放弃人生志向,一味去寻求感官刺激,使学校、家庭的正面教育化为乌有。而成年人如果受畸形性意识与性犯罪的毒害,也会陷入人格扭曲、心理病态的境地,从而放弃事业和正常生活,为追求肉欲淫荡而不讲道德良知,甚至纵情声色、淫乱无度,毫无尊严与廉耻。比如有些性犯罪团伙男女群宿群奸,以不堪入目的淫亵表演为乐,以玩弄异性之多为炫耀的"资本"。其人生的结局必然是自甘堕落,沦为社会的垃圾。

(2) 性犯罪被害人转化为各类犯罪人。犯罪人与被害人在犯罪过程中,呈现出互动的关系,甚至在一定的条件下发生角色的转换。这在性犯罪中甚为明显。性犯罪被害人主要指被强奸、被强制猥亵或侮辱、被引诱或强迫卖淫等的女性,以及受到淫秽色情信息毒害的青少年。被害后大致会产生两种情感趋向:一是对于性的厌恶、恐惧与愤恨,往往会持续数年甚至终生,有的还会完全丧失自己的性取向。二是产生性心理的恶变,主要表现为羞耻感的逐渐丧失。而后者尤其反映出性犯罪的腐蚀性。

所谓羞耻感是指对自己明显有悖于社会主流道德与行为规范,会遭受舆论谴责的不良意念与行动的否定性情感,表现为羞愧、耻辱、负罪等内心体验。人类最初的羞耻感来源于背离社会文明的自身肌体隐秘处的暴露,是人类脱离动物界的标志之一。"人类对性器官和性实践所特有的羞耻是将两性关系限制在合法范围内的有效手段。对于女性来说,身体形态和习俗要求尤其比男性具有更强的羞耻感。"[①]可以说,羞耻感是保持自尊与自爱,自觉抑制性欲望放纵的"道德堤坝"。女性被侵害后如若丧失了羞耻感,就如同"堤坝"决口,再也无所顾忌。大多会产生"性商品化"意识,不知廉耻地将性器官及其功能当作商品交易;或者疯狂地追求性享乐,尝试畸形的性技巧和性变态,并以此为荣;或者参与到各种性犯罪中,由性被害人转变为性犯罪人。如有的被拐卖、强迫卖淫后,反而加入性犯罪团伙,去介绍、诱骗、组织其他妇女出卖肉体;有的则充当犯罪团伙的"性诱饵",成为诈骗、敲诈、抢劫等犯罪的共同犯罪人;或者"失身"后因愤恨而产生报复心理,并投射到所有男性身上,以色相勾引男子、伺机欺诈、传染性病等。

(七) 容易引发其他类型犯罪

性犯罪常常成为其他犯罪的"诱发源",主要表现在以下四个方面:

(1) 性犯罪同财产犯罪、经济犯罪交互渗透与驱动。大多数性犯罪的动因是"钱色交易"。包养情妇、蓄妾纳娼等"性消费",需要钱款支持,可能引发盗窃、抢劫、抢夺、诈骗、侵占等犯罪。反过来,许多财产犯罪、经济犯罪是借助"性交易"手段进行的。比如投放"性诱饵"实施抢劫、敲诈、诈骗、欺诈竞标、获取商业秘密、推销伪劣商品等。

(2) 性犯罪引发暴力犯罪。古语曰:"赌生盗贼奸出命。"在我国传统观念中,杀父夺妻意味着不共戴天的仇恨。当然,现今的"夺妻"也可理解为包括争夺女友或情妇。有的犯罪人在强奸、通奸之后,担心女方报案或性敲诈而杀人灭口等。因此,因奸情伤害、杀人的罪案在暴力犯罪中占有一定的比例。有些团伙犯罪的案情表明,团伙成员基于内部权威竞争以及获得女性成员的青睐与"献身",在作案中进行暴力攀比,导致实施暴力升级和危害加剧。

(3) 性犯罪助长职务犯罪。职务犯罪是利用国家公权力而实施的各种罪行的统称。现今的职务犯罪多为"权钱交易"与"权色交易"兼有,故而已同"性贿赂"相关联。绝大多数职务犯罪主体(由普通的国家工作人员直至位高权重的胡长清、成克杰等人)的身败名裂过程,同金钱、美女相伴随。可以说,"性贿赂"是国家各级公务员的腐蚀剂,是各种职务犯罪的催化剂。

(4) 性犯罪是犯罪团伙的黏合剂。在犯罪团伙中,女性成员一般充当辅助性的犯罪角色,诸如勾引被害人、刺探情报、转移警卫视线等。同时,女性成员往往成为犯

[①] 汤啸天等著:《犯罪被害人学》,甘肃人民出版社1998年版,第169页。

罪团伙的黏合剂。团伙成员之所以纠合在一起,除了预期犯罪收益之外,还由于认同腐朽、颓废的人生观和低劣的群体文化,这其中就包括女性成员同团伙其他成员间的淫乱行径。团伙内部淫荡、丑陋的性行为会在成员间形成群体归属感,为维系团伙关系提供精神依托和心理纽带。

第三节 性犯罪的原因

任何犯罪现象都必然随着社会生活和思想文化潮流的变化而变化。我国现阶段性犯罪数量的增长,也绝非孤立的社会现象,而是社会大变革进程中一些人的道德取向、价值观念和行为方式产生迷乱与失衡的一种反映,是社会病态因素的一种物化。由性犯罪的状况与特点,探讨其增长的原因,是由果溯因的过程,是对性犯罪问题的更深入把握。

一、"性解放""性商品化"思潮的泛滥

(一)"性解放"是性道德滑坡的"启动阀"

性解放的真正含义应当是"把人类从对性科学的神秘和禁忌中解放出来,使人类摆脱性生活的自我封闭状态"①。但是,任何正确的认识一旦越过理论"节点",就会成为谬误。20世纪60年代前后,美国等西方国家中的许多青年出于对社会现实的不满与迷茫,而弥漫着叛逆、颓废、沉沦的情绪,以致酿成风靡一时的表现为性放荡、性淫乱的所谓"性解放"运动,男女群居、裸体上街是其最极端的行为。

我国实行改革开放以来,"性解放"等西方文化中的腐朽思潮乘机涌入并且迅速泛滥。由于长期性禁忌观念的束缚,我国社会对性行为讳莫如深,即所谓"中嫦之言,不可道也"。而"性解放"思潮赤裸裸地宣扬性淫乱,展示淫荡画面,并且还有其"理论",这对于在长期封闭环境中形成的性观念的冲击是颠覆性的。荒唐、腐朽的性观念是性犯罪的先导,"性解放"成为性道德滑坡的"启动阀"。一些人特别是思想活跃而阅历又浅的青少年接受并热衷于"性解放"的奇谈,认同所谓人的性欲是自然本能,不应当被压抑;或称人的两性关系是多元的,性行为应当与婚姻分离。在"性解放"思潮的鼓噪声中,一些所谓"前卫"派,反叛健康文明的性道德和婚姻制度,宣称要砸开"性枷锁",冲破"性束缚",开始进行各种性犯罪活动。曾有品学兼优的女大学生深受"性解放"的毒害,不能自拔,竟堕落到在高级宾馆向外商卖淫,还振振有词地说"这是人的最彻底的解放",可见受害之深。

(二)"性商品化"驱动性犯罪的多样化蔓延

"性解放"思潮在发展市场经济的大背景下,必然导致"性商品化"观念的产生,一些人将性行为也纳入到商品交换的市场法则中,以致驱动性犯罪的多样化蔓延。女性一旦丧失了羞耻感,则必然抛弃自尊、自爱的生活底线,将自身的性器官视为可出

---

① 康树华等主编:《犯罪学大辞书》,甘肃人民出版社1995年版,第1041页。

售的商品,成为其获利的本钱。而男性将对方当作泄欲的工具,以获得性淫乐。卖淫嫖娼最直接、露骨地体现了这种"钱性交易"中的"互惠性"。当然,在不同的性犯罪中,互惠的内涵也有所不同。比如女性通过性交易得到的所谓"好处",可以是广义的,并不局限于金钱,还包括提职、晋级、调动、出国,以及介绍门路、提供商机、遮掩丑闻等。其"好处"既有物质层面的,也有精神层面的,可谓五花八门。还有的女性向男上司献媚献身,是为了日后实施性敲诈,即先出卖肉体与人格,再相威胁而达到预期目标。也有的女性并不刻意在性交易中敛财,而主要是疯狂地追求畸形的性快感。然而无论性交易如何"变种",其实质仍然是性的商品化。

二、淫秽色情信息的恶性传播

如果说"性解放"思潮是观念形态的腐朽文化,那么极度渲染淫秽色情的书刊、音像制品和网络传播的淫秽色情电子信息,则是实物型与信息流形态的"文化毒品"了。我国现今性犯罪的增长同淫秽色情信息的恶性传播之间,存在着直接的因果关系。淫秽色情信息撩拨起淫乱欲望,毒害人们的心灵,疯狂地吞噬着人们的纯朴与善良,使人自甘堕落,其腐蚀性可谓强矣!据天津市实证犯罪调查统计显示,监狱中在押的性犯罪罪犯多数传看过淫秽物品。"在1999年的调查中,性犯罪罪犯14岁以前看过淫秽物品的高达67.9%,远远高于其他犯罪所占的32.1%。在2002年的调查中,性犯罪罪犯中有85.3%的人曾经看过淫秽制品,比1999年高出了17.4个百分点,从总的趋势看,每年呈上升的趋势。"[①]特别是那些天真单纯的少男少女,一旦传看淫秽录像或者浏览淫秽网站,就整天胡思乱想、荒废学业,并且极易导致性罪错行为。

(一)淫秽色情文化严重腐蚀性心理

正常、合法的性行为仅限于夫妻之间,理应是灵与肉的结合。既是生理欲求所致,又是情感交流所需。而淫秽色情文化宣扬性行为同婚姻割裂,否定性行为的社会属性,即完全出于人的原始本能,视同于动物。受此腐朽文化毒害的人,其性心理被严重地腐蚀与扭曲,极易不顾社会法律和性道德的警示,涉足性犯罪且无廉耻之心,以纵欲进行纯粹的性释放。而对于爱情则是麻木、冷漠,不再相信爱的真谛和激情。

淫秽色情文化的腐蚀性还来自其诲淫性,即夸张地描绘各种异常、畸形的性淫乱、性变态活动,渲染性滥交、群宿交、人兽交中的性亢奋状态及其极度的淫乐,其实带有一定的欺骗性,但却产生强烈的性刺激,激起人的动物性冲动,当急切地寻找宣泄对象时,性犯罪往往是难以避免的。

(二)网络淫秽色情信息的危害甚烈

互联网的发展,其利弊相伴的"双刃剑"效应凸显,既为人们高速传输信息提供了科技平台,也为道德沦丧者传播腐朽文化提供了阴暗渠道。通过网络传播淫秽色情

---

① 周路主编:《当代实证犯罪学新编》,人民法院出版社2004年版,第354页。

信息作为一种新的犯罪方式,来势凶险且危害甚烈。此类犯罪俗称"网络黄毒",对社会的毒化大大超过以往制作、贩卖淫秽物品的犯罪。这是缘于以下四点原因:

(1) 淫秽色情的信息量大。淫秽网站借助高科技支持,吸引众多网民浏览,影响之恶劣令人发指。如被称为全国"色情第一大案"的"九九情色论坛"网站,链接淫秽视频6000余件、图片10万余张、文章2万余篇,点击率达4亿次之多,在线人数每10分钟达15000人,注册会员超过30万,且多为青少年。此外,还介绍各地的卖淫场所信息等。①

(2) 形式多样,互动性强。淫秽网站提供大量的淫秽视频、音频文件以及图片、文章等,组织视频淫秽表演,开办淫秽论坛,进行网上"性交流""性交易"等,不一而足。而且其受害者是以选择和互动的方式接受淫秽信息的,主动参与性更强。为了提高级别和增加积分,会员们踊跃上传淫秽文件、发帖评论等,因而心灵的污染更为严重,其中的青少年无疑是更为脆弱的受害者。

(3) 内外勾结,跨时空犯罪。此类犯罪多实行系统主机与服务器远距分离,甚至服务器设置在境外。如"色魔堂"网站,其服务器设在境外。再如"九九情色论坛"网站,其服务器远在美国,利用网络遥控指挥境内十多个省市的不法分子共同犯罪。如此案情导致调查取证的相当难度。

(4) 犯罪成本低,收获暴利。淫秽网站仅配置主机、租用服务器和收集淫秽信息等,即可开通运行,其成本极低。但通过多种汇款渠道收取会员费,致使财源不断,且牟利方式隐蔽。

三、犯罪主观因素的驱使

性犯罪同各类犯罪一样,均是行为人主观因素和外界诸多因素综合作用的结果。外因是变化的条件,内因则是变化的根据。犯罪主体涉足性犯罪,总有其主观因素的内力驱使。主观因素大致可分为以下三个方面:

(一) 思想意识因素

人的行为是受思想意识支配的。思想意识是人经过思考而形成的理性内容,体现着对人生价值的根本看法以及对社会各种现象的基本态度。性犯罪作为故意犯罪行为,是腐朽的思想意识暴露、外化的结果。

(1) 极端个人主义和低劣腐朽的享乐观。各种扭曲、畸形的思想意识同犯罪行为存在着对应关系,驱使主体实施性犯罪的主要是极端个人主义和低劣腐朽的享乐观。比如一切以个人为中心,将"人不为己,天诛地灭"的利己哲学奉为信条;认为追求享乐是人生的唯一目的,追求性淫乐更是人的本能,因而"不欢不乐,青春白过","宁在花下死,做鬼也风流",应当"及时行乐""逢时纵欲"。性犯罪主体普遍道德沦丧、精神空虚、需要低级。其中,抛弃廉耻心的男性把玩弄女性、纵欲淫亵视为人生"第一幸福";丧失羞耻感的女性把出卖肉体当作谋生的手段,觉得"裤带松一松,顶上

---

① 代群:《"色情网站第一大案"破获》,载《今晚报》2005年1月15日第14版。

一月工"。他们不相信真挚的爱情,只寻求极度的淫乐,不以为耻,反以为荣。

(2) 法制观念淡薄。性犯罪主体无视党纪国法和他人痛苦,极尽纵欲淫亵,甚至实施性暴力侵害,反映出其法制观念淡薄,不懂法或者不畏法。相比较而言,城市犯罪人中知法犯法者较多,农村犯罪人中无知法盲者较多。

(二) 生理因素

性本能是人的自然属性的体现。但人与动物的区别,在于人还具有社会属性。性本能的需要与满足必须接受社会道德和法律的规范。而性犯罪人任由性本能的冲动与宣泄,甚至以身试法,实施性侵害。从生理角度讲,行为人的性功能强、性兴奋亢进,这也正是性犯罪人中青少年比例较大的原因之一。青少年性机能勃发,受到性信息刺激,会出现脑垂体的前垂过分活动,性腺大量分泌性激素,产生强烈的性冲动。而"危险年龄段"的人格尚未定型,自控能力弱,性兴奋与性抑制不平衡。这些则综合形成性犯罪的生理基础。

(三) 心理因素

人的心理与生理不可分,在性本能的驱动下会产生强烈的性心理。尤其是青少年,大多数未婚,正处于"性饥渴"阶段。现实中性刺激又广泛存在,爱恋异性的倾向明显而普遍。因而在生理成熟与心理发展之间、生理需要与客观条件之间存在着矛盾。同时,青少年自我调节与控制的能力较低,一旦矛盾处理不好,就会酿成恶果。有的青少年产生了性逆反心理,拒不接受父母、教师的忠告,同家人反目,甚至实施性侵害犯罪。

再有,极少数人心理上无法摆脱异常情绪的困扰,性心理与性行为严重偏离正常轨道,表现为性身份、性对象、性目的、性满足等方面的明显异常。这属于性心理变态,所导致的性变态行为则包括在广义的性犯罪中。

四、性被害人存在着一定过错

如前所述,性犯罪被害人主要指遭受性侵害的妇女。从犯罪学研究的角度看,被害人之所以被害,原因之一是由于其具有被害性,往往表现为一定的过错。当然,这并不意味着具备某种被害性,就一定会最终被害。性犯罪人寻找侵害目标,是有其选择性的。在特定的时间与地点发生在特定的被害人身上,除了偶然因素之外,还由于被害人自觉或不自觉地存在着一定的过错,故而才被选择为侵害对象。因此,美国学者M.阿米尔在其论著《强奸之类型》中指出:"如果说被害者对后来成为不幸结果的原因不负完全责任,她至少也是一个补充性的因素。"被害妇女的过错,在不同的被害情境中也是不同的。大致可归纳为以下四种类型:

(一) 被害可猎性的过错

被害的可猎性是指被害人因自身弱点和所处的不良情境而被犯罪人视为可猎取的对象。比如在治安环境较差的街区,妙龄少女形单影只,甚至夜晚独自走在僻静的小道上,那么她就明显地处于潜在被害人的情境,会被蓄意性侵害者视为猎物。女青年的过错在于没有提前意识并且避免处于这种不良情境。而如果已经置身其中,则应当尽快结束不利于自我保护的状态,如打电话让家人、朋友去接,走向人车多、路灯亮的干道,尽量靠近司法机关和巡逻民警等;如果已经被歹徒跟上,则可走进一个单位或一户人家求救等。办法是多种多样的,关键是要有潜在被害可能的自我警示。再如女性具有卖淫、吸毒、赌博、酗酒、婚变等异常生活经历,如果被性犯罪团伙了解,则可能成为其猎取的对象。因而应当尽早脱离潜在被害的环境,预防不测的发生。

(二) 被害诱发性的过错

被害的诱发性是指被害人的诱惑、刺激等行为具有诱发犯罪的驱动性。比如妇女如果衣着露透、举止轻浮、语言调情、目光挑逗,就极易诱发心存不轨者性欲冲动,从而招致性暴力侵害。这类被害人无疑在性侵害的演进中是有其过错的。司法实践表明,在性暴力侵害的被害人中,卖淫女、"三陪女"占有较大比例,这是缘于被害人习惯性的表情、举止等具有其被害的诱发性。

(三) 被害易感性的过错

被害的易感性是指被害人由于容易接受犯罪人的诱惑而成为侵害对象。被害妇女往往缺乏理性辨别真伪和注重自我保护的能力,在与性犯罪人的交往中,轻信其花言巧语,感应其情欲引诱、心驰神往、失却自尊,最终导致被欺骗、玩弄,甚至被杀害。司法实践表明,相当比例的强奸案发生在熟人之间,是由于被害妇女对熟人的警惕性不高,心理往往不设防,其易感性更为明显。[①] 常见的案情是易感性倾向同追求钱物与享乐的心理互相交织诱导,削弱了被害人维护人格尊严和性自由权的意志。而被害人如果一再被欺骗、侵害,对犯罪人发出的种种诱惑信息愈发无法识别,则会成为聚合性被害人。

(四) 被害受容性的过错

被害的受容性是指被害人在遭受犯罪侵害时与侵害后的一种顺应状态。作为被害妇女的过错,受容性又分为两种情况:一是自觉性受容,即因忧虑名誉或既得利益的丧失而保持沉默。女性遭强暴或被诱奸之后,为保名声而不报案,是自觉性受容的最典型的情形。二是被迫性受容,即屈从于犯罪人的暴力威逼或者迫于屡次控告无果的困境而忍辱含垢。比如:弱女子遭暴徒拦截,惊恐之下听任凌辱而不敢反抗;看到有的司法人员同不法之徒沆瀣一气,而不得不就范等。被害的受容性同法治权威、社会风尚和自身法律、文化素质等有关。思想健康、法律意识较强的人,其被害受容性则低;法制观念淡薄、抱守既得利益者,其被害受容性则强。

五、性教育的滞后与缺失

所谓性教育,是指性科学知识、性道德伦理和性法律观念的教育。性是人类的本能,是正常的生理、心理现象,是幸福的婚姻家庭生活所必需的。人们对于性的正确认识和理性把握,绝非所谓的"无师自通",而是必须适时并且有规划地进行性教育。

[①] 卢金增:《强奸,八成发生在熟人之间》,载《检察日报》2008年4月23日第6版。

性教育能够让人们正确了解有关性的生理、心理知识和道德、情感追求,懂得怎样的性行为才是科学、合法与道德的,怎样的两性关系才更加高尚与和谐,从而在工作和生活中理性地应对各种性信息与性刺激,有效调控自己的情欲,克服种种心理障碍等。

因此,性教育是无法回避,也是没有必要回避的。渴求性知识是人发育到一定阶段的正常愿望,是生理走向成熟的需要和标志。但是,性教育的滞后与缺失是我国长期普遍存在的问题。我国封建的传统意识传承深广,曾奉行"男女授受不亲""存天理、灭人欲"等陈腐观念,对于性知识讳莫如深,视为"污秽"的禁区。这不仅扼杀人性、压抑情感,并且使人从小就对性产生神秘感和罪恶感,以致陷入性愚昧状态。随着改革开放,性禁忌的格局被逐渐打破,西方文化中"性解放""性自由"等腐朽的享乐主义思潮开始涌入,冲击着我国传统的性观念。处于青春期的青少年面临着性意识的觉醒与困惑,急需科学、正规的性教育。然而国家义务教育中所设的生理卫生课程,在应试教育的挤压下,大多未受到足够的重视,老师讲解得过于简略,往往一带而过。正处在性发育阶段的少男少女们非但不能从正当途径获取科学的性知识,反而对于性过分地关注并充满幻想,转而从宣扬淫秽色情的书刊、音像制品和网络信息中了解性问题,结果被毒化与教唆。缘自传统道德文化的封闭,青少年感官刺激与性欲冲动之间的阈值较低,稍有性刺激即会产生强烈的性冲动。现今的信息渠道如此众多,淫秽色情信息无孔不入。当不能从正规的性教育中形成对于性的科学认识和理性态度,则极易步入性犯罪的泥坑。

可见,青少年乃至成年人涉足性犯罪,并不是对于健康的性知识了解得太多了,而是太少了;不是接受正规的性教育提前了,而是滞后了。性教育缺失和性知识贫乏,是滋生性犯罪的温床。对于性的回避和性教育不足,产生了同人们主观愿望相悖的结果。

第四节 性犯罪的对策

性犯罪破坏人类性行为应有的和谐,排斥蕴涵其中的爱情基础和道德追求,有损于社会主义和谐社会的构建。因此,必须采取综合性的防治对策,以针对性的措施遏制性犯罪的泛滥,减少其社会危害。

一、完善性犯罪的刑事立法

近年来,出现了一些新的性侵害方式,造成了恶劣的社会影响,"性贿赂"也在助长社会腐败。而我国刑法关于法定性犯罪的规定相对地保守与滞后,使一些性犯罪人得以规避或逃脱法律的制裁。因而应当完善性犯罪的刑事立法,为打击性犯罪提供有力的法律武器。

刑法对性犯罪的有关规定,受到传统价值观的局限。以传统观念来看,人类生殖是性行为的价值取向,从而形成了典型的"阳具中心性交观",性交仅限于男女间的生殖器交合,即阴茎插入阴道。随着时代的发展,人们基于获得生理快感而并非繁衍后代而进行性行为,已经十分正常并且合乎性本能,这也是人类和动物的重要区别之一。特别是现实存在着激起性兴奋、收获性满足的个性化和多样化方式,"性交"的范围实际上已然扩展了。除了男女生殖器的交合外,还包括肛交、口交、淫具插入等可以引起性快感的身体相关部位接触、摩擦的行为。并且这些性行为都可能违背被害人的意愿而被强制、胁迫地实施。但是,我国刑法关于法定性犯罪的加害人、被害人的性别和行为方式等均有其严格限定,以致强制、胁迫之下发生的女性对男性、男或女同性之间的性侵害,以及肛交、口交、淫具插入等性侵害案件,无法进入刑事司法程序。其结果不仅放纵了犯罪人,还导致被害人在遭受蹂躏后,又因为立法缺位而感到无助与失望。因此,应当加入以下规定来完善刑法的相关内容:

(1) 扩大性犯罪主体和被害人的范围。是否确定为性犯罪人,关键在于是否实施了强制的性侵害行为,而不在于主体的性别。性犯罪主体绝大多数为男性,但女性也可以成为其主体。另一方面,男性也可能成为性被害人,即男性被男性或女性实施强奸、强制猥亵、侮辱等行为。故此,应将强奸罪中规定的"强奸妇女"改为"强奸他人",将"强制猥亵、侮辱妇女罪"改为"强制猥亵、侮辱他人罪"。

(2) 扩展性侵害的内容和形式。刑法对于性侵害范围的规定过窄。宜将强制、胁迫之下的肛交、口交、淫具插入等纳入"性交"的范围。"猥亵"不仅指侵害人对被害人的猥亵,还应包括强迫被害人对被害人进行的猥亵。组织、强迫、引诱、容留、介绍卖淫罪中"卖淫",还应包括男性出卖其性机能的行为等。以此适应性犯罪内容与形式的变化,并且也符合国际刑事立法的发展方向。

(3) "性贿赂"纳入贿赂犯罪的范围。"性贿赂"同财物贿赂一样,均侵害了国家工作人员的职务廉洁性。犯罪集团尤其是带有黑社会性质的犯罪组织多以女色将政府官员拖下水,借此牟取不法利益。近年惩处腐败的大要案件中多有"性贿赂"的案情。因此,"性贿赂"作为非财物型的贿赂方式,应当纳入刑法关于受贿、行贿、介绍贿赂等犯罪活动的范围,以强化打击贿赂犯罪的深度与广度,提高预防功能,同时也适应国际上将"非财产性利益"纳入贿赂犯罪的大趋势。

二、加强社会管理,优化家庭、学校环境

我国经济的高速发展,带来了第三产业的大繁荣。社会文化生活空前活跃,也给各类性犯罪活动提供了便利。旅馆和出租屋往往成为藏污纳垢、皮肉交易之所;有些放映厅争相放映所谓"内部片"、"生活片"等,以争夺观众;有些人制售宣扬淫秽色情的书刊与音像制品,赚取昧心钱;有些娱乐场所以公开或半公开的色情活动招徕顾客,为卖淫嫖娼活动大开方便之门;特别是有些性犯罪团伙利用旅馆及娱乐场所管理不严的漏洞,大搞组织、强迫、引诱、容留、介绍卖淫的犯罪活动。遏制性犯罪活动,必须注重预防,必须加强社会管理,优化家庭、学校环境。

(一) 加强娱乐场所的管理

公安、工商、税务、文化管理等部门要协同配合,加强娱乐场所的管理。严禁一切

卖淫嫖娼、色情服务与表演等违法活动。要严格落实"谁主管,谁负责"和"谁经营,谁负责"的治安责任制,对于违反者必须严格追究其相应的法律责任。必须加强行政许可事项的事后管理以及取消的许可事项的后续管理。改革行政许可制度的关键,是将工作重心由事前审批转移至事后监管上来。对于性犯罪活动易发、多发的娱乐场所,必须变静态管理为动态管理,不让任何"变种"的性犯罪活动找到藏身之处。

(二) 发挥家庭的性爱和教育功能

性爱是人的本能,而只有在夫妻之间才能满足其合法的性爱需求,否则是非法的、不道德的。家庭的性爱功能出现障碍,就可能使人走出家庭到社会上谋求本应在夫妻间得到的性满足,从而产生婚外性越轨甚至性犯罪,这又是社会所不允许的,会导致家庭的解体。文化宣传部门和心理咨询机构应当指导夫妻间的感情调节、融和的技巧,增进夫妻间的性吸引力,提高家庭精神生活的质量。

家庭文化是预防青少年误入歧途的天然防护层。努力营造健康、民主、和谐的家庭文化氛围,有利于青少年的健康成长。每个家庭都要自觉地远离色情文化,发挥家庭的心理调适、疏导功能,为青少年创造良好的成长环境。要组织专家、学者编撰各种家庭教育的通俗读物、文章等,提高家长及家庭成员的整体素质。当家庭对青少年子女富有吸引力、感召力的时候,子女就不会到社会上寻求所谓"温暖",更不会轻易涉足性犯罪。

(三) 加强学校素质教育

学校必须确立对学生全面负责的指导思想,建立以素质教育为主,以"教书育人"为原则的教育管理体制,为青少年的健康成长营造有益、有趣、有吸引力的校园环境。学生乐于到学校学习,乐于过集体生活,是检验学校素质教育水平的重要指标,说明学生接受了学校的教育并且入脑、入心了。学校在抓智力教育的同时,决不放松学生思想品德的养成教育。要彻底排除学生优劣的明显界限,对学生一视同仁,使学生产生集体的心理归属感。要最大限度地减少流失生,因为流失生是青少年违法犯罪的后备群体。要将减少流失生的要求同学校教育以及班主任工作的评价与奖励挂钩,以调动学校尤其是班主任老师帮助双差生进步,减少失学现象的主动、创新精神。

三、严惩网络传播淫秽色情信息的犯罪

司法实践表明,性犯罪群体大多是网络淫秽色情信息的贪婪的"嗜毒者"。淫秽色情信息在互联网上的蔓延,是性犯罪泛滥的最主要原因之一。防治性犯罪,必须遏制网络淫秽色情信息的恶性传播。

(一) 严厉打击淫秽网站

全国公安机关在"网络扫黄"专项整治中,依法取缔了一批淫秽网站,惩处了一批犯罪分子。持续而有效的打击,还必须完善司法解释和发动群众举报。"网络黄毒"总是花样翻新,因而司法解释应当追踪此类犯罪的方式变换,及时填补司法盲区,避免明显滞后于执法实践的现象。网络"贩黄"以招揽受众浏览为其条件,否则无法牟利,因此就不可能绝对地隐匿。因而应当公开奖励措施,以发动群众提供线索,特别是受害青少年的家长、亲人的举报,许多为查破案件打开了突破口。

(二)加强网络管理与监控

一是尽快推行网络实名制,以改变"虚拟人"与"现实人"脱节的状况。实名制可使网络监管落在实处,促使网站和上网用户自律,有利于查处"贩黄"行为。二是以高科技手段监控网络。公安网监机关应注重设备更新、技术升级与专业培训,占据网络科技制高点。对于租用境外服务器、利用虚拟主机或托管主机、频繁跳转网址或域名、深夜时大量网民登录的网站,应当有记录、有措施地强化监控,洞察"贩黄"案情。

(三)切断不法利益链条

非法牟利是淫秽网站的终极目标,形成"会员—淫秽网站—服务器提供商—网络运营商—收费平台(银行、邮政、电信服务等)"的网络"贩黄"的利益链。会费大部分由淫秽网站进账,而收费平台与服务器提供商、网络运营商也"分得一杯羹",因而佯作不知,实则成为"贩黄"的帮凶。因此,应当追踪赃款流程,采取多项措施,截断不法利益的链条。严格依照司法解释,将"明知"是淫秽网站仍然提供便利者,以共同犯罪论处。此为"釜底抽薪"之策。

四、积极开展性教育

青少年在性成熟的生理驱使下,对性往往产生好奇的心理。从学校乃至家庭得不到正确的性教育时,则会从非正式渠道寻找答案,诸如街头广告、大众传媒,甚至淫秽色情信息等。因而应当适时地对儿童、青少年进行性教育。性教育同性教唆有着本质的区别。对儿童、青少年进行性教育,是帮助其掌握性科学知识,促进其身心健康,避免性罪错行为的有效途径,是青少年未来婚姻美满、家庭和谐的重要保证。

(一)内容应当全面

人的性行为具有生物学意义,还具有丰富的心理和道德意义。青少年的性观念开放与性道德缺失的矛盾突出,因而对其开展性生理教育的同时,更要注重对其进行性道德、性心理的培养,确立正确的性价值观。只有以性道德指导为核心,坚持性道德、性生理、性心理与性法律有机地统一起来,才是内容全面的性教育,才能产生孕育高尚的性行为的合力。

(二)教育逐步深入

性教育应当贯通从儿童、小学、中学到大学的整个青春期,要按照"生理知识稍有提前,心理知识同步进行,伦理道德贯穿始终,内容逐步加深的安排原则"[1],内容循序渐进,教育逐步深入。性教育应当始于儿童,因为孩子在10岁前就已经通过媒体知

---

[1] 姚佩宽、杨雄等:《中国青春教育概论》,山东人民出版社1996年版,第89页。

晓了部分性知识,有些性观念是儿童时期产生的。如许多同性恋者就是童年时由父母、亲属的不良教育与期望造成的。儿童时期的性教育只涉及简单的性生理知识,让学生懂得性别差异和异性间的关系。中学生已经进入青春期,性教育应在性生理知识的讲解中融进性心理的引导和性行为的规范,以消除对性生理现象的恐慌和不当性行为。大学阶段的性教育则应当侧重于性心理、性道德、性法制以及规范性行为的教育,使大学生们懂得如何爱慕异性,懂得理性地处理异性交往、恋爱、性冲动等方面的问题。

五、提高个体预防性侵害的能力

个体预防主要是指女性防范性侵害犯罪。由于关乎潜在被害人的切身利益并且视情境而灵活运用,因而容易被人们所接受。还由于不需要国家与社会投资,因而具有一定的经济意义。因此,个体预防是明显有着能动性、实用性、推广性的防治性犯罪的措施。

(一)被害前的预防

女性通过被害预防来保护自己,相比于被害后的严惩罪犯,其优越性自不待言。女性防范性侵害,必须自尊自爱,提高防范意识,自觉地减少自身存在的被害性。应当注意以下细节:一是尽量避免独处。居住或外出时最好有同伴;如果不得不单居时,必须保持警觉;应当锁好门窗,不轻易让人进屋。二是衣着化妆要得体,言谈举止要稳重。如果着装过于裸露,表情轻佻亲昵,会刺激心存不轨者,使其觉得眼前的女性轻浮、风骚,已经有异常经历或是已经在挑逗,于是放胆实施性侵害。三是时刻提高警惕。女性夜晚外出,应尽量选择明亮、人多的街道,最好有家人陪伴或与同事结伴而行;不随意同陌生人搭讪或过多交谈,不要接受陌生人的食品、饮料;更不要贸然搭乘陌生人的汽车,以免陷入难以摆脱的险境;发现被歹徒跟踪,则应朝商店、影剧院等公共场所的方向走;可趁势走入机关、企业向值班人员求救,或以问路为名寻求住户的帮助等等。

(二)被害中的预防

女性如果被歹徒纠缠,应当沉着冷静,敢于抗争。如果方寸大乱、不知所措,反而会强化歹徒的犯意,更增加了被害几率。可以下列措施应对:一是寻求援救,伺机逃脱。女性身处不测,要头脑清醒,寻找机会摆脱。如附近出现行人或者路过单位、住家等,应大声呼喊求援,请求对方尽快报警。这样的抗争很可能震慑歹徒,使其被迫放弃施暴企图。二是采取适当的防身手段。诸如突然用手指抠其眼睛,用拳猛击其头部侧面,猛咬其嘴唇、舌头,以手抓、脚踢、膝盖顶撞等方法袭击其阴部等。关键是动作要快、准、狠,有爆发力。三是审时度势,巧妙周旋。不能要求女性进行力所不能及的反抗。实际上,抗暴的机遇和形式是多种多样的,就看有没有抗暴的信念、勇气和智慧。被歹徒控制时,应当切勿慌乱,先弄清其恶念,设法稳住对方并拖延时间;或者先答应对方,让其不要着急,找合适的场所;或者故作亲昵,麻痹对方,再寻机会等。一旦机会出现,便果断报警、大声呼救,尽快摆脱控制。

（三）被害后的预防

此为整体上预防女性被性侵害而言。个体被侵害待到实在难以避免时，也要想办法在歹徒身上留下痕迹，认清相貌，辨明口音，收集保存证据，包括暂不洗澡和清洗内衣等。被侵害后应当积极报案，并将证据提交司法机关。被害人协助惩处罪犯，有利于预防新的性侵害犯罪，不但自己会避免再次被侵害，也可防范其他妇女被侵害。

第六编　犯罪主体类型

第十七章　青少年犯罪

第一节　青少年犯罪的概念

我国青少年犯罪的概念有广义和狭义区分。广义的青少年犯罪概念可以表述为：已满6周岁不满26周岁的青少年实施犯罪行为，或者违法行为、不良行为。从年龄上说，之所以把青少年的年龄定为已满6周岁至25周岁，是因为：第一，适应犯罪向低龄化发展趋势的现实；第二，体现预防青少年犯罪必须抓早与抓小的共识；第三，当今社会的发展使得儿童成熟期有所提前；第四，25周岁以下的人基本上还处于不同程度的"不成熟"状态。从广义青少年犯罪包括的内容来说，不仅包括青少年所实施的触犯刑事法律的犯罪行为，而且还包括触犯社会治安管理法规的违法行为，还包括违反道德规范的不良行为。可见，广义青少年犯罪概念是犯罪学上的青少年犯罪概念，其目的是为了预防青少年犯罪。

狭义的青少年犯罪概念则是刑法学上的犯罪概念，其目的是为了定罪量刑。因此，从年龄上来说，青少年是指已满14周岁至25周岁的人。根据我国《刑法》的规定，狭义的青少年犯罪的概念可以表述为：已满14周岁不满25周岁的人实施了危害社会、触犯刑事法律，依法应受刑罚处罚的行为。这个概念有两个突出的含义：第一，犯罪行为的主体是青少年；第二，是青少年中实施了危害社会的行为、触犯了刑律并需要予以刑事处罚的人。

我国《预防未成年人犯罪法》第14条将未成年人的"不良行为"列为九项：(1)旷课、夜不归宿；(2)携带管制刀具；(3)打架斗殴、辱骂他人；(4)强行向他人索要财物；(5)偷窃、故意毁坏财物；(6)参与赌博或者变相赌博；(7)观看、收听色情、淫秽的音像制品、读物等；(8)进入法律、法规规定未成年人不适宜进入的营业性歌舞厅等场所；(9)其他严重违背社会公德的不良行为。

未成年人实施的"其他严重违背社会公德的不良行为"，常见的有下列几种：(1)公然侮辱他人或者捏造事实诽谤他人，调戏妇女、猥亵妇女、强行亲吻妇女等侮辱妇女的行为，男扮女装入女厕、对人撒尿、异装癖、恋物癖等行为，早恋的未成年人通过递条子、情书等方式干扰异性正常学习、生活的行为;(2) 隐匿、毁弃或者私自拆开他人信件的行为;(3) 骗取他人少量财物、伪造食堂饭菜票等侵犯公私财物的行为;(4) 吸烟、酗酒的行为;(5) 制造玩具弹药枪,故意损毁、移动车辆通行地方沟、井、坎、穴的覆盖物、标志、防围等危害公共安全的行为;(6) 偷开他人机动车辆,在禁火区玩火,在禁放烟花区燃放烟花、爆竹等危害社会管理秩序的不良行为;(7) 私刻他人印章,故意污损国家保护的景物、名胜古迹,破坏草坪、花卉等不良行为。

我国《预防未成年人犯罪法》第 34 条规定,未成年人的"严重不良行为"是指下列严重危害社会,尚不够刑事处罚的违法行为:(1) 纠集他人结伙滋事,扰乱治安;(2) 携带管制刀具,屡教不改;(3) 多次拦截殴打他人或者强行索要他人财物;(4) 传播淫秽的读物或者音像制品等;(5) 进行淫乱或者色情、卖淫活动;(6) 多次偷窃;(7) 参与赌博,屡教不改;(8) 吸食、注射毒品;(9) 其他严重危害社会的行为。

第二节 青少年犯罪的状况与特点

一、青少年犯罪的状况

(1) 青少年犯罪出现进一步低龄化和高案发率趋势。从司法机关侦破的刑事案件看,有些作案分子"乳臭未干"就已经成为公安局、派出所的"常客"。例如,河北保定市曾破获一个由九人组成的盗窃团伙,其中年龄在 7 岁至 15 岁的少年竟有六人之多。20 世纪 90 年代以来,未成年人违法犯罪的初始化年龄比 20 年前提前了 2—3 岁。14 岁以上的未成年人违法犯罪增多。1997 年未成年人犯罪人数为 30446 人,2007 年却达到了 87525 人。10 年间未成年人犯罪绝对人数增加了近 2 倍。[①]

(2) 青少年犯罪后果非常严重。例如,2002 年 6 月 16 日北京"蓝极速"网吧的纵火事件,震惊中外。纵火人张某(男,13 岁)、宋某(男,14 岁),二人系北京市某初中学生,均因父母离异后缺少家庭管教,经常逃学。案发前半年,二人一直居住在海淀区展春园宋某家一间房屋内。二人交代,他们经常去网吧玩,两周前在"蓝极速"网吧与服务员发生纠纷,于是起意报复,遂购买汽油纵火,造成 24 人死亡、14 人受伤害的严重后果。

二、青少年犯罪的特点

(1) 从犯罪性质看,呈现出日趋暴力化的特点。青少年犯罪中抢劫犯罪上升最快,犯罪类型从抢劫、故意伤害、奸淫幼女、盗窃扩展到参与更为严重的黑恶势力犯罪。更有甚者,近年来很多省份都出现了未成年人残酷杀害祖父母、父母及其他亲属的案例。例如《北京青年报》2010 年 12 月 30 日报道的少年杀双亲碎尸案。

(2) 从犯罪动机看,具有满足物质欲望的贪利性的特点。据 2009 年 9 月 10 日至 11 月 27 日中国青少年犯罪研究会对 18 个省、直辖市的未成年犯管教所的抽样调查

---

① 林维:《未成年人犯罪数据统计研究》,载《中国青年政治学院学报》2010 年第 3 期。

分析报告说:"未成年人犯罪类型相对集中,仍以侵犯财产罪、侵犯公民人身权利罪和妨害社会管理秩序罪为主,其中犯抢劫和盗窃罪的占未成年人犯罪总数的60%—80%之间。从具体罪名看,主要集中于抢劫、盗窃轮流排在未成年人各类犯罪的第一和第二位,排在第三位的一般是故意伤害、寻衅滋事或者强奸。"

(3) 从青少年实施犯罪的方法看,花样翻新,日趋复杂、成熟,既提高了犯罪成功率,更引发了暴力犯罪。四川省简阳市某中专学校的三名学生,因沉迷于网络游戏中的"杀人游戏",为验证自己的胆量,将本市一名流浪孤儿杀害并埋尸,其手段残忍骇人听闻。① 这一骇人听闻的恶性案件,就是网络游戏内容的暴力性引发未成年人暴力犯罪明显的例证。

(4) 从犯罪形式看,具有团伙性特点。未成年人往往在父母面前封闭自我,而更爱与年龄相仿、趣味相投的伙伴在一起,形成一个小"圈子"。这些犯罪团伙大小不一,少则三五人,多则上百人。由于未成年人经验少,能力差,他们结伙作案,可以相互鼓励,在一定程度上减轻恐惧感和孤独感。一部分未成年人犯罪团伙已呈现出向黑社会性质组织演变的势头。

(5) 从作案主体看,呈现出农村籍青少年犯罪急剧上升和农村流入城市的青少年犯罪突出的特点。农村的大量剩余劳动力和流动人口进入城市以后,城市生活强烈地刺激着他们的高消费欲望,导致犯罪上升。同时,我国人均耕地面积太少,农村劳动力过剩,农民跨地区活动增多,引起基层政权监督机制弱化等等原因,都会导致农村籍未成年人犯罪增多。

(6) 青少年犯罪屡教不改,具有反复性特点。青少年思想具有很大的可塑性,极易受客观外界条件影响。违法犯罪的青少年,经过帮助教育,痛哭流涕,表示要改邪归正,但是,另一方面,也存在较大的反复性。有的青少年过去只是"一面手",通过少管所或劳教农场出来后,则变成了"多面手"。

(7) 青少年犯罪具有易传导性特点。青少年正在成长过程,辨别是非能力薄弱,不仅易受外界感染,而且传导性强,如不及时进行教育,预防他(她)们走上违法犯罪道路,相互感染,则会像滚雪球一样越滚越多。

(8) 青少年犯罪具有突发性特点。由于青少年的犯罪动机往往比较简单,其目的单一,随意性强。很多青少年犯罪并没有经过事前的周密考虑或精心策划,常常是受到某种因素诱发和刺激,或一时的感情冲动而突然犯罪。有些青少年常常因为一件不顺心的事,一个看不惯的举动,一句不顺耳的话而导致不寻常的犯罪。

第三节 青少年犯罪的原因

一、青少年犯罪的个人因素

随着经济生活水平的提高,使得青少年生理发育提前,然而他(她)们的心理发育

---

① 参见陈伟:《网络游戏与青少年犯罪的互动归因及其化解》,载《青少年犯罪问题》2010年第1期。

却仍然不健全。因此,未成年人时期被称为一个人的生理上的"发育期"、心理上的"断乳期"、行为上的"叛逆期",是人生观、道德观正在形成的时期。这一时期最为主要的表现是:未成年人个性特点是"两强"与"两弱"。所谓"两强",一是盲目模仿强;二是好奇心强。所谓"两弱",一是辨别是非能力薄弱;二是自我控制能力薄弱。因此,未成年人容易受不良社会环境的影响,而走上违法犯罪道路。

二、青少年犯罪的家庭关系因素

家庭状态几乎在一个少年身上占据了最重要的地位。[1] 家庭既是生活的港湾,也可以变成犯罪的温床。首先是父母离婚、死亡、服刑或者其他原因丧失了父母中的一方或双方,家庭的完整性遭到破坏,极易导致未成年人犯罪。其次,父母的生活方式对孩子的影响不容忽视。古人云"有其父必有其子",未成年人行为深受家庭的重大影响。在耳濡目染之下,父母的人生态度以及父母赌博、酗酒、盗窃、卖淫嫖娼、吸毒等不良习惯,都会给子女以暗示及影响。最后,教育方法不当,诸如溺爱、打骂、放任不管等等,都会导致未成年人犯罪的后果。

三、青少年犯罪的学校因素

当前的教育体制导致很多学校片面强化智力教育,忽视思想品德、理想道德和法制教育,"只教书,不育人"。特别是学校对学生的人生观教育和法制教育与未成年人所处的当今复杂的社会环境极不适应。有些学校管理制度混乱,放松对学生课余时间在校自修等学习管理,使学生处于放任自流状态;有的学校对学生的违纪行为和一些不良倾向不管不问,以致使校园成为犯罪的温床;有的学校只顾抓"尖子班",把思想品德和学习都比较落后的"双差生"当成包袱,让其转学、退学。教师对后进生、双差生的鄙弃和疏于教育,使他(她)们失去接受教育的机会,促使他们走上违法犯罪的道路。

四、青少年犯罪的社会因素

当今社会竞争激烈,各种丑恶现象光怪陆离,让人眼花缭乱。不良社会环境,都对未成年人成长造成极其恶劣的影响,特别是娱乐场所的不良影响,对未成年人犯罪起着直接诱发的作用。在关于社会环境对未成年人影响的调查中显示,对未成年人身心健康影响较大的是"电子游戏机室泛滥",渲染色情、暴力等内容的影视作品、电脑软件、书报画刊充斥市场,营业性歌舞厅、酒吧、黑网吧等娱乐场所仍然允许未成年人自由出入,贻害无穷。

---

[1] 姚建龙:《国家亲权理论与少年司法——以美国少年司法为中心的研究》,载《法学杂志》2008年第3期。

第四节 青少年犯罪的对策

一、贯彻防治青少年犯罪的基本原则

(1) 坚持"教育为本"的原则。青少年犯罪,除了主观原因外,很明显,客观环境的好坏对于一个人的成长起着重要作用,所以,家庭、学校、社会对于青少年犯罪都是有责任的。坚持教育为本的原则,在预防和治理青少年犯罪过程中要特别注重对青少年犯罪案件的处理,应当考虑他们的特点,贯彻教育、挽救和改造的方针,以及"教育为主,处罚为辅"的政策,而不是厌恶、抛弃他们。对于他们当中的极少数罪行严重、屡教不改的犯罪分子,则必须依法惩办,但是即使是惩办,也是一种教育,只不过是特殊的辅助性教育方式。

(2) 坚持"预防为主"的原则。即根据未成年人生理、心理尚未成熟的特点,坚持治本、疏导、突出保护、积极预防的原则。具体地说,一方面,整顿包围青少年的不良社会环境,尽量消除犯罪产生的原因;另一方面,从低年龄开始,对低龄少年的不良行为,进行限制和采取保护处分。

(3) 坚持"保护未成年人"的原则。即将保护未成年人健康成长作为一条原则,用法律形式固定下来,这是经过多年的实践经验之后才形成的。中国历来关怀未成年人的健康成长,对于他们当中发生的错误或者违纪违法犯罪行为一贯坚持"教育为主,惩罚为辅"的原则,着眼于教育、挽救和改造,保护他们健康成长,并在实践中创造了一些宝贵经验。

(4) 坚持"综合治理"的原则。这一原则要求每个人、每个家庭、每个单位、每个行业、每个社区、每个地区等等都要为教育青少年承担责任,要为纠正青少年的不良行为,促使他们健康成长承担责任。并且这种承担责任的要求,是减少和预防青少年违法犯罪的一项长期的原则。

二、加强青少年犯罪问题的立法

随着刑法学和犯罪学研究的深入,许多法学家和犯罪学者认为,针对青少年犯罪的特殊性,应有专门的立法来处理青少年犯罪问题。世界上第一部专门规定青少年的法规是1899年7月1日在美国伊利诺伊州第41届州议会通过的《少年法院法》。其后,世界上许多国家都相继仿效该法的内容和形式颁布了自己的少年法。比如,英国于1908年制定了《儿童法》,法国于1912年颁布了《青少年保护观察法》,德国于1923年制定了《青少年刑法》,意大利于1934年制定了《少年法》等。20世纪80年代以后,有关青少年的专门立法和司法国际动向一个最为明显的特点,就是以联合国为舞台,制定了三部国际性法律文件:1985年《联合国少年司法最低限度标准规则》(又称《北京规则》)、1990年《联合国保护被剥夺自由少年规则》(又称《东京规则》)、1991年《联合国预防少年犯罪准则》(又称《利雅得准则》)。这三部国际性法律文件,确立了当今世界少年司法的标准,为各国树立了范本,指明了方向。

新中国成立后,尽管在较长时期没有制定专门的未成年人法规,但党和政府在一系列有关法律、法令、条例、指示等法规中,都有大量保护未成年人、处理未成年人违法犯罪、改造挽救失足未成年人的内容与条款。我国现行《刑法》和《刑事诉讼法》,对未成年人犯罪的定罪、量刑及审理程序都作了特殊的规定。1991年9月4日,我国颁布了第一部专门的青少年法规《中华人民共和国未成年人保护法》(经过2006年12月29日和2012年10月26日两次修正),1999年6月28日又颁布了《中华人民共和国预防未成年人犯罪法》(经过2012年10月26日修正)。这两部专门对未成年人的立法,不仅填补了我国未成年人立法的空白,而且标志着我国未成年人立法工作进入了一个新的阶段。

三、进一步健全我国少年司法的法律体系

(1) 大力修改刑法,条件成熟时再制定单独的少年刑法。为了满足法院处理大量的未成年人犯罪案件的急需,一个最快最有效的办法就是在修订《刑法》的同时,单设未成年人犯罪的特殊处遇专章,待条件成熟之时再制定独立的少年刑法。第一,明确规定未成人犯罪的概念。这个概念应由年龄、刑事责任能力和犯罪行为三个基本要素构成。第二,增设一些新罪名。如针对一些人出于贪利的目的,诱骗未成年人表演恐怖、残忍节目或淫秽节目,摧残未成年人的身心健康的行为,可设"诱骗未成年人表演恐怖、残忍节目罪"。第三,明确规定未成年人犯罪的处罚原则。如教育为主、惩罚为辅的原则;特殊预防为主,一般预防为辅的原则;从轻或减轻处罚的原则,等等。第四,明确规定对未成年犯人具体适用的刑罚种类。严格限制适用无期徒刑和拘役;对未成人比较适宜的刑罚是有期徒刑,但应与成年人适用的有期徒刑有所区别,同时放宽减刑和假释的条件。第五,明确规定一些非刑罚的处理方法。我国刑法有必要建立专门适用于未成年罪犯的非刑罚处置方法,改变目前对他们只适用刑罚的单一处置模式。刑法应结合少年身心发展特点等多种因素,增加非刑罚的处理办法,规定较为详细具体的少年保护处分和教育处分。

(2) 制定未成年人案件处理法和少年法庭法。现有的规范性文件,如最高人民法院《关于审理未成年人刑事案件的若干规定》和《关于审理未成年人刑事案件具体应用法律若干问题的解释》、最高人民检察院《人民检察院办理未成年人刑事案件的规定》以及公安部《公安机关办理未成年人违法犯罪案件的规定》等等,都是我国在少年司法建设方面多年的理论探讨和司法实践的总结,也为制定相应的权威性的法律奠定了基础,应该把它们上升为法律,制定未成年人案件处理法和少年法庭法。为了建立一整套少年司法制度,有必要在公安机关内部设少年科或少年处,在检察机关内设少年科或少年处或少年厅,在各级法院设少年法庭,使少年案件从侦查、起诉到审理均有相应的少年司法组织负责处理,并且有可循的法律依据。

(3) 制定未成年人收容教养条例。我国的收容教养工作,目前主要依据刑法、未成年人保护法、公安部《关于少年管教所收押、收容范围的通知》和《少年管教所暂行管理办法》中的有关规定,但这些规定过于原则和空泛,缺乏可操作性,比如,无下限年龄的规定,收容教养的条件不明确,收容教养的性质与目的以及期限未作规定等等。为了解决收容教养工作上的混乱,提高工作质量,确保少年的合法权益,我们应加快制定未成年人收容教养条例。另外,还应设立专门的少年收容教养所或教养院,改变目前把收容教养少年与少年犯这两种性质不同的少年都收押在少管所的弊端。

四、进一步完善我国少年司法机构

自从美国建立世界上第一个少年法庭之后,许多国家根据本国实际情况,建立了少年司法制度。例如,在日本建立了少年法院,它作为基层法院的一种,主要调停家事纠纷、审理家庭案件与少年保护案件,以及侵犯少年合法权益的案件。按照日本少年法规定,对少年犯罪行为的处理应从挽救少年出发,既要达到预防犯罪的目的,又要收到福利政策的效果。所以尽量回避刑罚,使保护处分及其他非刑事措施处于优先地位。少年犯罪案件在调查、审判、处罚各个环节都与成年人犯罪案件不同,而在管教少年犯的过程中,更是如此。它要根据不同环节设置不同性质的机构。如儿童商谈所、家庭法院、保护观察所、少年院等等。

我国的少年法庭建立虽然起步比较晚,但发展速度却很快。自从1984年秋,上海市长宁区人民法院创立我国第一个专门审理未成年人刑事案件的少年法庭以来,以其办案的实际效果,雄辩地证明了少年法庭的科学性、针对性、有效性。上海市长宁区人民法院少年法庭在设立之后的一年多共审结了17件少年犯罪案件,其中盗窃7件,强奸5件(含奸淫幼女2件),抢劫2件,流氓、诈骗、伤害各1件,被告25名(均为男性),平均年龄为17岁。据回访调查表明,所有的少年犯,无论是在少管所服刑的,还是在管制、缓刑考察期间继续求学或工作的,都能认罪服法,接受改造。这一显著成绩的取得,是与长宁区创建的少年法庭所采取的与少年被告人生理、心理特点相适应的审理方法,把惩罚与教育挽救有机结合起来分不开的。

我国的少年法庭,在国内外产生了良好的、积极的影响。但是,严格地说,还是处在试验探索阶段,没有形成或者没有正式建立起我国的少年司法制度。纵观世界不同国家建立起来的模式各异的少年司法制度,都体现着一种从无到有、由不完善到完善的发展过程。因此,我国应在已取得的少年法庭经验的基础上,进一步创建少年法院,将保护青少年合法权益的案件、青少年犯罪的案件等所有有关青少年案件都交由少年法院处理。这样做的好处:一是完善我国司法机构;二是促进我国立法工作的发展;三是解决有关少年案件无专门机构处理的问题。

第十八章 流动人口犯罪

　　自 20 世纪 70 年代末、80 年代初至今，我国迎来了改革开放、强国富民的历史发展机遇期。相对于计划经济体制下僵化的市场形态，现代市场经济活动充满自由活力，生产、生活要素的自由流动获得了巨大的驱动力。从当今市场经济的视角而言，以一定人口数量为基础的劳动力人口自由配置获得了自由流动的广阔空间，社会人口流动亦随市场配置规律而呈加速趋势；同时从社会生产生活的宏观层面分析，随着计划经济模式下人口户籍行政管理制度的松动与调整，以农村青壮年劳动力为核心和主力的社会整体人口的流动也逐步活跃起来。大规模的人口流动也就成为一种必然，其发展屡有上升势头，流动人口犯罪活动对当地社会治安的影响力也越来越大，这一新的社会动态早已吸引社会各界对流动人口犯罪进行深入研究与探讨。

第一节　流动人口犯罪的概念

　　"流动人口"概念的核心要素是流动性和活跃性，但是"流动人口"作为整体是一个新兴的犯罪学概念，而且流动人口是在我国城镇化历史背景中产生存在并发展的一个概念。究竟何为"流动人口"？实务部门与理论界尚无严格统一的认识，但有学者提出流动人口这一称呼是具有中国特色的一个新名词，指的是不具有实际居住地常住户口，但却在某地长期和短期滞留的人员。[①] 有观点特别强调流动人口是与城市化相关联的，如提出"城市外来流动人口是相对于城市常住人口而言的，是指离开常住地到城市从事各种活动的人口"[②]。还有观点认为，流动人口是指"在我国某一地区内不具有该地区户籍而且有其他地区户籍的我国公民"[③]。

一、"流动人口犯罪"现象的社会学基础蕴意

　　"流动人口"是对人口流动这一社会化现象属地化视角的描述，流动人口包含了外来与流动的双重特性，并体现出人口流动性的异地性趋势，是从本地人口结构的社会变动为依托提出的一个人口地缘属性的构成性描述。我国公安户籍管理部门曾经将流动人口定义为"未依法改变法定住址而在常住地市乡镇范围以内滞留一昼夜以上的移动人口"[④]，并在我国某些省市的行政法规中明文确定了"外来流动人口"的行政管理概念，如认为外埠流动人口"是指离开常住户口所在地，跨市在本市居住的人

[①] 杜建人著：《城市犯罪研究》，台湾五南图书出版公司 1997 年版，第 149 页。
[②] 刘海燕：《我国城市外来人口犯罪问题》，载《河南公安高等专科学校学报》2005 年第 6 期，第 69 页。
[③] 贵州省警察学会编：《外来人口犯罪问题研究》，1996 年版，第 187 页。
[④] 公安部政治部编：《户籍管理教程》，中国人民公安大学出版社 1997 年版，第 158 页。

员,以及在本市行政辖区内跨县(市)、乡(镇)居住的人员"①。因此在实践中,流动人口显然还应当包括非中国国籍的人员和无国籍的流动人员。由于人口的流动对于社会文化交流、经济资源流通、社会生产发展具有广泛的推动作用,尤其是改革开放以来对我国城镇化进程和国民经济发展作出了巨大贡献,成为推动地方经济技术发展的一个重要标志和主要动力,获得了党和政府以及社会各界的肯定与积极评价。

但是也应当看到,由于我国社会现代管理水平严重落后、城镇容纳总量不足以及城市流动人口迅速膨胀与无序涌动,确实给市政管理造成了巨大压力,加之我国在长期的计划经济时期形成的城乡二元社会结构对立,造成流动人口在经济发达地区无法迅速取得充分的社会经济生活资源保障与平等地位,甚至在一定程度上受到排斥,利益的相对丧失加之复杂的社会行为动机驱使其中极少数人铤而走险实施违法犯罪活动,产生了不良社会影响。"经验性事实表明,目前我国社会犯罪率波动,主要缘于社会分化中某些社会结构上的失衡。"②流动人口犯罪问题的重要地位也日渐凸显。

通过对以上这些概念的界定及表述进行分析可以发现,流动人口是一个具有特定意义的概念,在形式上具有潜在的漂泊性心理特征;流动人口体现出人群运动的无序性与波动化,是以运动的标准界定一个动态的轨迹,即以整体的视角观察人口运动的形态。突出的标识是以社会学视角定义社会人口的活跃特性。

从流动人口接纳地的视角观察,流动人口与非本地原住民的概念呈现对立阶层,表现出潜在的社会陌生感和一定的排斥心理,这一客观事实滋生的社会反常心理是流动人口犯罪的社会基础。从来源地看,流动人口脱离了原籍群体归依性,从本地域性稳固的心理认知转变为流动、漂泊的心理感受。流动人口在社会关系中代表了一种新的存在形式,尤其是在我国传统的乡土社会文化或熟人社会人际关系中,在一定程度上摆脱了历史文化心理的内在认同,因此相对于传统的人员群体归属观念,流动人口概念本身代表了一定的疏离和隔绝感。这种异态的社会心理感受对于流动人口犯罪概念的研究具有重大基础意义,只有深入分析这一群体的心理性格与外在观念所反映的基本蕴意,才能有效剖析流动人口犯罪这一基础概念的社会学及犯罪学内涵。我们认为这一社会心理认识源于以下几个方面:

首先,流动人口所标示的这种陌生感与隔离感具有文化与经济根源上的缘起性。在传统的中国社会,文化认同和社会人际交往构成主要根植于乡土型地缘集团关系以及与此联系的家族血缘关系群体关系。在这样环境构成中人群迁徙的稳定性则最主要来源于我国农业社会的生产关系基本样态,对于土地的生存依赖造就了这一稳定与固化的社会相对不流动态势。当然在这里,这一相对的不流动至少征表了社会运动意义上的不合理性与不便。"不流动是从人和空间的关系上说的,从人和人在空间的排列关系上说就是孤立和隔膜。"③前辈社会学家的这一观点无疑对于研究当代流动人口群体及人口流动特征具有重要的指导意义。因此我们认为,一切有关人口

---

① 《苏州市外来人口管理规定》第 2 条。
② 张小虎著:《当代中国社会结构与犯罪》,群众出版社 2009 年版,第 4 页。
③ 费孝通著:《乡土中国》,生活·读书·新知三联书店 1985 年版,第 3 页。

流动的概念特征与理论基底均不能脱离我国特定的社会经济环境。农业社会的现实情况导致对土地的依赖关系、现代经济产业的更替产生了对于这种历史性依赖和惰性心理的抗制与撕裂。这些就是流动人口现象等社会人口运动趋势的基本肇始与缘起。

其次，相对于在第一点中分析的社会心理文化层面的缘起，我们也不能忽视流动人口概念这一问题更深实践层面的意义，即土地与农业生产方式对社会群体相对不流动性所产生的基础作用，以及本地化群体观念对于外来性感受到天然的不安心理。换言之，就是农业经济生产方式的基础缘起性。依靠土地的经济产出为物质生存基础的人群，对于土地的固着性是这种农业生产方式与生俱来的，家庭或家族以一定范围土地的生产使用作为社会共同事务和社会交往的领域，土地不动性决定了社会交往的固定形态，土地范围限定内的独立经营活动进一步形成了群体依赖的相对自我孤立，并与外界逐步隔绝交往。当然这种孤立和隔绝并不是绝对的，而是形成了地方主义的熟人群体认同感，不习惯接纳外埠成员并迅速认同，这一地方性就缘于农耕地域上的限制而保持了各自孤立的社会活动圈子。① 因此在我们这个熟人社会中隔绝外埠流动人口的心理就是注定的了。

此外，如前所论，我国现代经济社会的发展必然造成人口流动的趋势。社会合作必然要求社会交往，传统的熟人社会必然时时刻刻要面对外来的融合与稀释。在这一融合、流动的进程中，外来性的"陌生状态"逐步与传统地方性心理的"熟知习惯"形成对立与嬗变，即流动人口所带来的未知性、交互性对传统的熟人关系心理惯性发生对撞，这样潜伏在往昔社会心理意识中的对外排斥倾向就获得了多维的社会反应基础：一方面，流动人口流入地居民对于外埠流动人员的警觉与排斥心理。在本地居民视角上，流动人员带来的是未知文化并与地方文化习惯格格不入。具体表现，首先在语言上明显不同于本地的习惯认同；其次在行为方式上不同于根深蒂固的本地化行为模式；再次，在职业归属上无法迅速溶于本地经济与社会生活。因为这些具体问题的综合存在阻塞了其与流动人员的交往沟通，也就无法促进相互了解与接纳，所有环节这些均会导致本地人民对外埠流动人口的不信任，并因此增强了不安全感。另一方面，流动人员在流入地对本地居民同样怀有隔阂感与不安感受。流动人口也产生于同样社会历史文化氛围中，彼此熟悉仍是获得社会安定感受的必要心理要素。不过由于社会经济条件的发展变迁，获得了人员流动的驱动力，脱离了原本相对稳固的社会环境与社会关系，以外埠流动人口的身份加入到一个新的本地化过程中来。但是同样的社会心理习惯会产生相似的社会行为反应，亦即流动人员对陌生的流入地也存在着戒备与疏远趋势。例如，同属于流动人口的相似社会经历的人员群体会自发形成一个个相对封闭的独立次级社交圈。还需注意的是，暂处于同一流入地的不同流动人员彼此间也存在陌生感受与排斥倾向。这完全可以从同样的历史文化心理中找到与前两种情形近似的根本原因。因为不同的流出地人群彼此来源于全国四面

---

① 费孝通著：《乡土中国》，生活·读书·新知三联书店1985年版，第4页。

八方,所以不仅对于流入地的本地居民漠然感如是,流动人员彼此之间也会存在一定的陌生和相对隔阂感。去除细分的个别来自同一流出地群体的小群体人员,绝大部分流动人口彼此是陌生并偶然联系在一起的,彼此也是脱离了熟悉社会关系的流动人口群体,只不过这种没有本地习惯和社会交往熟识化心理支持的双向外来特征更趋波动且易产生变化。

通过以上几点简单的分析,我们可以找到流动人口犯罪的社会心理和社会关系蕴意。流动人口犯罪通常与上述这些深层的社会经济条件存在因果关系,尽管在犯罪学研究中准确预测流动人口具体犯罪个案情况还存在巨大困难,但对流动人口犯罪作为一种反常的社会活动毕竟已经达到了相当的宏观认识。社会实证派犯罪学者早已指出物质条件与社会条件对于犯罪产生的决定作用,认为改变社会环境比单纯依赖刑法典更能有效地控制犯罪的发生。[①] 故仔细分析流动人口犯罪的"社会外来性"是我们认定流动人口犯罪概念的理论基础。根据相关行政管理规定的精神,流动人口是指暂时离开常住地,到异地短期居住或活动的人口,包括了暂住人口和流动人口,其中暂住人口是指离开原籍地或常住地在外地市短时居住超过3日并申报登记暂住情况的人口,流动人口是指暂住时间未超过3日作短暂停留的往来人口。

二、"流动人口犯罪"概念的理论功能及核心界定

我们研究流动人口犯罪的概念构成,分析流动人口犯罪的科学含义,探索流动人口犯罪的原因和基本规律,根本目的在于找寻科学有效预防和抑制流动人口犯罪的预防措施和治理方法,最终维护和谐稳定的社会生活氛围。流动人口犯罪表述的仅仅是流动人口中极少数人员的违法犯罪现象。其犯罪的形成也是在流动人口社会心理基础上各种具体社会条件综合作用的产物。流动人口的整体并不是流动人口犯罪课题的主要研究对象。因此,我们有必要科学区分流动人口的实际情况,从而划定研究的具体范围。首先,具有短期明确往来目的的流动人口不包括在流动人口犯罪研究的目标对象中。人口的外向迁出与流入并不是改革开放以来才产生的社会现象,但流动人口及其犯罪成为一个特别的社会现象为学界所关注确实是新近之事。因求学就医、走亲访友、商务差旅等人员往来一直存在,并不属于流动人口这个特殊群体的直接组成部分。因为出于上述原因的人口流动是社会的常态运动。行为目标合理、时间期限短暂、人员构成单一,虽然不能排除其中有个别违法犯罪活动存在,亦属极端个别的现象,其严重程度尚不足以构成犯罪学研究的问题。其次,流动人口通常因追求宏观的社会经济目标而流入一定地区,因此财产性的违法犯罪活动也更容易成为流动人口犯罪的主要类型。流动人口中的绝大部分是从经济相对落后地区流入经济较发达地区,目的在于实现较高经济利益,提高物质生活水平,谋求人生更大发展。但是这一目的是极其宏观概括的,实现这一目标的合法途径也相对零散无序,加

---

① 〔意〕恩里科·菲利著:《实证派犯罪学》,郭建安译,中国人民公安大学出版社2004年版,第184页。

之专业文化知识不足与缺乏现代产业技术培训,实现这一目标就更为艰难。加之流动人员所必须面对的上述基本社会问题,逐渐就具备了其中流动人口犯罪的初步条件,这一部分人员的犯罪就构成了流动人口犯罪研究的基本对象。此外,有观点认为流动人口的方向性很强[①],我们亦基本赞同这一群体概念的描述具有较强的方向性含义,国外学者曾将这种流入性特征归纳为移民特质,并对该问题加以深入研究[②]。流动人口犯罪概念更容易令人联想到流窜性犯罪,但是流窜性犯罪是以较强的流动性为独显特征,而这并不能取代流动人口犯罪的具体情况。理论界也有观点指出外来人口和流动人口并不是等同的概念:一方面,外来人口强调以本地为观察点,流动人口可以任何地点为观察点。另一方面,若以本地为观察点的流动人口,应该包括外来流动人口和外出流动人口两部分。[③] 我们认为这个观点基本是科学适当的,但也应当注意从不同角度观察得出的结论必然会存在差异,这需要我们多维思考,防止以偏概全。

将流动人口犯罪区别于流动人口整体、短期流动人员群体以及流动人口犯罪等概念范畴有利于集中力量深入研究流动人口犯罪的独特意义与内涵,从而最终找到预防和控制流动人口犯罪的有效方法。流动人口总体上是为了谋求自身经济社会发展目的,怀揣生活希望与美好梦想来到发达区域的,应该说其所追求的目标与追求的动机无可指责,但是在如此正当的动机驱动下,仍然不可避免地会产生流动人口的犯罪现象,到底是基于什么样的机理产生如此反常社会形态?其发展、变化的规律是什么?这些对于我们如何预防与抑制流动人口犯罪具有至关重要的意义。

概括而言,流动人口犯罪基本是指在一定的社会经济动机与目的驱动下外迁进入特定地区却不具有该地区人口户籍或非在该地区长期居住的流动人员,在该区域内所实施的严重违法与犯罪活动。

第二节 流动人口犯罪的状况及特点

一、流动人口犯罪的状况

随着社会经济实力增长,社会生产力水平不断提升,社会传统产业部门对人工劳动力需求逐渐减低,农村地区剩余劳动力人口骤增,加之经济发达地区的物质吸引力加速人口流入,流动人口群体的总量也不断增加。根据犯罪统计学原理,一定地域内人口总量的增加必然会导致犯罪总数量的上升,二者以一定的比例呈现增长趋势。根据北京市第六次人口普查办公室 2011 年 7 月 4 日发布的统计数据:北京市常住外来流动人口达到 704 万,已占到北京市常住人口总量的三分之一强,其中流动人口居

[①] 葛磊:《外来人口犯罪原因与对策分析》,载《四川警官高等专科学校学报》2001 年第 4 期,第 52 页。

[②] 〔英〕布罗尼斯拉夫·马林诺夫斯基、〔美〕索尔斯坦·塞林:《犯罪——社会与文化》,许章润、么志龙译,广西师范大学出版社 2003 年版,第 139—178 页。

[③] 俞德鹏、卢美芬、汪锋晔:《合理评估外来人口犯罪严重程度应注意的几个问题》,载《浙江社会科学》1998 年第 1 期,第 80 页注释①。

住最多的朝阳区与海淀区数量超过百万,占全市外来流动人口的4成。① 可见,流动人口占据了北京城市人口增长相当大的比重。

据有关方面统计,在我国主要城市中流动人口犯罪已经达到了相当高的比例。如流动人口犯罪占上海全部犯罪的50%以上,在广州高达80%,而在深圳竟高达97%。以北京为例,自从上世纪90年代中期以来,每年被证实的流动人口中违法犯罪人员持续占据违法犯罪总数的一半以上,1998年更是达到了62%,而在首都的城乡结合部地区,自发形成众多外来人口聚居区域,而在此类区域中流动人口犯罪比例高达70%—80%。因此,城市流动人口犯罪在全国范围内都出现持续上升的趋势。另据1998年统计,在我国一些主要大中型城市中,流动人口犯罪案件已经占总刑事案件数量的50%以上。② 同时,根据上海市相关统计③:上世纪80年代即改革开放初期,该市外来的流动人口总量在75万人左右,至上世纪90年代中期猛增至281万人,而截至2000年底则上升到了387.11万人;流动人口犯罪率也同比例升高。其中以1984年、1988年、1990年、1992年和1995年为抽样基准年份,上海警方实际抓获的刑事犯罪分子中流动人口犯罪占总案发人口的比例分别为10.8%、29.9%、33.3%、47.7%、53.6%和51%,可见流动人口犯罪一直呈现出快速增长趋势,同时流动人口犯罪在总犯罪人口数量中已经占据了相当重大的比例。这一现象已经引起了当地政府的高度重视,接连采取有效措施打击流动人口犯罪,铲除社会治安隐患,依托城市综合治理战略坚决遏制了流动人口流动犯罪急剧上升的势头。尽管如此,流动人口犯罪仍持续稳居同期社会犯罪总量的50%—60%之间,这是一个相当巨大的比例,这些都表明了上海市流动人口犯罪的严重程度及其社会危害性。也可见下表④:

表18-1　历年来上海市抓获外来流动人员(刑案)作案成员数及占比重

年份	抓获外来流动人口作案成员	占抓获刑案作案成员总数比重(%)
1983	778人	6.84
1984	659人	10.77
1985	846人	11.26
1986	1262人	17.77
1987	1819人	19.89
1988	3687人	29.93

---

① 《外来人口呈举家迁京特点》,载《北京晚报》2011年7月5日第5版。
② 杨炯:《相对贫困是外来人口犯罪的一个重要因素》,载《上海公安高等专科学校学报》2000年第2期,第40页。
③ 徐志林、金林生、何银松:《上海外来流动人口犯罪现状的社会学分析与控制对策》,载《上海公安高等专科学校学报》2004年第2期,第70页。
④ 表格数据参见杨炯:《相对贫困是外来人口犯罪的一个重要因素》,载《上海公安高等专科学校学报》2000年第2期,第41页。

(续表)

年份	抓获外来流动人口作案成员	占抓获刑案作案成员总数比重(%)
1989	5285人	31.42
1990	6690人	33.34
1991	7812人	38.80
1992	5748人	43.73
1993	10159人	53.55
1994	12349人	57.33
1995	12047人	55.83
1996	12605人	55.86
1997	14423人	58.90
1998	14217人	58.70

同处南部邻近地区的苏州市也面临相似的流动人口犯罪问题[①]：从2000年开始，苏州市平均每年递增外来人口60万，外来人口总数实际上超过了本地居民总量，因此苏州已经逐渐成为一个移民城市，外来移民犯罪人口成为主要的城市犯罪群体。2003年苏州犯罪总人数为9016人，其中流动型人口犯罪人数达到4379人，占犯罪总数的49%；2004年犯罪总数为10828人，流动人口犯罪人数是5835人。达到犯罪人口总数的54%；2005年犯罪人员总数升至12215人，其中流动人口犯罪数6860人，超过犯罪人口总量半数达到总比例的56%，在这三年中流动人口犯罪总数分别递增了32%与18%。

在中部较发达地区城市中流动人口犯罪比例也呈现出持续升高趋势。以郑州市某核心地区为例，2004—2008年司法机关共受理刑事案件9367件，批准逮捕11810人，其中外来流动人口达到了7214人，占61%，接近了北京市65%比例，超过了全国平均33%的比例；流动人口犯罪总量呈持续上升趋势，2004—2008年的五年间属于流动人口的涉嫌犯罪人员被批准逮捕人数分别是950人、1048人、1391人、1755人和1731人，分别占各当年被批准逮捕总人数的70.4%、54.1%、59.6%、62.7%与60%[②]。随着时间推移，流动人口犯罪还呈现出由城市中心向城市边缘扩散的态势。以位于北京市东北部边缘地区的平谷县为例，1999全年该县共抓获犯罪嫌疑人368名，其中外埠流动人员91人，占抓获总数的24.7%；2000年1月至6月份，全县共破获各类刑事案件165起，其中流动人员作案68起，占总数的41.2%；抓获犯罪嫌疑人171名，其中外埠人员49名，占抓获总数的28.7%，其中外埠流动人口团伙流窜作案

---

① 吴炯：《城市外来人口犯罪问题研究——以苏州市为分析对象》，苏州大学2006年硕士学位论文，第2页。
② 宁建海、秦江锋：《郑州市金水区外来人口犯罪实证分析》，载《中国刑事法杂志》2009年第6期，第102页。

突出;截至2000年6月底,该地区司法机关共铲除流动人口犯罪团伙10个,涉案成员44名,从中侦破各类刑事案件46起(其中重大案件40起),团伙型犯罪占外来流动人口刑事犯罪案件总数的67.6%。① 流动人口犯罪不仅在经济产业核心省市出现急剧上升,在我国中东部省市的中小城市和地区也呈现出较为瞩目的增长趋势。如在山东省某地,流动人口犯罪数自1991年至2003年的十三年中自然增长21倍之多,其中前7年中的流动人口犯罪数量增长较慢,后6年中由于经济建设增长迅猛,管理相对滞后,反映在流动人口犯罪统计值上则表现出急剧增长性;在这个分析周期中每个年份的流动人口犯罪占犯罪总量的百分比分别是:4.3%、4.2%、8.7%、11.2%、7.5%、4.5%、14.5%、26.9%、29.1%、22.4%、18.5%、21.7%和31.5%,从而可以看出自1998年开始流动人口犯罪人数出现了较大幅度的增长。② 根据第五次全国人口普查数据显示,2000年广州市常住人口为994.20万人,其中流动人口为331.29万。而外埠流动人口犯罪所占比例,由1979年的3.5%上升到2002年的85%。

流动人口犯罪类型也具有一定特点,这与流动人口自身的经济文化条件具有极大的关系。流动人口中的犯罪人员通常自身文化水平不高、经济条件拮据、缺乏基本的专业技能,在大中城市地区不易找到适当的工作机会,或只能从事高强度的重体力劳动,其收入低、待遇差、时间长,并且工作环境恶劣。因此,为了能够在竞争激烈的发达城市环境中站稳脚跟,满足物质欲求并进一步谋求物质利益,并且由于本身法治观念淡薄,无从分清是非,往往铤而走险实施违法犯罪的手段窃取不法利益。受这些条件的局限,流动人口犯罪类型传统上集中于普通自然犯中,如盗窃、抢夺、赌博、介绍或组织卖淫、拐卖妇女儿童、诈骗、敲诈勒索、贩卖毒品等犯罪行为,有时也会出于特定的动机实施具有重大危害性及社会影响的故意杀人、故意伤害、绑架、抢劫、强奸等恶性暴力犯罪活动。以江苏省南京市某区的流动人口犯罪类型为例,详见下列表格数据③:

表18-2 侵财类盗窃案作案人员

			入室盗窃作案			扒窃作案			盗窃机动车作案			盗窃自行车作案		
总数	非本市人员	所占比例	总数	非本市人员	所占比例	总数	非本市人员	所占比例	总数	非本市人员	所占比例	总数	非本市人员	所占比例
360	232	64%	60	37	62%	62	57	92%	29	17	59%	40	27	68%

---

① 艾长康:《从平谷县外来人口团伙流窜犯罪的特点谈防控打击对策》,载《北京人民警察学院学报》2000年第4期。
② 杨涛:《滨城区外来人口犯罪及其预防》,天津大学2004年硕士学位论文,第14—15页。
③ 表格中数据参见李雪冰:《外来人口犯罪现状浅析》,载《江苏警官学院学报》2004年第4期,第39页。

表 18-3　非侵财类作案人员

八类案件作案人员			毒品案作案人员			其他案件作案人员		
总数	非本市人员	所占比例	总数	非本市人员	所占比例	总数	非本市人员	所占比例
94	44	47%	238	17	7%	307	173	56%

上述统计数据说明，流动人口犯罪类型虽然覆盖了主要刑事犯罪种类，但是仍可以基本划分为侵犯财产型犯罪与非侵犯财产型犯罪两大类别，这暗合驱动流动人口犯罪现象产生的社会学原因。换言之，即流动人口的产生源于追逐经济利益和生产力提升造成的相对劳动力人口过剩，其根源在于社会经济物质利益的广泛变化。

综上所述，我国社会犯罪总量自改革开放以来伴随着经济社会迅猛发展的势头直线上升，目前城市流动人口犯罪现状确实令人担忧。如若固守以往在计划经济条件下制定的犯罪预防措施与社会管理思路，对于解决当前严峻的城镇流动人口犯罪问题无疑是刻舟求剑式的做法，根本无益于取得科学有效的结果。

二、流动人口犯罪的特点

如上所述，城市流动人口犯罪日趋严重，实务部门以及犯罪学理论界对于治理并研究这一犯罪现象作出了坚持不懈的努力，并通过论证分析逐步总结归纳出城市流动人口犯罪的基本特点：

（1）流动人口犯罪具有侵财目的性。财产性犯罪是我国社会中常见性、多发性的犯罪形态。但是相对于普通刑事犯罪人群，城市流动人口群体在侵犯财产性利益的犯罪率统计中显得尤为突出。流动人口流入发达地区城市的一个重要动因就是寻求物质生活水平的提升。他们当中的绝大多数来自经济相对落后的偏远地区，因此对于财富的需求较为强烈，这也是他们外出流动的主要目的。其中绝大多数人是希望通过务工经商活动，合法经营、诚实劳动，用自己的努力挣取个人财富。但是也有一小部分违法犯罪分子欲壑难填，妄图实施违法犯罪以获取不义之财。财产利益是流动人口犯罪的基本目标，这一认识源于我国社会经济状况的特殊变化，关于财产性犯罪的动机与现代社会性变迁的关系，美国学者曾有力地指出，"财产犯罪现已经成为社会秩序的最严重威胁……由于财物的近便可得以及人与人之间既接近又冷漠无情的城市生活，使财产犯罪的增长比城市化进程的自然增长还要快……物质需求对财产犯罪动机的形成起着十分重要的作用。"[①] 我国学者也指出，进城的农民往往具有较高的期望值，进城后的实际结果同这一高预期相抵触，本身技能的缺乏又导致找不到工作、没有或很少能有收入的现实导致巨大心理落差，引发紧张烦躁不安的巨大压力。[②] 这一压力因财富追求所生又必定促发侵财犯罪的邪恶动机。

据某地统计，流动人口犯罪案件中实施的盗窃犯罪案件占案件总数的40%；在湖

[①] 〔美〕路易丝·谢莉著：《犯罪与现代化》，何秉松译，中信出版社2002年版，第71页。
[②] 康树华著：《犯罪学——历史·现状·未来》，群众出版社1998年版，第775页。

南省衡阳市两县所属地区连续四年在外来流动性人口犯罪类型中,盗窃犯罪占 42.23%、抢劫罪占 11.29%,抢夺罪占 10.33%,诈骗罪占 9.70%,"两抢一盗"犯罪合计占 63.85%。① 据天津市公安局资料统计,1995 年天津市流动人口犯罪人员中,侵犯财产性犯罪比例高达 78.3%,其中盗窃罪占 62.7%,抢劫罪占 11%,诈骗罪占 4.6%,1996 年当地外来流动人口犯罪统计中,侵犯财产类犯罪占 78.4%,其中盗窃罪占 62.6%,抢劫罪占 13.3%,诈骗罪占 2.5%。② 河南省郑州市某区五年中流动人口犯罪类型统计显示,流动人口犯罪多以侵犯财产、介绍卖淫、伤害犯罪居多,在此期间被批捕的 7214 名犯罪嫌疑人中,有 4765 名是属于盗窃、抢劫、抢夺、诈骗、敲诈勒索等侵财型犯罪,占 66.1%,而且近几年来流动人口犯罪手法也在不断更新,合同诈骗、销售假发票、伪造证件印章等与市场经济有关的高智商侵财类犯罪明显增多。③ 而流动人口犯罪中的侵犯财产类犯罪活动,还具有一定的行为特点:相当一部分盗窃犯罪,是以合法的所谓废品回收经营活动作为幌子,实际上却以公共财物为窃取、毁损、侵占的犯罪对象。例如盗窃市政设施排水竖井金属箅盖、盗运建筑工地施工材料、盗割城市通信线路的金属电缆作为废旧物资进行回收变卖以获取不义之财,具体作案方式包括顺手牵羊或者多次预谋实施等。这种行为对于社会的破坏不仅仅在于一定数量的财物价值被窃取,更为可憎的是往往因为犯罪人员为了窃取这些低价值的公共设施导致人身伤害、重大事故和整个设备系统的损坏而造成巨额的社会利益损失。流动人口犯罪对于此类型的侵财性犯罪往往形成较为完善的犯罪链条,从直接实施盗窃破坏行为、收购藏匿赃物、直至销赃变现都有专门分工负责。另外,还有危害更大的侵财性犯罪如抢夺及抢劫犯罪。以广州市流动人员犯罪为例,其犯罪形式多为"两抢一盗"型,占刑事立案 61.7%。

(2) 流动人口犯罪具有地缘勾连性。在流动人口犯罪的涉案人员中,大多具有典型的团伙勾结或亲属裙带关系。这是由于很多流动人员是从同一地区甚至同一乡村区域中流出,并且彼此之间或远或近的存在血缘或亲属关系。在流动人口流入地,犯罪人员也往往根据血缘、亲缘或地缘关系结群而居,并倾向于采用同样或类似的谋生手段以获得尽量稳定的收入与社会安全感。这样的居住和行为特征使得流动人口犯罪人在较为陌生的城市环境中,迅速获得相对稳定的人际支持和信息沟通,同样的文化语言习惯,类似的认知水平和行为方式,为外来人口犯罪提供了一个较为稳定的庇护环境,这一特点也正契合了熟人社会、乡土观念的传统文化心理。流动人口犯罪的区域性特征对于犯罪形态也会产生深远的影响,源于亲缘关系的宗族式心理,相同的文化特质加强了犯罪人员彼此的关联,这也强化了犯罪活动的关联性,常常出现某一类犯罪活动或某一具有犯罪倾向的行业由某一群特定的人垄断实施。例如,湖南长沙家电铝塑市场 1200 多名经营户中,90% 以上是湖南涟源人,其中不少人结成"涟

---

① 龚建民:《试论流动人口犯罪——以衡阳市两县两区为视角》,湘潭大学 2006 年硕士学位论文,第 11 页。
② 康树华、张小虎主编:《犯罪学》,北京大学出版社 2004 年版,第 281 页。
③ 《处理外来人口犯罪要做到轻轻重重》,载《检察日报》(网络版)2009 年 12 月 20 日,http://newspaper.jcrb.com/html/2009-12/20/content_32911.htm。

源帮",欺行霸市,成为较大的社会治安隐患。更有流动人员结成专门犯罪团伙以制作贩卖伪造的公文、证件、印章等犯罪活动为通常营生,呈现出了家族式的行为模式特点。与此同时,这一群体团伙的紧密关联更容易形成黑社会性质的有组织犯罪集团,促使流动人口犯罪由最初的零散的个别罪行转变为规模化、专业化的犯罪活动,社会危害性显著增强。南京市某区在 2002 年度打击处理的流动违法犯罪嫌疑人中,逮捕类有涡阳籍违法犯罪嫌疑人 3 人,占逮捕类流动人口总数的 1%,劳教类有涡阳籍违法犯罪嫌疑人 5 人,占劳教类流动人口总数的 5%,两项合计 8 人,占逮捕、劳教类流动人口的 1%;另外已经被批捕的安徽凤阳籍的流动违法犯罪嫌疑人有 10 人,占该类外来违法犯罪嫌疑人的 3%,其中仍以盗窃罪为多,并且逐渐呈团伙化作案特征,形成盗、运、销一条龙团伙。① 根据上海市有关调查数据显示,当地流动人口犯罪呈现较为明确的地缘特征:四川、贵州籍的以盗窃为主,新疆籍的以贩毒为主,浙江籍的以诈骗居多,湖南籍的以贩运假币为主,湖北青山籍的以扒窃为主,而江苏泗阳籍的以摩托飞车抢夺、哄抢为主,湖北崇阳籍的女性则以卖淫等违法行为为主等。② 因此,在预防与控制流动人口犯罪研究中,要特别注意犯罪人尤其是团伙型犯罪中的地缘特征,这一特征也是流动人口犯罪向有组织犯罪形态转化的关键因素。地缘性特征在流动人口犯罪呈规模化恶化的过程中发挥了主要的作用,因为无论是基于血缘还是亲缘属性构成的多人犯罪一般都源于流动人口流出地的同一地缘联系。

(3) 流动人口犯罪的残酷冷漠性。如前所述,流动人口犯罪的主要动机之一是贪财图利。犯罪人涌入城市等经济发达地区的目的就是追逐物质利益和金钱享受,由于事先对在城市生存立足并发家致富存有盲目幻想,而在现实中这种幻想往往迅速破灭。因为,在城市生存的必备的劳动技能他们并不具备,他们更多的是无知的勇气。可是他们在城市耳濡目染的经历,城市生活富足繁荣、纸醉金迷的形式表象又进一步刺激着犯罪人员,他们容易确立"有钱就有一切"的信条,并往往认为遭受了社会不公平的对待而发生反社会的观念畸变,久而久之致使其逻辑思维也产生异化,形成通过犯罪致富的邪念。由此构成的犯罪动机指向简单直白、冷漠残酷,即不计后果地企图获取金钱财富。因此,犯罪人一般无所顾忌,为了敛取财富不惜代价,就算迫于环境条件的限制而不得不进行一定的犯罪谋划,也是尽可能直截了当,犯罪计划简单露骨、残酷冷漠。例如 1995 年发生在云南省昆明市震惊中外的"一·一四"昆明百货大楼特大爆炸案,该案的犯罪人袁凯泉与宋现伟二人都是外来流动务工人员,为了发财而丧尽天良用自制炸弹炸毁正值营业中的昆明百货大楼,妄图伺机劫取商场营业款。爆炸案共造成 1 人死亡、98 人受伤的重大恶果。③ 该案中,犯罪分子为了劫取公款,毫不顾忌危害后果,制造威力巨大的爆炸案,导致极大的社会危害,造成无辜民众的重大伤亡,但其最终仅趁机劫取了区区几百元钱,这种不计后果、对他人生命与公

---

① 李雪冰:《外来人口犯罪现状浅析》,载《江苏警官学院学报》2004 年第 4 期,第 37—38 页。
② 杨炯:《相对贫困是外来人口犯罪的一个重要因素》,载《上海公安高等专科学校学报》2000 年第 2 期,第 43 页。
③ 丘岭:《昆明百货大楼爆炸案》,载《法律与生活》1995 年第 6 期,第 22—27 页。

共安全的极端漠视,恰恰反映出犯罪人的主观恶性与愚昧无知。当然,使用暴力直接劫取公私财物的犯罪行为在流动人口犯罪中并不是经常发生的现象,但是无论如何对社会和他人造成的伤害却无法忽视,对其反射出的犯罪分子极端危险性万万不能掉以轻心。

(4) 流动人口犯罪的结伙性与黑恶化。流动人口犯罪的结伙性和组织性与其地缘勾结性存在关联关系,大部分外来人口犯罪团伙均来自相对闭塞落后的农耕地区,相对封闭的社会关系加强了本地域内居住人员之间的内部联系。而且熟人关系特征本来就是传统农业社会的基本社会特征,犯罪成员之间基于深厚的乡土观念和地域联系,自然而然形成了相对独立、排外的社会活动群体,群体内成员的互相扶持与情感支持也是维系群体存在的必要手段和群体认同方式。加之,群体内部人员间还有可能存在血缘、亲属关系,这对于群体的社会活动方式更是起到了密合与协调的重要作用。结伙犯罪对于实现犯罪目的、扩大犯罪收益、逃避法律追究起到了推波助澜的作用,具有老乡、亲属关系的外来犯罪人员拉帮结伙组成诸如盗窃团伙、制假贩假团伙、抢夺团伙等犯罪群体,对社会治安以及社会安全形成了严重的威胁。1994 年 1—7 月,北京市查获的流动人口犯罪团伙 283 个,犯罪团伙成员共计 987 人,占同期犯罪团伙总数的 48.9%。[①] 另如广东省外来人口流动案犯以每年 40% 的速度增长,上海浦东区 1993 年抓获的流动人口犯罪分子 352 人,其中包含盗窃团伙 37 个,涉及 125 人;含抢劫团伙 3 个,涉及 13 人;含伤害团伙 4 个,涉及 15 人,强奸、诈骗团伙各 1 人。1996 年,北京市海淀区公安分局共查获流动人口犯罪团伙 254 个,占外来流动人员犯罪总数 27.8%。[②] 流动人口团伙犯罪还有一个明显的趋势在于逐步形成具有黑社会性质的犯罪集团,其不仅仅从事普通盗窃、抢夺等犯罪活动,而且逐渐采取暴力、胁迫等手段公然对抗社会,建立了较为严密的黑恶势力组织结构从事一系列的犯罪活动,并通过操控一定地区内的某些经济活动到达攫取更多犯罪收益的目的。2002 年南京市鼓楼区公安机关摧毁各类犯罪集团 32 个,抓获集团成员 145 人,涉及案件 306 起。鼓楼区警方在"春雷行动"中,彻底摧毁了以张某为首的 24 人浙江临海籍恶势力团伙。该团伙纠集原籍的老乡、亲朋,先后在南京市开设 200 多家名烟名酒店,以低价收购假冒名烟,再以市场价出售,形成带有明显黑社会性质的团伙组织。在经营过程中,他们狼狈为奸,以次充好,以假充真,坑害消费者。如果被消费者发现,则结伙闹事,殴打消费者,他们先后打伤多人,冲砸他人店铺 20 多家。[③]

研究表明,流动人口犯罪的结伙形式还可以进一步划分为四种类型:一是亲缘型犯罪团伙。如北京市警方破获的周华新等 8 名成员组成的盗窃机动车犯罪团伙,均为河南省固始县人。案前有 4 个人暂住在海淀区出租房内,4 人暂住在朝阳区大屯煤场,其中 5 人有亲属关系。二是地缘型犯罪团伙。团伙成员之间虽然不具有血缘或亲缘关系,但是为相同的原籍,彼此具有同乡关系,而且共同流出原籍,前往城市打

[①] 牟君发、宋浩波:《中国城市犯罪问题研究》,中国人民公安大学出版社 1998 年版,第 446 页。
[②] 麻国安著:《中国流动人口与犯罪》,中国方正出版社 2000 年版。
[③] 李雪冰:《外来人口违法犯罪现象浅析》,载《江苏警官学院学报》2004 年第 4 期,第 38 页。

工,具有特殊的亲近性。三是混合型犯罪团伙。这类团伙成员不完全是由流动人口构成,其中也包括部分其他人员如城市闲散人员和流窜作案人员,他们在犯罪中形成往来活动关系,臭味相投、沆瀣一气,逐步勾结构成较为固定的犯罪团伙。四是偶然结合型犯罪团伙。这类犯罪团伙的成员区别于混合型团伙成员,均由流动人口成员组成。即不同的流动犯罪人员因为最初的随机偶然的共同实施犯罪活动而逐步形成的犯罪群体。

(5) 流动人口犯罪的随机性与贪婪性。城市流动人口的人员成分大多是农民[①],文化程度普遍较低,甚至文盲人口也不在少数。虽然绝大多数外埠流动人员能够诚实劳动、合法致富,但是仍有一些人受到外界因素的影响,好逸恶劳,寻找所谓发财的"捷径",加之缺乏法制观念并与根深蒂固的狭隘小农意识所交织,愈发无法克制胸中膨胀的罪恶贪欲。这些因素综合决定了这部分犯罪分子贪婪而迫切的犯罪动机。这样的犯罪动机决定了他们经常会因企图谋取一点蝇头小利而来者不拒,或者不惜明目张胆地大肆破坏公共设施,造成有形与无形的巨大社会财富的毁损。如常见的情况之一,有些流动作案人员在盗窃过程中,对门窗橱柜等,或乱撬乱砸、或猛踢猛撞,对保险柜乱砸乱撬,仍不得要领,从房间客厅到厨房、卫生间都要翻动,能拿则拿,多多益善;有的为了安家生存,就连低档衣服被褥、炊具碗筷、米面食物都要。[②] 在另外的常见情况中,流动人口的犯罪人员常常垂涎于城市通信或电力设施中含有贵重金属的信号电缆及输变电缆,因此疯狂盗割破坏通信电力设施,为了窃取一点"废旧金属"用以变卖获取赃款而常常导致城市整个电信网络的瘫痪,造成难以计量的社会损失。根据权威统计,北京1992年全年城市下水管线的铁质雨水箅盖被窃严重,其中被盗下水道铁箅子近万个,水井盖一千多个,因此造成了多起人身伤害的事故,而这些设施多被外地来京人员以收废品为幌子所毁损窃取。[③] 类似这样的贪财图利、损人利己、愚昧无知并且目光短浅的犯罪动机驱动的犯罪行为,在流动人口犯罪统计中所占的比例很大。

(6) 流动人口犯罪的周期波动性。城市流动人口犯罪还会呈现一定的期间循环变化性。这一规律性曾被实务界归纳为"两进两出规律",即麦收回家安顿、麦收后外出打工;春节回家过年、春节后进城谋生。[④] 这主要是由于流动人口的流出地多位于农耕地区,外来务工人员大多属于进城的农民工,他们外出活动的规律会围绕农业耕作的时间特点呈现出相应的季节性起伏变化。农闲季节,农村剩余劳动力易于外出流向城市打工谋生,促使城市的流动人口犯罪率也同步上升;至每年年末,在中国传统春节假期,流动人口犯罪产生相应变化,这一阶段正好处在中国传统回乡团聚的时

[①] 根据第四次全国人口普查的资料,"流动人口的户口状况以农业为主,占81.3%,非农户仅占16.4%",参见杨恩国:《关于城市外来人口犯罪的思考》,载《广西政法管理干部学院学报》2003年第4期,第76页。

[②] 宋小宁、周钢:《外来人口犯罪问题及对策研究》,载《云南公安高等专科学校学报》2000年第4期,第57页。

[③] 麻国安著:《中国流动人口与犯罪》,中国方正出版社2000年版,第66页。

[④] 宋小宁、周钢:《当前外来人口犯罪的特点及其预防对策》,载《公安部管理干部学院山西分院学报》2000年第2期,第11—12页。

间段中。传统的喜庆氛围和法定假期导致社会生产生活大多暂时处在停止休整状态,各单位、各社区都在为一年一度的团聚庆典而忙碌,因此日常的秩序管理相对放松,正常社会防范注意力有可能被节日的躁动气氛所分散。这对于觊觎犯罪时机的流动性犯罪分子而言正好可以充分利用,而且由于流动犯罪人员自身也有回乡团聚的情感需求,加之有可能在先前的打工工作中尚未赚到足够的钱物,所以无颜回乡过节,故而往往在虚荣心的驱使下铤而走险实施侵犯财产犯罪活动,大肆窃取金钱财物。同样的犯罪现象特性还会伴随着其他重大节假日、发薪日而发生变化,只是幅度大小不同,总括诱因也在于:此时段内社会市场内外物资资金大量流动、社会关注点易于被分散、人们平时紧绷的安全防范意识较为松弛,流动犯罪人员利用这一社会预防力的减弱期间实施犯罪活动更加易于得逞,所以形成了流动人口犯罪的高发性周期波动特征。

（7）流动人口犯罪以男性青壮年为主体。从年龄层次划分上,城市流动人口的犯罪人员多集中于男性青壮年群体中。由于城市外来青壮年农民工与城市居民之间具有严重的社群隔离障碍,一些城市居民从心理上轻视贬低农民工,缺乏对农民工应有的尊重和理解,更多的是冷漠、歧视和排斥。而农民工对城市则有着强烈的疏离情绪。在这种冷漠与隔膜中,青年农民工更容易出现心理失范并走向犯罪道路。[①] 根据上海市卢湾区2002年资料统计:违法犯罪的流动人口年龄构成以16—25岁为最多,占调查样本的43.4%,其次是26—35岁,占调查样本的37.1%,两个年龄段合计共占80.6%。[②] 另据统计,天津市1995年、1996年流动人口犯罪人员中,男性犯罪人占98%,1995年流动人口犯罪人员平均年龄26.23岁,18—25岁的占56.5%,25—30岁的占20.4%,共计76.9%,1996年流动人口犯罪人员平均年龄24.44岁,18—25岁的占57.4%,25—30岁的占16.3%,共计73.7%。[③] 根据河南省某市辖区2004年至2008年的犯罪统计数据,在被批逮捕的犯罪流动人口中,18岁至25岁的流动人口犯罪人数占49%;26岁至35岁的流动人口犯罪人数占26%;35岁以上的流动人口犯罪人数占15%。18岁以下的未成年人犯罪比例有增多的趋势,已达到10%。[④] 另据资料显示,1997年1月至10月,广州市抓获25岁以下的流动人口作案成员11709名,占全市抓获流动人口犯罪总数17985人的65.19%;18岁以下的流动人口作案成员计2386名,涉案319宗,这些犯罪人员绝大部分来自省外的农村地区。[⑤]

根据上述数据显示,青壮年流动人口实施的犯罪不仅占据了流动人口犯罪总数的绝大部分,而且其中还包括了相当数量的未成年流动人口的犯罪人员。我国的犯罪研究中以青少年犯罪的概念覆盖了18岁以下的未成年人,并且亦囊括了18—25

---

① 张雪筠:《社群隔离与青年农民工的犯罪》,载《犯罪研究》2007年第1期,第21页。
② 徐志林、金林生、何银松:《上海外来流动人口犯罪现状的社会学分析与控制对策》,载《上海公安高等专科学校学报》2004年第2期,第71页。
③ 葛磊:《外来人口犯罪原因与对策分析》,载《四川警官高等专科学校学报》2001年第4期,第53页。
④ 宁建海、秦江锋:《郑州市金水区外来人口犯罪实证分析》,载《中国刑事法杂志》2009年第6期,第102页。
⑤ 康树华、张小虎主编:《犯罪学》,北京大学出版社2004年版,第283页。

岁成年人这类群体范围。① 流动人口中的青壮年犯罪也由此应然地包含了相当比例的未成年人的犯罪现象,对这一部分未成年流动犯罪人员同样不能忽视。2008 年北京市海淀区检察院公布的统计数字显示,在 2007 年起诉部门受理的未成年刑事案件中,外地籍未成年犯罪嫌疑人共 171 人,占总人数的 75%,比上年 68%的比例又有所上升;上海市 2000 年度到 2005 年度在押未成年犯中,外省市户籍所占比例由 38.2%上升至 68.49%;而据深圳市统计,2003 年以来,深圳市抓获的流动人口未成年犯罪嫌疑人数量均占未成年犯罪嫌疑人总量的 98.4%。② 流动人口中未成年人犯罪比例显然不可忽视,在流动人口犯罪中未成年人犯罪的上升趋势是令人格外担忧的,一方面,青壮年犯罪人员在流动人口犯罪中占据主要位置,另一方面未成年人犯罪迅速成为青壮年人犯罪的后备力量,并同时也在犯罪总数中占据着不小的份额。只有同时加强青少年法制教育及未成年人的科学教育与管理,才能有效抑制和削减流动人口犯罪的总量。

第三节　流动人口犯罪的原因

一、城乡经济结构失衡与人员心理失范

改革开放前,我国国民经济总体上实行计划经济制度。在当时的国家经济活动中,生产资料与生活资料都由国家按计划统筹分配给城乡各单位及人民群众使用,由于经济体总量规模不大,社会生产力水平不高,城乡经济差距并不显著,并且社会物资的统一调配使用,城乡居民的经济收入及生活水平相差也不是很大。这样的局面形成的是城乡人口生活范围固化,生活水平基本持平。农业生产对于农村人口也发挥着主要的吸附作用,致农村人口流动性不大;并且城镇化发展缓慢,城市生活也并无太大的物质吸引力,加之严格的计划型区域流动行政管理制度,流动人口运动总量非常小,流动人口犯罪几乎不成为社会问题。

改革开放伊始,我国展开了全方位的经济体制变革。农村经济发生了天翻地覆的变化,农业生产力大幅提高,转变了千百年以来的小农经营模式,农业生产机械化、现代化程度迅速解放了大量的农村劳动力人口,农村劳动力首次在总量上大量出现剩余;工业制造业在引进国外先进技术的基础上坚持消化吸收、自主创新,外汇储备日渐丰厚,经济实力空前雄厚,国家以战略眼光拉动经济、改善民生,投入大量资金和物资改良完善城市基础设施,造就了大量基础建设就业岗位需求,同时伴随我国改革开放战略的深化,进一步顺应了国际发展趋势,第三产业勃兴并逐渐成为国民经济的重要拉动部门,城市服务业也飞快发展,也产生了大量劳动密集型岗位需求。这些产业机遇都刺激了农村剩余劳动力的流动,城市流动人口也随着这一驱动而迅速上升,随着社会经济总体的增长,城乡之间、地区之间的经济不平衡现象也逐步加剧,原本

---

① 张小虎主编:《犯罪学研究》,中国人民大学出版社 2007 年版,第 411 页。
② 郭理蓉:《外来人口第二代犯罪问题研究》,载《青少年犯罪问题》2009 年第 5 期,第 74 页。

不明显的城乡、地区二元经济对立逐步显现出来,根据一组统计,1997年中国农村有5800万贫困人口。592个贫困县中307个集中在西南和西北地区。① 1988年中国城乡人均收入差距为2.2∶1,到1995年这个差距已经拉大到2.6∶1,1997年又缩小到2.5∶1。② 1994年中国城乡按照家庭户收入分组计算的基尼系数为0.445,超过了国际通认的0.3—0.4之间的中等贫富程度,远远高于改革开放前的1978年0.16的基尼系数,这标志社会贫富与经济发展的显著不平衡。

流动人口多出自经济较为落后的偏远农村地区,怀着追逐幸福的美好愿景涌入城市谋生存求发展。但是大部分流动人员在生活习惯、思维方式和劳动技能上与城市的生存需要大相径庭,故初到城市往往处处碰壁,无法顺利找到工作赖以谋生,更难以融入城市文化氛围,偶尔也可能因行为举止具有明显的外埠特点而在日常生活中被有意无意地排斥,明确的户籍归属也时时标示着他们的流动人员身份,个别意志不坚定的流动务工人员为了急于改变现状、迅速发财致富,企图获取钱财而不择手段,在短短的数年内城市外来人口数量急剧上升,也引发了包括流动人口犯罪等诸多社会问题。

简而言之,城乡二元化的经济态势实质上是国家经济文化发展不平衡的一个主要表现,是流动犯罪人员心理失范的根本原因。城乡地域经济不平衡的巨大反差易于导致不同地域流动的人员心理产生不公平感,而传统户籍管理制度对外来人口加以标签化归属,这一心理潜在的认知加剧了天生不公平的感受,加之急于谋生、发财的迫切心理和缺乏稳定收入造成的不安全感、城市物质文化产品的相对富足与其自身生活境遇的窘迫,更加剧了一些流动人员的自卑感或失败心理。原本美好、兴奋的生活进取梦想被严酷的生存现实所替代,这些因素相互牵连、综合互动,导致意志薄弱的流动犯罪人员心理失范并最终崩溃,从而走上犯罪道路。

二、社会管理手段不足与行为控制弱化

户籍与人事档案制度是具有中国特色的人口管理制度。在户籍化的人口管理中,户籍人口划分为农业户籍与非农业户籍(城镇)两大类。我国传统上又是农业大国,因此农业户籍人口占据我国的主要人口基数,与城镇户籍人口并立存在。以户籍档案为依据进行国民计划统计、生产生活物资分配一直是我国社会管理和运行的基础。户籍档案制度也就成为区别人口归属与管理、控制人口流动的基本手段。

从20世纪80年代开始,我国社会从传统的自给半自给向异质的多样性社会转型;由伦理社会向法理社会转型;由封闭半封闭社会向开放社会转型③,其中最为显著的特征是对计划经济下高度同一性的社会管理体制进行的改造。社会运行环境逐步

---

① 汝信、陆学艺、单天伦主编:《1998年中国社会形势分析与预测》,社会科学文献出版社1998年版,第401页。
② 同上书,第404页。
③ 陆学艺、景天魁主编:《转型中的中国社会》,黑龙江人民出版社1994年版,第32页。

由高度一致的计划统筹性控制模式向灵活多元管理的市场经济运行模式转变,这一社会结构性转变首先表现在政府行政管理在社会控制功能上合理的相对弱化,原因就在于这一社会形势的变化使高度集中的行政化社会控制在一定程度上丧失了所依赖的条件。① 而依赖市场的经济调控使得行政命令模式逐步让位于更加灵活的社会综合控制体系,对控制犯罪产生决定性作用的两大社会因素因此发生了改变,即行政干预的减少与个人选择权利的扩大。② 由于社会管理手段从单一型向综合型、由行政化向科学化的转变,制度管理层面中的户籍档案制度的具体约束力无形中也降低了,无论是农民还是城镇居民,所获得的社会活动的空间自由度大大增加。例如,一方面农村地区的农民在机械化程度提高的前提下,获得了劳动力自由,而随着农村经济体制改革,摆脱了土地依附的农民获得了更大的活动自由,户籍制度不再作为对农民进行属地管理的硬性手段和获取基本生活资料的分派依据,因此具有自由外出流动的条件和动力;另一方面随着人事档案行政管理逐步宽松,城镇居民也可以自主决定是否可以脱离原本终身化的单位束缚,依照市场规律自由决定个人社会经济活动,整个社会的流动性大大增强,社会经济活动与管理的核心动力从行政控制转变为经济利益驱动。

而问题在于,社会经济体制的转型过于迅猛,而社会管理手段的转变相对滞后,脱离了原有社会管理模式的社会化人口运动趋于相对的放任自流,社会对这部分人员的行为监督与管理发生松弛并存在疏漏。表现在以下几个方面:

首先,流动人口个人行为基础管理信息缺失。流动人口是脱离了原户籍地管理范围的流动群体,其具体的社会管理信息与详细历史情况只有原籍所在地的行政管理机关与档案部门才有可能掌握。但是在流入地区,城市户籍管理机关与档案部门对于该管理资料通常无法掌握,尽管在现代网络科技的协助下,电子传送个人档案户籍信息并无障碍,但是作为全局性的流动人口历史户籍档案信息共享基础工作,在我国当前尚未全面落实。同时,流动人口在流入地的日常行为管理情况也无法及时录入管理系统,并及时加入档案记录。因此,缺乏流动人口基础信息对于及时了解和管理流动人员的社会活动并为其提供科学化的服务造成了巨大的障碍。

其次,户籍档案管理手段单一无法适应现代社会经济发展特点。户籍档案管理方式是传统的静态行政控制手段,当丧失了计划经济社会的基本环境依托以后,其管理功能被削弱,因为户籍管理着眼于一定地域内基本的人口信息记录与统计功能,对于流动人员的控制管理效用不足,无法根据其社会经济活动适时追踪管理对象和更新管理信息。脱离了原籍的流动人口实际上脱离了原有的制度管理环境,削弱了社会对其正常的管理控制力度,从而增加了其行为失范的危险性。

再次,城市管理制度对于流动人口管控力度不足。目前的城市流动人口管理更多地集中在基本信息的被动收集统计层面,如数量统计、就业统计和治安统计,但是

---

① 皮艺军著:《犯罪学研究论要》,中国政法大学出版社2001年版,第290页。
② 同上书,第293页。

并未实际改善流动人口的生存环境及面临的社会困难,无法做到深入了解流动人口的实际情况并针对其面临的生存困境提供主动及时的管理、疏导、教育、帮助,社会管理制度针对性较差,基本无法产生预防犯罪的直接效果。

可见,由于社会经济环境的转变,人口流动的现象日趋复杂多样,这一复杂的社会现象需要制定一整套与变动转型期社会条件相匹配的人口控制与管理制度,要求社会管理者切实为流动人口提供基础的社会保障体系并完善教育服务支持,提高人口管理水平和人口自身素质,从而提高社会秩序的管理与控制水平,增强预防和治理流动人口犯罪的综合能力。

三、相对利益被侵犯及地域歧视感加深

流动人口多来自欠发达地区,人均教育程度和专业技术水平较低,由于其中大多数又是农村剩余青壮年劳动力,所以流动人口从事的工作大多以粗放型、体力化的劳动密集型岗位为主,这些工作通常又脏又累,工资报酬却很少,缺乏足够劳动保障条件,同时面临着大批流动人口用工及城市下岗再就业人员的激烈竞争,为了能够获得基本的生存基础,鉴于自身有限的技能条件,很多外来务工人员没有任何可以选择的余地,只能无奈地从事这类苛刻的工作岗位。处于这种形势下,用工单位也往往存在大量用工不规范的情况。严重侵犯着外来务工人员的人身、财产权益,同时由于外来务工人员在身份归属上与本地人口存在差别,加之习惯风俗等不同于城市文化氛围,容易引起一定程度的排斥和歧视。流动人口正当利益被侵犯以及相对歧视性境遇主要表现在以下几方面:

一方面,城市用工环境恶劣,流动人口人身财产安全没有切实保障。有些用工单位为了防止务工人员中途离开岗位,非法扣押工人的身份证件、扣留应发的工人工资或者强行规定工人交纳"保证金";还有更为恶劣的用工单位或个体经营人员,为了达到赚取更大利润的目的,不尽心竭力地提升管理和经营水准,反而企图通过残酷压榨所雇用的外来务工人员而减低经营"成本",在雇佣过程中通过刁难、辱骂并尽可能寻找借口拖欠、克扣工人应得的劳动报酬,严重侵犯雇佣工人的合法权益,这种不公正的社会压力很容易激起个别法制观念淡漠的外来务工者以非法手段进行反抗,从而导致犯罪。

另一方面,社会保障机制缺失,流动人口无法享受持续性的劳动保障体系。我国城市社会保障体系正在迅速完善,但是目前大多数地区对于流动人口的社会保障尚无法全面覆盖。流动人口参加城市工作后的失业保险、失业救济制度尚不完善,但是正如上面所分析的,对于外来务工人员而言,工作岗位处于整个社会劳动体系的底层和初级阶段:专业技术性不强、体力劳动强度大,工作环境保障欠佳,所以也是最不稳定的岗位类别。失业对于流动人口劳动者是最常见的社会问题,而一旦失去工作岗位,在没有相应制度依托的情况下,失业人员的生活就会面临崩溃,成为社会不安定分子。北京市海淀区外来犯罪人的调查结果显示,有33.5%的人有过失业的经历,在有失业经历的外来人员中,有30%的人曾经长达半年或半年以上失业,失业后他们多

数靠自己过去的积蓄度日。① 此外,在工伤、医疗以及文化教育保障上,也不能忽视针对流动人口的保障制度建设,任何一个环节出现问题,都会把外来劳动者推入无以自持的贫困境地,这些因素导致压抑紧张的心理也可能招致对政府与社会的对立心理,这也是流动人口实施犯罪的一个重要社会动因。

另外,不能忽视的是,易受地域文化歧视,相对社会待遇不公导致流动人口心理逆反。流动人口进入城市的主要动机在于打工赚钱改善生活,必然挤入当地的劳动力市场,人口数量的不断上升必然逐步超出当地劳动力市场的需求,从而打破相对平衡的供需与原有的岗位竞争环境,而廉价的外来劳动力在一定程度上对本地工作与生活环境形成压力和扰乱,必然遭到部分本地居民的敌视与排斥,并且在子女教育、日常生活和业余娱乐等都与本地居民产生一定的距离感,这种现状加深了流动人口与本地居民之间的不信任与隔阂,随着时间积累某些矛盾与隔阂还有可能在一定条件下激化,进一步增添彼此的仇视。加之流动人口远离故土、身在异乡,在这种情绪的作用下,往往产生自卑的社会心理感受,任何外来的歧视和敌对都有可能激起不自觉的抵制和反击,在极端的情况下就会导致行为出轨而犯罪。此外,由于经济发展的严重失衡,地区差距巨大,大多数流动人口面对富足的城市经济环境,易于产生"相对丧失感",而且由于客观上流入城市谋生却遭遇同工不同酬的不公平待遇,加之,流动人口社会保障体系不完善,导致缺乏社会安全感,从而驱使他们与当地社会的关系始终处于紧张不安状态,稍有外界不良因素的扰动,就会诱发产生犯罪心理。

四、文化综合素质低与个人法制观念淡薄

由于农村地区整体上文化、教育方面发展极不平衡,大多数农村地区教育文化水平极端落后,从而导致来自农村地区的流动人口人员的文化、技术等综合素质较差,缺乏自制力与是非观念。据有关统计,上海市某区2002年违法犯罪的流动人员中,初中文化的占43.4%,小学文化的占34.3%,文盲占13.7%,高中文化的占4%。② 当仅具有较低文化教育背景并且生活阅历单一的流动人员进入经济文化发达的城市地区后,当其面对城市丰富多样的物质体验和享乐思潮,极其容易产生巨大心理落差,或者茫然不知如何面对。其中有些人见异思迁,好逸恶劳,妄想不劳而获,或者企图用最轻松、最省力的途径获取富足的物质生活享受,直接通过实施犯罪活动获取不义之财,则成为实现骄奢淫逸的致富梦想的首选途径;与此同时,受制于有限的文化教育背景,流动人口中的大多数人缺乏系统正规的职业技能训练,因此他们能够支配的社会资源和获得成功的正当手段非常有限,只能在城市经济生态中,从事边缘型岗位,也就是从事一些简单粗笨的体力工作或技术含量较低的劳动。根据统计,某地区流动人口中各类专业技术人员仅占人口总数的2.78%,而从事粗放型劳动的流动人

---

① 张旭辉:《外来人口的犯罪心理及其防治措施》,载《南都学坛》2004年第3期,第87页。
② 徐志林:《上海外来流动人口犯罪现状的社会学分析与控制对策》,载《上海公安高等专科学校学报》2004年第2期,第71页。

员却占近80%的比例。[①] 可从事这类岗位劳动强度大、工作条件差、职业待遇低、社会地位不高,这又易促使其产生社会自卑心理。加之,一贯缺乏法制观念,守法意识淡薄,纪律性与服从意识不强,其中的一些人便容易走向犯罪。

第四节　流动人口犯罪的对策

流动人口犯罪的社会学根本原因是城乡经济发展的严重不平衡。在我国现代化改革与发展及社会主义和谐社会建设的伟大进程中,城市化的速度与规模必将大大提升。但是,我国社会发展的城市化不仅仅是地区经济进步与发展的问题,更是一个全国整体平衡发展的过程。城市经济高速发展不能以牺牲农村社会经济进步为代价,更不能牺牲大多数农业人口的社会福祉。换言之,城市与农村的经济社会进步应当平衡协调、相互促进、共同发展。只有立足此基础上,才能逐步消解城乡二元结构的对立矛盾,真正实现社会全体公民共同利益。并且,唯有在经济社会公平正义发展的基础上,才能科学有力地打击流动人口中的犯罪分子,有效预防和抑制流动人口犯罪现象,从而充分发挥流动人口这一巨大社会资源的潜在效能,保障其投入到社会主义现代化与和谐社会建设的伟大事业中去。这才是我国解决城市流动人口犯罪问题的根本途径。

一、促进城市化建设与推动农村经济化改革并举

在我国城市化过程中,大量流动人口涌入是不可避免的社会发展现象。从城市管理的角度而言,对于流动人口不能单独依靠堵截、转移的方法简单处理。应当加快城市本身的基础建设,同时提高城市管理水平。在城市化全局发展层面上,大城市加快基础部门建设,诸如交通、产业、医疗、教育等各个部门的发展,增强城市接纳能力与服务能力,增添就业机会,中小城市和中心城镇也应当承担起分流流动人口压力的骨干作用,科学规划、合理布局,全面平衡经济发展的热点地区和中心地域,并将城市化逐步推进到中西部等经济欠发达地区,使城市化发展在经济全局中发挥以点带面、以局部带动全局的先锋示范作用。在城市化的内部经济发展模式上,应当注重基础设施的建设与完善,在科学规划的基础上增强城市接纳能力、合理调配城市资源使用并发挥最大效能。发展现代产业特别是现代服务业,为流动人口就业提供合理的机会,允许流动人员自由进城务工或经商,开办中小企业,符合条件的给予办理城镇落户。实践证明,这种异地转移城市化的解决思路是科学合理的。同时,还要加快建立流动人口的社会保障制度,为其投入到城市化建设与自身发展消除后顾之忧,缓和因管理落后形成的社会矛盾,进而预防和抑制引发的流动人口犯罪现象。

[①] 徐志林:《上海外来流动人口犯罪现状的社会学分析与控制对策》,载《上海公安高等专科学校学报》2004年第2期,第71页。

解决城市流动人口问题,就要注重流动人口的产生与构成,根据有关估算,全国约七成的人口是农村人口,并且每年新增劳动力的多一半也在农村,农村剩余劳动力人口近亿人。因此,如何妥善管理和安置农村剩余劳动人口,为其提供适当有效的劳动就业致富的机会,是解决城市流动人口盲目流入导致犯罪率上升的一个重要前提。现阶段庞大的农村剩余人口基数,已经远远超过了发达城市地区的接纳能力,城市流动人口总量压力直线上升,这也是造成城市各类安全问题的一个重要原因。因此,摆脱传统单一农耕模式,大力发展完善农业化经济体,尤其是第三产业等非农经济类型产业,例如手工业、初级产品加工业、各类养殖业经济高附加值产业形式,推动农村现代服务业等综合产业部门,带动农村剩余劳动力的再就业,依托新型非农经济产业就地吸纳解决大部分剩余人口,平抑人口流出势头,实现"离土不离乡"和"进厂不进城"的农村工业化、现代化道路。通过这一途径能够有效地减少城市流动人口压力,降低了城市流动人口的生存竞争压力,也就直接减少了流动人口犯罪的总量。

二、改革户籍管理制度与打破城乡二元结构并重

户籍制度是我国重要的人口管理统计手段,对于人口的户籍管理类别主要划分为农业与非农业两大类。但是,现阶段的户籍制度在改革开放和社会主义现代化和谐社会建设这一新的历史时期,已经显露出种种弊端。户籍管理是世界各国最重要的社会管理制度,实行户籍管理制度的国家其实并不少,国外类似的户籍管理多叫"民事登记""生命登记"或"人事登记"。虽然叫法不一,但基本上与我国的户籍管理相似,只是在管理的手段上有所不同。中国户籍制度的问题,是由于在户籍制度上附加了各种各样过多的行政的、经济的、福利的管理行为,人为地制造了各种差异与不公。无论如何,中国的户籍制度在社会深层次意义上具有一定的等级和身份色彩,因为户籍身份属性的不同,实际上造成了社会认识和社会待遇的差别。

将社会人口按照户籍划分,进行属地管辖曾具有重要民政管理意义。但是,诸如农业与非农业户籍属性的区分,则无形中给公民带来了一定的利益差别。究其缘由是户籍制度后面依附了过多的社会资源分配标准,农业户籍的公民无法平等享受非农业(城镇)户籍下的社会福利待遇。例如,在社会招工、招考入学时享受同样的对待。在计划经济条件下,户籍制背后所依附的社会基本产品供给制度,在很大程度上抑制了人口自由流动的可能。旧有的户籍制度,一方面妨碍了公民正常权利的行使,造成事实上不平等对待,另一方面也阻碍了城市化与现代化进程,而且易于滋生社会腐败现象。随着市场经济体制的逐步建立和完善,划分"农业户口"和"非农业户口"、实行城乡分割的户籍管理二元结构,阻碍了人力资源的优化配置和地区间的合理流动,不利于城市化建设和农村经济的发展,不适应形势发展的要求。20世纪80年代中期随着改革开放步伐的加快,为了进一步适应市场经济的要求,国务院及相关行政管理部门开始着手启动户籍制度的初步改革,国务院《关于农民进入集镇落户问题的通知》、公安部《关于城镇暂住人口管理的暂行规定》,以及《中华人民共和国居民身份证条例》等若干重要政策性文件与行政法规相继颁布。进入 21 世纪,我国户籍制度又有了新的松动,部分地区小城镇开始允许进城务工的农村人口有条件的落户,取得非农业居民户籍。

户籍制度的进一步改革完善,将直接影响到城市流动人口的管理和服务水平,并且城市流动人口犯罪的控制也对户籍管理提出了新要求和高标准。新的户籍管理体系应当体现高度科学化与综合性,须提高基础人口数据的查询和采集能力,尤其对于非本地人员情况的监控,因而必须打破地域或类型的障碍,建立全国统一的社会人口基础信息管理数据库,从而提升新的社会治安与预防犯罪等综合信息保障功能。传统的地域户籍制度将逐步转变为社会统一身份识别管理制度,这样才能及时有效地实现户籍管理信息化,打破城乡户籍二元化管理的落后状态。

城乡二元对立,不仅仅表现在户籍制度单一层面上,因而城乡二元经济结构转变的关键,是农业经济向工业经济和后工业经济转化,是农民向非农民转化,是农业向非农产业转化,是农村向城镇转化。同时,进一步减少或者缓解当前存在的工农差别,也是重要的方向性措施。可见,经济体制层面的实质变革,是破解城乡二元对立的核心战略,并且我国现阶段发展战略已经明确指定了城乡一体化的根本目标并正在积极落实。

通过有效转变城市户籍管理制度和完善综合配套治理政策与措施,从而最终缓解城乡之间的差别对立,尽快实现城乡一体化科学发展与布局,促使流动人口涌动的现象将逐步趋向化解,潜藏其中的流动人口犯罪问题最终也会逐步随之消融剪灭。因此,只有坚持这样的综合型犯罪治理对策,才是流动人口犯罪问题的治本之道,才能够取得标本兼治的良好社会效果。

三、强化基本培训辅导与防控外来人口犯罪并行

城市流动人口总体是进城务工的农业人口,他们往往受到较低的教育程度与相对狭隘的思想意识所制约,文化水平不高、法制观念较差,心理承受能力差,缺乏社会化自我控制与约束的公民意识,行事往往表现出"无知无畏"的行为特点。这个问题既是行为个体问题,也具有普遍性的意义。因此,当务之急是通过技术培训与中短期教育,尽快提高流动人口总体专业技能与文化水平,及时提供心理疏导与矫正,同时也不能忽视法律法规的学习培训工作,建立健全的城市预防与控制流动人口犯罪的措施体系。

一方面,从加强流动人口的培训与教育的层面而言,应注意几个具体问题:

首先,必须强化政治法律知识与社会公德教育,树立社会责任意识。加强国家方针政策、基础性法律法规及行政规章的普及讲解,帮助其矫正日常行为习惯,强化公共道德意识。在进行基础意识教育与培训时,要特别注意探索科学有效的方式与方法。充分结合流动人员的自身特点,突出教育目的与其自身权益的直接利益关联,充分发挥他们的主观能动性,尽量做到深入浅出,寓教于乐,通俗易懂,使教育对象尽快熟悉城市社会文化环境,提升政治思想素质与社会责任感,逐步养成自觉主动的主人翁意识,从而积极转变社会角色心理,尽快成功融入城市化的生活秩序体系。

其次,应当加强文化素质与专业技能培训,增强就业竞争能力。具备一定的文化知识是现代社会成员间进行沟通交流并进一步社会化的重要条件,也是养成合格公民的基本要求。因而,提升科学文化水平是我国精神文明建设的重要内容之一。流动人口先天的文化素质较为薄弱,这会导致对社会行为的认识能力与分析能力受到限制,形成缺乏是非观念、思维简单、目光短浅的个体行为缺陷,容易受到社会不良风气的影响或被违法犯罪分子所操纵利用。通过加强基础文化教育和专业培训,能够拓宽他们的社会视野,加强自身社会免疫力,培养出良好的心理素质,并掌握一定的城市谋生技能,增强其职业竞争的谋生能力,有利于形成自食其力、自我负责的个体良性循环。

此外,还要注意监控群体心理动态与及时辅助疏导,化解不良社会心理。流动人口在城市生活中往往面临着各种不良心理压力。初到经济发达地区对繁荣奢华的目瞪口呆与狭窄生活经历的比较往往产生心理落差,形成自卑不满的心理问题;背井离乡在外谋生也会导致产生漂泊无助的不安心理;加之,在社会生活、工作就业等条件下,可能受到流入地本地居民的种种歧视也会招致心理重压。久而久之,各种不良心理问题,会导致外来务工人员人格异化、行为失范,并在一定群体范围内构成互动与传播的可能,以致最终违法犯罪。因此,必须加强流动人员的心理辅导与疏导,及时掌握流动群体的心理发展动向,构筑科学有效的心理预防、疏导与矫正机制,以协助他们解决心理问题,帮助他们走出心理误区,形成良好的社会人格,将可能产生的不良社会心理,甚至犯罪动机消灭在萌芽期,从而在根本上铲除流动人口的犯罪心理倾向。

另一方面,从城市防控流动人口犯罪方面,也应当积极建立制度化和体系性的管理措施。

第一,应当注重与流动人口来源地管理部门的沟通合作与信息共享,加强区域合作。流动人口犯罪防治工作的重点在于预防犯罪,鉴于人口的流动性特征,城市管理部门应当主动出击,及时掌握流动人员的基本信息与前科状况,对于具有犯罪前科或违法记录的重点人员加强教育或监控。这就需要管理部门间的配合协作、信息共享,尤其是在全国人口信息化管理水平不高,部门信息共享手段不多的现状下,加强区域间管理部门的协作就显得尤为重要。

第二,加强社会治安管理长效机制,建立群防群治的联动体制。具体应当以公安管理机关为主体,联合其他城市有关职能部门,针对流动人口犯罪较为集中的侵犯财产、团伙犯罪等依法给予常态化打击,抑制犯罪蔓延态势。同时,还要积极依靠群众性基层组织,依托重点社区建立居民治安自治组织的配合和举报,提早发现犯罪迹象,铲除犯罪土壤,增强社区自身治安防范能力,巩固发展社会治安综合治理长效机制。①

此外,增加专业科技含量,为精确打击流动人口犯罪活动提供技术支持,利用科学手段提升综合防范能力。在当代信息化高技术时代,犯罪的形式与手段也日趋专业化、智能化。根据这一变化,应当及时加强城市犯罪防控的专业化技术水平,研究掌握新型治安防控技术和刑事侦查手段。例如,采用引进先进安防系统加强重点社区、单位的技防水平,利用数字综合信息平台实现犯罪情况信息的共享,升级刑事侦查、勘验技术装备水平,加强与国外同行的先进技术交流与引进吸收等,最终提高预防和控制城市流动人口犯罪的综合能力。

四、规范行业市场管理与消除犯罪外部环境相结合

流动人口进入城市,首先是寻找劳动力市场,借以实现打工谋生。城市中的流动人口劳动力市场,则成为外来人员的基本的活动前提。但是,很多城市缺乏对于流动务工劳动力市场的规范监管与政策支持。因此,很多外来工人员在打工无门、求生无路或者被非法用工场所欺骗的情况下,迫不得已铤而走险实施违法犯罪活动。因此,加强对于劳动力统一市场等行业管理与监控,对于消除刺激流动人口犯罪发生的外部环境因素更具有重要作用。

首先,规范管理城市流动人口统一用工市场,建立规范用工机制。务工人员大多自发流动进入城市,对于预期的工作岗位、职业现状与前景缺乏了解,故具有很大的盲目性。城市管理部门应当提前筹措建立统一的劳动力交易市场,为用工企业与务工人员建立畅通的经济联系渠道,严厉打击并取缔非法、地下劳务市场,严查非法用工情况,将城市雇工信息及时纳入社会治安基础统计信息网络,为进一步预防城市犯罪提供依据。与此同时,城市管理部门应当走出去,积极与流动人员流出地联系并建立城市用工信息交流体系,及时、定期将城市劳动力的总体需求与行业种类等情况提供给来源地管理部门,由流出地提前建立用工市场,降低城市流动人口的盲目性与分散性,集中提供劳动力雇佣机会。这样就形成了以城市统一劳动力市场为主体,以流出地劳动力输送市场为流动渠道的、科学合理的城市流动人口用工市场体系,显著提高了劳动力使用效能,同时降低了流动闲散人员的社会隐患。

此外,在各行业内部也要针对流动人口特点,加强行业监督与管理,强化流动人口劳动与社会权益的保护。据统计,流动人口所涉及职业类型位于前四位的职业分别是生产工人、建筑工人、商业服务人员和餐饮业服务人员。分别占外来务工人员的34%、20%、14%和8%。因此,一方面,应当对于集中了大量流动人口的几类典型行业企业,加以特殊监管,劳动管理部门定期巡视检查,防止个别企业故意违反法律法规,侵害劳动者权益;另一方面,应对私营、个体用工企业,着重监控。雇佣外来务工人员的私企岗位集中在流水线工人、司机、保安、服务员等以体力劳动为主的工作,由

---

① 刘海燕:《我国城市外来人口犯罪问题》,载《河北公安高等专科学校学报》2005年第6期,第71页。

于私营部门更看重劳动力本身的人力资本和使用成本,而且私营部门市场化程度更高,工作强度和风险较高,不容易吸纳到本地劳动力,为了实现利益最大化,对雇佣的工人往往缺乏合理公休制度和必要劳动保护措施,经常会超过劳动强度安排生产任务,侵害工人合法权益甚至人身权利。因此,加强流动人口的行业管理,必须加强对重点行业、私营企业的监督与检查,一旦发现违法用工问题要及时处理,并监督企业改正,及时保护劳动者的合法权益,彻底化解劳资矛盾,最大限度地消除可能由此引发的流动人口违法犯罪危险。

第十九章 职务犯罪

第一节 职务犯罪的概念

一、职务犯罪概念的现有表述

我国法学界对职务犯罪的研究十分活跃,其中关于职务犯罪的概念就有几十种表述,概括起来主要有以下几种观点:(1)职务犯罪是指国家公职人员或视同国家公职人员利用职务上的便利,或滥用职权、不尽职责,破坏国家对职务活动的管理职能,并依照刑法应当受刑罚处罚的行为①。(2)职务犯罪是指国家公职人员利用职务上的便利,滥用职权或放弃职责玩忽职守而危害国家机关正常活动及其公正、廉洁、高效的信誉,致使国家、集体和人民利益遭受损失的行为②。(3)职务犯罪是指国家工作人员利用职务便利从事的犯罪活动,并认为职务犯罪与其他种类犯罪的重要区别之一在于其主体只能是国家工作人员③。(4)职务犯罪是指国家公职人员利用职务之便进行非法活动,或者滥用职权、玩忽职守或者徇私舞弊,破坏国家对职务行为的管理活动,依照刑法应当受到刑罚处罚的犯罪行为总称④。(5)职务犯罪是指国家工作人员和其他在社会团体、企业、事业单位中依照法律、法规或者组织章程从事公务的人员在履行职责的过程中,利用职务上的便利条件,或者滥用职权,或者不正确履行职权所实施的违背职责要求的依照刑法规定应受刑罚处罚的行为的总和⑤。(6)职务犯罪是指具备一定职务身份的人利用职务上的便利,滥用职权、玩忽职守,破坏国家对职务行为的管理活动,致使国家和人民利益遭受重大损失的一类犯罪行为的总称⑥。(7)职务犯罪是指依照法律、依法授权或者合同而承担一定职务的人员,在进行相应的管理活动中,利用职务上的便利,违背其依法应承担的义务,依照刑法具体罪刑规范性规定应当承担刑事责任的行为⑦。(8)职务犯罪是指从事公务的人员,利用职务或者亵渎职务,给国家和人民利益造成严重损失的一类犯罪⑧。(9)职务犯罪有广义与狭义之分,广义的职务犯罪是指依法从事公务的人员或者单位,在履行职责的过程中,利用职务之便进行非法活动,或者玩忽职守、滥用职权破坏

---

① 参见樊凤林、宋涛主编:《职务犯罪的法律对策及治理》,中国人民公安大学出版社1994年版,第111页。
② 参见王昌学主编:《职务犯罪特论》,中国政法大学出版社1995年版,第49页。
③ 参见陈兴良主编:《职务犯罪认定与处理实务全书》,中国方正出版社1996年版,第23页;莫洪宪、李成:《职务犯罪共犯与身份问题研究——以职务犯罪为视角》,载《犯罪研究》2005年第6期。
④ 参见孙谦主编:《国家工作人员职务犯罪研究》,法律出版社1998年版,第21页。
⑤ 参见何秉松主编:《职务犯罪的预防与惩治》,中国方正出版社1999年版,第5页。
⑥ 参见冯殿美:《关于职务犯罪的概念、特征和类型》,载《山东大学学报(哲社版)》1999年第3期。
⑦ 参见于志刚主编:《多发十种职务犯罪的定罪与量刑》,中国方正出版社2001年版,第5页。
⑧ 参见周其华:《职务犯罪热点、难点问题解析》,中国方正出版社2007年版,第9页。

国家对职务活动的管理职能,并依照刑法应当受刑罚处罚的行为。其自然人主体既包括国家工作人员和准国家工作人员,也包括公司、企业人员等非国家工作人员。狭义的职务犯罪是指依法从事公务的国家工作人员或者单位,在履行职责的过程中,利用职务之便进行非法活动,或者玩忽职守、滥用职权破坏国家对职务行为的管理活动,并依照刑法应当受到刑罚处罚的犯罪行为的总称。其自然人主体只包括国家工作人员和准国家工作人员[1]。

二、职务犯罪的犯罪学界说

关于职务犯罪的概念之所以有那么多不同的表述,原因在于大家是从不同的角度对其进行界定的,有的是从刑法学角度界定,有的是从犯罪学角度界定,还有的是从社会学或伦理学角度进行界定。职务犯罪不是我国《刑法》明确规定的一类犯罪,更不是某一个具体罪名,是理论研究和司法实践中对犯罪进行分类所归结出的一种犯罪类型。我们认为,犯罪学意义上的职务犯罪应该着眼于对这类犯罪现象事实特征的剖析,归纳提炼其不同于其他类型犯罪的特质,并在此基础上对其进行界定。认定职务犯罪的关键是"职务",有职务才有可能利用职务之便实施职务犯罪,因此对职务的正确理解是界定职务犯罪的关键。

犯罪学意义上的职务不同于日常生活中的职务。根据《现代汉语词典》的解释,"职务"是指职位规定应该担任的工作[2]。日常生活中的职务大多和一定的工作或社会地位联系在一起,和职位具有一一对应的关系,具有相对稳定性,且有些职务是徒有虚名而实际上并不具有对相关机构、社会组织的管理权,比如名誉主席、名誉院长、名誉主任等名誉上的职务往往是与其主体的特定身份或地位相关,实际上他们基于该名誉职务并不享有在该机构或组织中的决策、指挥、协调、管理或监督等权力[3],也不具有相应的职责,不可能构成相关职务犯罪。还有基于私人雇佣关系而形成的所谓职务也只能是日常生活中的职务,比如一名富豪通过招聘雇用三名私人保镖并分别封为"保安主任""副主任",或者聘请一名财务退休人员为其专职"理财顾问",这些所谓的职务只具有处理私人事务的职责权限,行为人不可能利用这些职务构成相关职务犯罪,利用接近富豪或处理其财产的方便条件实施盗窃等行为的只能按普通犯罪处理。犯罪学上的职务主要是为了解决犯罪问题,只有和犯罪联系起来的"职务"才是我们关心和研究的对象。职务只有在可被利用的条件下才有可能构成犯罪,而是否具有职权或职责是能否被利用的关键,利用职务实质上是利用职权或职责。犯罪学中的职务和职位并不是一一对应的关系,没有职位的人却可能有职务,职位是政

---

[1] 参见陈成雄:《我国刑法中的职务犯罪概念》,载《国家检察官学院学报》2003年第5期。
[2] 参见《现代汉语词典》(第五版),商务印书馆2005年版,第1750页。
[3] 如果某些名誉职务主体对外声称其具有某种职权可以帮人办事并接受别人物质或非物质利益,则可能构成招摇撞骗罪或诈骗罪,而不成立相应的职务犯罪,因为其并无职权可以利用,其行为并不是权钱交易,而是通过欺骗的手段使对方相信自己具有某种权力从而骗取对方某种利益。当然,如果其利用该机构或组织中国家工作人员职务上的便利为他人谋取不正当利益并索取或收受他人财物,还可能构成利用影响力受贿罪。

治学和行政法中的概念,其语言学的定义是:机关或团体中执行一定职务的位置[①]。犯罪学意义上,职权和职责才是职务的核心,由于受某些机关或团体的临时聘用或委托从事一定事务的人在该机关或团体中并无职位可言,或者说他们是没有正式编制的,还有可能仅仅是受委托临时处理某一项事务,他们虽然没有编制或职位,但仍然是在代表该单位从事公务并因而具有职权、职责,因此可以认为他们具有临时职务,其在受委托或聘任过程中实施的行为当然是职务行为,其利用职权或职责构成犯罪的应该按照相关职务犯罪的规定定罪处罚,而不能因为其主体不具有某种身份或地位就按普通犯罪进行处理[②]。另外,虽然表面上看不具有法定的职权或职责,但从事某种特殊业务之人也可能基于其业务行为而具有一定的职权或职责,比如医生可以利用其诊疗活动中开处方的便利条件索取或收受医药销售方财物,医生还可能基于其业务便利而具有调配一定医疗资源的权力,比如可以利用开具住院手续的方便条件索取或收受病人及其家属财物,利用对病人诊疗过程中的方便条件而具有选择使用不同种类药物、使用不同的治疗方案等自主决定权,其滥用这种权力索取或收受病人或家属财物的也构成相关的职务犯罪。综上,只要具有一定的职权、职责可以利用从而构成相关的犯罪都可以认为是犯罪学意义上的职务,构成的相关犯罪相应也是职务犯罪。因此,职务没必要局限在"国家事务"或"公共事务"的范围,只要从事的是非个人的事务,都有可能因为具有对人、财、物、事的管理权而实施相应的职务犯罪。在公司、企业等非国有单位中具有一定职权、职责的人同样可以利用该职权或职责实施一定的犯罪行为,这些犯罪行为性质上也应该认定为职务犯罪。由此,职务犯罪的主体也不仅仅是国家工作人员或国家公职人员[③],凡是具有一定的职权、职责可以利用的人均可以成为职务犯罪的主体。当然,这里的"人"既包括自然人,也包括单位,单位利用其职权、职责实施相关犯罪的同样构成职务犯罪。概言之,犯罪学中的职务犯罪应该如此定义:具有职权、职责的人利用职权或职责实施的一类犯罪。

我国《刑法》分则中所规定的一些具体罪名在性质上是职务犯罪。判断职务犯罪的标准是行为人是否利用相关职务便利实施犯罪[④],而不在于行为人的身份。比如叛逃罪,很多学者都因其主体是国家机关工作人员或掌握国家秘密的国家工作人员而将其认定为职务犯罪,实际上叛逃罪的成立并不需要行为人利用职务便利来实施,只

---

① 参见《现代汉语词典》(第五版),商务印书馆2005年版,第1750页。
② 2003年11月最高人民法院《全国法院审理经济犯罪案件工作座谈会纪要》第1条关于国家机关工作人员的认定、2000年9月最高人民法院《关于未被公安机关正式录用的人员、狱医能否构成失职致使在押人员脱逃罪主体问题的批复》、2001年3月最高人民检察院《关于工人等非监管机关在编监管人员私放在押人员和失职致使在押人员脱逃行为适用法律问题的解释》等相关司法解释的规定已经明确认定相关职务犯罪的关键是是否履行相关职权、职责,而不在于主体是否具有公务员编制或身份。
③ 关于国家公职人员的范围如何界定以及其与国家工作人员的关系目前并无定论,但不管何种表述,以上好几种观点都将非国家工作人员排除在职务犯罪主体之外,显然不可取。
④ 虽然我国《分则》中一些具体罪名的罪状描述并没有"利用职务便利"等字眼,但也隐含了利用职务便利的应有之意,比如刑讯逼供罪、暴力取证罪、虐待被监管人罪等罪名虽然被列入侵犯公民人身权利罪一章,但实际上行为人正是利用其刑事侦查权、调查取证权、监管权而实施的侵犯公民人身权利的行为,是滥用职权行为,一方面侵犯了公民的人身权利,另一方面侵犯了国家的司法管理秩序,同样构成职务犯罪。

要其擅离工作岗位叛逃境外或者在境外叛逃的即可构成。也存在同一个罪名在不同的时空范围条件下既可能是职务犯罪，也可能是非职务犯罪。比如非法拘禁罪，如果是国家机关工作人员利用职权非法剥夺他人人身自由的，则性质上是职务犯罪；如果国家机关工作人员并没有利用职权非法拘禁他人，就不是职务犯罪，不能因为其特殊身份就对他从重处罚，只能按照普通主体实施的非法拘禁罪定罪量刑。

第二节 职务犯罪的状况与特点

一、我国现阶段职务犯罪的状况

（一）检察机关立案侦查的职务犯罪状况

根据近几年《最高人民检察院工作报告》中关于全国检察机关直接立案侦查的职务犯罪案件数据，我国现阶段的贪污贿赂犯罪、渎职犯罪、国家机关工作人员利用职权实施的侵犯公民人身权利和民主权利的犯罪以及经省级检察院决定立案侦查的国家机关工作人员利用职权实施的其他重大犯罪等职务犯罪案件情况如下：

(1) 2008—2012年职务犯罪状况：2008—2012年五年间全国检察机关共立案侦查各类职务犯罪案件165787件218639人，其中县处级以上国家工作人员13173人（其中厅局级950人、省部级以上30人）。立案侦查渎职侵权犯罪案件37054件50796人，其中重特大案件17745件。对19003名行贿人依法追究了刑事责任。严肃查处执法司法不公背后的职务犯罪，立案侦查行政执法人员36900人，司法工作人员12894人。会同有关部门追缴赃款赃物计553亿元，抓获在逃职务犯罪嫌疑人6220人。①

(2) 2013年职务犯罪状况：2013年共立案侦查贪污贿赂、渎职侵权等职务犯罪案件37551件51306人，同比分别上升9.4%和8.4%。其中，立案侦查贪污、贿赂、挪用公款100万元以上的案件2581件，涉嫌犯罪的县处级以上国家工作人员2871人，其中厅局级253人、省部级8人。立案侦查涉及民生民利的职务犯罪34147人。对5515名行贿人依法追究刑事责任，同比上升18.6%。查处以权谋私、贪赃枉法、失职渎职的行政执法人员11948人、司法人员2279人。追缴赃款赃物计101.4亿元，会同有关部门抓获在逃职务犯罪嫌疑人762人。②

(3) 2014年职务犯罪状况：2014年共立案侦查各类职务犯罪案件41487件55101人，同比分别上升10.5%和7.4%。其中贪污、贿赂、挪用公款100万元以上的案件3664件，同比上升42%。查办县处级以上国家工作人员4040人，同比上升40.7%，其中厅局级以上干部589人，包括依法办理周永康、徐才厚、蒋洁敏、李东生、李崇禧、金道铭、姚木根等28名省部级以上干部犯罪案件。查办涉及民生民利的职务犯罪9913人。查办受贿犯罪14062人，同比上升13.2%；查办行贿犯罪7827人，

---

① 参见2013年《最高人民检察院工作报告》。
② 参见2014年《最高人民检察院工作报告》。

同比上升37.9%。查办国家机关工作人员渎职侵权犯罪13864人,同比上升6.1%,其中行政执法人员6067人、司法人员1771人。延寿看守所发生在押人员杀警脱逃、讷河监狱发生在押罪犯利用手机进行网络诈骗的恶性案件后,检察机关及时介入,依法对涉嫌玩忽职守、滥用职权犯罪的监管人员立案侦查。同步介入晋济高速特大燃爆事故、昆山特大爆炸事故等重特大安全生产事故调查,查办事故背后渎职犯罪788人。与有关部门联合发布敦促在逃境外经济犯罪人员投案自首的通告,加强境外司法合作,共抓获境内外在逃职务犯罪嫌疑人749人,其中从美国、加拿大等17个国家和地区抓获、劝返49人。在积极追逃的同时,探索对犯罪嫌疑人逃匿案件启动违法所得没收程序,依法追缴其违法所得及其他涉案财产。①

(4) 2015年职务犯罪状况:2015年全国检察机关共立案侦查职务犯罪案件40834件54249人,同比下降1.6%和1.5%。查办贪污贿赂、挪用公款100万元以上案件4490件,同比上升22.5%;查办涉嫌犯罪的原县处级以上干部4568人,同比上升13%,其中原厅局级以上769人,同比上升30.6%。依法对令计划、苏荣、白恩培、朱明国、周本顺、杨栋梁、何家成等41名原省部级以上干部立案侦查,对周永康、蒋洁敏、李崇禧、李东生、申维辰等22名原省部级以上干部提起公诉。查办受贿犯罪13210人,查办行贿犯罪8217人。查办国家机关工作人员渎职侵权犯罪13040人。查办"三农"领域相关职务犯罪11839人。在事关群众切身利益的征地拆迁、社会保障、教育、医疗等民生领域查办职务犯罪8699人。深入开展职务犯罪国际追逃追赃专项行动,自2014年10月开展专项行动以来,已从34个国家和地区遣返、劝返外逃职务犯罪嫌疑人124人,"百名红色通缉令"中的李华波等17名重大职务犯罪嫌犯落入法网。同时会同有关部门开展打击利用离岸公司和地下钱庄转移职务犯罪赃款专项行动,努力切断向境外转移违法所得通道。②

(二) 公安机关立案侦查的职务犯罪状况

非国家工作人员受贿罪、职务侵占罪、挪用资金罪、背信损害上市公司利益罪、金融工作人员以假币换取货币罪等非国家工作人员利用职务便利实施的职务犯罪由公安机关立案侦查,无法从公安部门获取相关统计数据。以特定具体罪名为关键词在中国裁判文书网搜索后,得到如下数据:

(1) 非国家工作人员受贿罪:2008年6起;2009年15起;2010年19起;2011年27起;2012年92起;2013年438起;2014年1576起;2015年714起。

(2) 职务侵占罪:2008年48起;2009年67起;2010年107起;2011年208起;2012年535起;2013年1425起;2014年8003起;2015年4504起。

(3) 挪用资金罪:2008年22起;2009年24起;2010年26起;2011年81起;2012年151起;2013年502起;2014年2482起;2015年1563起。虽然这些数据并不完整,相关案件没有全部上网,但还是可以看出非国家工作人员职务犯罪数量几乎逐年

---

① 参见2015年《最高人民检察院工作报告》。
② 参见2016年《最高人民检察院工作报告》。

递增。

二、我国现阶段职务犯罪的特点

(一) 案件总体数量、大案要案数量逐年上升

通过以上统计数据可以看出,除 2015 年职务犯罪总数比 2014 年略有下降外,从 2008 年至今职务犯罪案件数量几乎逐年上升,100 万元以上的大案要案完全呈逐年上升趋势,即使在 2015 年职务犯罪总数同比下降的情况下,大案要案数量仍比 2014 年上升 22.5%。通过对非国家工作人员职务犯罪案例的分析,大案要案数量也是逐年上升。

(二) 犯罪人高级别、高学历、年轻化趋势明显

近年来,县处级以上领导干部及公司高管人员因贪污、受贿、挪用公款、职务侵占、非国家工作人员受贿、挪用资金等犯罪被追究刑事责任的人员数量逐年上升。以上统计数据显示,县处级以上特别是厅局级以上高级别领导干部职务犯罪人数每年都以 10% 以上的比例增加,公司高管人员利用职务便利侵吞公司财物、挪用公司资金等犯罪行为层出不穷。通过对相关案例的分析发现,这些领导干部和公司高管大多具有本科以上学历,相当一部分人还拥有硕士、博士学位,有的还具有海外著名高校留学经历。在国家干部年轻化及科技兴国政策的带动下,一批高学历的年轻人很快就走上领导岗位。被查处的领导干部及高级管理人员犯罪人的年龄已不再是前些年的"59 岁"现象,而是逐步年轻化,多集中在 30—55 岁之间,还有不少 30 岁以下的"青年才俊"因职务犯罪锒铛入狱。

(三) 重点行业犯罪突出并向多领域扩散

虽然职务犯罪可能涉及任何行业和领域,但凡有权力的地方就存在以权谋私的空间,但关系公众生活必需、生产流通奇缺、国家垄断程度高的行业职务犯罪更为突出。近年来,铁路、金融、电力、电信、医疗、教育、土地、交通、工商、税收、海关、外贸、商检、公安、司法等行业职务犯罪仍然占据职务犯罪案件的主体。同时,随着国家农村政策的优化,针对"三农"的各项补贴等优惠政策出台,由此也引发了"三农"领域职务犯罪急剧上升。伴随经济的飞速发展和国家城镇化建设的推进,资源供求矛盾凸显,环境问题恶化,近年来在资源开发和环境保护方面的职务犯罪也时有发生。随着国家科教兴国战略的推进,高校、科研院所等机构的科研人员通过虚开发票、利用无关人员的身份信息领取劳务费等不当套取科研经费的科研腐败案件近年来也备受关注。总体上看,职务犯罪正在从重点行业和领域向社会方方面面渗透,从经济领域向政治领域、科技领域、司法领域、社会环境等领域扩散。

(四) 犯罪方式更具隐蔽性、犯罪形式表现多样化

近年来,由于职务犯罪人员中很多是高学历、高智商人群,同时随着科技的飞速发展,职务犯罪手段具有智能性、迷惑性的特点。以受贿行为为例,犯罪方式出现了一些新的变化:通过投资收益、股份分红等形式收受贿赂;通过赌博的形式收受贿赂;

通过变相劳务①的形式收受贿赂；通过接受旅游服务、房屋装修等财产性利益的方式收受贿赂；通过假借企业破产、企业改制、资产重组等方式获取"差额利益"，或购买远低于市场价的"特价房""特价车"；通过长期"借用"高档住房、高级豪车等方式收受贿赂；有些贿赂手段还呈现出非财物化的特点，比如提供性服务、安排工作、职务升迁等形式②。概言之，职务犯罪方式更隐蔽，从而使得对职务犯罪的侦查工作难度加大。另外，职务犯罪在表现形式上更具多样化：共同犯罪、家族犯罪及群体腐败案件多发，主要表现为同一单位内部多名人员勾结共同实施职务犯罪、上下级单位多名人员勾结共同实施职务犯罪、不同单位的人员各自利用自己的职务便利相互勾结共同实施职务犯罪、单位工作人员与社会人员相互勾结共同实施职务犯罪以及家庭成员共同职务犯罪，目前，查处的案件中涉及犯罪人员配偶、子女还有其他直系亲属的现象屡见不鲜。当前职务犯罪还有一种形式上的特点即"前腐后继"，比如河南省四任交通厅厅长在短短十几年时间相继落马，一些关键岗位的前任与其继任者相继实施职务犯罪的情况屡有报道。

（五）跨国（跨境）犯罪及携款外逃现象较为突出

随着经济全球化的不断发展，一些跨国公司为了占据中国市场、谋取高额利润，采取多种方式行贿国内主管部门的工作人员或国内相关公司、企业的高管人员。基于我国资源丰富、劳动力廉价、投资环境宽松，吸引了大批国外及境外投资者，其中有一些黄、赌、毒、偷渡跨国（跨境）集团的犯罪分子往往以合法投资者的面貌出现，为实现犯罪目的，凭借其经济优势拉拢某些意志薄弱的官员或社会组织充当"保护伞"，使得这些人员或组织利用职务便利为跨国犯罪集团及其成员提供帮助、进行包庇纵容，从而构成受贿罪、滥用职权罪、玩忽职守罪、背信损害上市公司利益罪、非法经营同类营业罪等职务犯罪。同时，由于我国的金融管理体制尚不完备，金融监管能力有待提高，因此许多境外人员与境内相关职务犯罪分子相勾结，利用这一薄弱环节，在我国境内大肆实施洗钱犯罪活动，或者将职务犯罪所得通过现代金融手段汇往境外，直接实现资金转移及洗白。还有相当一部分犯罪分子个人或全家携带职务犯罪赃款潜逃国外、境外。虽然近几年国家加大了对职务犯罪的海外追逃、追赃力度，但每年因职务犯罪外逃的现象仍然较为突出。跨国（跨境）职务犯罪及犯罪分子携款外逃的行为具有更大的社会危害性，资金大量外流冲击了国家的经济秩序，影响了国家经济安全和政治、社会稳定。

---

① 行贿人通过聘用国家工作人员及其亲属、情人等关系密切的人作为某单位或某经济实体的名誉职工或职工，或者通过邀请参与相关活动，从而以支付"劳动报酬"或"劳务费"的方式予以贿赂。

② 虽然根据我国现行规定受贿罪的对象仅限于财物或财产性利益，但不容否认的是当前确实存在以提供性服务、安排就业或职务晋升等以主要满足"受贿人"精神欲望的非财产性的权利和利益，权色交易有时比权钱交易更有效，一些国家已经将非财产性利益纳入受贿罪的对象范围，我国也应该考虑将非财产性利益逐步纳入立法中。

第三节 职务犯罪的原因

一、对权力缺乏有效的监督制约机制

我国目前的社会主义民主和法制尚不健全。政治体制的不健全使得对权力缺乏有效的监督和规范,这是当前产生职务犯罪的重要原因之一。"尽管我国设置了诸多的权力监督机构,如人大监督、政协监督、执政党内的纪检监督、政府内部的监察部门的监督以及专门的检察机关的监督等,监督机构之多,在世界上都是鲜见的,但是由于体制没有理顺,致使监督机制不畅、监督效能不高,某些地方的监督机构甚至形同虚设。"[1]目前我国的政治体制存在权力过分集中的弊端,领导干部"一支笔""一言堂"的现象大量存在,从而使得领导干部职务犯罪数量逐年上升;对关键行业、关键岗位的工作人员缺乏有效监督,从而出现大批"小官巨贪"职务犯罪;对公司、企业自主经营活动赋予了充分的自由,却对公司高管等工作人员滥用公司管理权实施商业贿赂、侵占公司资产等行为缺乏有效的监督,使得非国家工作人员职务犯罪活动大量滋生。

二、经济体制转轨为职务犯罪提供了现实环境

现阶段多元化的经济体制为职务犯罪提供了温床,多种所有制经济并存固然可以充分发挥市场调节的作用,提高社会生产力、推动经济的发展,但市场环境条件下,各种经济实体为了在激烈的市场竞争中获取优势地位和最大的经济利益,会采取商业贿赂等方式收买相关国家工作人员及公司、企业工作人员。同时,随着分配方式的多元化,人们的经济收入差距迅速拉开,一部分人先富裕了起来,当一些国家工作人员不能通过自己的正当收入达到自认为应有的物质生活水平时,一旦受到外界利益的诱惑就会产生心理失衡,从而利用手中的权力获取不正当利益,实施贪污罪、受贿罪、为亲友非法牟利罪、非法经营同类营业罪等贪利型职务犯罪。

三、预防与惩治职务犯罪的相关法律制度不足

我国现行《刑法》在规制职务犯罪方面还存在一定的问题,比如对职务犯罪规定了较行为方式相似的普通犯罪更高的入罪标准和更轻的刑罚,这不利于对职务犯罪的预防与惩治。相对而言利用职务便利实施的相关犯罪应该比普通犯罪具有更大的社会危害性,行为人主观恶性也更大,比如利用职务便利实施的窃取公共财物或单位财物的行为比普通盗窃罪性质更恶劣,而根据我国现行法律及相关司法解释的规定,贪污罪一般情况下的立案标准是3万元,职务侵占罪立案的立案标准是6万元,盗窃罪的立案标准则是1000—3000元;在不同量刑幅度对应的数额标准要求方面也存在

---

[1] 储槐植、冯卫国:《略论职务犯罪及其控制方略》,载《山东公安专科学校学报》2000年第3期。

巨大差异[①]，这样将直接影响相似行为罪与非罪以及量刑的轻重，显然对职务犯罪保持了更为宽容的态度。虽然2011年取消了盗窃罪的死刑，贪污罪等职务犯罪的死刑仍然存在，但司法实践中很少对职务犯罪的犯罪人适用死刑。《刑法》在对一些具体职务犯罪罪名的规定上也存在问题，从而使得一些具有严重社会危害性的行为因法律没有规定而逃避刑法追究。另外，预防职务犯罪的法律尚未出台。检察机关开展职务犯罪预防工作没有明确的法律依据，只能根据我国《宪法》第129条的规定"人民检察院是国家的法律监督机关"及最高人民检察院的相关文件精神制定的《预防职务犯罪条例》开展工作。

四、特权思想、官僚主义、拜金主义思想的影响

在我国，尽管特权产生的基础已被铲除，但封建特权思想在许多国家工作人员，尤其在某些高级领导干部的思想之中仍然很有市场。这些国家工作人员在特权思想的影响和支配下，不能正确理解和对待国家和人民赋予的权力，大幅度扭曲和变更权力的性质。他们认为有权就是真理、权比法大，因而盛气凌人，滥用职权。另外，机构庞大、人员臃肿造成人浮于事的官僚主义，官僚主义者脱离群众和实际，一方面对职权范围内的事不闻不问，极端不负责任，视国家和人民利益为儿戏，另一方面对事故隐患漠不关心，视而不见，以致酿成大祸，给国家、集体和人民的利益造成巨大损失，从而构成玩忽职守罪等渎职犯罪。近年来，随着经济全球化趋势的影响，西方社会所推崇的拜金主义、享乐主义、极端个人主义及一切向钱看的思想在我国抬头，职务犯罪人的价值观念产生了个人与社会的错位，他们把公共权力视为私人特权，把个人利益凌驾于国家和社会利益之上，在面临外界的各种诱惑之下，其价值错位导致的贪欲膨胀和心理失衡驱使其肆无忌惮地实施贪污、受贿等职务犯罪。

第四节 职务犯罪的对策

一、加强对权力的监督制约

要增强专门监督机关的独立性，保证监督职能，同时建立专门监督机关之间的相互制约机制。我国的纪检部门是党内的专门监督机关，监察部门是行政监察机关，各级检察院是法律监督机关，但纪检部门的监督只能针对党员干部，且是事后监督，各级纪检部门隶属于各级党委领导，其不能实现对所有职务犯罪的预防、监督效用；监察部门隶属于各级人民政府，其权力有限，且人事、财政都受同级政府制约，也不能很好地发挥独立的监督职能；各级检察机关负有多重职能，包括职务犯罪的预防、侦查、起诉，一般犯罪的批捕和提起公诉等，其虽然表面上同时拥有职务犯罪的侦查权与公诉权，具有较强的独立性，但由于职务犯罪案件多与地方领导有着千丝万缕的联系，

---

① 参见2016年4月最高人民法院、最高人民检察院《关于办理贪污贿赂刑事案件适用法律若干问题的解释》、2013年4月最高人民法院、最高人民检察院《关于办理盗窃刑事案件适用法律若干问题的解释》。

而地方领导又控制着检察机关的财政权、人事权,实际上检察机关很难完全独立发挥其监督职能,且检察机关对职务犯罪的预防职能由于缺乏明确的法律依据,更多是在从事法制宣传和教育,并没有强制性的监督权力。建议将各级纪委、监察、检察机关设置为独立的职务犯罪预防与监督机构,配备独立的办案人员和办案经费,三大机构实施中央对地方的垂直管理,完全脱离地方党委和行政,同时要在三个机构之间建立类似于三权分立制度下的相互监督和制约机制,避免任何一个机构及其工作人员因权力过大而恣意妄为。另外,应鼓励新闻媒体和人民群众对权力的监督。实践证明人大、政协等机关对职务犯罪的监督效用非常有限,而媒体和社会大众却在揭露腐败、打击职务犯罪方面发挥了很大的作用,近年来许多备受社会关注的案件线索均来源于媒体报道和群众举报。

建议进一步保障和强化媒体监督与群众监督,使他们对打击职务犯罪有更大作为。

二、逐步建立高薪养廉的经济保障机制

推进高薪养廉机制是防治职务犯罪腐败的一项重要举措。一方面要通过大力发展经济、提高国家的整体经济实力,在增加国家财政总体投入的情况下提高国家工作人员及公司企业工作人员工资等合法性收入;另一方面要通过精简机构、削减公务开支等途径提高现职人员工资待遇,实现高薪养廉。虽然党的十八大以来,随着中央"反四风""八项规定""六项禁令"等文件的出台,人浮于事、机构臃肿、"吃空饷"等现象得到一定程度的整改,党政机关铺张浪费的现象得到明显遏制,公款吃喝、公费出国、公车私用、公务招待等行为已被明确禁止,公务支出明显减少,但是仍有一些国家工作人员顶风作案,"用矿泉水瓶装茅台酒""以考察名义出国旅游"等变相铺张浪费的现象屡被曝光。因此,需要进一步通过制度建设削减公务开支。

三、加强相关法律制度建设

(一)修改完善当前刑法规范中关于职务犯罪的有关规定

首先,建议对行为手段相似的职务犯罪比非职务犯罪从严惩处,因为享有职权、职责的人员特别是其中的国家工作人员,代表国家行使对公共事务的组织、管理和监督权,享有权力,接受监督,这是现代法学公认的理念,因此应对他们从严要求。实践中,职务犯罪的社会危害性和犯罪人的主观恶性要比一般社会成员的犯罪严重得多,并且具有较大的示范效应,因此从我国刑法的罪刑相适应原则考虑应该对职务犯罪从严惩处。其次,应扩大受贿罪等贿赂犯罪的对象范围,性贿赂等以非财产性利益作为权力交易的对价已然成为当今社会不容忽视的现实问题,其对职权的收买在性质及社会危害性上与权钱交易并无二致,立法者应正视这个客观现实,与时俱进适时调整刑法关于受贿罪的构成要件规定。再次,增设拒不申报财产罪[①],对相关人员无故

---

① 这一规定应与以下关于国家工作人员财产申报制度的立法建议结合起来理解并同步推进。

拒不申报或虚假申报财产的行为规定为犯罪,并依据情节轻重分设不同的量刑幅度。

(二)加强配套法律制度建设

为了更有效地预防和惩治贪污贿赂等职务犯罪,应加快建立国家工作人员财产申报制度。虽然我国在个别文件中规定了领导干部要对其个人及家庭住房、投资及从业等情况向各级党委、纪委以及人事部门报告[①],但是真正的财产申报制度在我国尚未建立,且现有的规定也存在诸多问题。2010年中共中央办公厅、国务院办公厅发布的《关于领导干部报告个人有关事项的规定》(以下简称《规定》)是总结、修改以前类似规定的基础上对领导干部报告个人事项作出的最新及相对全面的规定,但其具有法律地位不明确、对申报主体的规定不完备、对受理机构的规定实际效用不大、申报资料不公开及罚则规定过轻等缺陷,不足以有效地预防和打击职务犯罪。建议通过立法的形式使其成为对全体国家工作人员具有普遍约束力的行为规范,具体可出台《国家工作人员财产申报法》,或者在《国家反腐败法》中设专章规定国家工作人员财产申报制度。可喜的是,《国家反腐败法》已在近期提上立法议程。不管是单独立法,还是在《国家反腐败法》中设专章规定国家工作人员财产申报制度,在内容上都应该克服以上《规定》的缺陷,应扩大申报主体,使纪检监察部门成为专门的受理机关,申报资料依据一定的程序公开,并规定对违反者科以包括刑事责任在内的法律责任,使其成为真正有效的法律制度,从而有力预防和惩治职务犯罪。

四、加强法制教育和思想道德建设

职务犯罪的产生固然有政治、经济、社会等多方面因素,但在同等的社会环境条件下,有的人犯罪,有的人清廉,有的人违法乱纪,有的人守法奉公,这表明个人的思想道德素质和法制观念存在差异,因此加强法制宣传教育和思想道德建设也是预防与惩治职务犯罪的关键。一方面,需要对具有职务的人员进行刑法等法律规范的宣传和培训,使他们了解哪些行为是犯罪并受到何种刑罚处罚,从而让其权衡犯罪所得之乐与犯罪所受刑罚之苦的得失,抑制自己不去犯罪。司法实践中很多职务犯罪人,包括一些高级领导干部、公司高管人员及高级科技骨干均因为不懂法而使自己沦为阶下囚。另一方面,要通过以案说法、犯罪分子现身说法、建立警示教育基地、组织对职务犯罪案件审理的旁听、或者职务犯罪专题研讨等形式,使相关人员自重、自省、自励、自警,不敢以身试法也步入歧途。此外,要通过多种形式加强对具有职务人员的思想道德教育,肃清"官本位"等封建特权思想及拜金主义、享乐主义、个人主义等思想的影响,从而从思想深处筑起预防与抵制职务犯罪的防线。

[①] 中共中央办公厅、国务院办公厅先后印发了《关于党政机关县(处)级以上领导干部收入申报的规定》(1995年)、《关于领导干部报告个人重大事项的规定》(1997年)、《关于党员领导干部报告个人有关事项的规定》(2006年)、《关于领导干部报告个人有关事项的规定》(2010年)。根据2010年《规定》,1995年及2006年两项规定于2010年《规定》实施之日起同时废止。

五、加强国际、区际合作

针对我国当前职务犯罪所具有的跨国(境)性、大量职务犯罪赃款外流的状况,我们应加强打击职务犯罪的国际及区际合作。《联合国反腐败公约》是国际社会合作打击腐败行为和职务犯罪的有力工具,作为公约成员国,我们一方面要吸收各国打击职务犯罪的经验,制定和完善有关引渡等法律法规,完善反跨国洗钱、反资金外逃等金融制度,另一方面要切实加强防控职务犯罪的国际合作与区际合作,在信息沟通、资源共享、技术交流、司法协作等多方面提高合作的层次和深度,从而更加有效地打击跨境职务犯罪。

第七编　犯罪特殊类型

第二十章　有组织犯罪

第一节　有组织犯罪的概念

一、国外有组织犯罪的界说

(一) 国际组织、区域性组织对有组织犯罪的界说

(1) 1994 年《那不勒斯政治宣言和打击有组织跨国犯罪的全球行动计划》：有组织犯罪是指"为从事犯罪活动而组成的集团；其首领得以对本集团进行控制；使用暴力、恐吓或行贿收买等手段以牟利或控制地盘和市场；为进行犯罪活动向合法企业渗透而进行的非法收益洗钱；扩大新活动领域至本国边界之外的潜在可能性，与其他有组织跨国犯罪集团进行合作"。

(2) 2000 年《联合国打击跨国有组织犯罪公约》：有组织犯罪"系指由 3 人或多人所组成的，在一定时期存在的，为了实施一项或多项严重犯罪或根据本公约确立的犯罪以直接或间接获得金钱或其他物质利益而一致行动的集团"。

(3) 欧盟：对有组织犯罪没有一个统一的概念及特征描述，但欧盟议会提供了一个欧盟内可遵照的工作定义，认为作为有组织犯罪必须满足以下行为特征中的至少六种，而且特征①、③、⑤、⑪是必须全部满足的：① 两人以上；② 每个人都有自己的工作分工；③ 长时间或无限制地存在（意味着稳定性和潜在的持续性）；④ 有特定的纪律和控制的形式；⑤ 其成员被怀疑实施了严重犯罪行为；⑥ 用国际标准来衡量很活跃；⑦ 使用暴力或者其他威胁手段；⑧ 利用商业或类似商业的结构；⑨ 进行洗钱；⑩ 对政治、媒体、公共管理、司法机构或者经济施加影响；⑪ 目的是追求赢利和/或权力。[①]

(二) 相关国家立法对有组织犯罪的界说

(1) 美国 1970 年《联邦有组织犯罪控制法》：将有组织犯罪界定为"一个从事提供非法商品和非法服务，其中包括但不限于赌博、卖淫、高利贷、毒品、劳工欺诈以及其

[①] 参见谢焱:《全球化视野下的有组织犯罪概念再思考》，载《刑法论丛》2012 年第 4 卷。

他该组织成员的非法活动的高度组织化、纪律化的社会团体"。该概念强调有组织犯罪的高度组织化程度,同时强调有组织犯罪实施的一系列严重犯罪行为。[①]

(2) 日本 1991 年《暴力团对策法》:首次在法律上把有组织犯罪称为暴力团,该法第 2 条第 2 款规定:"暴力团是指有可能助长其团体成员(包括这个团体的构成团体的成员)的集团性,长期进行不法作为的团体。"在这部法律中,指出了暴力团是集团性、长期性地从事暴力型不法行为的团体。

(3)《意大利刑法典》:将意大利的黑手党称为黑手党集团。该《法典》第 416 条第 3 款规定:"当参加集团的人利用集团关系的恐吓力量以及从属或互隐条件,以便实施犯罪,直接或间接地实现对经济活动、许可、批准、承包和公共服务的经营或控制,为自己或其他人取得不正当的利益或好处,意图阻止或妨碍自由行使表决权,或者意图在选举中为自己或其他人争取选票时,该集团即为黑手党型集团。"

二、国内有组织犯罪的界说

国内很多学者从广义与狭义的角度界定有组织犯罪的范围。如有的学者认为,广义的有组织犯罪包括集团犯罪、黑社会性质组织犯罪和黑社会组织犯罪,狭义的有组织犯罪仅指黑社会组织犯罪。[②] 有的学者认为,鉴于刑事科学术语的统一与明确以及术语表述的本义,有组织犯罪仅指黑社会犯罪,并且属于一种特殊形态的犯罪。[③] 有的学者认为,有组织犯罪应包括简单共同犯罪、结伙犯罪、团伙犯罪、集团犯罪、黑社会性质组织犯罪、黑社会组织犯罪。[④] 有的将有组织犯罪等同于犯罪集团,有的不但将犯罪集团作为与黑社会组织并列的有组织犯罪形态列入狭义概念,而且将一般犯罪团伙或松散的犯罪结伙作为有组织犯罪的初级形态,有的将黑社会组织与黑社会性质组织两种不同形态的犯罪相混淆。[⑤]

三、有组织犯罪的犯罪学界说

关于有组织犯罪的概念之所以众说纷纭,至今尚未有统一的认识,主要原因在于不管是国外还是国内,立法者、司法者及研究者均是从不同的角度对有组织犯罪进行界定的。有的是从刑法学角度定义有组织犯罪,有的是从犯罪学角度进行界定,有的是立足于本国的犯罪现象进行界定。笔者认为,对有组织犯罪的概念进行犯罪学意义上的理性界定需要明确以下两个问题:(1) 犯罪学上的有组织犯罪概念不同于刑法学角度的有组织犯罪。(2) 有组织犯罪与一国的政治、经济、文化及社会发展状况有关,不能照搬国外的相关概念。

在明确以上两个问题的前提下,有组织犯罪不同于集团犯罪,其区别于其他特殊

---

① 参见何秉松:《有组织犯罪研究——中国大陆黑社会(性质)犯罪研究》,法律出版社 2002 年版,第 238 页。
② 参见应培礼、吴军:《有组织犯罪的概念和特征研究》,载《犯罪研究》2004 年第 4 期。
③ 参见张小虎:《有组织犯罪的事实特征与刑法规定》,载《法学家》2008 年第 3 期。
④ 参见卢建平:《中国有组织犯罪相关概念特征的重新审视》,载《国家检察官学院学报》2009 年第 6 期。
⑤ 参见莫洪宪、郭玉川:《有组织犯罪的界定》,载《国家检察官学院学报》2010 年第 2 期。

类型犯罪的主要特征在于:(1)组织性,犯罪主体具有一定的组织结构,且有一定的稳定性和长期合作的意思;(2)犯罪目的的特定性,体现在它是以追求高额经济利益为目的的行为,表现方式上可以是暴力的,也可以是非暴力的,并无特别的限制。这样就将形态上看虽然具有一定的组织性,甚至组织化程度很高但却具有明显政治目的的恐怖组织犯罪及邪教组织犯罪,排除在有组织犯罪之外了。我国犯罪学意义上的有组织犯罪是指二人以上形成稳定的组织结构,为追求经济利益而共同实施犯罪的一种犯罪形态。

根据我国有组织犯罪组织化程度的不同,可以将有组织犯罪分为广义和狭义的有组织犯罪。我国现阶段的有组织犯罪包括三种形态:初级形态——有一定组织的结伙犯罪、团伙犯罪或浮在社会表层的黑恶势力犯罪;中级形态——有一定组织形式的带黑社会性质的团伙犯罪与犯罪集团或隐蔽在社会深层的黑恶势力犯罪;高级形态——黑社会犯罪。黑社会犯罪作为有组织犯罪的高级形态是典型的有组织犯罪,可以认为是狭义的有组织犯罪。有一定组织的结伙犯罪、团伙犯罪等有组织犯罪的初级形态和黑社会性质组织犯罪等中级形态是非典型的有组织犯罪,可以认为是广义的有组织犯罪。

第二节 有组织犯罪的状况与特点

一、我国有组织犯罪的发展状况

新中国成立后一直到20世纪70年代末,由于我国实施高度集中的计划经济,社会治安状况相对稳定,缺乏有组织犯罪滋生、发展的政治、经济环境和社会土壤,在将近三十年的时间内有组织犯罪处于空白期。改革开放以后,一方面,随着境内外人财物的大量流动,制度不健全,法律不完善,社会控制力相应减弱,为犯罪形态的"更新换代"提供了条件;另一方面,各类传统的刑事犯罪在外部司法打击力量的强势压力下,虽然处在看似分化和衰变的状态,但却发生着适应性的变化。正是在社会控制力与犯罪反控制力此消彼长的互动过程中,我国的有组织犯罪开始滋生、发育。

(一)1983年"严打"前后我国有组织犯罪的状况

改革开放以后,我国的犯罪除1978年出现暂时的好转外(同1977年相比,犯罪案件由548415起减为535698起),由于国内外诸多因素的作用,犯罪现象一反常态,急剧恶化。1979年突破了60万起(当年全国发生刑事案件636222起,比1978年增加100524起);1980年全国发生的各种刑事案件757104起,比1979年增加120882起;1981年全国发生的各种刑事案件890281起,比1980年增加133177起,每年增加10万起以上。经过打击,刑事发案数才有所减少,1982年全国发生刑事案件748476起,比1981年减少141805起。1983年先后发生了震惊全国的沈阳市王宗玮、王宗坊"二王"盗抢杀人案,沈阳市卓长仁等六名暴徒"五五"劫机案,以及北京市北海公园强奸案和唐山市"菜刀队"流氓团伙杀人案等一系列恶性案件。这些案件有着共同的特点,就是犯罪主体相当一部分由过去传统的单一的个体犯罪演变为结伙性的共同犯罪,出现了为数众多的犯罪团伙。

针对社会治安恶化的不正常状况,从1983年8月起,我国开展了"三年为期、三个战役"的严厉打击严重刑事犯罪活动。在"严打"第一战役中,摧毁流氓团伙和其他犯罪团伙10万多个。在"严打"第二个战役中,全国共摧毁犯罪团伙3.1万个,查获团伙成员13万多名。1986年3月,全国各地相继开展"严打"第三战役。在第三个战役中,除了打击带有黑社会性质的流氓团伙外,还重点打击了一批黑社会性质的暴力犯罪团伙。1986年底,为期三年的"严打"斗争结束。仅就1983年8月到1987年1月三年间"严打"斗争的三个战役统计,先后共抓获违法犯罪成员227万人,其中就有团伙14.7万个,团伙成员达66.4万人,占整个被抓获违法犯罪成员数的29%。① 平均每年摧毁违法犯罪团伙数4.9万个,团伙成员22万多人。在这期间破获的案件,主要是流氓集团,其次是毒品、拐卖人口以及暴力犯罪集团等。尽管这一时期,总的来说,黑社会性质的组织在全国还是少数,但是,我们在这一阶段的各种犯罪活动中都可以看到团伙犯罪向黑社会性质犯罪的急速转化以及黑社会性质犯罪在数量和质量上明显恶化的情况。其突出特点是,犯罪团伙急剧增多,并且愈益向黑社会性质组织演化,这也是刑事犯罪危害升级的一个直接原因。不仅城市里犯罪分子结伙作案,交通线上车匪路霸横行,在农村乡镇也出现了一批批犯罪团伙。许多危害重、影响坏的大要案都是团伙所为。特别是一些以劳改释放、解除劳教、越狱逃犯等有前科的不法分子为骨干的犯罪团伙组织严密、长期作案,有一套逃避打击的伎俩,有的已形成黑社会性质组织,较之1983年"严打"前流氓团伙,危害性明显升级。

(二) 1996年"严打"前后我国有组织犯罪的状况

在1983年"严打"斗争的威慑下,刑事犯罪数量有了短暂时期的回落,但是在1986年之后又出现强劲反弹,而且大案辈出。1986年以后,我国犯罪一路攀升,再没有出现真正意义上的下降。团伙犯罪开始向两种新的犯罪形态演变:一是向组织化程度更高、成员更固定、分工更明确的集团犯罪发展,出现了一大批职业性的盗窃、抢劫、制贩毒品、走私贩私的专业犯罪集团;二是发展成为地方流氓恶势力。作为犯罪团伙变体形式的地方流氓恶势力,带有自发性、纠合性和区域性的特征,主要以暴力犯罪手段攫取社会资源,具有公开、鲜明的反社会性。它们大量滋生于农村乡镇、城郊结合部和控制力薄弱的城市区域,其聚集的成员多为"两劳"释放解教人员、地痞流氓,形成了严重危害一方的村霸、市霸、路霸等形式的黑恶势力,其中一部分已接近了黑社会性质组织的雏形状态。这一时期,特别值得重视的是青少年犯罪团伙向黑社会性质组织的加速转化。青少年拉帮结伙、进行团伙犯罪情况明显加剧。

与此同时,随着改革开放步伐的加快,境外资金、技术的大量引进,境外黑社会犯罪组织也乘虚而入,与我国内地的集团犯罪、地方流氓恶势力推波助澜,遥相呼应。他们首先在东南沿海、沿边地区登陆,落地生根后,便建立组织谋求发展。这些入境的黑社会组织成员或头目,不少是被境外警方通缉到中国内地避风的案犯。他们以

---

① 参见公安部办公厅主编:《公安工作要览》(1983—1987),"严打"斗争的数字累计。

投资项目、开办工厂的名义在中国内地建立据点后,便开始从事洗钱、走私、偷渡、贩毒等各种违法犯罪活动。其犯罪手段、组织方式和犯罪文化对我国内地形形色色的犯罪组织起着强烈的示范效应,使得团伙犯罪、集团犯罪和地方流氓恶势力得以大量借鉴境外犯罪经验,提高犯罪档次,并将境外黑社会的组织形式作为参照,强化了犯罪组织内部的系统性和整体功能性。同时,也使境外各种新的犯罪类型进入内地,扩充了境内犯罪组织的作案手段,增强了对司法机关的反打击、反侦查的对策能力,拓展了犯罪发展的空间,扩大了其犯罪能量和规模,而且形成境外黑社会组织与内地犯罪组织相互勾结,交叉影响。

这一时期,随着经济领域内私营经济的蓬勃发展,一些犯罪集团和地方流氓恶势力从不同角度很快跨入经济领域,犯罪形式也随之变化,将"以暴劫财"变为"以暴谋财",并迅速增殖资本,扩充实力,形成了犯罪组织赖以生存的经济基础和从事犯罪再生产的社会功能。新的犯罪能量的形成决定并推动着犯罪组织内部结构的更新和调整,经过趋利避害的重新组合,最初阶段的黑社会性质组织终于应运而生,出现了一大批靠暴力犯罪起家,以开办公司企业为掩护,具有较强经济实力支撑的犯罪组织,不少黑社会性质组织已拥有上千万资产。形成期的黑社会性质组织由于羽翼未丰,为求生图存,十分注意贿赂收买公安政法机关的执法人员。但这一阶段的黑社会性质组织尚处在初级形态,经济上尚未完成原始积累,大多利用市场经济初期无序竞争状态,以暴力为手段,介入经济领域,采取"以黑谋商、以黑养商"的方式,以敲诈勒索、非法拘禁等暴力行径垄断行业市场,获取非法利益。同时,又针对私营经济中分散独立的个体经营者的脆弱性,利用他们客观存在的众多债务纠纷、项目竞争和寻求保护的需求,插手经济纠纷,充当"第二法庭"平息讼争,逼债索款,收取"保护费"、"看场费"、"了难费"。这一时期,由于犯罪组织之间为争夺势力范围,垄断市场资源,经常展开相互间的残酷竞争,严重危害社会秩序,不少黑社会性质组织发展到拥有地下武装,为获取非法利益甚至公然蔑视法律,向政府实施武力对抗。

经过 1996 年"严打"及 1996 年 12 月至 1997 年的严打整治"冬季行动",浮在社会表面的街霸、村霸、市霸、路霸和流氓恶势力团伙以及隐藏在特定行业的"钢霸""铁霸""油霸""厂霸"等严重刑事犯罪团伙遭受了严厉打击,我国的社会治安一度有所好转。但是,进入 1998 年以后,犯罪活动又日趋严重。各类刑事案件上升,严重刑事犯罪和经济犯罪活动继续增多,犯罪的性质也更趋严重。爆炸、杀人、抢劫、绑架勒索等严重暴力犯罪、涉枪犯罪、毒品犯罪和盗窃等犯罪突出,社会治安面临新的压力。黑社会性质的有组织犯罪在数量和质量两个方面继续恶化,有组织犯罪活动向黑社会发展的趋势越来越明显。

(三) 2001 年"严打"前后我国有组织犯罪的状况

1997 年党的十五大正式将"以公有制为主体,多种所有制经济共同发展"作为我国社会主义初级阶段的一项基本经济制度确定下来,同时这一精神也正式写入《宪法》。随着 1997 年恢复对香港行使主权和 1999 年澳门回归,我国的改革开放事业进入了一个新的发展阶段,沿海、沿江、沿边和内陆地区全方位、多层次、有重点梯度推进的对外开放格局已经初具规模,随着加入 WTO 进程的加快,我国的经济发展已属于世界经济全球化的一个重要组成部分。在这一大背景下,我国经济领域内个体私营经济成分进一步获得发展。私营经济的壮大,带来经营主体社会地位相应变化和提高,相当一部分个体、私营业主积极介入政治领域。然而在私营经济迅猛发展的过程中,由于国家管理体制的滞后,也出现了不容忽视的违法犯罪问题,如偷税漏税、制假售假,掠夺性地开采和破坏自然资源,进行不正当竞争,扰乱市场,采用回扣、行贿手段,进行钱权交易,非法经营"黄、赌、毒",走私贩私、危害社会、牺牲民族利益,破坏社会精神文明。[①] 黑社会性质组织就是利用这种私营经济大发展、社会管理空隙加大和干部队伍出现腐败现象的机会乘虚而入,迅速崛起从而得以发展壮大。经济地位的确立催生政治需求的欲望,为攫取更大的社会收益,黑社会性质组织骨干开始广泛介入社会生活,积极谋求政治地位,甚至窃取基层权力。这一时期,一是大量犯罪组织借私营经济大发展的潮流介入经济领域谋求发展,一些犯罪组织成员也随之完成了向合法身份的转化,又有相当一部分犯罪组织演变为黑社会性质组织,并且多以合法的企业组织为掩护,其首犯及成员的身份也相应被"漂白"。二是黑社会性质组织在迅速发展过程中,在犯罪组织社会化的作用下,其内部呈现规律性的变化:一方面,黑社会性质组织在形成发展中伴随着剧烈的吸纳、联合和兼并、淘汰的过程,其核心层和组织形式不断凝聚、收敛,组织数量及人员规模也在不断减少和收缩,反映了这一特殊犯罪形态由低级向高级阶段跨越的社会化进程;另一方面,黑社会性质组织经过形成期以暴力手段完成原始积累后,在行为方式上发生转变,即由过去的传统暴力掠夺型转向合法掩护经营型,改变了过去与社会全面对抗的叛逆形象,转而向社会生活的各个领域渗透。从"以商贿权"达到"以权护黑",腐蚀收买党政官员和司法干部营造保护盘根错节的关系网。从寻求庇护到寻找代理人,从谋取较高的社会地位到直接获取政治权力,成为能够干预甚至左右局部地区政治、经济生活的地下社会力量,以求最大限度地攫取各种非法权益,降低犯罪风险。在这一特殊犯罪形态由非法手段向合法手段转变的社会化过程中,相当一部分犯罪组织也完成了"社会角色"的转换。这些都使得团伙(集团)组织的绝对数量减少,但犯罪的社会危害性和对政权的破坏性却在日益强化和加剧。

针对以上情况,公安部决定在 2000 年 12 月到 2001 年 10 月在全国范围内开展"打黑除恶"专项斗争,重点打击黑社会性质的有组织犯罪和黑恶势力。2000 年 12 月开展的"打黑除恶"专项斗争虽然取得了一定成绩,但是,全国治安情况依然十分严峻。我们必须清醒地看到,自 20 世纪 90 年代中后期以来,公安司法机关查获惩处的黑社会性质组织,不仅已经完全具备了《刑法》第 294 条所规定的罪行特征,而且在社会危害的性质和量上都有新的发展。特别是在 2000 年前后,我国黑社会(性质)组织的发展进入了一个新的阶段。在这一阶段,很多地方的黑恶势力已发展为初具规模的黑社会性质组织,黑社会性质组织发展成为黑社会组织。这些组织集多种犯罪于

[①] 参见谢百三:《中国当代经济政策及其理论》,北京大学出版社 2001 年版,第 316 页。

一身,犯罪手段凶狠残暴,令人发指。他们或横行乡里,称霸一方,欺压百姓;或欺行霸市,强取豪夺;或从事赌博、色情等非法行业,攫取巨额不义之财;或仇视政府,蔑视法律,公然以武力对抗执法机关;或拉拢腐蚀党政干部和政法干警,编织关系网,寻求"保护伞";有的甚至控制基层政权,与政府分庭抗礼;境外黑社会也在继续向境内进行渗透。

总之,我国有组织犯罪的形成与发展,也如同其他事物一样,都有一个从无到有,从小到大,从雏形发展以至成熟的变化历程。具体地说,其在酝酿时期的主要表现:犯罪形态首先在组织形式上发生了变化,相当数量的个体犯罪被松散的团伙犯罪所替代,并迅速向专业集团犯罪和地方黑恶势力转化;在形成时期的主要表现:犯罪进一步向专业化、集团化演变,地方黑恶势力得以恶性发展,并且进入经济领域,开始以暴力为手段进行资本原始积累,形成了黑社会性质组织犯罪的物质基础;在发展时期的主要表现:黑社会性质组织利用非公有制经济迅猛发展的条件,完成犯罪的原始积累后,开始向政治领域渗透,并侵入社会公共领域的多个层面,具有较强的社会性综合功能,有的已演变为有组织犯罪的典型形态——黑社会犯罪。

二、我国现阶段有组织犯罪的特点

(一) 组织化程度越来越高

经过多年多次"打黑除恶"专项斗争,我国的有组织犯罪得到了一定遏制,但这些犯罪组织在遭受打击中,不断地总结经验和教训,加强成员的选择与组织管理,以提高犯罪组织的活动能力和活动效率,其组织内部的制约、控制力进一步加强,反侦查意识和能力明显提高,同时他们不断借鉴中国旧社会帮会组织的经验,有的还吸收国外黑社会的管理方式,模仿学习现代国家组织及现代企业的管理方式,使其组织化程度越来越高。虽然我国刑事立法尚没有确立"黑社会组织犯罪"这一有组织犯罪的典型形态,但实际上近年来轰动全国的赖昌星、张君、刘涌、刘汉等等案件组织化程度上已超出黑社会性质组织犯罪,属于黑社会组织犯罪。

(二) 以合法企业为掩护、犯罪领域广泛

获取经济利益是有组织犯罪的动力根源,除了采用传统的犯罪手段疯狂敛财以外,为了洗钱和逃避打击,达到以商养黑、以黑护商的根本目的,我国现阶段的有组织犯罪都积极向合法经济领域渗透,如从事合法的娱乐、餐饮、建筑、运输、金融、股票、期货等行业,使犯罪组织企业化。他们或以个体工商户、私营企业家等身份注册开设合法公司企业,或向合法公司企业投资成为其股东,并以这些公司企业为其犯罪活动新据点实施洗钱等犯罪活动,因而更具有隐蔽性。如沈阳破获的刘涌案件,当其犯罪所得积累到一定程度之后,就开办了"罗马假日酒店""百佳超市连锁店""沈阳嘉阳集团"等经济实体。

(三) 寻求权力庇护、向政治领域渗透

有组织犯罪的犯罪组织拥有强大的经济实力,常常利用金钱、美色等手段的贿赂、拉拢党政领导干部充当其保护伞,从而肆无忌惮地获取经济利益。厦门远华走私

案主犯赖昌星一语道破政府官员被腐蚀的天机。他说,"制度、条例再严我也不怕,最怕的是领导干部没有爱好。"远华走私案牵涉到党政、海关、公安、商检、港务、海上安全监督、外代、外运、税务等系统的官员几百余人,其中包括公安部副部长、福建团省委书记、厦门市副书记、副市长、福建省公安厅副厅长、厦门海关关长等高级别领导干部,仅厦门海关系统就有160多人涉案,占全关总人数的13%。最近央视"新闻1+1"节目报道郑州"皇家一号"案件共有155名政法干部充当其保护伞。有组织犯罪的头目还直接涉足政坛,一些犯罪组织骨干采取多种手段跻身政界,力图实现"头戴一顶红帽,脚踏黑白两道"的局面。

(四)武器装备精良

有组织犯罪的犯罪组织为了生存,壮大自己的力量,对先进装备的追求是无止境的,许多犯罪组织拥有枪支、弹药等武器。例如,广东雷州半岛的走私黑帮,拥有冲锋枪、步枪、手枪等武器和汽车、铁壳船等设备,以武力公然对抗缉私。河南许昌以吴新太为首的犯罪组织拥有五连发猎枪、六扣转轮手枪等枪支200余支。为了提高犯罪手段、犯罪能力及自我保护能力,有组织犯罪集团抢枪、盗枪、非法制造枪支正成为普遍现象,导致了涉枪案件急剧增长。

(五)跨国、跨地区趋势明显

近年来,我国香港、澳门、台湾地区以及日本、越南、老挝、缅甸、泰国、美国等地区和国家的黑社会组织向中国大陆渗透破坏活动日益加剧。他们为了寻求更安全便捷的犯罪通道,扩展犯罪势力和地盘,纷纷以旅游探亲、投资经商、支援家乡建设、赞助公益事业等名义到我国活动。境外黑社会组织与境内犯罪组织相勾结,实施跨国绑架、盗窃、抢劫、敲诈勒索、贩毒、走私贩私、盗窃文物、偷渡、拐卖人口等犯罪行为。境外黑社会势力渗透活动的加剧,不仅严重危害社会治安,刺激、诱发境内黑社会犯罪,促进了境内外黑社会势力的合流,而且加速境内黑社会性质组织向黑社会组织转化,促使我国的有组织犯罪具有明显的跨国、跨地区趋势。

第三节 有组织犯罪的原因

一、历史因素

在旧中国,帮会历史十分悠久,有组织犯罪的组织结构成熟发达,上海"青洪帮"等犯罪组织已广为人知。新中国成立之后,我国政府明令取缔一切帮会组织和黑社会势力,但是其流毒一时还难以肃清。改革开放后,随着人们的思想解放,封建行帮思想及其腐朽意识乘机复燃。特别是在一些偏远落后、有秘密结社传统、尚武好斗的乡村、城镇,有组织犯罪蔓延很快。例如,在旧中国曾盗匪横行的东北三省、袍哥纷争的川黔等省,今天仍是有组织犯罪的高发地区,而大多数犯罪组织在组织结构上都具有宗族和帮派的封建性。显然,新时期的中国内地黑社会组织同过去封建帮会的传统有着明显的历史渊源。

二、经济因素

在经济转轨时期,新旧体制的交替导致某些暂时的混乱和无序,有的合法企业因缺乏政府控制和法律约束而变为犯罪组织。现有市场经济还不成熟,突出的问题是社会财富分配失之公正,贫富分化日见悬殊。特别是一些高收入者的致富并非靠合法经营、诚实劳动和技能,而是靠投机钻营、钻政策法律的空子,甚至非法牟利,偷税漏税等。由于分配不公、不合理,直接动摇了人们对诚实劳动、合法经营的信念,而社会风气的严重不正,权钱交易,超前消费、盲目攀比的影响,又使评价人的社会标准失衡,加之两种体制并存产生的巨大反差,新闻传播媒介等社会信息误导和偏离,动摇甚至改变了人们所遵从的社会规范、道德风尚和行为准则,使社会心理失衡更为严重。在收入和分配不平衡、不合理,人们的消费结构、消费水平等需求产生困难和障碍的时候,对于某些追求消费而又得不到满足,缺乏信念和意志控制能力的人员,这种社会心理失衡则使得一部分人组织起来走上犯罪的道路。当然,这其中也不乏并非贫困的人,出于对分配不公的敌视,因而报复社会。商品经济酿就了人们对金钱的极端崇拜,传统人际关系的脉脉温情被物质利益的冲突所淡化。人们看重的是尽可能多地赚钱,而赚钱的手段却不再受到注意,哪怕是犯罪所得,也一样地被人羡慕和向往。

三、失业与流动人口问题

20世纪80年代以来,随着经济改革出现的人口大流动,首先发生在失业者行列,人口流动打破了原来以计划体制为基础的各安其位的封闭式社区网络,社区约束力大大削弱。外流人员的行为随意性极大,部分人员被吸收加入犯罪组织。我国现有一个由城乡失业者、失学少年、未被安置的"两劳"人员组成的庞大、复杂的游民阶层,他们精力充沛、无所事事又自控能力差,在严峻的生存环境面前,容易产生自救性的互相协作心理,一旦引导失当则极可能演变为有组织的犯罪团体。我国带有黑社会性质的犯罪组织大多是由团伙犯罪演化而来的。大批下岗人员,在我国现实情况下,其中一部分人就业观念陈旧,不肯干脏活、累活,加之宁肯在家等待,也不肯走出家门寻找出路,于是变成一个失业者,加上我国社会福利事业不发达,极易产生不满情绪,如果有人拉拢、同情,很容易形成犯罪团伙。在农村,由于经济发展滞后、城乡收入差距比改革开放前进一步拉大,农民从事农业生产的积极性大大降低。于是,大量农村闲置劳动力出现,其中一部分身在农村,无事生非,从事盗窃、抢劫以及流氓恶势力性质的有组织犯罪。而其中还有相当一部分人流入就业环境不佳的城市,生计问题以及与城里人生活质量相比而带来的失落感、挫折感及心理不平衡,使这些人口与城市闲散人口共同成为犯罪学家所说的"问题人口",成为严重的社会不安定因素。在一些经济发达地区,在外来人口犯罪成为其犯罪主要部分的同时,外来人口的有组织犯罪也成为其有组织犯罪的主要部分。另外,相当一部分"两劳"人员纠合形成有组织犯罪。一方面由于对刑释解教人员帮教不力,给有组织犯罪提供了组织基础;另一方面,劳改、劳教是我国惩罚违法犯罪人的常规手段,但近年来由于多种原因,教育、改造的质量有所下降。部分"两劳"人员违法犯罪恶性未被革除,"两劳"期间就互相感染,互相交流犯罪之道,释放后"狱友"关系又成为"两劳"人员结伙进行犯罪的联结纽带。在城市,一些犯罪团伙各自以某个监狱或劳改农场为名,标明团伙成员主要来自某个监狱或劳改农场。此类犯罪团伙的成员普遍带有仇视报复社会心理,手段残忍,富有犯罪经验,屡作大案,这已成为我国有组织犯罪发展的一个重要因素。

四、腐败问题

当前,腐败现象已成为我国政治、经济生活中影响面广、危害大、全社会关注的焦点问题。由于腐败破坏公共道德、公平正义感及法律尊严,因而极大地破坏社会风气,刺激诱发犯罪心理。剖析典型案例我们发现:几乎每一个黑社会性质犯罪组织后面,都有一张渗透到党政部门或执法机关的"关系网",都有一些腐败分子利用职权为犯罪分子充当"保护伞",致使有组织犯罪与国家工作人员腐败现象交织在一起,沆瀣一气。比如,吉林最大的黑社会性质组织犯罪头目梁旭东,先后作案58起,涉及15项罪名,杀害、致残达51人之多,然而通过贿赂,不仅长期逍遥法外,而且于1995年10月以一纸假大专文凭和某事业单位"保卫科长"的假身份,办理了聘用干部手续,调入长春市公安局,摇身一变,成为朝阳区分局刑警队侦查员。由此可见,司法机关的腐败对有组织犯罪的影响很直接,部分司法人员接受犯罪分子的贿赂腐蚀,充当其保护伞,有的甚至与犯罪分子同流合污,共同实施犯罪活动。有的司法人员对一些有组织的犯罪活动视而不见,工作中玩忽职守,不认真履行打击犯罪保护人民的职责,这都助长了犯罪分子的嚣张气焰,同时严重挫伤了人民群众同有组织犯罪作斗争的信心。所以,腐败现象既深刻地诱发有组织犯罪,同时又严重削弱对其打击力度。

五、外来因素

随着中国对外交流的日益频繁,境外黑社会组织不断向内地渗透,加速了内地有组织犯罪的滋长。从20世纪80年代初开始,广东省深圳、佛山、珠海、广州等地就相继挖出50多个涉黑犯罪组织,大部分是由香港地区黑社会操纵的。他们有的到内地进行抢劫、敲诈勒索、贩毒、组织偷渡等违法犯罪活动,有的在内地招兵买马,建立黑社会组织,建立据点。也有的为逃避所在国家或地区的打击,到内地来"避风"。还有一些境外黑社会组织要把中国开辟为跨国犯罪的一个战场或通道。例如,国际贩毒组织和境外黑社会组织对我国内地的渗透活动近些年来不断加剧,它们建立组织、设立据点、实施犯罪、规避法律、向国家政治、经济领域渗透等行为给内地有组织犯罪提供了样板,对内地有组织犯罪向黑社会犯罪演化起了推波助澜的作用。另外,改革开放以来,大量海外影、视、文学作品进入内地,这些作品有的着重对暴力、色情、黑社会势力进行渲染,对青少年腐蚀很大,使一部分人对"黑老大"的人生规则、生活方式顶礼膜拜,刻意模仿。有的青少年看了几部关于海外黑社会的影视或书籍后,便勾结劣迹青年,结帮成伙,仿效作品中的黑社会组织实施犯罪活动。

第四节 有组织犯罪的对策

一、加强立法工作

从我国同犯罪斗争的经验看,仅靠运动战难以收到最佳效果,必须加强立法工作,依法严厉打击严重刑事犯罪活动。目前我国《刑法》《刑事诉讼法》等相关立法存在一定的缺陷,且这些规定与我国有组织犯罪的客观情况并不吻合,对司法实践中出现的具有严重社会危害性的行为予以打击时无法可依,也与《联合国打击跨国有组织犯罪公约》的精神不适应。我们建议应依据我国有组织犯罪的现实状况及我国对有组织犯罪贯彻执行的"打防结合,预防为主"的方针和政策,制定一部比较完备的《有组织犯罪防治法》,从打与防、实体与程序等方面作出具有可操作性的规定。在未制定《有组织犯罪防治法》之前,应该修改、完善我国现行《刑法》及《刑事诉讼法》的相关规定。

(1) 变更《刑法》第294条之罪名。我国《刑法》第294条所规定的"黑社会性质组织",既不符合当前我国犯罪的实际情况,也给司法实践带来很多问题。如果说1997年修订的《刑法》考虑了当时中国有组织犯罪的客观情况,那么将近二十年之后,如上所述,我国有组织犯罪的情况已发生重大变化,实际上典型的有组织犯罪即黑社会组织犯罪已经出现,现有规定显然不符合我国有组织犯罪的客观事实,而且还带来诸多司法困惑。因此,我们建议将《刑法》第294条的罪名变更为"组织、领导、参加有组织犯罪组织罪"和"包庇、纵容有组织犯罪组织罪",同时取消"入境发展黑社会组织罪"这一罪名,从而打通境内与境外有组织犯罪的规定。另外,要相应变更目前第294条最后一款关于黑社会性质组织特征的描述,而代之以有组织犯罪的基本特征,只要符合广义上有组织犯罪的基本要求就可以认定,即降低有组织犯罪的认定标准,坚持"露头就打、防止坐大"的反有组织犯罪规律。

(2) 增设"包庇、纵容有组织犯罪组织罪"的财产刑。追求经济利益是有组织犯罪赖以生存繁衍的基础。我们只有截断其经济命脉,对非法财产予以没收或追缴,才能从根本上断绝其再生的基础,才能给他们致命的一击。虽然2011年《刑法修正案(八)》对第294条第1款增设了财产刑,但第2款和第3款的法定刑仍然只有主刑,我们建议在变更第294条相关罪名的前提下增设对国家机关工作人员包庇、纵容有组织犯罪组织罪的财产刑。

(3) 对有组织犯罪的犯罪分子强制实施禁止令。我国现行《刑法》规定对被宣告缓刑和被判处管制的犯罪分子可以根据犯罪情况依法实施禁止令,即目前禁止令制度仅适用于轻刑犯。立法可以扩大禁止令的适用范围,规定有组织犯罪的犯罪人除了符合现行禁止令的规定条件而实施禁止令以外,被判处重刑的犯罪分子在刑满释放或被假释之后一定时期内或永久性禁止从事特定活动,进入特定区域、场所,接触特定的人,从而防止其再次实施有组织犯罪。

(4)《刑事诉讼法》中增设有组织犯罪污点证人豁免制度。我国2012年修订的

《刑事诉讼法》规定,对黑社会性质组织犯罪等有组织犯罪可以实施技术侦查措施和对这类犯罪的证人及其近亲属的特殊保护,这是值得肯定的立法进步,有利于更有效地打击有组织犯罪。但目前我国仍然没有设立污点证人豁免制度,近年来已有不少学者呼吁尽快建立该制度,我们也认为这一制度的设立有利于瓦解攻守同盟,完善打击有组织犯罪的证据,有利于优化司法资源配置,提高诉讼效率。引入污点证人豁免制度也是贯彻宽严相济刑事政策和履行相应国际义务的需要。

二、深化政治、经济体制改革

有组织犯罪在我国的滋生和发展与国家政治、经济体制改革过程中出现的权力真空、社会失范、利益分配不平衡等问题密切相关。因此,预防与控制有组织犯罪需要深化政治和经济体制改革。要完善权力的有效监督机制,防止权力滥用,反腐倡廉,严惩腐败分子。要完善基层组织建设,增强对基层政权的规范和引导,强调依法行政,避免基层政权异化为"保护伞",要强调民主的法治标准,强调法治、规范下的民主。例如在基层民主选举中,可以通过严格审查代表资格、加强对选举的监督等方式来防范黑恶势力侵入基层政权。要通过实施积极的产业政策加强对市场经济秩序的整顿和规范,通过分配制度改革等经济杠杆缩小不同区域之间和城乡之间的贫富差距,从而减少社会不安定因素,抑制有组织犯罪的产生和发展。

三、优化社会保障

加强社会保障制度建设可以预防与控制有组织犯罪。要解决农村闲散人员、外出流动人员、城市闲散人员、下岗人员及"两劳"人员的基本生活保障,通过教育、技术培训等多种渠道实施再就业工程,为这些无业人员创造更多的就业机会,并完善养老、医疗、保险等社会保障制度,使社会保障向贫困地区、农村地区倾斜,从而减少弱势群体数量,降低反社会情绪,抑制有组织犯罪。

四、加强综合治理

要依靠政府、人民团体和广大人民群众的力量,预防和打击有组织犯罪。政府应提高行政管理及提供公共服务的能力和质量,工商、税务、银行、海关、证券等部门管理活动中应精细化、信息化,及时发现并收集相关公司、企业的涉有组织犯罪证据,并加强司法机关与这些行政管理机构的联动合作机制。应加强行业自律、自治,提高其自警、自卫能力,充分发挥行业协会、工商联、村民委员会、居民委员会等团体和基层组织的作用,规范市场秩序和社会秩序,防止"行霸""村霸"等出现。要建立多元纠纷解决机制,控制不法的私力救济,防止小事变大,力避民事纠纷演变为刑事案件,更要防止犯罪组织制造群体性事件或者借机兴风作浪。应加强对流动人口的服务和管理,创新工作机制,减少其不便,尽量满足其合法正当的需求。应重视对高危人群的防控,加强对刑满释放、解除劳动教养人员的安置、帮教工作,使其能适应社会,防止其交叉感染,重操旧技。要通过舆论宣传、激励引导,大力弘扬见义勇为精神,发动广大人民群众自觉同有组织犯罪等违法犯罪作斗争,形成维护治安人人有责的社会氛围,充分发动群众,使广大群众揭发检举,有案必报。

五、加强国际合作

目前,反有组织犯罪的国际合作在联合国的推动下已有具体的行动体现,不少国家已在这一领域建立了双边或多边合作关系。各国通过打击有组织犯罪的国际合作,取得的成效是显著的。但由于国际社会对有组织犯罪的研究较之于某些犯罪而言相对落后,各国对有组织犯罪的认识也不一致,而且有些国家开展这项工作时间也不长,与他国签订的有关协定不多,尚缺乏经验。因此,还需进一步加强在信息沟通、资源共享、人员培训、技术协作、经验交流等方面的国际合作,以切实有效地打击有组织犯罪。

第二十一章 计算机犯罪

计算机及其应用技术是人类历史上具有划时代意义的伟大发明,如今计算机早已从一种单纯的快速计算工具发展成能高速处理一切数字、语言、文字、图形和图像等信息的强大手段,应用领域覆盖了社会生活的各个方面,深刻地影响和改变着人类的生产、生活方式,极大地促进了人类社会的文明进步。然而计算机的出现却使社会科学的许多领域变得复杂起来,其中计算机及计算机网络所引起的法律问题尤为突出。犯罪这一社会历史现象,随着计算机技术的突飞猛进获得了新的发展,一种崭新的犯罪形式——计算机犯罪——出现了。

第一节 计算机犯罪的概念

"计算机犯罪"(computer crime),又称"计算机滥用"(computer abuse)、"计算机辅助犯罪"(computer-aided crime)、"与计算机有关的犯罪"(computer-related crime)、"电脑犯罪"等,其概念最初是在20世纪五六十年代由美国等信息科学技术比较发达的国家提出并形成的,并立刻得到了国际社会的广泛认可。在我国,"计算机犯罪"这一名称也已获得普遍接受。尽管如此,关于计算机犯罪的概念,却是一个有争议的问题,各种观点众说纷纭,无法达成统一。特别是计算机犯罪与计算机技术密切相关,随着通讯网络技术的发展,计算机犯罪的种类和领域也不断拓展,"计算机犯罪"这一术语随着时代的变迁不断获取新的内涵,所有这些都使得达成公认的计算机犯罪概念困难重重。

综观国内外学者提出的有关计算机犯罪的定义,可以看出,对计算机犯罪的认识大体经历了广义说、狭义说和折中说三个发展阶段,而计算机犯罪的定义及其争议问题的演变,正反映了人们对于这一犯罪类型的认识历程。

起初人们是在广泛的意义上来理解计算机犯罪的,认为计算机犯罪就是与计算机有关的一切犯罪,此即广义说的计算机犯罪定义。如国际经济合作开发组织(Organization for Economic Cooperation and Development)将计算机犯罪或计算机有关的犯罪定义为:关于自动化资料处理与(或)数据传输中任何非法、不道德或越权的行为。欧洲经济合作与发展组织的专家认为:在自动数据处理过程中,任何非法的、违反职业道德的、未经批准的行为都是计算机犯罪。美国斯坦福安全研究所(SRI)的计算机犯罪与安全专家唐·B.帕克(Donn B. Parker)认为,计算机犯罪包括三个方面:一是计算机滥用,指在使用计算机过程中的任何不当行为;二是计算机犯罪,指在实施犯罪的过程中直接涉及计算机;三是与计算机有关的犯罪,指在导致成功起诉的非法行为中,计算机技术和知识起了基本作用的非法行为。① 日本学者板仓宏认为,计算机犯罪是指与计算机相关联的一切反社会行为。② 在我国持广义说的学者也不在少数,如有学者认为,计算机犯罪是指与计算机相关的危害社会并应当处以刑罚的行为。③ 广义说流行于计算机犯罪的早期,该说将一切与计算机相关的犯罪均视为计算机犯罪,这种界定所导致的后果是:几乎刑法规定的所有犯罪均可归类于计算机犯罪的范畴,从而造成计算机犯罪概念空泛简单,缺陷不言而喻。

广义说之后出现了狭义说。狭义说关注计算机犯罪的特性,将计算机犯罪的外延缩小为对计算机资产和计算机内存数据进行侵犯的行为,如欧盟曾对计算机犯罪作过这样的界定:输入、修改、删除或隐藏计算机数据或程序,干扰数据处理过程,由此影响数据处理结果,达到为自己或他人谋求非法利益而使别人受到经济或财产损失的行为。德国学者 Sieber 认为,计算机犯罪是指所有与电子资料有关之故意而违法之财产破坏行为。④ 瑞典的《私人保密权法》规定:"未经批准建立和保存计算机私人文件,有关侵犯受保护数据的行为,非法存取电子数据处理记录或者非法修改、删除、记录侵犯个人隐私的行为都是计算机犯罪。"⑤国内也有学者持狭义说,如有学者认为,计算机犯罪是指破坏或者盗窃计算机及其部件或者利用计算机进行贪污、盗窃的行为。⑥ 狭义说的优点是它已经将计算机犯罪作为一种新型的犯罪加以考察,在某种程度上突出了其信息的独特性,但它使计算机犯罪指向狭窄的缺陷也是显而易见的:首先,在概念的周延性上,其所列举的行为并不能涵盖所有的计算机犯罪;其次,这样来界定计算机犯罪依然存在与传统犯罪相重合或界限模糊的状况,特别是目前计算机应用广泛,计算机犯罪的侵害客体多种多样,与实际情况对照,狭义说显得不太合乎时宜。

目前理论界较为流行的计算机犯罪定义是折中说。这一定义的主要特点是注重计算机本身在犯罪中的地位和作用,并以此作为确定概念的标准。折中说认为,计算机犯罪是指行为人针对计算机的犯罪和计算机被用作犯罪工具的犯罪。例如,1984年6月美国律师协会刑事司法处在其"计算机犯罪报告"中指出,计算机犯罪包括直接针对计算机的犯罪行为和计算机被用作犯罪工具的犯罪行为。德国的犯罪学专家汉斯·约阿希姆·施奈德在其名著《犯罪学》一书中,将计算机犯罪定义为:利用电子数据处理设备作为作案工具的犯罪行为或者是把数据处理设备作为作案对象的犯罪行为。日本警察厅认为,计算机犯罪是指针对计算机(包括程序及数据)的犯罪或者

---

① Parker TB, *Crime by Computer*, USA Jones and Bart Letter Publisher, 1976, p. 29.
② 〔日〕板仓宏:《电脑与刑法》,载《法学论坛》1982 年第 7 期。转引自董玉庭:《再论计算机犯罪概念》,载《当代法学》2005 年第 6 期。
③ 常建平:《网络安全与计算机犯罪》,中国人民公安大学出版社 2002 年版,第 167 页。
④ 参见赵秉志、于志刚:《论计算机犯罪的定义》,载《现代法学》1998 年第 5 期。
⑤ 参见公安部计算机管理监察司编:《计算机安全必读》,群众出版社 1988 年版,第 16 页。
⑥ 杨冠愚:《计算机与犯罪》,载《政法论坛》1986 年第 2 期。

不法使用计算机的犯罪。从当前我国学界对此问题的讨论看,折中说占了主流,如有学者认为,计算机犯罪是指行为人对以计算机为工具,或以计算机资产为攻击对象实施的危害社会并应处以刑罚的行为。① 还有学者将计算机犯罪表述为:以计算机信息系统为工具或者以计算机信息系统为侵害对象(物理性破坏除外)而实施的危害社会,并应受到刑罚处罚的行为。② 折中说吸收了广义说与狭义说的长处,通过分析计算机本身在犯罪中的地位和作用来把握计算机犯罪的应有范围,相对而言较为合理。但是折中说中的工具和对象含义模糊,按此理解可能会导致计算机犯罪的范围过于宽泛,反倒违背了其合理限定计算机犯罪的初衷,此外,该定义也无法对那些既以计算机为工具又以计算机为对象的犯罪予以准确描述,而这些犯罪恰恰是计算机犯罪的典型。

我们认为,折中说从工具和对象两个方面来考察计算机犯罪的思路基本正确,但还需进一步完善。计算机犯罪的最大特点就在于此种犯罪的高技术性和高智能性,其实施必须依赖行为人的计算机专业知识和技能,也正是在此意义上,我们将计算机犯罪归属为一种高科技智能型犯罪,对计算机犯罪的界定应当体现这一特质。在计算机犯罪中,计算机本身既是不可或缺的犯罪工具,很多情况下也是作为犯罪对象出现的,利用计算机操作实施危害计算机信息系统安全的行为被认为是典型的计算机犯罪在学界已是不争的事实,我国 1997 年修订的《刑法》更使这一结论获得了立法上的支持。③ 这里比较有争议的是以计算机为工具实施传统犯罪是否属于计算机犯罪的范畴,此问题也涉及如何理解我国现行《刑法》第 287 条的规定。我国现行《刑法》第 287 条规定:"利用计算机实施金融诈骗、盗窃、贪污、挪用公款、窃取国家秘密或者其他犯罪的,依照本法有关规定定罪处罚。"对此,有学者认为,根据该立法表述方式,以计算机为工具实施传统犯罪的仍然属于其客观罪行所触犯的各种具体犯罪的范畴,应以其所构成的犯罪定罪量刑,而不能视为计算机犯罪。④ 我们认为,尽管此种犯罪的计算机独特性与上述典型犯罪相比要相对弱些,其大部分不过是传统犯罪类型在计算机这一特殊工具下的变形,但这并不能排除上述有些利用计算机的犯罪也可以成为真正意义上的计算机犯罪,如通过对银行计算机系统的非法操纵盗窃银行电子货币等非法操纵计算机系统的行为。在这类犯罪中计算机的使用虽然不会改变其犯罪的本质特征,但由于实施方式的独特性,从而对有效控制犯罪提出了新的要求,并产生司法管辖权等一系列问题。为了解决这些实际问题,理论上有必要将这些犯罪行为作为一类犯罪单独研究,寻求共性,以合理组织对此类犯罪的反应。

综上,我们认为可以对计算机犯罪作这样的界定:计算机犯罪是指通过计算机非

---

① 陈开琦:《计算机犯罪定义之我见》,载《现代法学》1992 年第 5 期。
② 胡卫平:《计算机犯罪初论》,载《政法论丛》1997 年第 5 期。
③ 我国 1997 年修订的《刑法》第 285 条规定了非法侵入计算机信息系统罪,第 286 条规定了破坏计算机信息系统罪。从法条设置中不难看出其是以计算机信息系统为犯罪对象的,同时法条也强调上述行为必须通过计算机来实施。
④ 赵秉志、于志刚:《论计算机犯罪的定义》,载《现代法学》1998 年第 5 期。

法操作危害计算机系统安全或利用计算机系统通过计算机非法操作实施的其他严重危害社会的行为。根据该界定,计算机犯罪包括两大类型:一是非法操纵计算机并以计算机系统为犯罪对象的犯罪,即典型的计算机犯罪;二是以计算机系统为犯罪工具的犯罪,通过计算机非法操作实施某些传统类型的犯罪,即计算机系统非法操纵犯罪。这一定义也符合我国《刑法》的规定,从现行《刑法》有关计算机犯罪的条文看,第285条、第286条规定的是第一种类型的计算机犯罪;第287条的规定"利用计算机实施金融诈骗、盗窃、贪污、挪用公款、窃取国家秘密或者其他犯罪"恰恰对应上述第二种类型。对于犯罪学研究来说,无论是哪种类型的计算机犯罪,都是我们要着力探究的。

第二节 计算机犯罪的状况与特点

世界上第一例有案可查的涉及计算机的犯罪发生于1958年的美国硅谷,但是直到1966年才被发现。中国第一例计算机犯罪案件(利用计算机贪污)发生于1986年。但以上所发现的计算机犯罪只是利用计算机为手段实施的传统犯罪,随着计算机技术的发展和计算机的广泛应用,尤其是互联网的兴起,计算机犯罪层出不穷、愈演愈烈,犯罪方法和类型不断翻新,开始向以计算机信息系统为对象的犯罪发展,而后者无论在行为的危害性还是结果的严重性等方面都大大超过前者,计算机犯罪在现时代已经成为一个十分突出的社会问题。

一、计算机犯罪的状况

计算机犯罪是伴随着计算机技术的产生、发展而出现的。早在1932年,英国促进科学协会主席尤因爵士就曾经说过:"工程师的才能已经被严重滥用而且以后还可能被滥用。就某些才能而论,既存在眼前的负担,也存在潜在的悲剧。"[1]据推测,计算机犯罪肇始于20世纪40年代末,首先是在军事领域,随后扩展到工程、科学、金融、银行和商业领域。1958年美国就有了计算机滥用事件的记录。1966年10月,美国斯坦福研究所研究人员、著名的计算机安全专家唐·B.帕克在调查与计算机有关的事故时发现,一位计算机工程师通过篡改程序而修改银行账目上的存款余额,由此引发了世界上第一例受到刑事追诉的计算机犯罪事件。1974年美国某资产融资公司利用计算机伪造保险单骗取保险金一案被发现,这是世界首例法人组织利用计算机实施的犯罪。此后关于计算机犯罪案件的报道层出不穷,不过这一时期计算机犯罪的类型并不多,主要表现为财产欺诈犯罪。英国计算机安全专家阿德瑞·诺曼(Adrian R. D. Norman)在《计算机不安全》一书中详细介绍了1953年至1982年20年间世界各地发生的107个"计算机不安全事件",其中犯罪案件67起,诈骗案件44起,约占66%。

---

[1] 〔英〕J. D. 贝尔纳:《科学的社会功能》,陈体芳译,商务印书馆1978年版,第43页。

20世纪80年代以后,随着网络技术的飞速发展,计算机之间的联系也日益加强,从局域网到广域网层层突破,从国内网到国际网网网相通,特别是各国于20世纪90年代相继出台和实施的"信息高速公路计划",使计算机的触角探及全球各大洲。与此同时,来自计算机犯罪的威胁与压力也与日俱增,计算机在创造一个网络新世界的同时,也为犯罪分子提供了一个前景开阔的舞台,计算机犯罪从单机犯罪发展到网络犯罪阶段。世界各国的计算机犯罪发案率迅速攀升,案件的年平均增长率已经达到30%左右,在一些计算机技术发达的地区,发案率更是居高不下,计算机犯罪的严重态势在全球得到蔓延。20世纪90年代以后,计算机犯罪更加严重,成为一种普遍多发的案件类型。1994年由英国工业贸易部、国家计算机及英国信息产业安全评估与认证委员会主持的对1万家公司进行的有关计算机犯罪的调查发现,接受调查者中有80%在过去两年曾有过信息安全被破坏的经历。在加拿大,对因特网的非法侵入从1997年的4%增至1998年的8%,300家加拿大企业中的70%报告其计算机安全性遭到破坏,有32家公司称其遭受的经济损失超过100万美元。1997年美国计算机安全研究所和FBI国际计算机犯罪中心旧金山总部合作对563家美国公司、政府部门、金融机构以及科研院所做的"计算机犯罪与安全调查"发现,仅1996年一年计算机犯罪就给其中的249个机构造成超过1亿美元的经济损失。

从20世纪70年代起,恐怖主义者开始袭击计算机系统或利用计算机从事恐怖活动。1978年至1983年,欧洲发生了三十余起袭击计算机设施的案件。而互联网的广泛应用又给此类犯罪提供了进一步发展的机会,据反恐专家称,即使是毫无经验的计算机使用者,只要好奇并接通恐怖主义网络,几分钟之内就能接收到制造炸弹的详细说明、打游击战的指导原则和汽油弹的配方等信息。除此之外,"黑客"案件也越来越多,甚至成为主要的计算机犯罪类型。1994年,英国一名自称是"数据牛仔"的青少年,利用互联网破译了美国空军罗姆实验室的计算机网络密码,成功侵入这个专门从事武器系统、人工智能和雷达导航的尖端科技机构的网络进行捣乱,导致该实验室的33个子系统失控,造成五十多万美元的损失。美国总审计署在一份报告中统计,近年来非法侵入美国国防部计算机系统的案件每年几乎增长一倍,仅1995年就有25万人次试图非法侵入国际部计算机系统,其中约有16万人次获得成功。犯罪分子凭借其高超的技术在互联网中进退自如,随心所欲地窃取国家机密、军事情报、商业金融秘密、信用卡号码、个人隐私乃至警方对犯罪案件的侦破进展等各种信息。

计算机犯罪在全球的迅速蔓延也影响了中国。自20世纪80年代我国出现第一封电子邮件开始,计算机技术逐步得到应用,计算机犯罪也随之产生。一般认为,1986年7月发生在深圳的陈新义、苏庆忠伪造存折骗取存款案是中国内地破获的第一起计算机犯罪案件。自此,每年至少出现几起或几十起计算机犯罪。据统计,1987年公安部门破获的计算机犯罪案件有7起,1988年为20起,1989年比1988年翻一番,1990年发现并破获的计算机犯罪案件达130余起。此后继续攀升,1993年至1994年间全国发案达1200例,1999年的发案率又比1998年增长五倍多,计算机犯罪的发案率呈直线上升趋势。犯罪对象涉及银行、证券、保险、国防、科研等各个领域,作案手段和人员也从最初的单位内部人员在单位单机作案发展到不特定社会成员对目标系统的联网作案。与此同时,计算机犯罪个案所造成经济损失的记录也一再被刷新。1988年成都市农业银行的一个计算机操作员通过银行电脑盗窃人民币87万元;而1995年浙江嘉兴信托投资公司证券经营部经理利用职务便利,通过内部网络系统挪用公款高达1.89亿,给国家造成750多万元的损失。

20世纪80年代末,计算机病毒开始在我国出现。1989年3月,我国西南铝工厂计算中心的七台计算机被发现感染"小球"病毒,这是我国首例公开报道的计算机病毒。1990年,在广州发现了"国产化"计算机病毒"中国001号",接着在西安传出"中国炸弹"病毒,这是国内发现最早的制作计算机病毒的犯罪,但是这些犯罪行为并没有被侦破。直到1996年11月,中国才第一次破获了制造计算机病毒案,也被称为是中国第一例纯粹的计算机犯罪。自此,计算机病毒案件接连不断,危害也愈来愈深,一些恶性病毒如"红色代码"二型、"欢乐时光""尼姆达"等在我国大面积传播,造成一些政府机构、教育科研单位等行业的网络通讯阻塞,甚至出现服务器瘫痪。如2006年年底在互联网大行其道的"熊猫烧香"病毒即为一例。"熊猫烧香"病毒自2006年12月首次出现,短短一个多月病毒就在全国迅速蔓延,上百万个人用户电脑、网吧及企业局域网用户遭受感染和破坏,损失无法估量。

计算机应用的普及和网络技术的发展同样深刻地改变了传统犯罪的行为模式。例如,我国近几年出现的网络黄潮就是如此。20世纪90年代以后,计算机黄毒开始泛滥,有的甚至形成了由制作到出售的"一条龙"黄毒网络,一些犯罪分子通过工具软件制作"色情种子",利用点对点技术提供淫秽色情电影的下载服务,大肆传播淫秽色情信息。2008年年初轰动一时的香港"艳照门"事件更是让人们见识到了互联网时代网络的威力。2008年1月,一名神秘男子将陈冠希与女星的亲密照按预告在网上发放,照片一发布就在极短的时间内广泛扩散,蔓延范围包括中国、日本及欧美等地,据悉,曾经目睹过这批照片的全球网民至少过亿,网络的威力和影响可见一斑。此外,利用计算机网络进行敲诈勒索的案件也随之增多。2004年北京市公安局破获一起通过电子邮件进行的敲诈勒索案,犯罪嫌疑人唯某某于2004年12月10日,在成都市某网吧向北京西单商场发送了虚假的电子恐吓信息,要求该商务中心将10万元人民币打入某账户,并威胁在商场安放了炸弹。这是通过网络进行敲诈勒索的典型代表。此外,利用计算机技术修改、伪造存款数额以及盗窃、诈骗银行等金融机构储蓄资金的犯罪也屡见不鲜,一些别有用心之人甚至利用计算机从事危害国家安全等犯罪活动,这些行为严重影响了社会主义经济和文化建设,危害国家的安全稳定。

总的来看,目前我国计算机犯罪还不像西方发达国家那样突出,犯罪方法与国外相比也较为原始和简单,但我们应当清醒地认识到,这种状况是与我国计算机总体普及率较低、技术化程度不高、计算机犯罪不易被及时发现等因素密切相关的。随着科技的发展,将来我国计算机无论是装机数量还是应用领域都会大幅增加,社会发展和经济建设对计算机的整体依赖也会越来越强,可以预见,在今后的几年内计算机犯罪将大量发生,从而成为社会危害性最大,也是最危险的一种犯罪。

二、计算机犯罪的特点

计算机犯罪作为一种新兴的犯罪形态,与传统犯罪相比,具有以下特点:

(1) 犯罪手段的智能性与专业性。计算机犯罪具有高智能性,这是计算机犯罪的基本特征。与其他犯罪相比较,计算机犯罪更明显地体现出对高智能技术知识的依赖。计算机犯罪需要以接触和使用计算机为前提,这就要求计算机犯罪必须以一定的专业技术知识作为支撑,实施计算机犯罪的人必须具有较强的计算机知识背景和娴熟的计算机操作技能,否则将无法实施相应的犯罪。目前大多数计算机犯罪分子或为程序设计人员,或为管理、操作、维修保养人员。他们利用计算机系统的缺陷与漏洞,运用丰富的计算机技术知识,借助四通八达的网络对计算机系统及各种电子数据资料等信息发动进攻、进行破坏。据统计,当今世界上发生的计算机犯罪案件70%—80%是计算机行家所为。美国财政部公布的金融界39起计算机犯罪案件中,计算机专业人员占70.5%。而从我国发现的计算机犯罪案件看,在作案者中,计算机工作人员占到70%以上。计算机犯罪离不开高智能化的工具与手段,同时高智能化的工具与手段也为实施计算机犯罪提供了机会和可能。

(2) 犯罪形式的隐蔽性与复杂性。任何犯罪行为都有隐蔽性的特点,但是计算机犯罪的隐蔽性更为突出。与普通的刑事犯罪不同,计算机犯罪一般不受时间、地域的限制,可以通过网络跨地域远程实现,其罪源可来自全球的任何一个终端,随机性极强;而且计算机犯罪往往瞬时发生,一般情况下也不会对硬件造成任何损坏,大多数犯罪证据都可以从计算机信息系统中删除、销毁,因此很难查清和确认是在哪些部位和环节做了手脚。事实上,在已经发现的计算机犯罪案件中,绝大多数是偶然发现的,还有一部分是犯罪人一时大意暴露行踪所致,真正由被害人发觉主动追查的屈指可数。除此之外,犯罪人还可以通过在网络中不断重复登录的手段来隐藏自己,通过重复登录,犯罪人可以从一个国家绕道另一个国家,最终连接到被害人的计算机系统上,而每登录一次,犯罪人的身份就可以变更一次。如此一来,仅是确定犯罪人所在地的难度就非常大,更不用说确定其身份了。根据美国联邦调查局全国计算机犯罪特勤组(National Computer Crime Squad)的估计,计算机犯罪只有大约1%被发现,而在这些被发现的案件中,也只有大约4%会送到侦查机关。

(3) 犯罪地域的模糊性与广泛性。计算机犯罪与其他犯罪的另一显著区别是,后者一般能够确定地域管辖权,而计算机犯罪由于其具有的超时空特点,使传统的地理疆界对它毫无意义。通过相互链接的互联网信息系统,犯罪分子只需点击几下鼠标或设置几个指令就可以进入网上的其他终端,对任一国家、地区的计算机系统实施攻击。据有关资料显示,目前全世界每年发生的计算机网络犯罪约有四成是跨境实施的,特别是利用网络传播淫秽物品、散布有毒有害信息、盗窃、诈骗等犯罪更是如此。由于这种犯罪往往要通过若干国家的网络系统或者连续在多个国家实施,因此很难被发现,即使发现也可能无法将其抓获,对传统的刑法管辖理论提出了严重的挑战。此外,随着网络信息功能的加强,计算机犯罪出现了世界范围的共同犯罪。如

2000年2月7日到9日发生在美国的针对互联网上5个最热门网站的袭击事件,就是从分布在世界各地的多个互联网连接点发动的,并且显然是经过严密协调同时用同种手段对同一目标网站进行攻击,这在传统的犯罪史上是前所未有的。

(4) 犯罪主体的低龄化与内部化。计算机犯罪主体的低龄化是指计算机犯罪作案人员的年龄越来越小以及低龄的人在整个罪犯中的比例越来越高。根据我国对计算机犯罪情况的调查,35岁以下犯罪分子占整个犯罪人数的比例呈逐年上升趋势:1999年是69.9%;2000年是73.2%;2001年是75.8%,其中年龄最小的只有18岁。这些年轻人从事计算机犯罪的动机多种多样,有的是追求物质财富,有的是寻求刺激,有的是争强好胜显示己能,有的甚至只是单纯的恶作剧等。此外,在计算机犯罪中内部人员也占有相当大的比例。据有关资料显示,经济领域的计算机犯罪90%是受害公司的雇员所为。在北非和欧洲的两项调查也表明,计算机安全方面的威胁有73%来自内部。这些内部人员既懂计算机技术又熟悉业务,而且往往掌握本单位计算机系统内情,从事犯罪的几率很大。不过随着计算机网络的普及,计算机应用也从过去的面向专业人士逐步过渡到面向社会大众,计算机犯罪的主体存在向一般主体过渡的倾向。

(5) 犯罪后果的严重性与持续性。计算机犯罪所造成的损失极其严重,这一点是其他类型的犯罪根本无法比拟的。据统计,美国每年因计算机犯罪造成的损失高达几十亿美元甚至几百亿美元,德国、英国的年损失额也有几十亿美元。与传统犯罪相比,计算机犯罪所造成的损失要严重得多,美国的统计资料表明:平均每起计算机犯罪造成的损失高达45万美元,而传统的银行欺诈与侵占案平均损失只有1.9万美元,一般抢劫案的平均损失仅370美元。除了经济损失之外,计算机犯罪更是对正常的社会管理秩序和国家安全构成严重威胁,正如美国Inter-Pact公司的通讯顾问温·施瓦图所警告的:"当恐怖主义者向我们发起进攻时……他们轻敲一下键盘,恐怖就可能降临到数以百万计的人们身上","一场电子战的珍珠港事件随时都可能发生"。[1]不仅如此,由于计算机犯罪在时间、空间上具有极强的延伸性,计算机犯罪的危害结果在犯罪被查处后仍然可以在相当长时间、相当广的范围内蔓延,其所造成的社会危害在短期内难以消除,所有这些都令传统犯罪无法望其项背。随着经济的发展和计算机的普及,尤其是计算机信息系统在整个社会生活中的作用逐渐增强,可以预见,计算机犯罪造成的后果将会越来越严重。

第三节 计算机犯罪的原因

在犯罪学的研究中,犯罪原因一直处于核心地位。通过犯罪原因的考察,可以更加深刻地认识犯罪的现象,把握犯罪的本质,进而制定合理有效的对策,最终达到预

---

[1] 参见陈兴实、付东阳,《计算机·计算机犯罪·计算机犯罪的对策》,中国检察出版社1998年版,第39页。

防和控制犯罪的目的。计算机犯罪的研究也是如此,计算机犯罪作为信息时代的一种新型智能犯罪,其产生和发展的原因是多方面的。从目前来看,对这些原因的探讨已经成为计算机犯罪研究中一个极为重要的课题。

一、计算机系统自身的脆弱性创造了适合犯罪的独特环境

计算机系统的脆弱性是计算机犯罪产生和增长的一个重要原因。早期的计算机专家们在研究和创造计算机网络技术时,更多考虑的是计算机的兼容性和互联性,很少关注其安全问题,从而导致计算机网络系统普遍存在漏洞与缺陷。再加上信息在传输过程中要经过多个网络设备,而应用于各个网络的软件自身并不完备,很可能发生运行故障,这就给犯罪分子提供了可乘之机。

具体来讲,计算机系统的脆弱性主要表现为以下几个方面:(1)数据的易获取性。计算机数据大量存储于可读写的磁介质中,因此可以被不留痕迹地拷贝,甚至移动、修改、增加和删除,而且磁介质中存储的信息数据即使被删除也不会立即彻底消失,一般通过反删除命令或特殊手段仍可恢复,计算机存储介质的这一特点增加了系统泄密的可能性。(2)电磁的泄漏性。计算机设备工作时会辐射电磁波,利用高灵敏度的仪器可以接收和破译辐射电磁波,造成信息泄漏。(3)系统的不稳定性。大多数系统软件都存在技术漏洞,几十个字节的病毒程序就可以破坏整个系统,造成系统崩溃。再加上软件系统规模不断扩大,系统软件、应用软件日趋复杂,其中隐含的bug防不胜防。(4)安全防范措施的可破解性。无论是硬件加密还是软件防范都不是无懈可击,特别是多数身份识别系统手段单一,主要依靠各种符号的排列组合来达到识别身份和保密的作用,但这种措施即使使用最简单的"穷举法"也可以破译。(5)通信网络的缺陷。Internet是一个基于TCP/IP协议的信息网络,目前TCP/IP协议主要建立在以太网上,以太网的一个特性是当一个网络设备发送一个数据包时,同网段上的每个网络设备都会收到这个数据包,然后检查其目的地址决定是否处理这个数据包(丢弃或接受)。如果以太网卡处于一种混杂的工作模式下,此网卡会接受并处理所有的数据包,导致数据信息很容易被在线窃听、篡改、伪造。而随着技术的发展,网络连接方式和接入途径不断增多,地域限制被进一步打破,远程攻击变得越来越容易实施。

二、计算机犯罪的低成本、高收益为犯罪提供了强大的助动力

犯罪的成本与收益是决定犯罪人是否行动的又一重要因素。根据理性选择理论,实现同一目的有不同选择时,人们总希望以最少的路径达成。对计算机犯罪而言,行为人放弃合法行为或其他犯罪方法而选择计算机犯罪,原因之一就是计算机犯罪的行为性成本很低,而收益却远远大于前者。

首先,计算机集中了大量的信息和财富,一旦得手收益巨大。计算机系统的价值就在于能够将大量的信息聚集在一起,进而产生价值倍增的结果。特别是如今计算机大量应用于国防、科技、金融、商业等重要部门,计算机及其网络系统存储、处理和

传输的数据往往是现代社会发展所需要的重要信息资源,具有重大的政治、军事、经济价值。计算机成为一个国家、团体或者部门财富最集中的地方,正因为如此,它对犯罪者具有强大的诱惑力。计算机犯罪属于智能型犯罪,行为人往往技术高超,成功几率很大,只要敲击几下键盘,就可以使被害对象遭受巨大损失,本人获得巨大利益。一起计算机犯罪往往能够获得几万、几百万甚至上亿的财富,这比实施其他犯罪的收益高出好多倍。随着社会资产计算机化程度的加深,计算机资产的价值将越来越高,相应地,计算机犯罪的收益也会越来越大。

其次,计算机犯罪被发现、侦破的概率极低,受到刑罚制裁的更是十分少见。据统计,全世界计算机犯罪以 10%—15% 的速度增长,但发现的案件只占 5%—10%,即使发现能破获的也不到 10%,真正受到法律制裁的仅为 3%。造成这一现象的原因既与计算机犯罪自身的特性有关,同时也有被害人方面的因素。计算机犯罪是一种智力犯罪,方式隐蔽,客观表现不很明显,作案现场也不直观,而且往往是异机、异地作案,一旦执行,时间很短,且侵害对象是无形的电子信息,所以很少甚至不留痕迹,极难发现犯罪事实。另外,计算机犯罪往往涉及公司企业的名誉与秘密,受害者担心报案后,公司企业声誉受到影响或可能激发他人效仿等后果,宁可自吞苦果也不举报声张,这就增加了计算机犯罪的安全系数。

三、计算机安全技术落后和管理不善为实现犯罪扫清"障碍"

计算机安全技术落后和监管不力是计算机犯罪的另一诱因。近几年,计算机开发应用技术发展很快,而信息阻隔技术、加密保密技术等却相对滞缓。到目前为止,计算机安全技术领域不但缺乏安全的操作系统、网络系统和数据库管理系统,还缺乏统一的信息安全标准、算法和协议等,就连专门致力于计算机安全技术研发和应用的专业人才队伍也是近十年才形成。在我国这一现象更加突出,目前我国使用的核心部件 CPU 芯片以及计算机操作系统大多是国外产品,关键技术掌握在外国厂商手中,致使我国无法从核心硬件、软件上做技术防范。而且由于计算机信息安全产品涉及国家安全,各国出口这类产品时都以本国安全机构能够破解为前提,因此进口的安全产品实际并不安全。再加上我国在信息安全方面起步较晚,拥有自主知识产权的安全产品不多,使得国内使用的大部分软件都存在安全隐患,这就容易为犯罪分子所利用。

如果说计算机安全性能不高只是拓宽了犯罪分子的入侵路径,那么管理的疏忽就为犯罪分子营造了更大的行动空间。一些单位在实际工作中只注重系统的高效与便利,对计算机系统安全毫不重视,各种监管与风险控制策略很不成熟,导致计算机犯罪较易发生。据调查,我国的计算机应用单位 80% 未设立相应的安全管理组织;58% 无严格的调存管理制度;59% 无应急措施;48% 无事故发生后的系统恢复方案。一份关于我国信息机构安全意识和防护措施的调查结果也显示:60% 以上的机构没有保留犯罪证据;70%以上的机构没有设置预示计算机可能受到监视的报警装置。①可以说,我国目前对互联网的管理在很大程度上存在漏洞,防范意识不足,技术水平不高,很难对计算机网络实行有效的管理,这都加剧了犯罪的发生。

四、网络道德的缺失和价值评定的混乱是滋生犯罪的天然"土壤"

犯罪,说到底是一个"人"的问题,而人是要受到道德制约的社会生物,然而计算机网络使这一切都变得复杂起来。与以往的社会生活不同,计算机网络将人类带入了一个虚拟化的电子世界,限制和改变了人们的交往方式。在网络这样一个"私人"世界里,一些现实世界中迫于外在规范而被压抑的欲望在网络上被尽情地宣泄出来,人们在享用网络带来的权利和自由的同时并没有考虑自己应该承担的责任和义务。网络中的个体成了吉登斯所说的"生存的孤立","为了实践一种圆满惬意的存在经验而与道德源泉相分离"②。在网络上人们似乎更愿意奉行一种"黑客道德准则"(the hacker ethic),如崇尚信息无限自由、藐视一切权威、宣称智力挑战高于一切、视编码为艺术,等等。这些黑客道德准则强烈刺激着在网络中周游的人们,特别是对青少年产生了极为深刻的影响。

除此之外,公众对计算机犯罪也显得十分宽容,甚至把计算机罪犯尊称为"网络英雄""网络牛仔",极力加以推崇。在各种新闻报道中,计算机犯罪者常常被看做是"能人"或者"天才"。这种错误观念,使相当一部分民众轻视了计算机犯罪的反社会性,同时也强烈刺激着其他掌握计算机技术的人员,促使他们不断效仿。对于黑客群体及其文化,人们有着不同的认识和评价,而认为黑客行为具有严重社会危害性,应当严厉惩罚并尽力杜绝的人只占很少一部分。日本学者西田修曾发表评论说:"不少人觉得,利用电子计算机实施犯罪是一种智慧的表现,它既不像躲在黑暗中突然猛击行人头部,乘其休克抢走钱财的强盗那样凶狠残暴,又不像欺骗贫穷的老人,将其仅有的一点点退休金洗劫一空那样伤天害理。它所做的是,对那威风凛凛的银行计算机略施小计,然后大大方方地收起钱来扬长而去。虽说钱被拿走了,却看不到潸潸垂泪的被害人……对于不附加任何暴力、稳稳当当实施的计算机犯罪,不少人都是怀着羡慕的心情。"③另外,由于计算机犯罪所针对的主要是政府部门、商业金融机构、大型公司企业等,往往令一般民众感到与己无关,进而导致对计算机犯罪的社会谴责性不足。

五、计算机犯罪立法的滞后为犯罪分子打消了后顾之忧

法律是现代各国进行社会控制的最主要方法,网络时代同样如此。然而从目前的情况看,计算机犯罪方面的立法却不尽如人意。据不完全统计,到目前为止大约只

---

① 魏平:《计算机犯罪及计算机战争》,知识出版社1998年版,第108页。
② 〔英〕安东尼·吉登斯:《现代性与自我认同》,赵旭东、方文译,生活·读书·新知三联书店1998年版,第9页。
③ 〔日〕西田修:《浅谈电子计算机犯罪》,何为译,群众出版社1986年版,第2页。

有40个国家制定了有关计算机犯罪方面的刑事法律。美国是最早制定计算机犯罪法的国家,它的第一部联邦计算机犯罪成文法《伪装进入设施和计算机欺诈及滥用法》直到1984年才出台。加拿大、英国、法国、德国、日本等发达国家也大都是在20世纪80年代开始制定计算机犯罪方面的法律。还有不少国家直到本世纪初才着手相关立法,如菲律宾政府在2000年6月14日通过了一部电子商务的立法,才摆脱了5月份"爱虫病毒"事件发生后无法可依的尴尬局面。还有一些国家甚至到现在也没有制定这方面的法律。不仅如此,计算机犯罪立法的滞后还表现在适用范围的狭窄上,许多国家制定的遏制计算机网络犯罪的法律条款并不严格,根本不足以对这些犯罪构成威胁,并且常常由于无法涵盖新的犯罪类型而使自身的适用陷入困境。

除此之外,从各国法律规定的情况看,普遍存在量刑过轻的问题。例如美国《联邦计算机系统保护法》规定:任何人只要为了图谋或实施任何欺诈方案或诡计,或利用虚假的手段、陈述或承诺获取金钱、财物或服务,而直接或间接地接近或使之接近任何计算机、计算机系统及计算机网络,利用计算机进行犯罪者,将构成重罪犯,可处15年以下的监禁或5万美元以下的罚金,或二者并罚。从目前我国制定的《计算机信息系统安全保护条例》《公用计算机互联网国际联网管理办法》《计算机信息网络国际联网出入口信道管理办法》《计算机信息网络国际联网安全保护管理办法》等条例来看,对计算机犯罪的惩治也较轻。如《计算机信息系统安全保护条例》第23条规定:"故意输入计算机病毒以及其他有害数据危害计算机信息系统安全的,或者未经允许出售计算机信息系统安全专用产品的,由公安机关处以警告或者对个人处以5000元以下的罚款、对单位处以15000元以下的罚款;有违法所得的,除予以没收外,可以处以违法所得1至3倍的罚款。"我国现行《刑法》对计算机犯罪只规定了自由刑,没有规定财产刑和资格刑。按照我国《刑法》第285条的规定,可以判处的最高刑罚为3年有期徒刑;第286条规定情节严重的,最高刑为15年有期徒刑。可以想见,这样的处罚力度必然阻挡不住行为人从事计算机犯罪活动的步伐。正如James A. Schweitzer在他的《计算机犯罪和商业信息》一书中指出的那样:"计算机犯罪本身就是法律不力造成的恶果。"随着网络技术的飞速发展,计算机涉及的领域日趋广泛,新的问题不断涌现,立法的滞后也就显得更加突出。

六、国际社会的合作不力使计算机犯罪分子更容易逃脱制裁

计算机犯罪在很大程度上是国际性的犯罪,随着互联网的发展,这一趋势将会越来越明显。目前,计算机犯罪已经对各国的国家安全、经济建设和社会生活造成巨大的威胁,因此开展国际合作,建立健全国际协作体系,加强国与国之间的联系配合就显得尤为重要。事实上,在打击计算机犯罪方面,只要有一方不合作或出现法律冲突,罪犯就能逃脱法律的制裁。另外,在刑事犯罪侦查上,也会出现追缉境外罪犯与国际合作的问题。然而尽管如此,国际社会却未引起足够的重视,根据联合国《全球犯罪政策概览——联合国关于预防和控制与计算机相关的犯罪的备忘录》,目前国际社会对构成计算机犯罪行为的类型并未达成共识,不同国家制定的关于计算机犯罪调查程序的法律也不一致。此外,国与国之间缺乏引渡、互助条约和合作执法机制,对调查计算机犯罪必要、有效的现存条约也认识不一。这些都为跨境计算机犯罪分子逃脱惩罚提供了可乘之机。

从实际情况看,几乎所有的司法当局在处理这类新型犯罪时都遇到过上述的困难。例如,1997年克罗地亚的三名中学生在互联网上利用计算机破译了美国国防部五角大楼的计算机系统密码口令,侵入美国军事计算机系统,将美军战略导弹部署军事卫星用途等高度机密文件资料饱览一通后从容退出,事后美国向克罗地亚提出引渡三名中学生到美国受审的要求,却遭到克罗地亚方面的拒绝,因为克罗地亚国家刑法不承认计算机入侵是犯罪行为。又如,1997年发生在我国哈尔滨市和上海市的计算机网络破坏案件,经分析很可能是来自美国得克萨斯州的黑客所为,根据中国刑法规定该案显然应当由中国法院管辖,但遗憾的是由于中美并没有签订这方面的引渡条约此案只能作罢。可见国际社会对计算机犯罪认识的滞后及在打击控制方面缺乏有效的合作,为此类犯罪的产生、增长提供了适宜的温床。

第四节 计算机犯罪的对策

计算机犯罪作为一种新兴的犯罪形式对整个社会的损害和威胁极大,危害范围涉及国家政治、军事、经济社会发展、公民人身和财产安全等诸多领域。鉴于其成因的多样性与复杂性,对计算机犯罪的防范,除了加强司法打击力度以外,还应当从技术、管理、道德教育等各个方面进行综合防治。总之,对计算机犯罪的治理是一项系统工程。

一、提高计算机安全意识,加强技术防范

树立安全观念,提高安全意识是遏制计算机犯罪的首要一环。长期重应用轻安全,导致计算机应用技术发展很快,而安全防范技术明显滞后。人们安全意识较差,不了解计算机安全的重要性。对此,西方发达国家已经付出了巨大代价。我国应当汲取教训,在普及计算机技术的同时,开展计算机网络安全的宣传教育,使广大用户自觉注重安全防范。实践中很多入侵计算机系统的黑客在作案之前并没有设定目标,只是用工具对互联网上的机器作随机扫描,只要对方系统存在安全漏洞,黑客就会乘虚而入,因此必须时时警惕,做好安全防范工作。

计算机犯罪是一种高新技术犯罪,而"技术进步所带来的挑战最终必须由技术本身来解决"[①]。因此,治理计算机犯罪时要特别注重技术防范,堵塞漏洞,减少犯罪发生的可能性。目前的措施主要有设置防火墙、过滤网、加密、杀毒等,但还应进一步完善。首先就是要加强计算机安全的物理防护,划分安全区域,制定出入控制措施。比

---

① C. Clark, The Answer to the Machine Is in the Machine, in *The Future of Copyright in a Digital Environment*, p.139.

如：计算机机房、终端室、网络控制室等关键场所应加强安全保卫；重要的部位或区域要用电子门锁控制人员出入；对高度机密的部门或区域应有核对指纹、声纹的设备；要害部位应有电视监视系统和自动报警系统等。其次，提高计算机数据加密保护。数据加密是计算机网络最基本的安全控制技术，网络中的数据加密除了选择加密算法和密匙外，最主要的是实现加密的网络协议层以及密匙的管理分配。因此，应在密匙产生和管理上多做工作，防止信息泄漏。再次，构筑安全的计算机信息系统。一个安全可靠的计算机信息系统应当具备技术防御、检测跟踪、自动报告、备份恢复、分析总结五种功能。技术防御功能是尽可能将计算机犯罪分子拒之门外，使其犯罪行为不能产生危害结果，如在技术上建立访问控制、安全传输等机制。检测跟踪功能是犯罪实施后系统自身具有记录、确认及调查跟踪等功能，包括建立日记、审计、调查、跟踪及取证等机制。自动报告功能是信息系统受到侵害后能准确及时提供给管理者或所有人其受损情况，如设置动态检查程序，定期作出分析报告，对信息系统的修改、变动情况进行记录，单独存档备查。备份恢复功能是指计算机信息系统受破坏后，系统功能在最短时间内恢复运行，以减少系统受破坏造成的损失，如通过软件自动备份重要数据，系统还原软件及时恢复系统运行。分析总结功能是计算机受破坏后，系统能通过软件自动分析存在的漏洞、受破坏的程度和改正方向，为下一步完善系统提供资料参考。事实上，对计算机犯罪的防控与治理往往体现为技术的较量，只有在技术上保持领先，才能有效地打击该种犯罪。

二、加强人事制度管理，重视安全监察工作

任何一个社会或系统都离不开管理和监督，没有管理就没有秩序，没有监督，制度将形同虚设。管理或监督一旦出现漏洞，必然给违法犯罪创造机会和增添空隙。因此，只有大大提高计算机网络的管理、监督水平，才能有效地减少和控制计算机犯罪的发生和蔓延。日本学者西田修就认为，预防计算机犯罪的根本措施是加强人事管理。[1] 为此，在网络管理上就要有一套完整、严格的工作规范和标准，有健全的人事管理制度，不仅对用户的行为实行监控，而且要加强系统内部工作人员的管理。首先，严格挑选计算机操作人员和管理人员，认真考察其道德品质与业务素质，严明职责、相互制约，使他们仅能在授权范围内工作。同时建立从业人员管理档案，定期进行工作检查并报送有关部门查验。其次，要做好有关计算机工作人员的思想品德、职业道德和业务素质的专门教育，尤其是对那些尚未意识到滥用计算机也是犯罪的业务人员，要加强职业道德规范和安全保密观念的教育。另外，在人事审查录用、工作绩效评定以及调动、工资、待遇、任免职务等方面也应制定相应的措施。

此外，计算机的安全监察工作同样不容忽视。我国公安部在《计算机信息安全保护条例》中设置了安全监察专章。该章对计算机信息系统的安全保护起法律监督作用。安全监察必须以法律法规和标准规范为工具和手段，同时要保证监察机关的权

---

[1] 〔日〕西田修：《浅谈电子计算机犯罪》，何为译，群众出版社1986年版，第176—177页。

威性和行使权力的独立性。监察范围包括系统设备认证、设备选型、系统设计、机房选址、系统建立、使用和管理诸环节,同时监察机关应负责对有关安全事件的处理,包括协同有关部门侦破计算机犯罪案件,督促有关方面采取补救措施等。

三、构建网络伦理,确立网络道德规范

计算机犯罪的出现与严重化,与互联网带来的道德失范密切相关。从控制计算机犯罪的实际情况看,技术防控、管理防控都不可能实现对人的内化控制,只有构筑新的网络伦理,建立思想上的防火墙,使网民了解什么行为是犯罪,什么行为是违法,进而形成正确的网络道德观,并以此指导自己的行为达到网络自律,才是解决计算机犯罪的治本之策。正如吉恩·史蒂芬斯所指出的那样:"展望未来,要通过技术或常规立法程序去遏止信息空间的犯罪活动困难重重,最根本的解决办法只有一条,那就是道德与人生价值观,要让人们有这样的信念:偷窃、解密和私自侵入是不可取的。如果全部计算机网络用户都遵守这样一条信念,信息空间就如同其缔造者所设想的那样,成为神奇的美好之地。"①

目前,一些计算机网络组织纷纷研究制定了一系列相应的网络规则,如美国华盛顿"计算机伦理研究所"推出的《电脑伦理十诫》、南卡罗纳大学的《网络伦理声明》等。这些规则涉及广泛,从电子邮刊的语言使用格式、通信网络协议到字母的大小写及电子邮件签名,都作了详尽的规定,也为我国网络道德规范的确立提供了一定的参考价值。总的来看,我国网络伦理的构建应反映时代精神,适应网络社会的特点,既要从传统伦理文化中汲取营养,又要以开放的心态借鉴西方有益经验。具体而言包括:第一,要树立科学的网络是非荣辱观。人们借助计算机网络所从事的各种活动,如同在物理空间一样,在伦理上有善恶之分,在法律上有合法、违法之别。对此,全社会应当形成一致认识——对网络信息资源的窃取和破坏,即是对社会正常秩序的破坏,应当受到网络伦理的谴责。第二,切实贯彻网络运行主体权利义务对等的原则。网络社会赋予网络主体无限的使用权和资源的获取权,同时也要求主体对自己的行为负责。互联网不仅仅是一个简单的网络,更是一个由千万人组成的网络社会,用户有义务恪守各种网络规则,推动网络社会稳定有序发展。

四、加强计算机犯罪立法,完善相关法律法规

法律是现实社会关系的调解器,也是虚拟网络社会关系的调解器。因此,健全和完善计算机安全与犯罪法律体系是有效预防此类犯罪的重要措施之一。目前,许多国家先后从不同的角度制定了有关计算机犯罪方面的法律法规,有的国家还对刑法典进行了补充修改。与国外相比,计算机犯罪立法工作在我国尚处于起步阶段,尽管我国刑法及相关法规对计算机犯罪问题已经予以规定,但实践中还是出现一些法律未规定但其行为的危害性十分严重的情形,由于法制不健全,无法有效惩治。同时,

---

① 〔美〕吉恩·史蒂芬斯:《信息空间的犯罪活动》,黄群庆译,载《世界科学》1996年第8期。

相关司法方面还缺乏一些具体的实施细则。可见,我国的计算机犯罪立法亟待加强。

具体来讲,应从以下几个方面实现对计算机犯罪的法律防治。第一,制定专门的反计算机犯罪法。由于计算机犯罪特别是网络环境下的计算机犯罪与传统犯罪相比较,存在诸多独特之处,因此发达国家在立法上往往倾向于制定、颁行专门的反计算机犯罪法。例如,美国的《伪造存取手段及计算机诈骗与滥用法》《计算机诈骗与滥用法》,以及法国的《计算机欺诈法》等,都是对计算机犯罪予以单独规制的单行刑法。借鉴国外立法成果,我国也应当在总结以往工作经验的基础上加快研究制定适合我国国情,具有本土特色的反计算机犯罪法。第二,对现行刑事立法存在的不足进行修改、补充。这些问题主要包括:一是我国现行的刑法和刑事诉讼法都没有关于计算机犯罪定罪量刑标准和诉讼程序的规定,对一些新型的计算机犯罪也未作出规定。二是我国刑事诉讼法中列举的证据未包括电磁记录,在侦查勘验中收集到的反映电子计算机存储数据资料的各种电磁记录物或电磁化信息能否作为犯罪证据,在司法实践中仍有争议。三是在损害结果的计算问题上,只计算直接有形的物质财产损失,对造成其他重大间接损害的没有规定统一评估标准。第三,完善行政法律法规,配合刑法典的实施。目前我国颁布实施的相关法规数量虽多,但很多方面相当滞后,直接导致刑法典的规制在某种程度上难以贯彻实施。此外,我国《治安管理处罚法》虽然规定对一些计算机违法行为予以治安处罚,也扩大了非法侵入的计算机信息系统的范围,但对盗用计算机机时、存储容量等违法行为并未规定如何惩处,使得打击计算机违法的范围过窄。第四,加快部门规章建设和地方立法步伐。我国目前出现的计算机犯罪案件,很大程度上是由于管理不善、安全防范意识较差所致。要解决这一问题就要加大部门和地方管制力度并制定配套实施细则。事实上,只有在计算机管理中采取强有力的手段,计算机犯罪才可能减少。

五、组建反计算机犯罪机构,加强执法力量建设

计算机犯罪的日益高科技化、复杂化,使目前的侦查队伍在警力、技术上已远远跟不上形势的需求,司法人员的素质也离专业化的要求相去甚远。有鉴于此,加快反计算机犯罪机构的设置、提高司法人员及其他社会控制力量的计算机技术素质就成为当务之急。

目前世界上比较发达的国家,纷纷设立了专门的反计算机犯罪机构和计算机警察。在美国,联邦调查局在纽约成立了追踪计算机系统和网络空间犯罪分子的行动小组,简称"C-37",成为美国首批计算机警察。在法国,成立了受辖于总理办公室的"信息系统安全"管理机构,专门负责协调与信息安全技术有关的活动。在韩国,国家警察局建立了专门搜查国际互联网和本国计算机系统的黑客调查队(HIT),以发现潜在的系统入侵者。日本也建立了专门的计算机警察。现在,设立专门的反计算机犯罪机构已经成为世界潮流。对此,美国联邦执法培训中心的主任查尔斯·林克唯奇就断言:"给每位警察分发一个徽章、一支枪和一部便携式电脑的时代马上就要

来临。"①我国虽然也设立了专门的侦查机构,但面对日渐凶猛的计算机犯罪还是显得力不从心。譬如,广东的电子警察在全国赫赫有名,但其省公安厅计算机安全监察办公室只有十几名警员,全省加起来也不超过 50 人,人员配备明显不足。因此,我国应加快建立专门的反计算机犯罪司法机构和电子警察,与罪犯相抗衡。

另外,由于我国各级执法机关专业人员欠缺、技术水平较差,导致大量计算机犯罪案件未能破获。面对计算机犯罪的严峻挑战,我们必须尽快掌握计算机技术,建立以计算机技术为依托的案件调查体系、犯罪信息管理体系、刑事侦查工作体系等。同时,吸收大量专业技术人员进入司法系统并加紧对侦查人员的计算机知识技能培训,这对惩治和打击计算机犯罪,是非常必要的。

六、积极寻求国际合作、构筑多边网络安全体系

随着当前计算机犯罪国际化趋势的高涨,国家的单独防范已经变得难以奏效,因此,加强国际间的交流与合作,共同防范计算机犯罪就显得愈加紧迫和必要。为此,各国应当加强联系,一同起草和规划惩治计算机犯罪的国际刑法规范。同时,有必要建立反计算机犯罪的国际合作机构,协调各国警方及时打击跨国计算机犯罪行为,组织会员国开展打击计算机犯罪的情报交流、技术合作活动,以提高各国打击计算机犯罪的能力。此外,在司法协助方面,如证据的调查收集、证人的询问、案件的移送、执行、引渡等方面也应加强合作。

事实上,目前已有许多国家认识到国际合作的重要性并付诸行动。例如,1997年 11 月 26 日欧盟委员会在布鲁塞尔通过了一项旨在维护互联网使用安全的行动计划,要求各成员国加强对互联网的使用管理,抵制互联网络中的有害非法内容,共同推动网络产业的健康发展。2000 年在第十届联合国预防犯罪和罪犯待遇大会的高级别会议上,通过了《关于犯罪与司法:迎接 21 世纪挑战的维也纳宣言》。《宣言》承诺将采取更加有效的措施预防和控制计算机犯罪,并加强在这些领域的国际合作与法律互助。2001 年 11 月 23 日,26 个欧洲委员会成员国以及加拿大、美国、日本和南非等国的代表在布达佩斯签署了反对计算机犯罪公约,以加强在打击计算机犯罪方面的合作。我国对国际合作一直持积极态度,近年来也加强了打击计算机犯罪的国际合作力度,并由公安部网监局对首批来自孟加拉国的反计算机犯罪执法人员进行专业培训,以增进两国之间的技术交流与合作。从实际情况看,这种协作对打击计算机犯罪是十分有效的。

---

① 参见陈兴实、付东阳:《计算机·计算机犯罪·计算机犯罪的对策》,中国检察出版社 1998 年版,第 114—115 页。

第二十二章 恐怖主义犯罪

第一节 恐怖主义犯罪的概念

一、联合国对恐怖主义的界定

为了更好地打击日益猖獗的国际恐怖主义犯罪,并给"国际恐怖主义犯罪的概念"下一个一般性的定义,联合国专门成立了一个特别委员会(即"联合国第六委员会")来负责起草和制定《关于国际恐怖主义的全面公约(草案)》。该《公约(草案)》的第2条对国际恐怖主义犯罪的概念作出了界定:"本公约所称的犯罪是指,任何人以任何手段,非法和故意地实施某项行为:(a)致使任何人死亡或重伤;(b)致使公私财产严重受损,包括国家或政府设施、公共交通系统、环境及其他基础设施等;(c)破坏行为造成或可能造成重大经济损失,而且根据其行为的性质或背景,目的是为了恐吓某一些人,或迫使某国政府或某一国际组织从事或不从事某种行为。"

二、美国对恐怖主义的界定

美国对于恐怖主义犯罪理论的研究高度重视,官方机构与民间学者基于各自不同的视角总结归纳了不同的概念。比如,《美国法典》第18卷第1部分第113章B节第2331条将"国际恐怖主义犯罪"界定为:"(1)违反美国刑法或其他任何国家刑法的暴力或危险行为,或依照美国司法管辖权或其他任何国家司法管辖权都属于触犯刑法的行为;(2)目的在于,(Ⅰ)故意恐吓、威胁平民,(Ⅱ)通过恐吓、威胁来影响一国政府政策,(Ⅲ)采用大规模杀伤、暗杀、绑架等手段来影响一国政府行为。"美国国防部将"国际恐怖主义犯罪概念"定义为:"对普通民众或财产非法使用或威胁使用暴力,以强迫、恐吓政府或社会,常常是为了达到政治、宗教或带有某种意识形态性质的目的。"

三、俄罗斯对恐怖主义的界定

俄罗斯国家杜马于2006年2月通过了新的《俄联邦反恐怖主义法》,来进一步加强对恐怖主义活动的打击与防治。其中的第3条第3款,对"恐怖主义犯罪"作出了清晰且明确的界定,"恐怖主义行为是指,意在对国家机关、地方自治机构或者国际组织施加影响,而实施爆炸、放火等行为,威胁居民并造成人员伤亡,导致财产巨大损失等其他严重后果的行为,以及为实现上述目的而实施的威胁行为。"

四、中国政府对恐怖主义的界定

我国2015年通过的《反恐怖主义法》第3条对"恐怖主义"概念进行了明确界定。

恐怖主义是指通过暴力、破坏、恐吓等手段,制造社会恐慌、危害公共安全、侵犯人身财产,或者胁迫国家机关、国际组织,以实现其政治、意识形态等目的的主张和行为。这一定义,明确了恐怖主义是一种主张或者行为,具有三个特征:一是它的最终目的是为了实现自身的政治、意识形态等目的;二是以暴力、破坏、恐吓等为手段;三是通过制造社会恐慌、危害公共安全、侵犯人身财产,胁迫国家机关或者国际组织作为其目的实现渠道。

五、中国学者对于恐怖主义的界定

在中国学者当中,较早对恐怖主义犯罪进行全面研究的胡联合博士,以恐怖主义犯罪为研究对象在其博士论文中所罗列出的关于"恐怖主义"概念的定义有51种之多。胡联合博士在综合各种定义的基础上,对恐怖主义概念作出了如下界定:"恐怖主义是指一种旨在通过制造恐惧气氛、引起社会注意以威胁有关政府或社会,为达到某种政治或社会目的服务的,无论弱者或强者都可以采用的,针对非战斗目标(特别是无辜平民目标)的暗杀、爆炸、绑架与劫持人质、劫持交通工具、施毒、危害计算机系统以及其他形式的违法或刑事犯罪性质的暴力、暴力威胁或非暴力破坏活动。"[①]在2001年美国"9·11"恐怖事件之后,中国学者对于恐怖主义犯罪又有种种定义。例如,何秉松教授在其所著《恐怖主义·邪教·黑社会》中较为深入地分析了各种恐怖主义的概念,并在比较的基础上提出了自己的界定,即"任何个人、团体或国家,使用暴力或其他毁灭性手段,残害无辜,制造恐怖,以达到政治目的的,是恐怖主义"[②]。

第二节 恐怖主义犯罪的状况与特点

一、恐怖主义犯罪的状况

"恐怖主义"一词最早用以说明当时法国大革命时期"雅各宾派"的恐怖统治,即指政府采取系统化的威慑政策,滥用暴力制造"恐怖活动"来维持其统治的"国家恐怖主义"。但是到了19世纪末20世纪初时,"非国家恐怖主义"逐渐盛行,一些无政府主义者开始借助"暗杀"等恐怖主义手段来推行其社会目的或民族主义目标。

20世纪80年代至今,国际恐怖主义犯罪的发展进入了一个全新的历史阶段。诸如"AL-Qaida基地组织"[③]"ISIS伊斯兰国"[④]等等国际性的恐怖组织开始形成并迅速发展,而且大规模性杀伤武器和互联网络的运用,更是无限放大了国际恐怖主义犯罪的破坏力与危害性,并直接造成了社会混乱和经济动荡。当前的恐怖主义犯罪实质

---

① 胡联合:《当代世界恐怖主义与对策》,东方出版社2001年版,第28页。
② 何炳松:《恐怖主义·邪教·黑社会》,群众出版社2001年版,第13页。
③ AL-Qaida,即基地组织,成立于1989年。基地组织的头目沙特阿拉伯富商本·拉登已经在2011年5月1日被美国击毙。
④ ISIS,即"伊斯兰国",全称"伊拉克和大叙利亚伊斯兰国"(Islamic State of Iraq and al Shams,缩写为ISIS)。

上已经演化成了一种大范围、跨国界的国际犯罪活动,黑色恐怖浪潮开始席卷全球,国际恐怖主义也迈进了前所未有的猖獗时期。据美国国务院反恐局 2014 年 4 月发布的《2013 年度全球恐怖主义形势报告》数据显示:2013 年,全球范围内共计发生 9707 起恐怖袭击,造成超过 1.78 万人死亡、3.25 万人受伤,以及超过 2900 人被绑架或挟持为人质。①

二、恐怖主义犯罪的特点

(1) 本质上具有暴力性。事实上,一提起恐怖主义,人们往往都情不自禁地想到暗杀、爆炸、绑架与劫持人质、投寄生化毒品、劫机、袭击平民百姓或特定人物等暴力活动。例如,据公安部统计,新疆地区的恐怖主义、分裂主义和极端主义势力,在我国境内外共制造了 260 多起恐怖事件,造成包括维吾尔族在内的无辜群众、基层干部和宗教人士等 160 多人丧生,440 多人受伤。这不仅对我国造成了危害,而且对地区安全与稳定构成了威胁。②

(2) 侵害对象的不确定性。与传统暴力犯罪不同,恐怖主义犯罪最大的特点是滥杀无辜,侵害对象一般与其并无直接利害冲突,具有明显的不确定性。近年来,我国新疆"东突"恐怖势力进行的恐怖犯罪造成数百人死伤,其中绝大多数都是无辜群众。例如,2014 年 3 月 1 日,发生在我国昆明火车站的暴力砍人恐怖案,8 名暴徒手持砍刀,在火车站广场、售票厅等处砍杀无辜群众,造成 31 人死亡,140 余人受伤。民警当场击毙 4 名暴徒,击伤抓获 1 名暴徒,其余 3 名暴徒落网。③

(3) 实质上具有明显的政治目的性。当今的恐怖主义犯罪都带有强烈的民族、宗教色彩。据不完全统计,目前世界上的恐怖组织有 1/3 是民族主义恐怖组织。民族主义恐怖组织与恐怖分子往往打着维护本民族利益的"正义"旗帜,以极端的民族主义情感为动机,因而其活动与行为具有非常明显的狭隘性、复仇性与攻击性。当代某些极"左"派恐怖主义则打着革命、民族、宗教等旗号,将其所从事的恐怖主义活动视为推翻不公正与黑暗统治的革命行动,视为为了本民族利益和本宗教利益而斗争的崇高事业。恐怖主义分子都具有明显的政治目的,他们或是反对本国政府,或是反对别的民族和别的宗教。

(4) 恐怖手段具有技术先进性。当今社会越来越成为高科技占主导地位的社会,基础设施、电力供水系统、金融证券市场无不逐步网络化。随着网络技术的普及,恐怖组织将越来越多地通过网络传播恐怖活动信息,更有一些恐怖组织开始选择以网络恐怖主义替代传统恐怖主义,恐怖分子和网络黑客已开始对网络进行重大攻击,受到袭击的不仅有商业网站,而且包括重要的政府网站,如美国司法部、白宫、国会乃

---

① http://www.state.gov/documents/organization/225043.pdf.
② 参见赵永琛:《"东突"十几年来制造二百六十多起恐怖事件》,http://news.sohu.com/20050906/n226879166.shtml.
③ 参见奚丹霓:《昆明火车站暴恐案宣判,三人死刑一人无期徒刑》,https://news.qq.com/a/20140912/056461.htm.

至联邦调查局都曾遭到攻击,有的还一度处于瘫痪状态。20世纪90年代以来,恐怖分子制造和使用大规模杀伤性武器的可能性和危险性也在进一步增多。

(5) 组织形式趋于国际性。近年来,许多恐怖组织开始进行跨国性扩展,共享情报、技术、金钱和人力资源,他们在本国以外组织武装团伙,规模更加庞大,作案地区不断扩展。各恐怖组织之间开始建立联系,形成了一定的网络。例如,以本·拉登为首的"基地组织"在沙特、苏丹、埃及、也门、索马里、巴基斯坦和阿富汗等国开展活动,这些恐怖组织分散到世界各地,能分能合,协同作战。该组织在世界各地至少有四五千人,经过在阿富汗营地的专门培训,分别在五十多个国家建立了基层组织。

第三节 恐怖主义犯罪的原因

一、恐怖主义犯罪是民族矛盾和种族冲突加剧的结果

20世纪经过了三次民族革命运动。20世纪初,第一次世界大战前后,人民为反对封建主义专制统治,摆脱资本主义的奴役,实行暴力革命,建立了民族主义国家。第二次世界大战后,亚非拉民族革命运动风起云涌,为摆脱帝国主义、殖民主义的统治,进行了前仆后继的民族解放斗争后,80多个国家得到独立。苏联解体,冷战结束后,在超级大国和民族独立的两大格局下,独立国家政权内部民族矛盾和宗教矛盾开始激化,极端民族主义和原教旨主义复活,突出反映在中东地区。在这种情况下,人们产生民族狂热,追求不同的欲望,谋求民族分裂,谋求宗教上的所谓合法化,以期在政治上、经济上获取利益。阿富汗的"塔利班"就是最好的例证。

二、恐怖主义犯罪是宗教冲突加剧的结果

近年来,世界上的宗教组织膨胀,宗教教派迭出,宗教派别之间的不和与争端,尤其是极端宗教势力和邪教的活跃,是导致国际恐怖主义活动不止的又一重要原因。在各类极端宗教恐怖活动中,伊斯兰原教旨主义发展最快、影响最大。伊斯兰原教旨主义又称"伊斯兰复兴运动",是伊斯兰教中一股极端保守的宗教势力。随着信息产业的发展,西方文化开始渗透进入一些穆斯林国家,而那些极端的原教旨主义分子对此无法接受,他们极力反对非穆斯林文化的"异端邪说",号召全面实现政治、经济以及社会生活的"伊斯兰化"。激进的原教旨主义分子把恐怖活动作为实现其政治主张的重要手段。

三、一些国家对待恐怖主义采取双重标准使得一些恐怖主义组织发展起来

长期以来,恐怖主义活动之所以未能销声匿迹,反而愈演愈烈,其原因主要是一些国家,尤其是美国对恐怖主义采取了双重标准。[①] 在美国的支持下,一些恐怖主义组织由小到大、由弱到强地发展起来。以本·拉登为首的基地组织更是最为明显的

---

① 康树华、胡戎恩:《论恐怖主义犯罪》,载《铁道警官高等专科学校学报》2003年第1期。

例证。1989年本·拉登建立"基地组织"的目的,是为了训练阿富汗义勇军,以便指挥其与入侵阿富汗的苏联军队战斗,因此,当时本·拉登曾经得到美国的大力支持。但是苏联从阿富汗撤军后,"基地组织"将目标转变为打倒美国和伊斯兰世界的"腐败政权"。由于本·拉登对美国在中东的强权政治和霸权主义政策不满,所以,积极号召全体穆斯林对美国政府进行"圣战"。

四、恐怖主义者的狂热化与复仇心态

恐怖分子往往具有狂热化的性格特征。这一性格特征,正是其所生活的客观环境所决定的。在不少国家,贫富悬殊、民族矛盾、宗教矛盾等等社会不公日益突出,加上经济衰退和失业等原因,使得这些国家的一些组织或个人对现实社会产生极端强烈不满,但又找不到适当的解决办法,于是在心理上埋下仇恨的种子,一经点拨,则走上搞恐怖活动的道路。恐怖主义者之所以舍身家性命,铤而走险,是有些恐怖组织的成员,从童年时代就被灌输民族仇恨、宗教仇恨等思想,以及进行"英雄主义和爱国主义教育",使得一些弱势群体以制造自杀性恐怖事件来进行报复。

第四节 恐怖主义犯罪的对策

一、充分发挥联合国作用,消除强权政治和霸权主义

联合国作为世界上最具有普遍性的政府间国际组织,是世界各国开展打击国际恐怖主义合作的重要场所,理应在这一方面发挥积极的主导作用。恐怖主义犯罪是跨国犯罪,打击和预防恐怖主义犯罪需要国际社会共同合作。要有效地预防和严厉打击国际恐怖主义犯罪,不仅要在军事和金融领域严厉打击恐怖主义,更重要的是要彻底改变不合理的国际政治和经济秩序,尊重世界"多极发展和多元共存",不同文化间和平共处,相互促进,在国际大家庭内部各成员国之间的关系中摈弃独裁,发扬民主,公正合理地解决地区矛盾、民族和宗教矛盾和冲突,缩小南北差距和贫富差距,等等。

二、加强国家之间反恐怖主义的合作

当今各种类型的恐怖主义正在对世界和平、经济发展、社会生活乃至人类文明造成严重威胁,引起联合国以及各国的广泛关注。从世界范围来看,国家之间反恐怖主义合作主要表现为双边合作和多边合作两个方面。双边合作诸如法国与西班牙、土耳其与希腊、埃及与苏丹、美国与以色列等国家都已达成形式各异的反恐怖主义合作协议、协定,展开了富有成效的合作。多边合作主要是在西欧国家、阿拉伯国家、南亚联盟和非洲一些国家之间。一些组织的合作已经卓有成效。例如,上海合作组织、欧盟等国际组织在反恐怖主义犯罪方面已经取得了一定成效。

三、加强立法工作

早在 1926 年,罗马尼亚就曾建议国际联盟起草相关条约以便对恐怖主义行为进行全面惩罚,但最终提议未获重视。直到 1930 年,布鲁塞尔第三次国际刑法统一会议时,"恐怖主义"才终于第一次作为一个独立的议题被大会所审议。至 1937 年 11 月,在瑞士日内瓦召开的一次外交会议上,通过了两项公约草案,即《防止及惩治恐怖主义公约》和《建立国际刑事法院以惩治恐怖主义罪行的公约》。进入 20 世纪 70 年代后,反恐怖主义犯罪的立法又呈现出新的动向。其中主要是一些国家,特别是深受恐怖主义犯罪侵害的国家进一步强化了针对恐怖主义活动的立法措施。例如,1983 年,美国里根总统颁布了《关于国际恐怖主义活动的总统特别指令》。2001 年,在"9·11"事件发生后,联合国安理会通过《国际合作防止恐怖主义行为》的决议,并在安理会组建了反恐特别委员会。随后,英国、澳大利亚、加拿大、意大利、印度、德国等国家相继制定和完善其反恐法。

在我国,1997 年修订的《刑法》首次规定了"组织、领导、参加恐怖组织罪"(第 120 条)。"9.11"事件之后,2001 年《刑法修正案(三)》的主题就是反恐怖主义犯罪。2011 年全国人大常委会又通过了《关于加强反恐怖工作有关问题的决定》,在该《决定》通过前后,《刑法》《刑事诉讼法》也有涉及反恐内容的修改。2015 年《刑法修正案(九)》,针对恐怖主义犯罪的新情况和新特点,对有关《刑法》条文再次修改补充。2015 年《反恐怖主义法》,对反恐怖主义工作的基本原则、体制机制、恐怖活动组织和人员的认定、安全防范、情报信息、调查、应对处置、国际合作、保障措施、法律责任等作了规定。

四、反恐怖斗争应以"预防为主",加强安全防范工作

加强安全防范工作,是防止恐怖袭击的重要手段,其中主要有如下几个方面:(1)加强对重点目标、人物与设施的保护:世界各国都高度重视对政府领导人的安全保护,加强对政府重要办公设施、外交场所、铁路车站、机场、港口、证券交易所、大中城市的大型购物中心、娱乐场所等重点目标的安全防范工作。(2)加强对枪支、爆炸与生化物品以及各类武器的管理:不但要加强一般性的枪支、爆炸物品与武器的管理工作,而且必须对一切爆炸物品强制实行"标识"制度,要求生产、销售以及进出口的一切爆炸物品都要加入可探测物资,以便对恐怖爆炸案件的侦破。对核武器及其原材料、生化武器的管理则更加严格。(3)防范利用信息网络进行恐怖犯罪:其一,电子计算机系统自身的安全防范。近年来,利用电子计算机进行恐怖犯罪日益增多,加强电子计算机系统自身的安全防范具有非常重要的意义。其二,开发防范恐怖主义的电脑软件和建立恐怖主义研究数据库。电子计算机在防范恐怖主义方面可以发挥巨大作用。

五、加强侦破工作

为提高侦破率,有效打击犯罪,不少国家除赋予侦查机关秘密侦查的权力,以利

于侦查机关依法对犯罪嫌疑人、犯罪组织进行侦查与控制之外,还较为普遍地设立了线报奖励制度或目击证人保护制度,有的还建立了目击证人保护基金和反恐怖奖励基金。在侦查跨国性刑事案件、缉捕国际恐怖主义犯罪时,要与国际刑警组织合作,充分发挥国际刑警组织的作用。1988年10月26日在开罗召开的国际刑警组织第六十七届大会上通过的《反恐怖开罗宣言》声明,国际刑警组织坚决谴责形形色色的恐怖主义行为,视一切恐怖主义行径为非法行径;并强调国际刑警组织各成员国应分享被通缉的恐怖分子的有关信息。

六、建立反恐怖主义犯罪的专门机构和特种部队

很多国家和政府及其领导人不但在思想上高度重视反恐怖主义,而且在政府部门或军事部门设立了强有力的反恐怖主义活动的核心机构。如美国不仅设有反恐怖主义联邦委员会,还在中央情报局设有反恐怖主义中心及在联邦调查局设有反恐怖联合行动中心和反恐怖主义处;俄罗斯设有反恐怖主义活动局;法国设有反恐怖斗争中心;德国设有联邦危机委员会,等等。这些反恐怖的专门机构,人员精干,办事效率高,为遏制恐怖主义犯罪发挥了重要作用。许多国家为了有效打击恐怖主义犯罪纷纷组建了专门处理恐怖主义犯罪的特种部队。例如,美国的"三角洲"部队、法国的宪兵干预部队、德国的边防警察第九部队、英国的特别空勤团、埃及的冲锋队、荷兰的特种突击队、瑞士的老虎队以及我国的"特警大队"等。

七、鼓励公众参与反恐怖主义犯罪治理

新中国成立以来,我国政府一直重视犯罪控制中的公众参与,宣传、动员、发动群众一直是党和政府的重要工作方法,这种非制度化的、分散于各种社会组织之中的犯罪控制资源对于抑制犯罪起了非常重要的作用。虽然这些公众参与犯罪形式是以政府为主导的参与方式,然而正是公众参与犯罪治理方式为治理恐怖犯罪中的公众参与提供了可行性参考。我们完全可以借鉴美国在20世纪70年代建立的邻里守望制度,在社区居民之间守望帮助,不分彼此,共同预防犯罪,发现可疑,及时报告等等。随着社会的发展,近年来,我国也相继在有些城市出现邻里守望制度,并取得了有益的成果。

21 世纪法学系列教材书目

"21世纪法学系列教材"是北京大学出版社继"面向21世纪课程教材"(即"大红皮"系列)之后,出版的又一精品法学系列教科书。本系列丛书以白色为封面底色,并冠以"未名·法律"的图标,因此也被称为"大白皮"系列教材。"大白皮"系列是法学全系列教材,目前有15个子系列。本系列教材延续"大红皮"图书的精良品质,皆由国内各大法学院优秀学者撰写,既有理论深度又贴合教学实践,是国内法学专业开展全系列课程教学的最佳选择。

- **法学基础理论系列**

英美法概论	彭 勃
法律方法论	陈金钊
法社会学	何珊君

- **法律史系列**

中国法制史		赵昆坡
中国法制史		朱苏人
中国法制史讲义		聂 鑫
中国法律思想史(第二版)	李贵连	李启成
外国法制史(第三版)		由 嵘
西方法律思想史(第三版)	徐爱国	李桂林
外国法制史		李秀清

- **民商法系列**

民法学	申卫星
民法总论(第三版)	刘凯湘
债法总论	刘凯湘
物权法论	郑云瑞
侵权责任法	李显冬
英美侵权行为法学	徐爱国
商法学——原理·图解·实例(第四版)	朱羿锟
商法学	郭 瑜
保险法(第三版)	陈 欣
保险法	樊启荣
海商法教程(第二版)	郭 瑜
票据法教程(第二版)	王小能
商标法(第三版)	杜 颖

票据法学	吕来明
物权法原理与案例研究(第二版)	王连合
破产法(待出)	许德风

- **知识产权法系列**

知识产权法学(第六版)		吴汉东
知识产权法学		杜　颖
知识产权法		张　平
商标法(第二版)		杜　颖
著作权法(待出)		刘春田
专利法(待出)		郭　禾
电子商务法	李双元	王海浪

- **宪法行政法系列**

宪法学(第三版)	甘超英	傅思明	魏定仁
行政法学(第三版)		罗豪才	湛中乐
外国宪法(待出)			甘超英
国家赔偿法学(第二版)		房绍坤	毕可志

- **刑事法系列**

刑法学			张小虎
刑法学(上、下)(第二版)			刘艳红
刑法总论			黄明儒
刑法分论			黄明儒
中国刑法论(第六版)	杨春洗	杨敦先	郭自力
现代刑法学(总论)			王世洲
外国刑法学概论		李春雷	张鸿巍
犯罪学(第四版)		康树华	张小虎
犯罪预防理论与实务		李春雷	靳高风
犯罪被害人学教程			李　伟
监狱法学(第二版)			杨殿升
刑事执行法学			赵国玲
刑事侦查学			张玉镶
刑事政策学			李卫红
国际刑事实体法原论			王　新
美国刑法(第四版)		储槐植	江　溯

- **经济法系列**

经济法学(第七版)	杨紫烜 徐 杰
经济法学原理(第四版)	刘瑞复
经济法概论(第七版)	刘隆亨
经济法理论与实务(第四版)	於向平等
企业法学通论	刘瑞复
商事组织法	董学立
反垄断法	孟雁北
金融法概论(第五版)	吴志攀
金融监管学原理	丁邦开 周仲飞
银行金融法学(第六版)	刘隆亨
证券法学(第三版)	朱锦清
中国证券法精要:原理与案例	刘新民
会计法(第二版)	刘 燕
劳动法学(第二版)	贾俊玲
消费者权益保护法	王兴运
房地产法(第二版)	程信和
环境法学(第四版)	金瑞林
环境法基础知识与能力训练	钭晓东

- **财税法系列**

财政法学	刘剑文
税法学(第四版)	刘剑文
国际税法学(第三版)	刘剑文
财税法专题研究(第三版)	刘剑文
财税法成案研究	刘剑文 等

- **国际法系列**

国际法(第三版)	白桂梅
国际私法学(第三版)	李双元 欧福永
国际贸易法	冯大同
国际贸易法	郭 瑜
国际贸易法原理	王 慧
国际金融法:跨境融资和法律规制	唐应茂

- **诉讼法系列**

民事诉讼法(第二版)	汤维建

刑事诉讼法学（第五版）		王国枢
外国刑事诉讼法教程（新编本）	王以真	宋英辉
民事执行法学（第二版）		谭秋桂
仲裁法学（第二版）		蔡 虹
外国刑事诉讼法	宋英辉 孙长永	朴宗根
律师法学		马宏俊
公证法学		马宏俊
司法鉴定学		霍宪丹
仲裁法学（第二版）		蔡 虹

- **特色课系列**

世界遗产法		刘红婴
医事法学	古津贤	强美英
法律语言学（第二版）		刘红婴
民族法学（第二版）		熊文钊

- **双语系列**

| 普通法系合同法与侵权法导论 | 张新娟 |
| Learning Anglo-American Law: A Thematic Introduction（英美法导论）（第二版） | 李国利 |

- **专业通选课系列**

法律英语（第二版）		郭义贵
法律文献检索（第三版）		于丽英
英美法入门——法学资料与研究方法		杨桢
模拟审判：原理、剧本与技巧（第三版）	廖永安	唐东楚
法律文书学		马宏俊

- **通选课系列**

法学通识九讲（第二版）	吕忠梅
法学概论（第三版）	张云秀
法律基础教程（第三版）（待出）	夏利民
人权法学（第二版）	白桂梅

- **原理与案例系列**

| 国家赔偿法：原理与案例 | 沈岿 |

2016 年 11 月更新

教师反馈及教材、课件申请表

尊敬的老师：

您好！感谢您一直以来对北大出版社图书的关爱。北京大学出版社以"教材优先、学术为本"为宗旨，主要为广大高等院校师生服务。为了更有针对性地为广大教师服务，满足教师的教学需要、提升教学质量，在您确认将本书作为教学用书后，请您填好以下表格并经系主任签字盖章后寄回，我们将免费向您提供相关的教材、思考练习题答案及教学课件。在您教学过程中，若有任何建议也都可以和我们联系。

书号/书名	
所需要的教材及教学课件	
您的姓名	
系	
院校	
您所主授课程的名称	
每学期学生人数	学时
您目前采用的教材	书名_____ 作者_____ 出版社_____
您的联系地址	
联系电话	
E-mail	
您对北大出版社及本书的建议：	系主任签字 盖章

我们的联系方式：

北京大学出版社法律事业部

地　　址：北京市海淀区成府路205号　　联系人：孙嘉阳
电　　话：010-62757961　　　　　　　　传　真：010-62556201
电子邮件：bjdxcbs1979@163.com
网　　址：http://www.pup.cn
北大出版社市场营销中心网站：www.pupbook.com